Code-Quality-Management

Dr. Frank Simon (36) studierte Informatik und hat im Bereich der Qualitätssicherung großer objektorientierter Systeme promoviert. Er arbeitet seit über 5 Jahren bei der SQS und leitet dort heute das Kompetenzzentrum Code-Quality-Management. Von dort werden alle Facetten der technischen Qualitätssicherung europaweit angeboten und eingesetzt. Zusammen mit seiner Gruppe hat er mittlerweile über 80 Großprojekte analysiert, vermessen und bzgl. gefundener Risiken restrukturiert.

Dipl.-Inform. Olaf Seng (30) studierte Informatik an der Universität Karlsruhe. Nach dem Diplom begann er 2001 als wissenschaftlicher Mitarbeiter in der Gruppe Programmstrukturen (Prof. Goos) des FZI Forschungszentrum Informatik. Schwerpunktmäßig arbeitete er in verschiedenen nationalen und internationalen Industrie- und Forschungsprojekten, die sich mit den Themen objektorientierte und komponentenorientierte Softwareentwicklung beschäftigten.

Er arbeitet momentan an seiner Dissertation, die sich mit der automatisierten Verbesserung technischer Qualität beschäftigt.

Dipl.-Inform. Thomas Mohaupt (36) studierte Informatik und ist am Fraunhofer FIRST, Projektgruppe Software-Qualitätslabor, als wissenschaftlicher Mitarbeiter tätig. Der Schwerpunkt seiner Tätigkeit liegt auf der Analyse von großen Softwaresystemen und deren Visualisierung.

Frank Simon · Olaf Seng · Thomas Mohaupt

Code-Quality-Management

Technische Qualität industrieller Softwaresysteme transparent und vergleichbar gemacht

dpunkt.verlag

Frank Simon
Frank.Simon@sqs.de

Olaf Seng
Olaf.Seng@fzi.de

Thomas Mohaupt
Thomas.Mohaupt@first.fhg.de

Lektorat: Christa Preisendanz
Copy-Editing: Ursula Zimpfer, Herrenberg
Herstellung: Birgit Bäuerlein
Umschlaggestaltung: Helmut Kraus, www.exclam.de
Druck und Bindung: Koninklijke Wöhrmann B.V., Zutphen, Niederlande

Bibliografische Information Der Deutschen Bibliothek
Die Deutsche Bibliothek verzeichnet diese Publikation in der Deutschen Nationalbibliografie; detaillierte bibliografische Daten sind im Internet über <http://dnb.ddb.de> abrufbar.

ISBN 3-89864-388-3

1. Auflage 2006

Ringstraße 19
69115 Heidelberg

5 4 3 2 1 0

Vorwort

»In jedem
Künstler
liegt ein Keim
von Verwegenheit,
ohne den
kein Talent
denkbar ist.«

(Goethe, Maximen und Reflexionen)

»Software Engineering ist eine Ingenieurdisziplin, die sich mit allen Aspekten der Softwareproduktion beschäftigt. [...] Ingenieurdisziplin bedeutet dabei, vor allen Dingen an einem gesicherten Weg zu einer konkreten Problemlösung interessiert zu sein.«

[FoKe03]

Sind Informatiker nun verwegene Künstler oder disziplinierte, alles absichernde Ingenieure? Die Autoren genießen die Informatik nun seit den ersten verfügbaren Homecomputern und haben seitdem – jeder für sich – so manche IT-»Verwegenheit« begangen: Probieren, was technisch möglich ist, explorieren, wo die Grenzen liegen, Strukturen aushebeln, tricksen, Tradiertes aufbrechen ... Sind Informatiker (und damit auch wir) verwegene, talentierte Künstler?

Auf der anderen Seite haben wir – jeder für sich – seit Jahren Einblicke in eine Vielzahl großer, stark risikobehafteter Projekte, in denen häufig genau diese Verwegenheit Probleme bereitet und der gesicherte Weg nicht erkennbar war: Technisch bisher Mögliches ist plötzlich unmöglich, bisherige Grenzen verändern sich, genutzte Lücken fallen weg, Tricks funktionieren nicht mehr, Traditionen werden von anderen vorausgesetzt etc. Sollten Informatiker (und damit auch wir) besser disziplinierte Ingenieure sein, die nur sichere Wege gehen und nur die konkrete Problemlösung im Auge haben?

Wir denken: weder noch! Der Entwurf, die Implementierung und das Verstehen großer Systeme sind immer noch hoch künstlerische, Kreativität voraussetzende und Verwegenheit nutzende Tätigkeiten, die uns wie vielen anderen Informatikern heute immer noch und immer wieder großen Spaß machen. Und die Verwegenheit hilft maßgeblich, die richtigen Algorithmen zu identifizieren, mit Mustern elegant zu entwerfen und qualitativ hochwertig zu implementieren.

Diese Verwegenheit ist aber nicht nur eine reine ungebändigte, grenzenlose Verwegenheit eines talentierten Künstlers, sondern auch die disziplinierte, vorausschauende, abwägende, das Ziel und den sicheren Weg vor Augen habende Verwegenheit eines Ingenieurs.

Diese gemeinsame Grundeinstellung führte uns drei 2003 zusammen: Die vom BMBF initiierte Forschungsoffensive 2006 hatte zum Ziel, die – insbesondere für Deutschland – bekannten Ingenieurtugenden zu stärken und auf den Softwarebereich auszuweiten. In diesem Kontext arbeiteten wir mit drei Industriepartnern im Forschungsprojekt QBench. Das Ziel war klar: Die notwendige Verwegenheit der »Kunst« Informatik so weit zu kanalisieren, dass ein ingenieurmäßiges Vorgehen und eine Fokussierung auf nachweisbar sichere Wege entstehen.

Wir möchten mit diesem Buch einen Beitrag leisten, um eine positive »Made in Germany«- oder »Managed in Germany«-Erwartungshaltung gegenüber der deutschen Softwareindustrie aufzubauen. Ein wichtiger Aspekt dafür ist unserer Meinung nach Code-Quality-Management. Dieses Buch soll sowohl auf Management- als auch auf Entwicklerseite zum Nach- und Umdenken anregen, denn eine gute Qualität bedarf gemeinsamen Handelns und ist mit Anstrengung verbunden.

Es ist klar, dass ein solches »verwegenes« Buch niemals alleine erstellt werden kann (auch nicht zu dritt). Wir möchten an dieser Stelle allen Kollegen, Mitarbeitern, Forschungsprojektpartnern und Freunden danken, die in unzähligen Gesprächen und Diskussionen durch kritisches Hinterfragen, Reflektieren und Zuhören maßgeblich dazu beigetragen haben, dass dieses Buch in der jetzigen Form vorliegen kann.

Ganz besonders möchten wir uns natürlich auch bei unseren Familien bedanken, die uns den Rücken für ein derartiges Unterfangen freigehalten, uns bei Rückschlägen Mut zugesprochen und manche Nacht den Laptop als »man in the middle« toleriert haben. Die drei Autoren[1]

Frank Simon Köln

Olaf Seng Karlsruhe

Thomas Mohaupt Cottbus

April 2006

1. Die Autoren erreichen Sie über *http://www.code-quality-management.de*.

Inhaltsverzeichnis

Teil 2 Technische Umsetzung und Werkzeuge

Anhang

1 Einleitung

»Wer nicht weiß, wo er ist, kann keine Reise planen.«

Dieses Buch liefert einen praxiserprobten, wissenschaftlich fundierten und auf umfangreichem empirischem Material basierenden Ansatz, um die notwendige Standortbestimmung für eine »Reise« zur besseren technischen Qualität von Softwaresystemen durchführen zu können. Die wesentlichen Ergebnisse wurden dabei im Rahmen des Forschungsverbundprojektes *QBench*[1] erarbeitet, ein vom Bundesministerium für Bildung und Forschung (BMBF) im Kontext der Forschungsoffensive »Software Engineering 2006« gefördertes Vorhaben. Das Ziel von QBench war die Erstellung von Methoden und Werkzeugen zur Sicherung der technischen Qualität bei der Evolution objektorientierter Softwaresysteme. Die Praxistauglichkeit und die empirische Datenbasis der in diesem Buch beschriebenen Konzepte wurden darüber hinaus durch praktische Arbeiten in den Unternehmen SQS (Software Quality Systems) AG, FZI (Forschungszentrum Informatik) und FhG FIRST (Fraunhofer-Institut Rechnerarchitektur und Softwaretechnik), bei denen die drei Autoren beschäftigt sind, untermauert. Insbesondere innerhalb der SQS werden die verschiedenen Techniken, Prozesse und Werkzeuge rund um die Sicherung der technischen Qualität unter dem Namen Code-Quality-Management subsumiert, der dem vorliegenden Buch gleichzeitig als Titel dient.

Auch wenn es in der Praxis und der wissenschaftlichen Literatur eine Vielzahl von Arbeiten zum Thema technische Qualitätssicherung gibt (vgl. z.B. Handbücher für formale Reviews, Metrikkataloge für objektorientierte Sprachen oder Arbeiten zum Thema Refactoring), so leiden alle diese Ansätze in der Praxis immer wieder unter der mangelhaften Automatisierbarkeit und damit an der Möglichkeit, die Ansätze wirtschaftlich sinnvoll auch für große Systeme vollständig durchzuführen. Anstelle einer globalen Qualitätssicherung wird daher in den

1. Förderkennzeichen: 01ISC10D, vgl. auch *http://www.qbench.de*.

Projekten häufig eine sehr partielle Sicht bei der Qualitätssicherung eingenommen: Auf der einen Seite ist dann die Extrapolation der Ergebnisse einer solchen fragmentierten Qualitätssicherung auf das Gesamtsystem nur unscharf und stark fehlerbehaftet möglich. Auf der anderen Seite verhindert ein derart eingeschränkter Blick häufig die Identifikation von global relevanten Risiken, die bei partieller Betrachtung gar nicht ermittelt werden können.

QBench hatte als Forschungsverbundprojekt daher sehr früh die Vision, die Qualitätssicherung technischer Aspekte so weit wie möglich zu automatisieren und damit die Arbeitsergebnisse flächendeckend und vollständig für Systeme anzuwenden. Der hohe Grad an Automatisierbarkeit ist gleichzeitig ein wichtiges Charakteristikum von Code-Quality-Management.

Das grundsätzliche Vorgehen der Optimierung entspricht dabei dem üblichen Regelkreis des Controllings: Aufbauend auf einem Konsens über relevante Kriterien des zu steuernden Systems wird eine Ist-Analyse durchgeführt, die pro Aspekt den aktuellen Ist-Stand liefert. Für eine anschließende Optimierung wird jeder Ist-Stand eines relevanten Aspekts mit einem Soll-Wert verglichen; eine eventuell notwendige Optimierung fokussiert nun diejenigen Aspekte, deren Ist-Stand deutliche Abweichungen vom Soll-Stand besitzt. Während QBench den gesamten Regelkreis adressiert und hierbei insbesondere Werkzeuge hervorbringt, die auch eine hohe Automatisierbarkeit bei der Umsetzung von Maßnahmen zur Behebung aufgedeckter Abweichungen aufweisen, beschäftigt sich dieses Buch mit der Ist-Stand-Ermittlung.

Hauptsächlich der in diesem Buch vorgestellte und im Kontext des Code-Quality-Managements verwendete Code-Quality-Index erlaubt eine systematische, automatisch durchführbare Transparenzschaffung bzgl. der technischen Qualität, um damit nachvollziehbare und korrekte Aussagen über die technische Zukunftsfähigkeit und Wartbarkeit eines gesamten Systems machen zu können. Hierbei wird besonders Wert auf eine hohe Praktikabilität auf Basis einer statistisch ermittelten Problemmusterhäufigkeit gelegt: Die Bewertung geschieht daher nicht entlang akademischer, häufig 0-Fehler propagierender Empfehlungen, sondern entlang eines in dieser Form wohl einmaligen Repositories, gegen das als Stand der Praxis bewertet wird.

Der Code-Quality-Index soll diese Form der Transparenz für alle Java- und C++-Systeme ermöglichen. Es gibt einige Szenarien, bei denen die so geschaffene Transparenz bereits das Ziel einer Maßnahme ist: Due-Diligence-Analysen beispielsweise, wie sie heute häufig vor der Übernahme größerer Fremdprodukte oder ganzer Fremdfirmen üblich sind, sollen möglichst detailliert den Wert eines Produktes oder einer Firma darstellen.

Das wirkliche Ziel einer Qualitätssicherung, d.h. das Ableiten konkreter Handlungsempfehlungen aus der Transparenzschaffung sowie das Anstoßen deren Umsetzung, so dass die technische Zukunftsfähigkeit des betrachteten Systems nachhaltig erhöht wird, ist nicht Gegenstand dieses Buches: Grund hierfür ist der dann notwendige erweiterte Fokus, bei dem auch organisatorische und wirtschaftliche Aspekte berücksichtigt werden müssen, die zu vielfältig sind, um im QBench-Fokus der bestmöglichen Automatisierung mit Werkzeugen liegen zu können. Die in diesem Buch vorgestellte Transparenzschaffung mit Hilfe des Code-Quality-Index leistet aber dennoch bereits einen sehr maßgeblichen Teil für eine derartige Qualitätssicherung und bestimmt daher maßgeblich die Effizienz und Effektivität von Code-Quality-Management. So zeigt doch die Erfahrung im Bereich des Software-Engineering, dass aufgrund der Größe heutiger Systeme die Erzeugung von Transparenz die Kernaufgabe schlechthin ist: Ist ein Risiko erst einmal so weit identifiziert, dass die betroffenen Risikostellen konkret angezeigt werden, ist ein Großteil des Ziels – die qualitative Verbesserung – bereits erreicht.

Code-Quality-Management und die damit erreichbare Transparenz adressiert sowohl das Management als auch die Entwicklungsmannschaft eines Projektes: Nur wenn sich beide Personengruppen gleichermaßen des Themas Code-Quality-Management annehmen, kann die technische Qualität nachhaltig innerhalb großer Systeme gesichert werden; in diesem Sinn soll und muss dieses Buch integrativ wirken. Trotzdem ist die Detaillierungsstufe der inhärenten technischen Komplexität für beide Personengruppen nicht gleich: Diesem Detaillierungsunterschied wird im vorliegenden Buch versucht durch zwei separate Teile gerecht zu werden.

Der Teil I – Grundlagen und Konzepte – (Kapitel 2 – 5) beinhaltet die konzeptuelle Motivation für Code-Quality-Management insgesamt, die notwendigen Vorarbeiten und die zu berücksichtigenden Projektparameter des Code-Quality-Managements sowie die Grundlagen des Code-Quality-Index selbst. Die vorgestellten Konzepte passen hierbei grundsätzlich für alle individuell erstellten, industriellen Softwaresysteme in beliebigen Hochsprachen, bedürfen aber in diesem Teil (noch) nicht deren detaillierte Sprachkenntnis, sind also sowohl für das Management als auch für die Entwicklungsmannschaft verständlich und relevant. Auch für Letztere ist ein grundlegendes Verständnis der Konzepte um Code-Quality-Management von Bedeutung, da qualitätsfördernde Maßnahmen letztlich nur durch sie umgesetzt werden und nur von ihnen direkt wahrgenommen werden können.

Der Teil II – Technische Umsetzung und Werkzeuge – (Kapitel 6 – 10 und Anhang) stellt eine für C++- und Java-Systeme vorgenommene, praxiserprobte Instanziierung von Code-Quality-Management dar. Hier werden theoretische Grundlagen der statischen Programmanalyse, typische Codeanalysatoren sowie die den Code-Quality-Index begründenden, techniknahen Problemmuster beschrieben. Der Hauptadressatenkreis dieses Teils liegt daher bei den Softwareingenieuren, die die operative Ebene des Code-Quality-Managements repräsentieren, sei es durch die bloße konkrete Feststellung des Code-Quality-Index oder durch die Ableitung und direkte Umsetzung konkreter Handlungsempfehlungen. Das Management kann in diesem Teil erkennen, dass die zu erreichenden Mehrwerte einer hochtechnischen Basisinfrastruktur bedürfen, die in der Regel nicht kostenlos zu haben ist und deren Bedienung ein gehöriges Maß an technischem Wissen, Offenheit, Neugierde und Einarbeitungsaufwand verlangt.

Wenn dieses Buch auch nicht alle Facetten bis ins letzte Detail beleuchten kann, ein erster Schritt in diese Richtung sollte mit diesem Buch gemacht sein, und der ist bekanntlich der Anfang selbst der längsten Reise.

Teil 1

Grundlagen und Konzepte

2 Qualität: Schlüssel zum Erfolg

Die Softwareindustrie befindet sich nach wie vor in der seit Jahrzehnten ausgerufenen Softwarekrise. Die anfänglich hoch gesteckten Erwartungen des Outsourcings als »silver bullet« verschärfen die Problematik weiter, als sie zu klären. Dazu kommt, dass ein Großteil heutiger Projekte nicht mehr reine, kostspielige Neuentwicklungen, sondern zumindest in weiten Teilen Wartungsprojekte sind, d.h., gegebene Systeme werden über lange Zeit an immer neue Anforderungen angepasst und müssen von immer mehr unterschiedlichen Menschen verstanden werden. Eine wichtige Voraussetzung für heutige Projekte ist daher in jedem Fall eine genügend hohe Transparenz bzgl. der aktuellen Qualität, um Fehlentwicklungen möglichst früh erkennen zu können. Die Qualität subsumiert hierbei viele verschiedene Sichten wie z.B. die fachliche und die technische Qualität. Letztere entscheidet maßgeblich über die technische Zukunftsfähigkeit des Systems. Der in diesem Buch vorgestellte Code-Quality-Index ist ein erprobtes und einfach anzuwendendes Konzept, um sehr effizient die notwendige technische Qualität einschätzen und ggf. optimieren zu können.

2.1 Übersicht

Unter einem erfolgreichen Softwareprojekt wird in Anlehnung an das magische Dreieck des Projektmanagements (vgl. z.B. [Tiem04]) ein Projekt verstanden, das ausgehend von einer geplanten Investitionshöhe und einer geplanten Durchführungsdauer ein Softwareprodukt liefert, das die explizit oder implizit gemachten Anforderungen daran zu einem genügenden Maß erfüllt. Auch wenn diese Definition im Detail noch genügend Interpretationsspielraum zulässt, lassen die jährlich von der Standish Group im so genannten Chaos-Report (vgl. Abb. 2–1) veröffentlichten Zahlen Softwareprojekte grundsätzlich als stark risikobehaftete Unternehmungen charakterisieren:

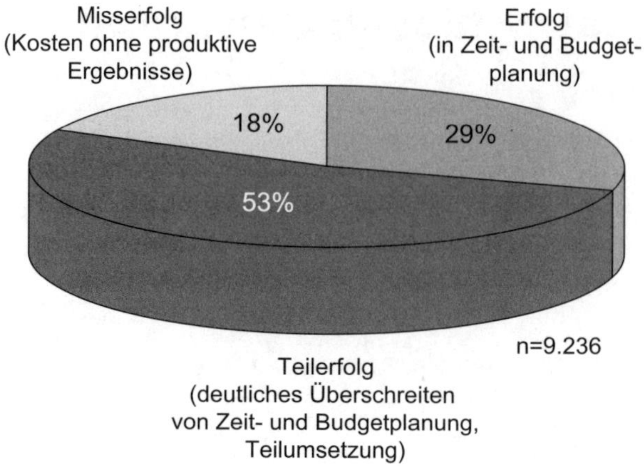

Abb. 2–1 *Chaos-Report 2004 [StandishGroup04]*

Wenn aktuell nur knapp 1/3 aller Softwareprojekte entsprechend obiger Definition als erfolgreich beschrieben werden können, ist die bereits Ende der siebziger Jahre beschriebene Softwarekrise offenbar trotz aller neuen Technologien, Konzepte und Best Practices noch nicht überwunden. Werden die Chaos-Reports der vergangenen Jahre nebeneinander gelegt, scheint noch nicht einmal ein positiver Trend erkennbar zu sein (als Beispiel: Im Jahr 2002 waren nach dem Chaos-Report 34% der Softwareprojekte erfolgreich).

Die Ursachen für die nach wie vor präsente Softwarekrise sind vielschichtig und werden punktuell ebenfalls im Chaos-Report analysiert [StandishGroup04]. Beispiele von Ursachen sind fehlende oder ungenaue Requirements, ungenügende Projektkommunikation oder falsch eingeschätzte Projekt-Rahmenparameter. Wird Qualität hier noch allgemein als die Beschaffenheit von etwas verstanden, so kann die ungenügende Qualität als übergeordnete Ursache der Softwarekrise aufgefasst werden: Ein Softwareprojekt kann dann ein Misserfolg sein, wenn mindestens ein Prozess oder ein Zwischenergebnis eine ungenügende Qualität aufweist (z.B. ungenügende Requirements oder ungenügendes Testen).

In den letzten Jahren eng verbunden mit der Softwarekrise ist die Möglichkeit des Outsourcings von IT-Projekten (oder Teilen davon), da hiermit initial die Hoffnung verbunden war, viele Probleme und Herausforderungen der hiesigen IT zusammen mit großen Projekten auslagern zu können, um anschließend komplette Lösungen zu erhalten:

»The phrase outsourced software refers to software projects that are built under contract by an external company for a client organisation« [Jone00].

Def. 2–1 *Outsourcing*

Mittlerweile hat sich diesbezüglich jedoch Ernüchterung breit gemacht. Die Annahme, Qualitätsprobleme alleine dadurch klären zu können, dass kritische Bereiche ausgelagert werden, hat vielmehr dazu geführt, dass die Auswirkungen qualitativer Schwächen stärker wurden. Erst langsam scheint sich die Erkenntnis durchzusetzen, dass das Outsourcen von Problemen nur zu noch größeren Problemen führt. Dies gilt insbesondere für das Outsourcing von Softwareprojekten. Einer Studie von Diamond Cluster zufolge [DiamondCluster02] haben 78% derjenigen Unternehmen, die Softwareprojekte outsourcen, bereits derartige Projekte unfertig und außerplanmäßig beendet. Da Outsourcing in der Regel allerdings eine strategische Neuausrichtung ist, die häufig von einer entsprechenden Fokussierung auf das Kerngeschäft und dem Abstoßen von eigenen IT-Bereichen begleitet wird, müssen derartige Projekte oftmals im selben Stil, d.h. wiederum als Outsourcing-Projekte, fortgesetzt werden. Dieser Studie zufolge beauftragen daher 71% dieser Unternehmen einen neuen Lieferanten mit derselben Aufgabe noch einmal.

Eine wichtige Erkenntnis, die insbesondere maßgeblich den Schwerpunkt dieses Buches motiviert, ist der technisch hochkomplexe Kontext heutiger Projekte. Die häufig implizit gemachte Annahme, ein Softwareprojekt bestünde aus den klassischen Phasen Anforderungen, Entwurf, Implementierung, Test und Abnahme, die je nach Vorgehensmodell als unterschiedlich angeordnete Sequenz isoliert von anderen Vorgängen und Parametern geplant und durchgeführt werden könnten, ist heute meistens falsch: Kaum ein Softwareprojekt beginnt heute auf der »grünen Wiese«. Fast jedes Unternehmen hat heute eine hochkomplexe eigene IT-Infrastruktur, die nicht nur für jede Neuentwicklung einen hochkomplexen Rahmen vorgibt, sondern die auch viele IT-Bausteine enthält, auf denen Neuentwicklungen aufbauen müssen bzw. die als Rahmen (Framework) einer Neuentwicklung dienen.

2.1.1 Wartungsprojekte

Eine von der IDC bereits 2001 durchgeführte Studie belegt die Priorität der strategischen Ausrichtungen von Softwareprojekten (vgl. Abb. 2–2).

Ein Großteil heutiger Projekte basiert demzufolge auf bereits existierenden Anwendungen und modifiziert diese »nur noch«. Eine Herausforderung an heutige Softwareprojekte ist daher auch fast immer, etwas bereits Bestehendes zu verstehen, um etwas neu Gefordertes damit zu kontrastieren und »nur« die etwaig bestehende Lücke so weit zu konkretisieren, dass darauf aufbauend ein Projektplan erstellt werden kann. Verallgemeinert kann formuliert werden, dass mit zunehmendem Umfang bereits existierender Softwareapplikationen, Frameworks, Libraries u.Ä. ein Großteil der heutigen Softwareprojekte als »Wartungsprojekte« bezeichnet werden kann.

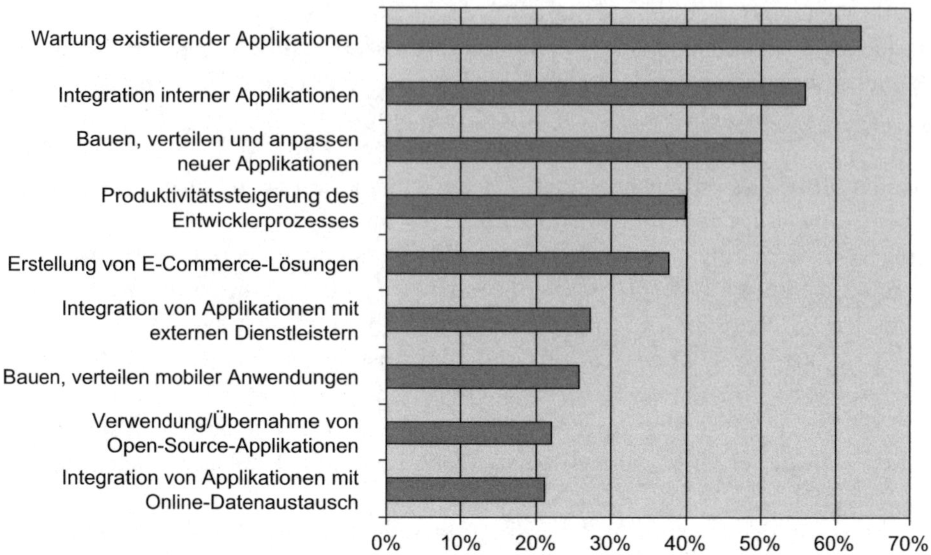

Abb. 2–2 *Priorität der strategischen Ausrichtungen von Softwareprojekten (aus dem Englischen übersetzt aus [IDC01])*

Dieser Aussage liegt ein Wartungsverständnis zugrunde, das sich zwar deutlich von Wartung im täglichen Leben (z.B. Wartungsintervalle beim Auto) unterscheidet, aber im Bereich der Softwaretechnik durchgesetzt hat:

In der Softwaretechnik bezeichnet der Begriff Wartung alle diejenigen Maßnahmen und Dienstleistungen, die dem Erhalt der Verwendbarkeit und Betriebssicherheit einer Software dienlich sind (vgl. Wartung in [WikiPedia05d]).

Def. 2–2 *Wartung in der Softwaretechnik*

Die Verwendbarkeit und Betriebssicherheit von Software hängt allerdings ganz maßgeblich vom Kontext des Einsatzes ab. Da Software die hochkomplexen Organisationsstrukturen, Arbeitsvorgänge und psychosozialen Muster stark invasiv berührt (alle Bereiche werden betroffen), unterliegt dieser Kontext alleine deswegen permanent starken Änderungen. Diese Besonderheit der Software wurde bereits in den siebziger Jahren von Lehman als »*Law of continuing change*« manifestiert:

»A system that reflects some external reality undergoes continuing change or becomes progressively less useful« (vgl. [LeBe85]).

Def. 2–3 *Lehmans Gesetz der kontinuierlichen Wartung*

Aufgrund dieser inhaltlichen Weite von Wartung in der Softwaretechnik werden im Bereich der Software die folgenden Aktivitäten allesamt der Wartung zugesprochen (vgl. z.B. [Pres97]):

- Korrektive Wartung: Hierzu zählt das Beseitigen von Defekten, die aus der (evtl. ungenauen) Spezifikation entstehen, sowie das Einarbeiten solcher Anforderungen, die sich erst während des Systemeinsatzes ergeben.

  Diese Tätigkeiten entsprechen am ehesten dem allgemein verwendeten Wartungsbegriff und werden dort häufig unter dem Korrektheitsanspruch gelieferter Waren als Garantieleistungen aufgefasst. In der Softwaretechnik gehört das typische Fehlerbeseitigen (Bug-Fixing) demzufolge zur korrektiven Wartung.
- Adaptive Wartung: Hierzu zählen alle diejenigen Änderungen, die am Produkt aufgrund geänderter Umgebungsparameter – wie z.B. durch Betriebssystemwechsel, Geschäftsprozessmodifikation oder neue Gesetzeslagen – notwendig geworden sind.

  Die Anfang 2004 in vielen LKWs eingebauten Onboard-Units für die automatische Ermittlung der Mautgebühren würden demzufolge als adaptive Wartung aufgefasst werden. In der Softwaretechnik bedeutet adaptive Wartung keine bestimmte Aktivität, sondern lediglich die Ursache einer Änderung (z.B. die bundeseinheitliche Änderung des Wertpapiernummern-Formates).
- Perfektive Wartung: Hierzu zählen alle diejenigen Änderungen, durch die für ein gegebenes System geforderte Eigenschaften verbessert werden (z.B. erhöhte Performance, einfachere Bedienung).

  In Anlehnung an diese Definition würden im Autobereich viele typische Tuning-Aufgaben der perfektiven Wartung zugesprochen werden können. In der Softwaretechnik sind insbesondere die wichtigen Refactoring- und Reengineering-Tätigkeiten Teil der perfektiven Wartung.

Diese für die Softwaretechnik typische weite Fassung des Wartungsbegriffs begründet u.a. auch die häufig in der Literatur anzutreffende Verteilung der Total Cost of Ownership auf die einzelnen Aktivitäten während eines Softwareprojektes. Eine typische Verteilung ist in Abbildung 2–3 dargestellt (vgl. [Balz98]).

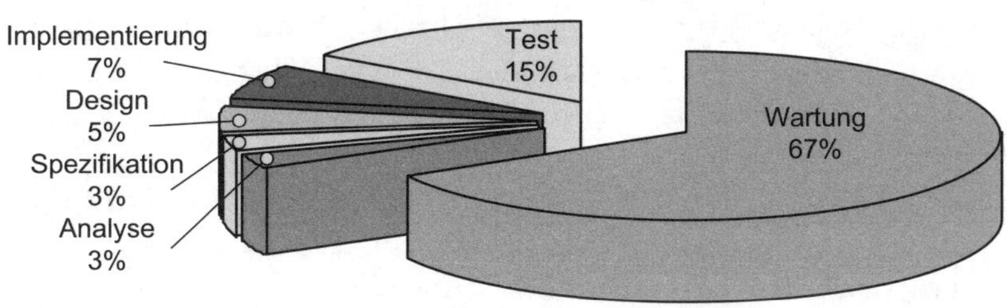

Abb. 2–3 *Verteilung der Total Cost of Ownership eines Softwaresystems*

2.1.2 Verstehen bestehender Systeme

Was sind nun die besonderen Anforderungen an heutige Wartungsprojekte? Charakteristisch für alle Wartungsarten ist, dass diese auf einem bestehenden Produkt aufsetzen. Ein wesentlicher Schritt aller Wartungsarbeiten besteht also darin, dass das zugrunde liegende Produkt erst so weit verstanden werden muss, dass eine Anpassung oder Erweiterung an ihm vorgenommen werden kann. Softwareprojekte beinhalten heute daher immer einen maßgeblichen Teil an Reverse- und Reengineering-Aufgaben. Wird Produktivität in Form von (neu) implementierter Funktionalität betrachtet, sind Wartungsaufgaben damit deutlich unproduktiver als Neuentwicklungen. Dieses deckt sich auch mit der Erfahrung, dass die Fehlersuche umso aufwendiger wird, je höher der Fertigstellungsgrad des Systems ist.

Um einen Eindruck davon zu vermitteln, wie groß dieser Aufwand im Verhältnis zur eigentlichen Umsetzung ist, zeigt Abbildung 2–4 das Ergebnis einer Untersuchung der während der Wartung anfallenden Aktivitäten (vgl. [MaBe00]):

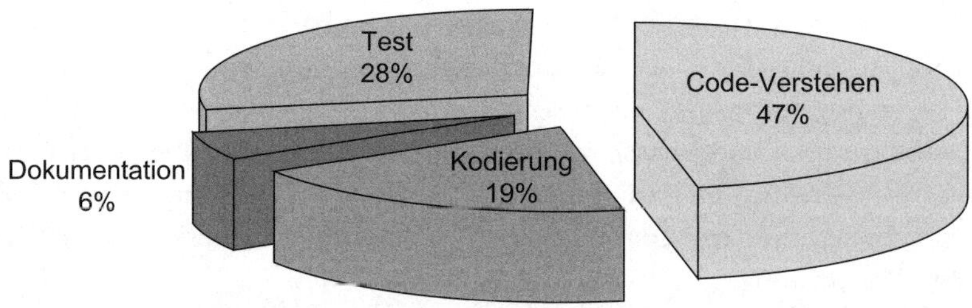

Abb. 2–4 *Relative Verteilung der Aufwände für Aktivitäten während der Wartung*

Demzufolge entfällt fast die Hälfte der Arbeiten während der Wartung auf das reine Code-Verstehen. Die dabei gebildeten mentalen Modelle vom Sourcecode sind Voraussetzung, um anschließend die gewünschte Anpassung oder Erweiterung durchführen zu können.

Eine besondere Herausforderung an heutige Softwareprojekte liegt daher in dem möglichst effektiven und effizienten Verstehen bereits bestehenden Codes. Neben der Notwendigkeit entsprechender Fähigkeiten bei den Entwicklern, dem Zur-Verfügung-Stellen entsprechender Werkzeuge sowie dem Einplanen der dafür notwendigen Zeit ist natürlich das Produkt selbst auch während aller Arbeiten daran so zu gestalten, dass das Code-Verstehen zuverlässig und wirtschaftlich sinnvoll möglich ist.

In diesen Aufwandsverteilungen liegt zugleich ein hohes Risiko für das folgende Outsourcing-Szenario: In vielen Unternehmen ist die IT-Abteilung heute derart reduziert worden, dass ein großes Softwareprojekt nicht mehr vollständig aus eigener Kraft bestritten werden kann, wohl aber vermeintlich die nach der Fertigstellung anfallenden Wartungsaktivitäten. Die ohnehin schon komplexe

Aufgabe des Code-Verstehens wird dann für die IT-Abteilung noch dadurch erschwert, dass es sich um vollständig fremden Code handelt, der von einer anderen Firma mit evtl. völlig anderen Herangehensweisen und Technologien erstellt wurde. Die damit einhergehende Möglichkeit, Abhängigkeiten zu etablieren, die einen Auftragnehmer möglichst lange an ein Projekt binden, ist in jedem Outsourcing-Projekt inhärent vorhanden und wird in der Regel vom Auftraggeber auch als Risiko wahrgenommen. Einer Accenture-Umfrage zufolge sehen 72% der beauftragenden Unternehmen die entstehende Abhängigkeit zum Auftragnehmer als größtes Risiko (vgl. [Computerwoche03]).

Dass diejenigen Eigenschaften, die das Code-Verstehen und damit letztlich sämtliche Wartungsarbeiten ermöglichen, nicht zum Nulltarif zu haben sind und auch noch kontinuierlich abnehmen, hat bereits Lehman in einem weiteren Gesetz manifestiert:

> »The entropy of a system increases with time unless specific work is executed to maintain or reduce it« (vgl. [LeBe85]).

Def. 2–4 *Lehmans Gesetz der zunehmenden Unordnung*

Zusammen mit dem ersten Gesetz von Lehman ergibt sich daraus eine folgenschwere Erkenntnis: Jede Software unterliegt Änderungen und muss daher kontinuierlich gewartet werden. Mit jeder Wartung verliert das System allerdings diejenige Struktur, die Wartung erleichtert, so dass mit jeder Wartungsaktivität zukünftige Wartungsaktivitäten schwieriger und damit aufwendiger und teurer werden.

Insgesamt ergeben sich damit für heutige Projekte, unabhängig davon, ob sie als Outsourcing-Projekt konzipiert oder im eigenen Unternehmen realisiert werden, folgende zwei Hauptanforderungen:

- Kontinuierliche, zeitnahe Transparenz bzgl. der Qualität, insbesondere derjenigen, die die Wartbarkeit beeinflusst: Wer nur ein singuläres Ziel kennt (z.B. in Form gegebener fachlicher Anforderungen), nicht aber die vollständige, aktuelle Position (z.B. in Form der aktuellen technischen Qualität), für den ist keine objektive Planung bzgl. Aufwände, Ressourcen und Kosten möglich. Da eine Planung letztlich dennoch vorhanden sein *muss*, wird sie meist aus dem Bauchgefühl heraus erarbeitet. Diese *kann* zwar recht gut passen, eine Garantie gibt es aber nicht. Insbesondere kann bei späteren Abweichungen kein Lernen einsetzen, da aus Zufall nur schwer konstruktive Verbesserungshinweise abgeleitet werden können. Erst die Planung ersetzt den Zufall durch Fehler, die analysiert und aus denen für die Zukunft gelernt werden kann.
- Kontinuierliche Optimierung der Qualität, insbesondere derjenigen, die die Wartbarkeit beeinflusst: Ohne wohldefinierte Schritte, die den natürlicherweise einsetzenden Strukturverlust zu begegnen versuchen, kann ein Soft-

waresystem langfristig nicht erfolgreich betrieben werden. Die Optimierung umfasst in jedem Fall zumindest das bloße Erhalten eines initialen Qualitätsstandes. Bereits dies ist nur durch explizite Aktivitäten möglich. Hinzu kommt, dass mit jeder Wartung das Softwaresystem in der Regel größer und komplexer wird. Folglich ist auch eine Optimierung im Sinne einer Verbesserung der Qualität erstrebenswert, wenn die Wartungsaufwände unter der Annahme gleich bleibender Funktionalitätserweiterungen gleich bleiben sollen.

Im folgenden Abschnitt wird die Qualität, die sowohl für die Transparenz als auch für die Optimierung maßgeblichen Einfluss auf den Erfolg heutiger Softwareprojekte besitzt, näher erläutert. Darauf aufbauend ist dann auch eine Verfeinerung der Zielsetzung dieses Buches möglich, die letztlich auf den beiden Herausforderungen Transparenz und Optimierung basiert.

2.2 Qualität ... mehr als Testen

Im allgemeinen Sprachgebrauch wird der Begriff der Qualität oft sehr undifferenziert verwendet, da er abstrakt und sehr vielschichtig ist. Auch die International Organization for Standardization (ISO) merkt dazu an: »*Like beauty, everyone may have his or her idea of what quality is*« (ISO 9000:2000). Diese Aussage trifft insbesondere auch auf Software zu. Je nach Kontext, in dem Softwareprodukte entwickelt oder verkauft werden sollen, gelten unterschiedliche Sichtweisen von Qualität für unterschiedliche Rollen und unterschiedliche Kontexte, die sich jeweils stark voneinander unterscheiden können.

2.2.1 Qualität in Abhängigkeit unterschiedlicher Sichten

Qualität (lat. qualitas von qualis = wie beschaffen, gr. poiotês) bezeichnet im Allgemeinen die Beschaffenheit von Dingen, Aussagen und Tätigkeiten. Auch wenn derzeit kein verbindlicher, allgemein gültiger Konsens über die Bedeutung des Begriffs »Qualität« existiert, so gibt es dennoch eine Beschreibungsbasis mit 5 unterschiedlichen Qualitätsdimensionen, die jeweils eine unterschiedliche Sicht auf Qualität beschreiben (vgl. [Garv84]). Der Charakter der unterschiedlichen Sichtweisen ist in Abbildung 2–5 dargestellt und wird im Folgenden jeweils kurz vorgestellt und bzgl. seiner Auswirkungen auf das Qualitätsverständnis innerhalb der Softwaretechnik analysiert.

Abb. 2–5 *Dimensionen der Qualität (nach [Garv84])*

Der transzendente Ansatz

Hier ist Qualität universell erkennbar. Qualität ist absolut, einzigartig und damit vollkommen. Die Qualität steht für kompromisslos hohe Standards und Ansprüche an die Funktionsweise eines Produkts. Durch den Anspruch auf Absolutheit entzieht sich diese Auffassung von Qualität allerdings jedweder Mess-, Prüf- oder Testtechnik (da diese jeweils nur Abweichungen vom perfekten Zustand messen könnten, die es per definitionem bei dieser Sichtweise auf Qualität nicht geben darf).

Dieser Ansatz ist für die Praxis ungeeignet, da die Kompromisslosigkeit realitätsfern ist: So ist es aus dem transzendenten Ansatz heraus sicherlich wünschenswert, 100% fehlerfreie Software zu erstellen. Dies ist allerdings aufgrund unterschiedlicher Einflussparameter (Softwarefehler, Betriebssystemfehler, Hardwarefehler, Stromversorgungsfehler u.Ä.) in 100%iger Perfektion nicht möglich. Diesbezüglich kann der transzendente Ansatz am ehesten mit den platonischen Ideen verglichen werden, die zwangsläufig bei jeder Instanziierung auf dieser Welt an Absolutheit verlieren und Kompromisse mit sich bringen: Zwar existiert als Idee die perfekte, 100% zuverlässige Applikation; jedoch verliert sie diese Eigenschaften, sobald sie in einem realen Kontext mit tatsächlicher Hardware läuft, unabhängig davon, wie diese konkret beschaffen ist.

Der produktbezogene Ansatz

Hiernach ist Qualität eine messbare, genau spezifizierte Größe, die das Produkt beschreibt und durch die Qualitätsunterschiede aufgezeigt werden können. Subjektive Beobachtungen und Wahrnehmungen werden nicht berücksichtigt. Anhand der gemessenen Qualität kann eine Rangordnung von verschiedenen Produkten der gleichen Kategorie aufgestellt werden.

Dieser Ansatz bezieht sich nur auf das Endprodukt und berücksichtigt nicht den Kunden (Anwender). Ein 20 Jahre alter Wein ist demzufolge per se, d.h. unabhängig vom Kontext, in dem er sich befindet oder in dem er getrunken wird, besser als ein 10 Jahre alter Wein. Diese Sicht kann zu einer mangelhaften Berücksichtigung der Kundeninteressen führen. Insbesondere die Werbung (auch von Software) vermittelt häufig einen produktbezogenen Ansatz der Qualität: Angepriesene Eigenschaften wie »*neue Qualität*«, »*qualitativ hochwertiges Produkt*« oder »*das beste Produkt*« suggerieren eine von jeglichem Anwendungsszenario losgelöste Qualitätsbetrachtung.

Der benutzerbezogene Ansatz

Diesem Ansatz nach ist Qualität durch den Produktbenutzer (Anwender) definiert. Der Benutzer entscheidet, ob es sich um ein Qualitätsprodukt handelt oder nicht (*fitness for use*). Da verschiedene Benutzer unterschiedliche Wünsche und Bedürfnisse haben, kann für ein und dasselbe Produkt die Qualität stark unterschiedlich sein. Die Produkte, die die Bedürfnisse eines Benutzers am besten erfüllen, werden von ihm als qualitativ hochwertig angesehen.

Da der Benutzer oft nur vage Qualitätsvorstellungen hat, ist es für den Hersteller im Voraus schwierig, die Bedürfnisse des Benutzers zu erkennen und zu bestimmen. In Reinform bedeutet der benutzerbezogene Ansatz, dass das für einen Anwender qualitativ perfekte System für einen anderen Anwender völlig ungeeignet sein kann. Im Bereich der Softwarequalität zeigt sich der benutzerbezogene Ansatz sehr deutlich in der zunehmenden Anpassbarkeit aller Softwareprodukte. Dies beginnt bei einfachen visuellen Anpassungen (z.B. Schriftfarbe oder -art), geht über das Anpassen akustischer Symbolik (z.B. bestimmten Systemsituationen (Events) spezifische Klänge zuordnen), dem Ausblenden bestimmter Menüpunkte bis hin zur völligen Eigenkreation der Menüstruktur und der darin verfügbaren Befehle.

Der Kosten-Nutzen-bezogene Ansatz

Nach diesem Ansatz ist Qualität eine Funktion von Kosten und Nutzen. Absolute Qualität – wie sie der transzendente Ansatz postuliert – kann es praktisch nie geben, da in der realen Welt immer reale und vor allen Dingen monetäre Einschränkungen existieren. Es wird ein Optimum der Kosten-Nutzen-Funktion angestrebt. In diesem Sinne ist ein Qualitätsprodukt dasjenige Erzeugnis, das einen bestimmten (geforderten) Nutzen zu einem akzeptablen Preis erbringt.

Der Kosten-Nutzen-bezogene Ansatz ist auch im Softwarebereich weit verbreitet. So hat mittlerweile eine Vielzahl von Studien die Vorteile eines manuellen Code-Reviews empirisch nachgewiesen (vgl. z.B. [Rösl05]). Da dieses Mittel der Qualitätssicherung aber zugleich eine sehr ressourcen- und damit kostenintensive Technik darstellt, wird sie immer noch nur sehr punktuell eingesetzt, wohl wissend, dass die dann ausgelieferte Qualität suboptimal sein kann. Der Kosten-Nutzen-bezogene Ansatz hebt diese Gratwanderung hervor, bei der es darum geht, einen für alle Beteiligten, insbesondere für Produzent und Konsument, besten Weg einzuschlagen.

Der prozessbezogene Ansatz

Hiernach ist die Qualität eines Produktes bereits durch den Erstellungsprozess gegeben, da die Qualität des Produkts und das Produkt selbst Resultat des Herstellungsprozesses sind. Der Erstellungsprozess ist eindeutig spezifiziert und wird kontrolliert, um Ausschuss- und Nacharbeitungskosten zu reduzieren (*right the first time*).

Die Spezifikation des Herstellungsprozesses ist bei diesem Ansatz die zentrale Basis, auf der qualitativ hochwertige Software erzeugt werden soll. Software, die in einem korrekt spezifizierten Prozess erstellt wurde, muss diesem Ansatz nach definitionsbedingt immer eine hohe Qualität aufweisen, da sie »richtig erstellte Software« ist – eben dies garantiert der Prozess ja. Umgekehrt deutet eine niedrige Qualität auf Mängel im Erstellungsprozess hin. Die Produktqualität kann erst verbessert werden, wenn die Mängel identifiziert und durch Änderung des Herstellungsprozesses behoben werden.

Den gesamten Prozess-Optimierungs-Modellen wie CMM, CMMI oder auch SPICE liegt im Kern diese Sicht auf Qualität zugrunde: Wenn der Prozess eine entsprechende Güte aufweist, kann das Produkt als Resultat dieses Prozesses ebenfalls nur gut sein. Die oben aufgeführten Risiken beim Outsourcing lassen zusammen mit dem Ergebnis, dass ein Großteil aller CMM-Level-5-Softwareunternehmen in Indien zu finden ist (vgl. z.B. [BusinessWorld03]), allerdings zumindest keine triviale derartige Kausalkette vermuten.

Wesentlich für den prozessbezogenen Ansatz ist ebenfalls die Automatisierung. Insbesondere Roboter und Automaten sollen hier gewährleisten, dass Produktionsprozesse so weit als möglich mängelfrei und reibungslos abgewickelt werden und damit hochwertige Produkte entstehen. Im Bereich der Software herrscht häufig Konsens darüber, dass die Qualität gut sein muss, sobald ein Generator (z.B. für die Erstellung einer Persistenzschicht zu einer relationalen Datenbank) eingesetzt wird. Auch moderne Ansätze wie Model-Driven Architecture (MDA) zeigen typische Charakteristika eines prozessbezogenen Qualitätsansatzes.

2.2.2 Qualität in Abhängigkeit bestimmter Rollen

Die DIN 55350 enthält folgende Definition von Qualität:

> »[Qualität ist] die Gesamtheit von Eigenschaften und Merkmalen eines Produktes, die sich auf dessen Eignung zur Erfüllung gegebener Erfordernisse beziehen.«

Def. 2–5 *Qualität in DIN 55350*

Das Aktiva »gegeben« impliziert jemanden, der die Erfordernisse besitzt und diese auch schon so weit konkretisiert hat, dass sie erfüllt werden können und damit auf der anderen Seite auch überprüfbar werden. Die Rolle dieser gebenden Person ist eine weitere Dimension, die das Qualitätsverständnis beeinflusst. Diese Dimension ist nicht zwangsläufig orthogonal zu den oben beschriebenen Sichten; vielmehr sind die Sichten je nach Rolle unterschiedlich gewichtet.

Im Kontext von Software sind hier vor allen Dingen die folgenden drei Rollen von Bedeutung:

- *Softwareentwickler*: Der Softwareentwickler sieht im Quelltext eines Softwaresystems das Medium, mit dem er seine Erfordernisse, die Implementierung von Funktionen, umsetzt. Die Qualitätsaspekte, die sein tagtägliches Schaffen beeinflussen, beinhalten nichtfunktionale Eigenschaften des Produkts wie z.B. die Verständlichkeit des Quelltextes, die Wiederverwendbarkeit einzelner Komponenten, die Konformität zu Standards und andere Eigenschaften, die bei der (Fort-)Entwicklung des Quelltextes relevant sind. Natürlich ist ein Entwickler auch an der Erfüllung funktionaler Eigenschaften wie Richtigkeit und Angemessenheit interessiert, deren Realisierung aufgrund ungenauer und falscher Vorgaben aber nicht zwangsläufig eine hohe fachliche Qualität aus Nutzersicht bedeutet. Der Entwickler besitzt häufig nur punktuelle Kenntnis der für das System angedachten Use Cases und kennt auch nicht immer den konkreten organisatorischen Kontext der Systemeinsätze. Außerdem wird ihm bzgl. fachlicher Eigenschaften häufig nur eingeschränkte Einflussnahme gewährt, d.h., er muss bestimmte Eigenschaften nach Vorgabe umsetzen. Der Entwickler betrachtet das System folglich hauptsächlich als Whitebox, d.h., die Erfüllung typischer fachlicher Anwendungsszenarien, die Gebrauchstauglichkeit, die funktionalen Anforderungen oder die Änderungswünsche sind hauptsächlich dann für ihn interessant, wenn sie Auswirkungen auf interne Details des Produkts haben.
- *Softwareanwender*: Der Softwareanwender ist primär an dem von außen beobachtbaren Verhalten des Produkts interessiert. Für ihn ist ein Softwaresystem ein Hilfsmittel, um eine Aufgabe innerhalb einer Organisation zu bewältigen. Die von ihm ausgehenden Erfordernisse konzentrieren sich auf funktionale Eigenschaften des Produkts wie z.B. die Robustheit, die Korrekt-

heit und andere Eigenschaften, die während des Betriebs des Produkts von außen beobachtet werden können. Der Benutzer betrachtet das System als *Blackbox*, d.h., der Aufbau, die Funktionsweise und die internen Abhängigkeiten innerhalb des Systems sind nur insofern interessant, wie sie von außen beobachtbar sind.

- *Management* (innerhalb des die Software erstellenden Unternehmens): Das Management ist primär an der Wirtschaftlichkeit der produzierten Produkte interessiert. Dazu gehört in jedem Fall die Zufriedenheit der Benutzer, d.h. die Erfüllung der von ihnen ausgehenden Erfordernisse, da ohne sie ein Produkt nicht gekauft wird. Aus Wirtschaftlichkeitsüberlegungen gehört hierzu allerdings ebenso die Zufriedenheit der Entwickler, um geforderte Wartungsaktivitäten mit kalkulierbaren und vertretbaren Kosten sowie der notwendigen Zuverlässigkeit durchführen zu können. Das Management betrachtet das System als *Greybox*, d.h., es ist an einer groben Blackbox-Sicht und einer groben Whitebox-Sicht des Produkts interessiert und kümmert sich um deren Kompatibilität zueinander.

Die unterschiedlichen Rollen und ihr jeweiliger Blick auf das System können wie in Abbildung 2–6 dargestellt werden. Im Extremfall können diese unterschiedlichen Rollen ein und dasselbe System bzgl. der Qualität also völlig unterschiedlich bewerten.

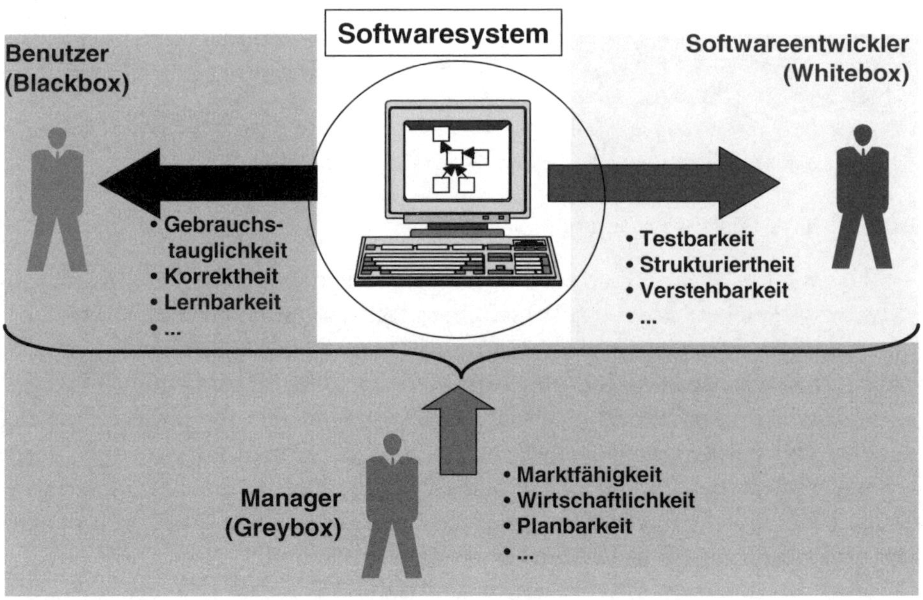

Abb. 2–6 *Abhängigkeit von Rollen auf das Qualitätsverständnis*

In enger Anlehnung an die beiden Basisrollen Entwickler und Benutzer werden die unterschiedlichen Erfordernisse, die jede Rolle an ein Softwaresystem hat, im Folgenden als unterschiedliche Qualitäten definiert.

Technische Qualität ist die Gesamtheit von Eigenschaften eines Produkts, die sich auf deren Eignung zur Erfüllung von allen denjenigen Erfordernissen beziehen, die ein Entwickler während der Erstellung und Wartung an die internen, technischen Strukturen eines Softwaresystems hat.

Fachliche Qualität ist die Gesamtheit von Eigenschaften eines Produkts, die sich auf deren Eignung zur Erfüllung von allen denjenigen Erfordernissen beziehen, die ein Anwender während der Verwendung eines Softwaresystems zur Erfüllung von fachlichen Aufgaben an dieses System hat.

Def. 2–6 *Technische und fachliche Qualität*

Mit dieser Definition ist es möglich, die Notwendigkeit einer Entwickler fokussierenden Qualitätssituation als Folge des von Fenton formulierten *Axioms des Software-Engineering* aufzufassen, demzufolge eine hohe technische Qualität Grundvoraussetzung einer hohen fachlichen Qualität ist.

Bevor das Zusammenspiel zwischen technischer und fachlicher Qualität weiter analysiert wird, kann mit den bisherigen Ergebnissen der Tätigkeitsbereich des Code-Quality-Managements definiert werden:

Code Quality-Management umfasst alle diejenigen Tätigkeiten, die die technische Qualität eines Softwaresystems nachhaltig sichern, so dass das System eine hohe technische Zukunftsfähigkeit besitzt, planbar und wirtschaftlich sinnvoll korrigiert und an neue/geänderte Anforderungen angepasst werden kann.

Def. 2–7 *Code-Quality-Management*

Der Hauptfokus dieses Buches entspricht folglich der Entwicklersicht auf ein Softwaresystem, berücksichtigt hierbei aber explizit die weiteren Rollen Management (planbar, wirtschaftlich sinnvoll) und Benutzer (neue/geänderte Anforderungen). Die wesentlichen Schritte eines wirkungsvollen Code-Quality-Managements sind Transparenz bzgl. der technischen Qualität und Optimierung etwaig identifizierter Risiken. Der Code-Quality-Index, der in den folgenden Kapiteln weiter detailliert wird, kann hierzu maßgeblich beitragen. Zwar werden durch diesen direkt nur die technischen Aspekte adressiert, indirekt lassen sich daraus aber Mehrwerte für die nichttechnischen Aspekte ableiten.

Wird ein konstruktives Management unterstellt, das Eigenschaften wie Marktfähigkeit, Wirtschaftlichkeit und Planbarkeit anvisiert, so ergibt sich dessen Qualitätssicht direkt aus dem Grad der Übereinstimmung zwischen der Qualitätsbewertung der Entwicklerrolle und Systemanwenderrolle. Es wird Code-

Quality-Management also als eine von zwei Facetten der Qualität betrachten, die mit Hilfe des Code-Quality-Index effizient und effektiv optimiert werden kann. Für eine genaue Abhängigkeitsanalyse der durch Code-Quality-Management adressierten Facette auf eine Qualitätsgesamtsicht werden für die beiden Basisrollen (Entwickler und Systemanwender) die folgenden 4 Extreme als mögliche Permutationspaare der Einzelqualitätsfacetten analysiert:

- *Ausgeglichene positive Qualitätssituation*: Ein Softwaresystem erfüllt nach außen die wesentlichen Anforderungen einer Vielzahl von Systemanwendern und stellt sich nach innen den Entwicklern als einfach zu verstehendes und zu erweiterndes System dar. Stimmen andere Parameter der Anwendung (vgl. insbesondere Kosten-Nutzen-Sicht auf Qualität), so steht einem unmittelbaren Erfolg des Produktes nichts mehr im Wege, was wiederum das System dem Management als qualitativ hochwertig präsentiert. Zukünftige Anforderungen, die sich zwangsläufig aufgrund der Lehman-Gesetze ergeben, können zielsicher geplant und zuverlässig in das System eingepflegt werden. Die ausgeglichene Qualitätssituation garantiert damit nicht nur den kurzfristigen Erfolg eines Systems, sondern ermöglicht auch dessen längerfristigen Fortbestand.
- *Ausgeglichene negative Qualitätssituation*: Der vollständige Gegenpol zur ausgeglichenen positiven Qualitätssituation ist die ausgeglichene negative Qualitätssituation. Das System erfüllt die meisten Anforderungen der Systemanwender nur unzureichend. Das System ist aus ihrer Sicht minderwertig (auch hier kann dies zu einem bestimmten Teil durch eine entsprechende Kosten-Nutzen-Sicht kompensiert werden, wie dies z.B. häufig im Low-Budget-Shareware-Bereich zu erkennen ist). Gleichzeitig stellt sich dieses Softwaresystem nach innen den Softwareentwicklern ebenfalls als kaum verständlich und nur schwer anpassbar dar, so dass jegliche Änderungen am Quelltext, die offenbar aufgrund der unzufriedenen Nutzer akut notwendig sind, nur unscharf planbar und nicht zuverlässig umsetzbar sind. Ein solches System ist aus Managementsicht ein totes System, da damit weder im gegenwärtigen Systemzustand Gewinne erwirtschaftet werden können (wenn einmal von marktfeindlichen Parametern wie Monopole abgesehen wird), noch das System mittelfristig wirtschaftlich sinnvoll so verändert werden kann, dass Gewinne abfallen.
- *Nutzer fokussierende Qualitätssituation*: In diesem Fall erfüllt das System die meisten Anforderungen der Systemanwender. Für sie handelt es sich folglich um ein hochwertiges Produkt. Nach innen stellt sich das System den Softwareentwicklern allerdings als kaum verständlich und nur schwer anpassbar dar. Diese Situation passt auf sehr viele Softwaresysteme, da sie kurzfristig betrachtet die profitabelste ist: Aufgrund der von Anwendern wahrgenommenen hohen Qualität lässt sich das Softwaresystem entsprechend erfolgreich im

Markt platzieren und Gewinn erwirtschaften. Ein kurzfristig agierendes Management erachtet das Softwaresystem daher für hochwertig. Diese Hochwertigkeit ist allerdings stark gefährdet, da jegliche Änderung am System, die alleine aufgrund der Lehmann-Gesetze zwangsläufig anfällt, nur schwer planbar und unwirtschaftlich vorgenommen werden kann. Wenn Änderungen aber nicht zeitnah und zuverlässig eingepflegt werden können, verliert das System permanent an Wert. Die geänderten Anforderungen der Nutzer (oder identische Anforderungen und geänderte Systemparameter wie z.B. neue Betriebssystemversionen) können nicht mehr entsprechend zeitnah erfüllt werden, was zu sinkenden Marktchancen führt.

Eine Nutzer fokussierende Qualitätssituation geht also, wenn keine entsprechenden Gegenmaßnahmen eingeleitet werden, in eine ausgeglichene negative Qualitätssituation über.

- *Entwickler fokussierende Qualitätssituation*: In diesem eher akademischen Fall wird zwar ein Großteil der Anforderungen der Anwender nicht entsprechend erfüllt, so dass auch die Marktchancen des Systems eher gering sind; den Softwareentwicklern stellt sich das System nach innen aber als leicht verständlich und zuverlässig änderbar dar. Das Management wird in einer solchen Situation ein großes Risiko sehen, da kurzfristig kaum wirtschaftliche Erfolge möglich sind. Auf der anderen Seite können allerdings notwendige Änderungen, die z.B. aus einer Nutzerbefragung und/oder einer Marktanalyse resultieren, von den Entwicklern effektiv und effizient umgesetzt werden, so dass sich zumindest mittelfristig ein wirtschaftlicher Erfolg einstellen kann.

2.2.3 Qualität in Abhängigkeit von Projektparametern

Neben den grundsätzlichen Sichten auf das Konzept Qualität und den möglichen Rollen, die Qualität wahrnehmen, gibt es noch Projektparameter, die Einfluss auf die Qualität in Form davon abhängiger unterschiedlicher Erfordernisse haben. Auch diese Projektparameter sind nicht orthogonal zu Sichten und Rollen, so dass sich einige Abhängigkeiten ergeben:

- *Systemart*: Die konkreten Erfordernisse hängen neben der beteiligten Rolle auch ganz wesentlich von der Art des Systems ab. So besitzt ein Wegwerf-Prototyp sowohl für den Manager als auch für den Benutzer oder den Entwickler andere jeweilige Erfordernisse als eine Basisapplikation innerhalb einer Enterprise-Topologie. Für den Entwickler ergeben sich die geänderten Erfordernisse alleine aufgrund der fehlenden Wartungsphase (Prototyp!) und für den Benutzer genügen häufig z.B. so genannte horizontale Prototypen ohne Funktionalität.

  Innerhalb eines Systems können durchaus verschiedene Systemarten existieren, die jeweils als Projektparameter Einfluss auf die Erfordernisse haben.

So ist es in heutigen Projekten durchaus üblich, besonders relevante Systembereiche mit entsprechenden Testfragmenten zu kontrastieren, um Fehlverhalten, d.h. Defizite der funktionalen Qualität, so früh wie möglich festzustellen. Von technischer Seite werden an diese Testcodes deutlich reduzierte Anforderungen gestellt, da der Fokus des Testcodes in dem separierten Testen bestimmter Funktionen liegt. Typische Charakteristika sind z.B. das bewusste Ausblenden externer Abhängigkeiten (Mock-Objekte), das Vorgeben fester Werte sowie das bewusste Umgehen bestimmter Sicherheitseinschränkungen. Sowohl grundsätzliche Design- als auch Architekturentscheidungen können dadurch für den expliziten Zweck des separaten Testens gebrochen werden.

Eine weitere in heutigen Projekten häufig anzutreffende Systemart sind generierte Codefragmente. Hierunter fallen diejenigen Dateien, die vollständig generiert werden und nur für den anschließenden Übersetzungsprozess als Quelltext existieren. Die Entwickler haben an diesen Code bis auf die Übersetzbarkeit keine Anforderungen bzgl. technischer Qualität, da sie den Code nicht direkt modifizieren und daher auch nicht verstehen müssen. Änderungen werden stattdessen nur an den Generatoreingaben vorgenommen.

Der aktuell stark in Mode befindliche Model-Driven-Architecture-Ansatz (MDA) gehört ebenfalls zu dieser Systemart: Änderungen, Erweiterungen oder Analysen werden lediglich auf den Modellen vorgenommen; der generierte Code wird größtenteils beim nächsten Generieren überschrieben und ist damit für den Entwickler nur sekundär interessant.

- *Systemeinsatz*: Die konkreten Erfordernisse hängen ebenfalls ganz wesentlich von der Art des Einsatzes der Anwendung ab. So werden z.B. an ein Computerspiel andere Erfordernisse gestellt als an eine Kraftwerkssteuerung. Beide erfüllen daher – eine gewisse fachliche Qualität unterstellt – unterschiedliche Erfordernisse. Capers Jones hat für seine Softwaremessungen z.B. 16 verschiedene Einsatzklassen aufgeführt, die von minimalen Qualitätsanforderungen (Programme für den eigenen Gebrauch) bis zu maximalen Qualitätsanforderungen (Programme, die unter Militärauftrag stehen) reichen [Jone93]. Ein weitsichtiges Management wird mit zunehmender Sicherheitsrelevanz die reinen Wirtschaftlichkeitseigenschaften zugunsten geforderter Standards und Normen nach hinten stellen. Der Benutzer wird bei der Benutzung ebenso wie der Entwickler bei der Quelltextarbeit ein systematisches, verifiziertes Arbeiten einem evtl. weniger aufwendigen, dafür aber möglicherweise fehlerträchtigeren Arbeiten vorziehen.
- *Systementwicklungsstufe*: An jedes während der Entwicklung eines Softwareproduktes anfallende Zwischen- und Endergebnis werden andere Erfordernisse gestellt. An ein partiell generiertes, noch nicht mit Business-Logik angefülltes Programmskelett stellt ein Entwickler z.B. andere Anforderungen als an die fertige Version. Auch ein Anwender wird an eine Vorstudie andere Anforderungen stellen als an eine erste Produktivversion.

- *Systementwicklungsumgebung*: Dieser Parameter versucht, den prozessbezogenen Ansatz zu involvieren, da bestimmte Charakteristika zwangsläufig Auswirkungen auf Merkmale und erfüllbare Erfordernisse haben. Dies sind vor allen Dingen:
  - *Verwendete Werkzeuge*, die in Form angebotener oder angeforderter Funktionalitäten Einfluss auf die Erfordernisse an das Gesamtsystem besitzen können. So verändern z.B. bestimmte Generatoren für die GUI wie die MFC- und COM+-Generatoren die Anforderungen, die ein Entwickler an die technische Qualität stellt, da diese Techniken zwangsläufig dazu führen, dass trotz der Verwendung der eigentlich portierbaren Programmiersprache C++ das Gesamtsystem nicht mehr auf andere Betriebssysteme übertragbar ist.
  - *Verwendete Programmierkonzepte und -sprachen*, die aufgrund inhärenter Schwächen und Stärken bestimmte Erfordernisse notwendig bzw. redundant erscheinen lassen. So werden z.B. in Bezug auf das Speichermanagement bei der Verwendung der Programmiersprache C++ andere Erfordernisse gestellt als bei der Verwendung von Java, da letztere hierfür weitestgehend selbst verantwortlich ist.

2.2.4 Code-Quality-Management mit dem Code-Quality-Index

Mit den in den vorherigen Abschnitten dargelegten Definitionen und Ausführungen ist eine Detaillierung des Kontextes des später noch zu definierenden Code-Quality-Index möglich, der als automatisierbarer Transparenzgeber der technischen Qualität ein Instrument für ein effizientes und effektives Code-Quality-Management großer Softwareprodukte darstellt. Während Code-Quality-Management in seiner allgemeinen Form unabhängig von konkreten Programmiersprachen, der jeweiligen Qualitätssicht und von spezifischen Projektparametern ist, muss der Code-Quality-Index aufgrund der angestrebten Automatisierbarkeit und Standardisierung deutlich mehr Festlegungen vor seinem Einsatz treffen. Entlang der Qualitätssichten, der Qualitätsrollen sowie der Projektparameter bedeutet dies für den Code-Quality-Index im Einzelnen:

- Der Code-Quality-Index fokussiert die Rolle des Softwareentwicklers, d.h., primär werden all diejenigen Eigenschaften eines Softwaresystems gefordert, die ein Entwickler während der Erstellung und Wartung von den internen, technischen Strukturen eines Softwaresystems benötigt bzw. die ihm diese Aktivitäten vereinfachen. Das Ziel ist, eine *ausgeglichene positive Qualitätssituation* zu erreichen. Um die *Entwickler fokussierende Qualitätssituation* auszuschließen, genügt es jedoch nicht, ausschließlich die technische Qualitätssicherung zu betrachten. Vielmehr bedarf es in jedem Fall noch einer projektspezifischen Validierung von fachlichen Anforderungen in Form eines projektspezifischen Testkonzeptes, in dem fachliche Anforderungen der Anwender aufgenommen, strukturiert, in entsprechende Testfälle überführt, minimalisiert, mit Testdaten instanziiert und anschließend mit entsprechenden Soll-Werten verglichen werden. Sowohl die Literatur als auch die Werkzeugunterstützung ist in diesem Bereich schon sehr umfangreich und vollständig, so dass an dieser Stelle lediglich darauf verwiesen wird (vgl. z.B. [MeLaPo02], [WiMe01]).

Wie bereits bei den Qualitätsrollen aufgeführt, haben der Manager und der Anwender des Systems nur mittelbar Vorteile durch die Beschäftigung mit dieser Form der Qualitätssicherung. Der Manager kann sich relativ sicher sein, dass zukünftige Änderungen zumindest aus technischer Sicht planbar, ökonomisch sinnvoll, zuverlässig und ggf. auch unter Zuhilfenahme externer Dienstleister möglich sind, da die technische Qualität einen entsprechend hochwertigen Stand aufweist.

Der Endanwender hat noch indirekter Vorteile, die aus der Beschäftigung mit dem Code-Quality-Index resultieren, indem seine spezifischen Anforderungen kostengünstiger, budget- und zeitgerechter realisiert werden können.

- Die Qualitätssicht des Code-Quality-Index ist eine Mischung des Produktansatzes mit dem Kosten-Nutzen-Ansatz. Es wird davon ausgegangen, dass viele Erfordernisse der Entwickler aufgrund der im Gegensatz zu den Endanwendern homogenen Beschäftigung mit dem Code separat, d.h. ohne die Beteiligung konkreter Entwickler, ermittelt werden können. Diese wichtige Prämisse des Code-Quality-Index wird im nächsten Kapitel noch weiter detailliert. An dieser Stelle genügt die Feststellung, dass es eine bestimmte Menge von Erfordernissen an die technische Qualität gibt, deren Einhaltung die Wartung eines Softwaresystems für alle Entwickler deutlich vereinfacht.

  Der Kosten-Nutzen-Aspekt wird insoweit betrachtet, dass auch technische Qualität niemals perfekt vorliegen wird (vielmehr schließt die empirische Relativierung, die ein weiterer wichtiger Baustein des einzuführenden Code-Quality-Index-Konzeptes ist, von geforderten Aspekten explizit die transzendente Qualitätssicht aus). Ziel des Code-Quality-Index ist daher nicht das aus technischen Aspekten perfekte System, sondern ein System, dessen Risiken sowohl bekannt (Transparenz) als auch relativ beherrschbar (Optimierung) sind. Die Grundlage dieser Gratwanderung bildet die starke empirische Basis, die dem Code-Quality-Index zugrunde liegt (vgl. weiter unten).

- Auch bei den Projektparametern fokussiert der Code-Quality-Index bestimmte Konstellationen, bei denen sowohl die Relevanz der technischen Qualität insgesamt als auch die konkreten Ausprägungen klar und bekannt sind:
  - Systemart: Der Code-Quality-Index fokussiert langfristig produktive Softwaresysteme, die während der Zeit mindestens die üblichen Erweiterungen und Anpassungen erfahren müssen und die vom Entwickler in Quell-

textform verstanden und gewartet werden müssen. Das bedeutet insbesondere, dass Testcode und generierter Code (auch aus einem MDA-Ansatz) für den Code-Quality-Index nicht im Fokus liegen, da ein Entwickler von einer hohen technischen Qualität dieser Systemarten kaum Vorteile für seine tägliche Arbeit ableiten kann.

Des Weiteren besitzen die Systeme, für die der Code-Quality-Index relevant ist, eine nichttriviale Größe, die ein vollständiges manuelles Code-Lesen wirtschaftlich nicht sinnvoll erscheinen lassen. Im Folgenden wird ebenfalls davon ausgegangen, dass die Sicherstellung der Weiterentwickelbarkeit im Interesse desjenigen ist, der sich mit dem Code-Quality-Index beschäftigt.

- Systemeinsatz: Der Code-Quality-Index fokussiert Softwaresysteme mit keiner besonderen Sicherheitsrelevanz; in den darüber hinaus existierenden Softwaresystemen (z.B. im Flugbereich) gelten umfangreiche, verbindliche Gesetzesvorgaben, die die Kosten-Nutzen-bezogene Sicht des Code-Quality-Index zwangsläufig dominieren.
- Systementwicklungsstufe: Der Code-Quality-Index fokussiert Softwaresysteme, die auf der einen Seite bereits eine nicht unwesentliche Code-Basis-Größe besitzen, die aber auf der anderen Seite auch noch eine genügend lange Zeit Änderungen und Erweiterungen erfahren werden. Der Code-Quality-Index kann zwar auch prospektiv für die Vertragsgestaltung beim Outsourcing von Implementierungsarbeiten verwendet werden, z.B. in Form von konkret operationalisierten Service Level Agreements (SLAs), der Fokus liegt allerdings in der Transparenzgebung und Optimierungsbegleitung von existierendem Code. Die Applikation muss jedoch noch nicht vollständig kodiert sein; der Code-Quality-Index kann ebenfalls auf Teile einer Applikation angewendet werden, die noch nicht einmal fachlich korrekt arbeiten. Der Code-Quality-Index fokussiert von daher alle Stufen, ab der bereits Code in nicht unwesentlicher Größe existiert. Je nach verwendetem Softwareentwicklungsprozess kann dies bereits relativ früh (z.B. bei Verwendung agiler Methoden) oder auch erst kurz vor dem Ende sein (z.B. beim Wasserfallmodell).
- Systementwicklungsumgebung: Der Code-Quality-Index fokussiert die Programmierung mittels des objektorientierten Paradigmas und dort insbesondere die Java- und C++-Programmierung. Wie Abbildung 2–7 zu entnehmen ist, entspricht diese Fokussierung in großen Teilen der aktuellen Verbreitung, wenn die unter den Freiberuflern genannten Kenntnisse als Grundlage genommen werden (entnommen [GULP], Stand: Januar 2006).

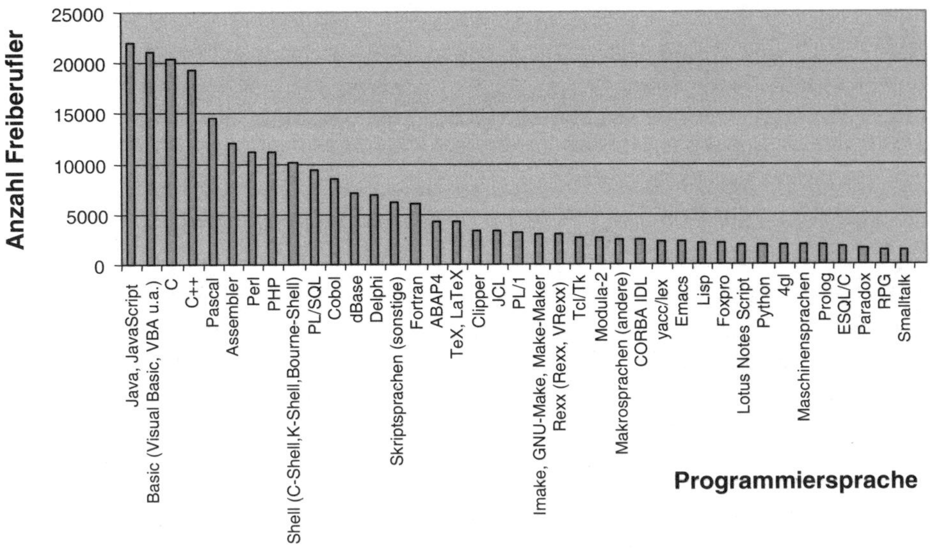

Abb. 2–7 *Verbreitung von Programmiersprachen-Kenntnissen bei Freiberuflern*

- Neben der bloßen Verbreitung dieser Programmiersprachen vereinfacht insbesondere die hohe Eloquenz dieser Sprachen in Form von expliziten, syntaktischen Mitteln die Möglichkeiten der automatischen Transparenzgewinnung bzgl. der technischen Qualität. Während es z.B. auch in Nicht-OO-Sprachen möglich ist, Grundkonzepte guter Programmierung wie Datenkapselung zu realisieren (vgl. z.B. die OO-Programmierung mittels Modula-2 in [PaSi94]), so ist eine werkzeugbasierte Analyse dieser Konzepte aufgrund der expliziten Sprachmittel (z.B. »class«) deutlich einfacher. Die Grundkonzepte des Code-Quality-Index gelten jedoch auch für Altsprachen.
- Bei den von Entwicklern verwendeten Werkzeugen wird von einer zeitgemäßen Entwicklungsinfrastruktur ausgegangen. In C++ sind dies z.B. die Microsoft-Visual-C++-Umgebungen sowie in Java Eclipse. Innerhalb dieser Umgebungen werden einige feingranulare Risiken bzgl. der technischen Qualität wie z.B. Layoutfehler (Einrückungen) und Klammerungsfehler (implizite Blockbildung bei fehlenden Klammern) automatisch umgangen, so dass diese Risiken für den Code-Quality-Index irrelevant sind. Selbst für Nutzer älterer Entwicklungsumgebungen können mittels so genannter Code-Beautifier diese durchaus relevanten Qualitätsrisiken vollautomatisch behoben werden.

Viele der beschriebenen Bedingungen müssen für Code-Quality-Management nicht zwangsläufig erfüllt sein: So kann Code-Quality-Management z.B. ebenfalls für PL/1-Systeme und ABAP-Anpassungen effektiv durchgeführt werden;

auch Generator-Ergebnisse und -Eingaben sowie Testimplementierungen können bzgl. spezifischer technischer Anforderungen untersucht und anschließend optimiert werden. Diese allgemeine Form von Code-Quality-Management ist allerdings sehr stark von den individuellen Projekten abhängig: Ein standardisiertes Vorgehen entlang standardisierter Kriterien, das ein hohes Automatisierungspotenzial und die Möglichkeit des systematischen Benchmarkings besitzt, ist damit allerdings nur schwierig möglich, langfristig aber durchaus wünschenswert. Der Code-Quality-Index möchte als praktikables und empirisch untermauertes Konzept hierfür den ersten Schritt gehen. Bevor er in den folgenden Kapiteln näher beschrieben wird, werden im folgenden Abschnitt noch einmal die grundlegenden Techniken der Qualitätssicherung erläutert, um Teile hiervon für das Code-Quality-Management und wiederum Teile davon für die Detaillierung des Code-Quality-Index anzuwenden.

2.3 Techniken der Qualitätssicherung

Für die Qualitätssicherung großer Softwaresysteme gibt es unterschiedliche Ansätze. Diese lassen sich entsprechend unterschiedlicher Dimensionen jeweils verschieden klassifizieren. Eine häufige Klassifizierung orientiert sich an den unterschiedlichen Qualitätsrollen (vgl. oben): So werden z.B. nutzerorientierte Blackbox-Qualitätssicherungsverfahren, bei denen die zu überprüfende Applikation als Blackbox betrachtet wird und damit nur noch als laufende Applikation für die Qualitätssicherung zur Verfügung steht, von entwicklerorientierten Whitebox-Qualitätssicherungsverfahren getrennt, bei denen der Quelltext selbst die Qualitätssicherung erfährt.

Im Folgenden werden die unterschiedlichen Qualitätssicherungstechniken entsprechend der Ziele und der Verbindlichkeit der Qualitätssicherung klassifiziert, da hiermit die Abgrenzung des Code-Quality-Managements und des Code-Quality-Index gegenüber den anderen Sicherungstechniken transparenter wird.

2.3.1 Verifikation

Die verifizierenden Verfahren der Qualitätssicherung haben das Ziel, die Korrektheit eines Programms zu beweisen. Ausgangspunkt jeder Verifikation ist das Vorliegen einer vollständigen und formalen Spezifikation. Darauf aufbauend kann mittels formaler Techniken, wie z.B. des Hoare-Kalküls, die Korrektheit des Programms gegenüber der Spezifikation bewiesen werden. Unter der Prämisse, dass dieser Beweis korrekt ist, erlaubt die Verifikation damit die höchstmögliche Verbindlichkeit der Qualitätssicherung.

Die formale Verifikation trifft in der Praxis häufig auf die folgenden Probleme:

- Hohe Spezifikationsanforderungen: Eine Spezifikation, die formal genug ist, um für eine Verifikation benutzt werden zu können, ist insbesondere für umfangreiche Softwaresysteme mit einer Vielzahl von möglichen Datenflüssen, Workflows und externen Datenquellen nur schwer erstellbar. Alleine die Vielzahl unterschiedlicher Möglichkeiten, Programme mit einer GUI zu steuern und dort ein bestimmtes Verhalten anzustoßen, überfordert viele der heutigen Verifikationstechniken; dies ist ein wesentlicher Grund dafür, dass der Einsatz formaler Verifikationstechniken heute vorwiegend auf den Bereich der eingebetteten Systeme (embedded systems) beschränkt ist.
- Dynamik der Spezifikation: Wie bereits oben mit dem *Law of continuing change* (Def. 2–3) belegt, gibt es kaum ein Softwaresystem, dessen Spezifikation im Vorfeld der Erstellung vollständig beschrieben werden kann und dessen Anforderungen nicht während des Einsatzes variieren. Da die Wartung von Verifikationen, d.h. die Modifikation formaler Spezifikationen und der darauf aufbauenden formalen Beweisführung, mindestens ähnlich große Probleme aufwirft wie bei nicht verifizierten Softwaresystemen, wird die Verifikation meistens für sehr fest definierte Kontexte, in denen die Anforderungen relativ fix sind, angewandt (z.B. eine Kraftwerkssteuerung, die maßgeblich durch physikalische Gesetze bestimmt ist und sich daher kaum ändert).
- Validierung der Spezifikation: Selbst ein vollständig verifiziertes Produkt kann aus Sicht der benutzerorientierten Qualität wertlos sein, da die Adäquatheit der Spezifikation hinsichtlich der Benutzeranforderungen außerhalb der Verifikation liegt.

Auch wenn unter einer Verifikation in der Regel eine Verifikation gegenüber einer Spezifikation des externen Verhaltens verstanden wird (fachliche Verifikation), so ist es prinzipiell auch möglich, gegenüber denjenigen Anforderungen zu verifizieren, die aus der Sicht der technischen Qualität resultieren (technische Verifikation). Ein typisches Beispiel einer solchen Verifikation ist der formale Nachweis der Einhaltung einer technischen Architektur, ein typisches Szenario des Code-Quality-Managements: Liegt eine solche in formaler Form vor, indem z.B. alle diejenigen Codefragmente aufgelistet werden, die nur unter Verwendung einer Datenbankzugriffsschicht auf eine Datenbank zugreifen dürfen, so kann diese Forderung im Code vollständig überprüft werden.

Die Verifikation ist für den Code-Quality-Index irrelevant, da ein Großteil der dortigen Vorgaben auf einer empirischen Datenbasis beruht, die lediglich quantitative Aussagen bzgl. der technischen, standardisierten Qualität ermöglicht und darauf aufbauende Optimierungsmöglichkeiten erkennen lässt.

2.3.2 Test

Die Aufgabe testender Verfahren ist das Aufdecken von Fehlern. Hierfür wird mittels mehr oder weniger strukturierten Vorgehen versucht, Abweichungen eines Solls, das entgegen der Verifikationstechniken nicht formal vorliegen muss, aufzuzeigen. Je nach verwendetem Testende-Kriterium kann die Güte des getesteten Systems variieren: Besteht der Test lediglich daraus, einen typischen Anwendungsfall in der Applikation mit typischen Daten einmal durchzugehen, so sind z.B. folgende Qualitätsprobleme möglich:

- Es kann keinerlei Aussage für die anderen, nicht getesteten Anwendungsfälle gemacht werden.
- Es kann keinerlei Aussage über das Zusammenspiel des getesteten Anwendungsfalls mit anderen Anwendungsfällen gemacht werden.
- Es kann keinerlei Aussage über die kontinuierliche Korrektheit des Anwendungsfalls gemacht werden (Verhält sich das System beim erneuten Durchlauf des getesteten Anwendungsfalls wieder wie gewünscht?).
- Es kann keinerlei Aussage über die Korrektheit des getesteten Anwendungsfalls bei Verwendung anderer Daten, so genannter Testdaten, gemacht werden.

Grundsätzlich kann diese Form des Testens auf zwei Arten durchgeführt werden, die im Folgenden jeweils separat beschrieben werden.

Dynamisches Testen

Beim dynamischen Testen wird die Applikation innerhalb eines Testsystems zur Ausführung gebracht und der konkrete Testfall tatsächlich innerhalb der Applikation mit konkreten Testdaten durchgeführt, um anschließend das ermittelte Ist mit einem erhofften Soll zu vergleichen.

Die wohl bekannteste Form des dynamischen Testens ist das funktionale dynamische Testen, d.h., im optimalen Fall werden bereits während der Erstellung der konkreten Anforderungen entsprechende funktionale Testfälle ermittelt, mit deren Hilfe nach Fertigstellung der Applikation die Korrektheit der Umsetzung getestet werden kann. Eine sehr mächtige Technik des funktionalen dynamischen Testens mit dem Ziel einer maximalen Effizienz und Effektivität ist die funktionale Äquivalenzklassenbildung, innerhalb derer die Anforderungen in Äquivalenzklassen aufgeteilt werden, die jeweils ein ähnliches Verhalten bewirken sollen. Anschließend werden mittels spezieller Heuristiken für jede Äquivalenzklasse repräsentative Testdaten angegeben. Diese Form des Testens ist heute durch eine Vielzahl von Werkzeugen unterstützt (vgl. z.B. SQS-Test-Professional©, Test-Director©).

Eine andere Form des dynamischen Testens fokussiert die Testfallermittlung, d.h. das Entwerfen der Testszenarios, die die zu testende Applikation durchlaufen soll, entlang nichtfunktionaler Aspekte. Während beim funktionalen dynamischen Testen die interne Struktur der Applikation weitestgehend ausgeblendet wird, da das Testobjekt als Blackbox betrachtet wird, fokussiert das strukturorientierte dynamische Testen den technischen Aufbau des Systems. Die hier verwendeten Testfälle basieren auf einem Soll, das Aussagen über das interne Verhalten des Systems macht, das nicht in jedem Fall ein Pendant im extern beobachtbaren Verhalten hat. Die Testfälle können beim strukturorientierten Test z.B. mit dem Ziel gewählt werden, dass ein möglichst großer Teil des Quelltextes mindestens einmal durchlaufen wird. Diese Anweisungsüberdeckung bedarf u.U. vollständig anderer Testfälle, als dies beim funktionalen dynamischen Testen sinnvoll ist. Im Extremfall äußert sich eine Vielzahl von Testfällen zur Erreichung einer vollständigen Anweisungsüberdeckung nach außen in ein und demselben Ergebnis.

Das dynamische funktionale Testen wird heute innerhalb eines jeden Softwareentwicklungsprozesses explizit adressiert, da hiermit direkt die fachliche Qualität, die mittelbar über den Erfolg eines Softwareproduktes entscheidet, punktuell ermittelt wird. Die größten Hürden des dynamischen fachlichen Testens sind:

- Unpräzise Vorgaben bzgl. des Soll-Kriteriums: Insbesondere das fachliche Testen bedarf konkreter Anforderungen, die in Testfälle überführt werden können. Aus unscharfen Anforderungen lassen sich keine konkreten Anforderungen ableiten, die für ein dynamisches Testen, d.h. für ein konkretes Eingeben von Daten in eine laufende Applikation, notwendig sind.
- Äquivalenz zwischen Test- und Produktionssystem: Da das explizite Ziel vom Testen darin besteht, Fehler aufzuzeigen, wird der Test normalerweise nicht auf dem Produktivsystem durchgeführt, sondern innerhalb eines separaten Testsystems. Um die Aussagen, die bei einem Test auf einem Testsystem erarbeitet werden, für einen Einsatz auf dem Produktivsystem übernehmen zu können, müssen beide Systeme identisch aufgebaut sein. Ist dies nicht der Fall, ist die Aussage für das Testsystem bzgl. der qualitativen Güte für das Produktionssystem nur eingeschränkt gültig.
- Endaktivität: Das dynamische Testen setzt in jedem Fall eine lauffähige Applikation voraus. Syntaktische Fehler, unvollständige Teilbereiche oder technische Inkompatibilitäten verhindern ein dynamisches Testen, da hierfür die Applikation zumindest gestartet werden können muss. Aufgrund dieser Voraussetzung findet dynamisches funktionales Testen in der Regel am Ende einer Entwicklungsiteration statt (eine Abschwächung dieser Voraussetzung stellt lediglich der Entwicklertest dar, bei dem die Vollständigkeit auf einzelne Klassen oder Pakete beschränkt ist, die dann mittels entwicklungsnaher Testfälle durch Werkzeuge wie JUnit getestet werden). Damit besteht für diese Endaktivität die inhärente Gefahr, als Puffer für zeitliche Verzögerungen im

Vorfeld gelaufener Aktivitäten herhalten zu müssen. Wird der Auslieferungstermin nicht entsprechend verschoben, ist dies ein häufiger Grund für das Konzept des »Testens durch den Kunden«. Die Problematik der Endaktivität des funktionalen Testens ist in der folgenden Abbildung exemplarisch für die Verwendung des Wasserfallmodells noch einmal schematisch dargestellt:

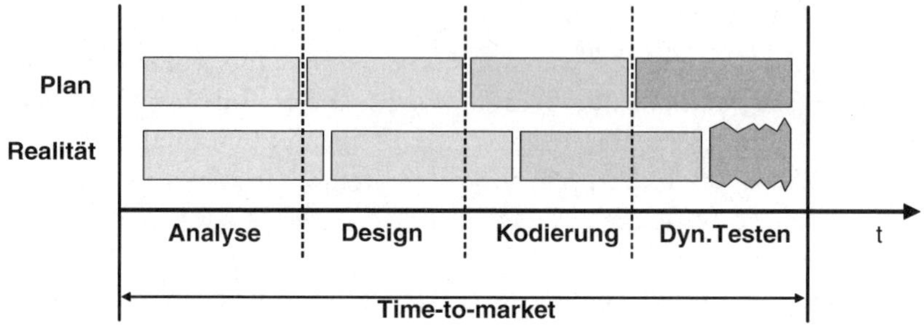

Abb. 2–8 *Risiko einer Endaktivität dynamisches Testen*

Statisches Testen

Die Ziele des statischen Testens entsprechen denen des dynamischen Testens: Mit Hilfe eines mehr oder weniger strukturierten Vorgehens wird versucht, Abweichungen eines Solls, das auch hier nicht zwangsläufig formal vorliegen muss, aufzuzeigen. Im Gegensatz zum dynamischen Test wird für den statischen Test die Anwendung allerdings nicht real zur Ausführung gebracht, d.h., der Test findet »virtuell« statt. In den meisten Fällen wird hierfür das System nicht als Blackbox betrachtet, sondern es werden Detaillierungen verwendet. Diese müssen nicht zwangsläufig den Quelltext enthalten, da statisches Testen beispielsweise auch auf Klassendiagrammen oder Architekturübersichten möglich ist.

Beispiele solcher virtueller Testmethoden sind:

- Statische Kontrollflussanalysen: Bei diesen wird der Quelltext des Systems untersucht. Darauf aufbauend wird das erwartete Soll bestätigt oder widerlegt. Ein typisches Beispiel einer solchen statischen Testmethode ist der Nachweis, dass jegliche Kommunikation eines Moduls zu den anderen Modulen über ein Verschlüsselungsmodul geschieht. Die Überprüfung dieses Solls kann mittels eines statischen Tests durchgeführt werden. Ein Kontrollflussanalysator überprüft dafür, ob jeder mögliche Kontrollfluss durch das Verschlüsselungsmodul läuft.
- Walkthroughs als spezielle Form des Reviews: Ein Walkthrough ist entsprechend der IEEE wie folgt definiert:

»A walkthrough is a static analysis technique in which a designer or programmer leads members of the development team and other interested parties through a segment of documentation or code, and the participants ask questions and make comments about possible errors, violation of development standards, and other problems.«

Def. 2–8 *Walkthrough (aus [Marc94])*

Innerhalb eines Walkthroughs wird die Ausführung eines Systems der Definition zufolge mental simuliert, um Abweichungen von einem Soll aufzudecken.

Die Methoden des statischen Testens werden heute in vielen Softwareentwicklungsprozessen explizit gefordert. So wird als ein wesentlicher Vorteil des Pair-Programmings z.B. das kontinuierliche Reviewen angesehen, das ebenfalls statisch durchgeführt wird (der Quelltext wird zu dem Zeitpunkt gerade geschrieben).

Trotz dieser allgemeinen Bekanntheit statischer Testmethoden werden sie meist nur punktuell und unsystematisch eingesetzt. Die Gründe hierfür sind vor allen Dingen:

- Unsystematisches Vorgehen: Während beim dynamischen Testen wenigstens einige harte Tatsachen erfüllt sein müssen (z.B. muss die Applikation laufen), die einen gewissen systematischen Rahmen erzwingen, wird das statische Testen häufig ad hoc und unsystematisch durchgeführt. So werden Reviews teilweise ohne fest definierte Rollen und Aktivitäten durchgeführt. Der Erfolg des statischen Testens kann jedoch nur garantiert werden, wenn derartige Rahmendefinitionen vorliegen und eingehalten werden. Für Reviews sind z.B. in [FrLuSa04] entsprechende Rollen und Aktivitäten definiert.
- Kostenintensität: Insbesondere die manuellen statischen Testverfahren sind als nachgelagerte Tätigkeiten für große Systeme sehr kostenintensiv. So geht Hewlett Packard beispielsweise von folgenden Aufwänden nur für die Sitzung eines systematischen Code-Reviews aus: 5 Personen benötigen für 360 Lines of Code durchschnittlich eine Stunde. Für ein System mit 1 Mio. Lines of Code ergibt sich bei einem vollständigen Code-Review alleine ein Sitzungsaufwand von über 8 Personenjahren (vgl. [Balz98]).
- Fehlende Werkzeugunterstützung: Die Möglichkeit, das statische Testen automatisiert durchzuführen, bedarf hochkomplexer Werkzeuge mit entsprechenden Faktenextraktionstechnologien. Die Genauigkeit der Faktenextraktion bestimmt dabei ganz maßgeblich die Zuverlässigkeit des Testens. Sowohl das Erkennen von sprachübergreifenden Abhängigkeiten (z.B. von JSPs zu Datenbanktabellen) als auch das Auflösen von entkoppelnden Mechanismen wie CORBA oder COM, um alle tatsächlichen Abhängigkeiten zu berechnen, sind technologisch hochkomplex. Häufig fehlt die Kenntnis über die aktuell

zur Verfügung stehenden Werkzeuge. Auf der anderen Seite sind derartig mächtige Werkzeuge auch sehr preisintensiv, so dass der wirtschaftliche Vorteil ihres Einsatzes von Projekt zu Projekt jeweils erst nachzuweisen ist.

- Unvollständiges Datenmaterial: Neuere Programmiertechnologien unterstützen in immer größerem Umfang dynamische Modifikationen der Quelltextbasis (z.B. durch Nachladen von bestimmten Klassen zur Laufzeit) sowie typ- oder datenabhängige Verhaltensänderungen (z.B. mittels Annotationen in C#). Derartige Konzepte können durch das statische Testen nicht immer vollständig aufgelöst werden, da sie z.B. von konkreten Nutzereingaben abhängen. Auch wenn es in vielen Fällen möglich ist, Potenzialräume aufzuspannen, d.h. alle theoretisch möglichen Adressaten einer Nachricht zu ermitteln, können die erhaltenen Informationen für ein konkretes Testergebnis zu allgemein sein.

Die vom Code-Quality-Index propagierten Konzepte können allesamt durch Methoden des statischen Testens angewendet werden. Das Soll reflektiert hierbei alle diejenigen Eigenschaften, die eine hohe Wartbarkeit unterstützen und damit insgesamt die Zukunftsfähigkeit des Systems beeinflussen. Der Code-Quality-Index legt insbesondere Wert auf eine hohe Systematik, einen geringen Kostenaufwand und eine maximale Werkzeugunterstützung und versucht, das unvollständige Datenmaterial bei der Soll-Festlegung durch Standardanforderungen entsprechend zu kompensieren.

2.3.3 Validierung

Im Gegensatz zur Verifikation, die den formalen Nachweis der Korrektheit als Ziel hat, und dem Test, der das Aufdecken von Abweichungen gegenüber einem bekannten Soll fokussiert, versucht die Validierung, die Qualität einer Applikation innerhalb eines konkreten Kontextes zu erfassen und zu evaluieren. Ein explizites Soll liegt hierbei nicht vor; vielmehr ergibt es sich aus den Anforderungen innerhalb des tatsächlichen Einsatzkontextes. Der Fokus der betrachteten Parameter ist bei der Validierung also deutlich weiter als bei der Verifikation und beim Test.

Eine typische, validierende Qualitätssicherungsmaßnahme ist das Usability-Assessment: Unter Usability (Gebrauchstauglichkeit) wird hierbei die Tauglichkeit eines Systems verstanden, den konkreten Anwender bei der Erfüllung einer konkreten Aufgabe innerhalb einer konkreten Organisation zu unterstützen. Eine solche Untersuchung kann per definitionem nicht ohne die Berücksichtigung der konkreten involvierten Parameter durchgeführt werden.

3 Bidirektionale Qualitätsmodelle

Um ein Produkt bzgl. der Qualität zu bewerten und die Qualität zu managen ist eine Detaillierung des allgemeinen Qualitätsbegriffs nötig: Hierfür bieten Qualitätsmodelle eine gute Unterstützung, da sie das Explizieren individueller Qualitätsverständnisse ermöglichen. Dies geschieht häufig auf der Ebene von Qualitätseigenschaften, die subjektive Erwartungen an ein System beschreiben. Die ISO 9126 ist ein derartiges auf Qualitätseigenschaften basierendes Qualitätsmodell. Für eine objektive Bewertung – und das ist explizites Ziel des Code-Quality-Index – bedarf es allerdings der Anreicherung dieser Modelle um Qualitätsmerkmale. Deren Messbarkeit erlaubt das Erkennen von Anomalien in Form untypischer Ausprägungen. Typische Wertebereiche können hierbei durch eine breit angelegte Erhebung praxisrelevanter Systeme und deren anschließende statistische Auswertung abgeleitet werden. Qualitätsindikatoren schließlich erlauben, mit Problemmustern, d.h. Anomalien mit begründeten negativen Auswirkungen, die Lücke zwischen Eigenschaften und Messbarem zu schließen. Auf der Grundlage dieser Qualitätsindikatoren ermöglichen die bidirektionalen Qualitätsmodelle die Messbarkeit ansonsten subjektiver Anforderungen. Auch wenn diese Grundlagen für die reine Blackbox-Anwendung des Code-Quality-Index nicht notwendig sind, so sind sie dennoch dessen existenzielle Grundlage und stellen sicher, dass der Code-Quality-Index weder ein reiner »Metrikkatalog« für Entwickler noch eine Liste von wünschenswerten Qualitätseigenschaften für das Management ist: Der Code-Quality-Index integriert beides mittels bidirektionaler Qualitätsmodelle und unterstreicht damit die integrative Zielausrichtung des Code-Quality-Managements.

3.1 Qualitätseigenschaften

Um Qualität handhabbar, d.h. insbesondere bzgl. des Erfüllungsgrades feststellbar und darauf aufbauend optimierbar zu machen, ist eine Konkretisierung des Begriffs Qualität notwendig. Die Technik hierfür sollte unabhängig von den im vorherigen Kapitel erläuterten Einflussparametern (Sicht, Rolle, Projektparameter) sein. Die verwendete Konkretisierungstechnik muss daher generisch genug sein, um z.B. die produktbezogene Qualitätssicht aus der Rolle des Managements für ein neues Textverarbeitungssystem ebenso darstellen zu können wie die benutzerbezogene Qualitätssicht aus der Rolle des Softwareanwenders für einen Softwareprototyp.

Eine allgemein anerkannte Möglichkeit der Konkretisierung des Qualitätsbegriffs ist die Bildung von Qualitätsmodellen. Diese bieten »*differenzierte und den Erfordernissen von Software-Produkten angepasste Möglichkeiten zur Spezifikation von Qualitätsanforderungen*« ([Wall01], S. 59). Grundidee der Qualitätsmodellerstellung ist das Konzept »*Divide et impera*«, d.h., ausgehend von einer globalen Qualitätssicht werden die konkreten Erwartungen an etwas (z.B. ein Produkt oder ein Prozess) über mehrere Stufen immer weiter verfeinert, so dass ein gerichteter, hierarchischer Verfeinerungsgraph entsteht.

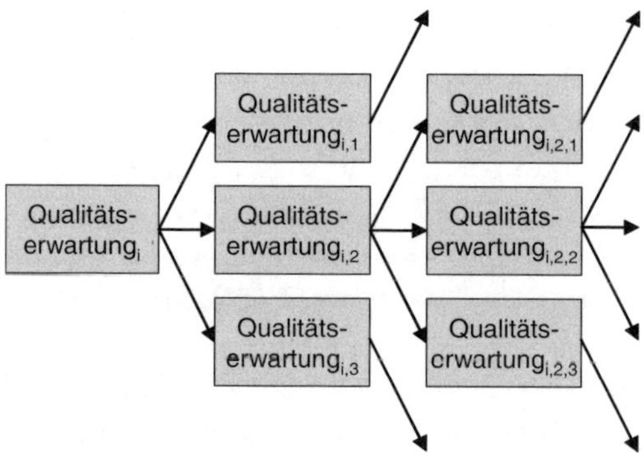

Abb. 3–1 *Hierarchische Qualitätsmodelle*

In Abbildung 3–1 ist ein solcher Verfeinerungsgraph dargestellt. Die Qualitätserwartungen der Stufe k werden in der Stufe k+1 verfeinert. Eine Abhängigkeit von einer Qualitätserwartung$_i$ zu einer Qualitätserwartung$_{i,1}$ bedeutet hierbei, dass die Ausprägung der Qualitätserwartung$_{i,1}$ Einfluss auf die Ausprägung der Qualitätserwartung$_i$ besitzt. Gibt es für eine Qualitätserwartung$_i$ nur eine einzige derartige verfeinerte Qualitätserwartung$_{i,1}$, so sind die beiden Ausprägungen äquivalent. Anderenfalls ergibt sich die Ausprägung der höherwertigen Qualitätserwartung$_i$ aus der u.U. gewichteten Summe der einzelnen Qualitätserwartungen$_{i,j}$.

Entsprechend der im vorherigen Abschnitt aufgezeigten Mehrdimensionalität des Qualitätsbegriffs kann eine derartige hierarchische Qualitätsverfeinerung von Kontext zu Kontext sehr variieren. Wichtig ist in diesem Zusammenhang die Analyse der je nach Kontext auftretenden Art der Qualitätserwartungen. Sie werden als so genannte *Eigenschaften* formuliert:

Eigenschaften repräsentieren die einer Entität zukommende Bedeutung. Sie sind das Resultat der subjektiven Wahrnehmung und Empfindung im Bewusstsein des Betrachters.

Def. 3–1 *Eigenschaften*

Sehr viel eingängiger ist die Bedeutung von *Eigenschaften* im Englischen. Der Ursprung des *attribute* (deutsch: Eigenschaft) liegt im lateinischen *attribuere* (deutsch: beimessen, zuteilen), was den subjektiven Ursprung der Eigenschaft deutlich hervorhebt. Eine typische Eigenschaft ist die Schönheit von etwas: Sie hängt maßgeblich vom wahrnehmenden Subjekt ab und lässt sich in dieser allgemeinen Form nicht objektivieren (wohl aber modellieren).

Eine Untermenge aller Eigenschaften sind die Qualitätseigenschaften:

Eine Qualitätseigenschaft ist eine Eigenschaft, die zur Unterscheidung von Produkten, Bausteinen oder Herstellungsprozessen in qualitativer (subjektiver) Hinsicht herangezogen werden kann.

Def. 3–2 *Qualitätseigenschaft (vgl. [HeKeLu+94])*

Eine wesentliche Einschränkung gegenüber dem allgemeinen Eigenschaftsbegriff stellt die Forderung nach der Unterscheidbarkeit dar. Eine Eigenschaft, die allen in Frage kommenden Entitäten per se gemeinsam oder für diese nicht erreichbar ist, stellt daher keine Qualitätseigenschaft dar. Beispiele für solch unzulässige Eigenschaften sind die Eigenschaft von Software, in einer Programmiersprache verfasst zu sein, und die Eigenschaft von großen Softwaresystemen, 100% fehlerfrei zu sein.

Ein sehr bekanntes Ergebnis einer Qualitätsverfeinerung mittels Qualitätseigenschaften, die zudem noch als Baum notiert ist, liegt der ISO 9126 zugrunde (in Deutschland auf die DIN 66272 abgebildet), die in Abbildung 3–2 dargestellt ist.

Eine entlang dieses Qualitätsmodells gute Software ist also übertragbar, änderbar, effizient, benutzbar, zuverlässig und funktionierend. Interessant an dieser speziellen Verfeinerung ist z.B. die Absenz der Eigenschaft »Wiederverwendbarkeit«. Dies führte in der Literatur zu Erweiterungen dieses Qualitätsmodells um genau diese Eigenschaft, die wiederum um Untereigenschaften wie Sprachstandardisierung, Maschinenunabhängigkeit, Kapselung und Parametrisierbarkeit verfeinert wurde (vgl. [Drom95], S. 148 f.).

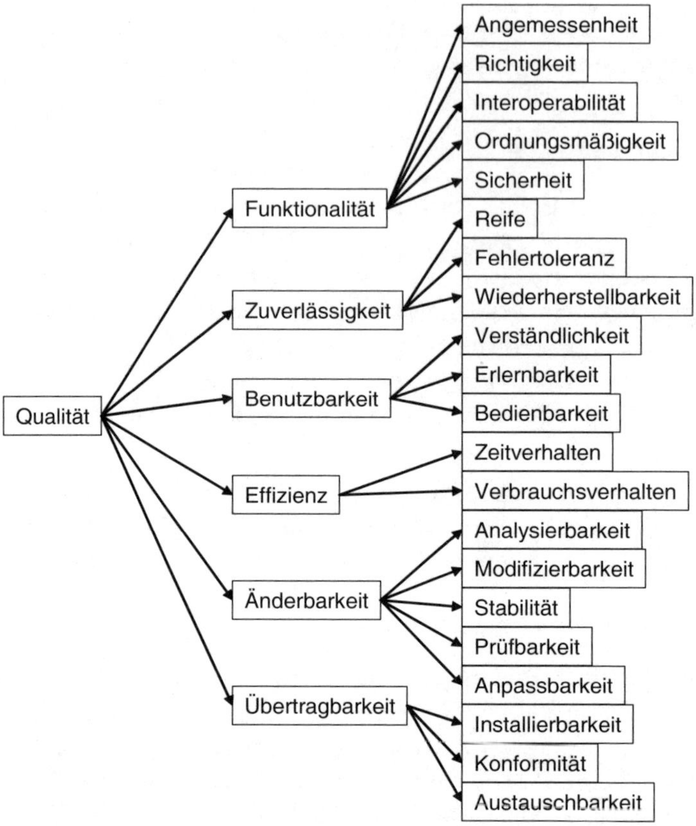

Abb. 3–2 *Qualitätsmodell aus ISO 9126*

Auch der Code-Quality-Index mit seinem Fokus auf technische Qualität kann sich dieses Qualitätsmodells für eine Detaillierung bedienen: Die damit adressierten Qualitätseigenschaften sind folgende (die Definitionen sind hierbei an die Ausführungen innerhalb der ISO-Norm angelehnt).

Qualitätseigenschaft	Bedeutung
Änderbarkeit	Allgemeine Eignung der Software, bedeutende Änderungen an ihr vornehmen zu lassen, ohne dass unerwünschte Seiteneffekte auftreten. Änderbarkeit ist der Oberbegriff für Analysierbarkeit, Modifizierbarkeit, Stabilität und Prüfbarkeit.
Analysierbarkeit	Eignung der Software, ihre Mängel oder die Ursachen ihres Versagens diagnostizieren zu können und Defizite oder änderungsbedürftige Teile bestimmen zu lassen.
Modifizierbarkeit	Eignung einer Software, spezifische, vorgegebene Änderungen an ihr vornehmen zu können. Änderungen können Korrekturen, Verbesserungen oder Anpassungen an die Anforderungen bzw. die funktionalen Spezifikationen einschließen.

Qualitätseigenschaft	Bedeutung
Stabilität	Eignung der Software, unerwartete Wirkungen vermeiden zu können, die aufgrund von Benutzereingaben oder Zustandsänderungen während der Laufzeit auftreten.
Prüfbarkeit	Eignung der Software, durchgeführte Änderungen an ihr zu validieren.
Effizienz	Eignung der Software, unter definierten Bedingungen und im Verhältnis zu den eingesetzten Betriebsmitteln wie Hardware (z.B. Speicher), Software (z.B. externe Bibliotheken/Libraries) und Personal eine in ihrem Umfang verbindlich festgelegte Leistung zu erbringen.
Zeitverhalten	Eignung der Software, unter definierten Bedingungen angemessene Antwort- und Verarbeitungszeiten sowie Durchsatzraten bei den Ausführungen der Funktionen zu erbringen.
Verbrauchsverhalten	Eignung der Software, unter definierten Bedingungen angemessene Mengen und Arten von Betriebsmitteln bei der Ausführung der Funktionen zu verwenden.
Übertragbarkeit	Eignung der Software, von einer Umgebung in eine andere übertragen zu werden. Der Begriff »Umgebung« schließt die organisatorische Umgebung sowie die Hardware- und Softwareumgebung ein.
Austauschbarkeit	Eignung der Software, sich anstelle einer anderen spezifizierten Software in der gleichen spezifizierten Umgebung für den gleichen Zweck einsetzen zu lassen.

Während die Qualitätseigenschaft Änderbarkeit (und deren Verfeinerungen) ausschließlich der technischen Qualität zugeordnet werden kann, gilt dies für die Effizienz und Übertragbarkeit (und deren jeweilige Unter-Qualitätseigenschaften) nur teilweise: Die Effizienz wird sowohl vom Benutzer in Form von Antwortzeiten und Mittelverbräuchen (z.B. Netzlast) als auch vom Entwickler in Form einer minimalen Kodierung und einer effizienten Algorithmenverwendung wahrgenommen und gewünscht. Auch die Übertragbarkeit wird sowohl vom Benutzer in Form von speziellen organisatorischen und infrastrukturellen Anforderungen als auch vom Entwickler in Form einer hohen Modularisierung mit möglichst wenigen Systemabhängigkeiten wahrgenommen.

Neben dem ISO-Standard-Qualitätsmodell existiert eine Vielzahl weiterer derartiger statischer Qualitätsmodelle (vgl. z.B. »DGQ-Modell« in [DGQ86], »CUPRIMDSO« von IBM in [Kan95] oder »FURPS« von Hewlett Packard in [GrCa87]). Insbesondere zur ISO 9126 existieren darüber hinaus sogar Analysewerkzeuge, die damit werben, dass ihr Ergebnis den Grad der Erreichung der ISO-9126-Konformität darstellt.

Problematisch ist eine derartige standardisierte ISO-9126-Vermessung aufgrund des grundsätzlichen Charakters der in der ISO-Norm verwendeten Qualitätseigenschaften, deren Ebene die ISO-Norm bewusst niemals verlässt. Das bedeutet für alle vorgenommenen Verfeinerungen (selbst für Blätter des Qualitätsmodells):

- Die Wahrnehmung ist subjektiv: Ob eine Software z.B. als analysierbar bewertet wird, hängt u.a. von der analysierenden Person ab. Programme, die einem individuellen Programmierstil entsprechen, werden daher u.U. als analysierbarer wahrgenommen als solche, die einem Standardprogrammierstil entsprechen. Diese Subjektivität erschwert zugleich die quantitative Bewertung der Ausprägung einer Eigenschaft.
- Die Relevanz hängt vom Projektkontext ab (vgl. hierzu auch die Projektparameter im vorherigen Kapitel): So ist für einen Prototyp beispielsweise die Effizienz deutlich weniger relevant als für ein 24/7-System.
- Die Relevanz variiert über die Zeit: Wird die Eigenschaft »Änderbarkeit« zu Beginn eines Softwarelebens noch maßgeblich gefordert werden, so nimmt deren Relevanz dann ab, wenn die Auslistung der Software geplant wird, d.h., wenn sie sukzessive nicht mehr zum Einsatz kommen soll.
- Die technische Abbildung einer Eigenschaft (»*Wie kann das erreicht werden?*«) auf reale Artefakte ist nicht Gegenstand der ISO-Norm. Dies ist ein weiteres Hindernis, die Ausprägung einer Eigenschaft quantitativ zu messen.

Die Wissenschaft hat diese Probleme mit unterschiedlichen Lösungsansätzen konterkariert:

- An die Stelle solcher fixer Qualitätsmodelle wurden Metaqualitätsmodelle gesetzt, die nur einen Rahmen vorgegeben haben, innerhalb dessen projektspezifische Qualitätsmodelle erstellt werden können. Das berühmteste Metaqualitätsmodell ist das Factor-Criteria-Metric-Modell (FCM-Modell, [McRiWa77]), das allgemeine Faktoren in Form von Eigenschaften in Kriterien in Form von Untereigenschaften verfeinert. Letztere werden anschließend mittels Metriken quantifizierbar.
- Statt fixer Qualitätsmodelle und Metaqualitätsmodelle werden Prozesse zur Erstellung eines Qualitätsmodells verwendet. Das berühmteste Vorgehen ist das Goal-Question-Metric-Konzept, das wie die klassischen Qualitätsmodelle auf dem Prinzip der Verfeinerung basiert:
  - In einem ersten Schritt werden die grundlegenden Ziele der Qualitätsmodellerstellung notiert. Hierbei wird das Einflussfaktorengerüst (vgl. Dimensionen der Qualität im vorherigen Kapitel) bestmöglich konkretisiert (»*Goals are defined in terms of purpose, perspective and environment*« [BaRo88], S. 761).
  - In einem zweiten Schritt wird versucht, ein Ziel mittels verschiedener, quantifizierbarer Fragen zu definieren und quantitativ bestimmbar zu machen: »[...] *each goal generates a set of quantifiable questions to attempt to define and quantify the specific goal* [...]« ([Basi95], S. 25).

- In einem letzten Schritt werden diejenigen Maße für eine Vermessung angewendet, die zur Beantwortung der Fragen beitragen sollen.

Trotz der inhärenten Nachteile der ISO-Norm und der in der Wissenschaft vorgeschlagenen Alternativen und Erweiterungen hat sich die ISO-Norm insbesondere aufgrund der Universalität und Managementtauglichkeit bewährt: Das Management eines typischen Softwaresystems (d.h. kein Prototyp-Charakter, noch einige Jahre in der Pflege, mehrere Softwareentwickler, Standardentwicklungsumgebung usw.) wünscht sich in der Regel alle in der ISO-Norm formulierten Qualitätseigenschaften. Aufgrund der Technik-Absenz (»Wie kann das erreicht werden?«) ist das gesamte Qualitätsmodell verständlich und als strategische Projektausrichtung tauglich. Häufig wird dieses Qualitätsmodell daher auch per definitionem als Projektstandard gesetzt. So findet sich in Verträgen mit Outsourcing-Partnern häufig der Zusatz, dass die zu liefernde Qualität der ISO 9126 entsprechen muss.

Die starke Verbreitung, die gute Managementwahrnehmung und die gute, konsistente Begrifflichkeit begründen, dass auch der Code-Quality-Index die ISO 9126 integriert. Da die Qualitätseigenschaften inklusive Verfeinerung selbst nicht gemessen werden können, stellen diese nur die eine Richtung innerhalb der bidirektionalen Qualitätsmodelle dar, die zwangsläufig um eine weitere, sehr techniknahe Richtung ergänzt werden muss (s. nächsten Abschnitt). Es wird sich später zeigen, dass gerade die Kombination dieser zweier Grundrichtungen existenzielle Grundlage des Code-Quality-Index ist, auch wenn jede Richtung typischerweise einer spezifischen Rolle zugewiesen werden kann: Das Management ist primär an Eigenschaften, die Entwicklung primär an technischen Details interessiert. Da Code-Quality-Management aber explizit die Integration beider Rollen anstrebt, ist ein beide Rollen integrierendes Modell absolut notwendig, selbst wenn bei der Anwendung nur der eigene, rollenspezifische Teil berücksichtigt wird.

3.2 Qualitätsmerkmale

Der Erstellung eines hierarchischen Qualitätsmodells durch Verfeinerung des Qualitätsverständnisses mittels Qualitätseigenschaften fehlt immer noch ein wesentliches Charakteristikum: Wie kann die konkrete Ausprägung der Qualitätseigenschaften für ein zu analysierendes Artefakt ermittelt werden? Wie kann für ein großes Java-System ermittelt werden, ob eine Modifizierung leicht oder nur mit enormem Aufwand möglich ist?

Aufgrund der Eigenschaftscharakteristika können die Qualitätseigenschaften nicht direkt objektiv, systematisch und automatisch bestimmt werden (vgl. Def. 3–2). Der häufig in den verschiedenen Modellen und Metamodellen vorgenommene letzte Schritt der »Metrifizierung« versucht, diesem Problem zu begegnen. Dies scheitert aber sehr häufig an den folgenden Punkten:

- Die Verfeinerung führt zu Metriken, die innerhalb eines Projektes entweder gar nicht, nur mit großen Unschärfen oder nur mit enormem Zusatzaufwand erhoben werden können.
- Die Interpretation der Messwerte ist im Modell nirgends hinterlegt: Was sind gewünschte Wertebereiche? Was sind die Auswirkungen größerer oder kleinerer Werte?
- Wie wird mit Ausnahmen umgegangen, d.h. mit Stellen, deren Messwerte zwar auf Probleme hindeuten, die aber tatsächlich nicht vorhanden sind (falsch positive Befunde)?
- Wie werden Abhängigkeiten verschiedener Metriken untereinander sowie Metriktupel im Modell dargestellt bzw. wie werden sie auf die gewünschten Qualitätseigenschaften abgebildet (hoch aggregiert)?

Während Eigenschaften wie oben beschrieben einen subjektiven Charakter haben, sind die Merkmale dagegen objektiver Natur:

> Ein Merkmal ist ein Charakteristikum, welches eine Entität aus sich selbst heraus objektiv besitzt, d.h., es ist ein inhärentes Kennzeichen eines Produkts, Prozesses oder Systems.

Def. 3–3 *Merkmal*

Auch hier hilft für eine bessere Verständlichkeit das englische Pendant *property*, dessen lateinischer Ursprung *proprietas* (deutsch: Eigentum) die Objektlastigkeit von Merkmalen hervorhebt.

Entitäten (und somit auch Softwareprodukte) besitzen Merkmale unabhängig davon, wer sie betrachtet und in welchem Kontext sie betrachtet werden. Ein Stuhl hat eine geografische Position, er hat eine Ausdehnung, er hat eine Farbe, er hat 4 Beine usw. Die Merkmale kommen jeweils in unterschiedlichen Ausprägungen vor (z.B. Farbe: rot). Die Merkmale können u.a. zur Anwendung des *principium individuationis* verwendet werden, d.h., für beliebige Entitäten E_1 und E_2 gilt, dass wenn E_1 exakt dieselben Merkmale in denselben Ausprägungen wie E_2 besitzt, dann sind E_1 und E_2 identisch ([Bung77], S. 74).

Die weitere Verfeinerung von Merkmalen in Qualitätsmerkmale geschieht analog zur Unterscheidung von Eigenschaften und Qualitätseigenschaften:

> Ein Qualitätsmerkmal ist ein Merkmal, das zur Unterscheidung der betrachteten Entitäten herangezogen werden kann.

Def. 3–4 *Qualitätsmerkmale*

Liegt ein Merkmal für alle betrachteten Entitäten in gleicher Ausprägung vor (z.B. die elektronische Verfügbarkeit von Sourcecode), so dient dieses Merkmal nicht dem principium individuationis und daher auch nicht einer Qualitätsbewertung.

Eine wesentliche Eigenart von Merkmalen ist die grundsätzliche Möglichkeit der Vermessung, da jeglicher Kontext des vermessenen Objektes ignoriert werden kann; auch die Vermessung fokussiert Qualitätsmerkmale, da nur hiermit Unterschiede der vermessenen Entitäten und damit der Messwerte möglich sind.

Der Fokus jeder Vermessung liegt in der Betrachtung eines Merkmals. Im Gegensatz zu Eigenschaften hängt das Merkmal von keinerlei weiterem Kontext ab. Das Maß, das der Vermessung zugrunde liegt, ist somit eine Funktion f(E), die lediglich die zu vermessende Entität E als Parameter besitzt.

Der Vermessungsvorgang selbst geschieht entlang dreier sequenziell zu durchlaufender Schritte, die im Folgenden detailliert erläutert werden, da sie theoretische Grundlage der automatischen Ermittlung des später einzuführenden Code-Quality-Index sind (und dort implizit angewendet werden).

Die Notwendigkeit, diesen eher theoretischen Teil der Vermessung aufzuführen, resultiert aus der Vielzahl von »falschen« Maßen und fragwürdigen Aussagen nicht nur im Bereich der Softwarevermessung (vgl. z.B. Metriken zur Bestimmung der ISO-9126-Konformität, Wartbarkeitsindices oder Komplexitätsmetriken), sondern auch in täglichen Werbungsaussagen (z.B. »Haar mit 30% [Metrik!] mehr Spannkraft« oder »3-mal [Metrik!] gründlichere Rasur«). In den folgenden Abschnitten werden daher die theoretischen Grundlagen für den korrekten Umgang mit Metriken behandelt. Da der Code-Quality-Index selbst auf einer intensiven Verwendung von Metriken beruht, wird für den Nutzer anhand dieser Ausführungen nachvollziehbar, wie Metriken im Kontext des Code-Quality-Index erfasst und interpretiert werden.

3.2.1 Vermessungsschritt 1: Abstraktion

In einem ersten Schritt wird die Entität bzgl. des betrachteten Merkmals abstrahiert, d.h., von der Entität wird ein Modell gebildet. Eine typische Modellierung eines Sourcecodefragmentes zur Betrachtung des Merkmals »Effektive Lines of Code« ist z.B. in der folgenden Abbildung dargestellt:

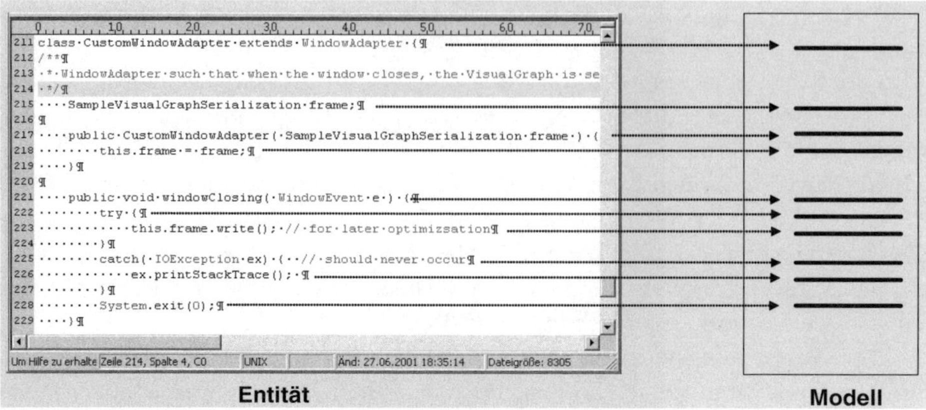

Abb. 3–3 *Modellierung als Vorstufe des Messens*

Es ist deutlich zu erkennen, wie das Modell vom Sourcecode abstrahiert, indem alle effektiven Codezeilen (Lines of Code, LOC) gleichwertig in eine Einheitslinie überführt werden. Die Messgenauigkeit des anschließenden Messvorgangs hängt ganz wesentlich von der Erfüllung bestimmter Charakteristika der Modellbildung ab:

- Die Modellierung muss vollständig sein, d.h., für jedes Entitätselement muss definiert sein, welche Rolle es in der Abstraktion spielt. Bezogen auf das Beispiel umfasst dies Fragen, ob Kommentarzeilen mitbetrachtet werden, wie mit Leerzeilen umzugehen ist, usw.
- Die Modellierung muss eindeutig sein, d.h., die Vorgabe, wie mit Entitätselementen umzugehen ist, darf keinerlei Mehrdeutigkeiten aufkommen lassen. Bezogen auf das Beispiel umfasst dies Fragen, wie z.B. mit taktischen Kommentaren (Kommentare, die in derselben Zeile wie Programmcode stehen) oder auskommentiertem Code umzugehen ist.
- Die Modellierung muss konsistent sein, d.h., die Abstraktion muss für alle mit dem Maß vermessenen Entitäten in gleicher Weise vorgenommen werden.

Ein valides Maß muss alle diese Anforderungen erfüllen, damit die anschließenden Messwerte eine sinnvolle Interpretation erlauben.

3.2.2 Vermessungsschritt 2: Quantifizierung

Im nächsten Schritt nach der Abstraktion erfolgt die eigentliche Vermessung, d.h. das Abbilden des Modells auf Zahlen. Die Vermessung ergibt für das Beispiel den Messwert 10 und ist in Abbildung 3–4 dargestellt.

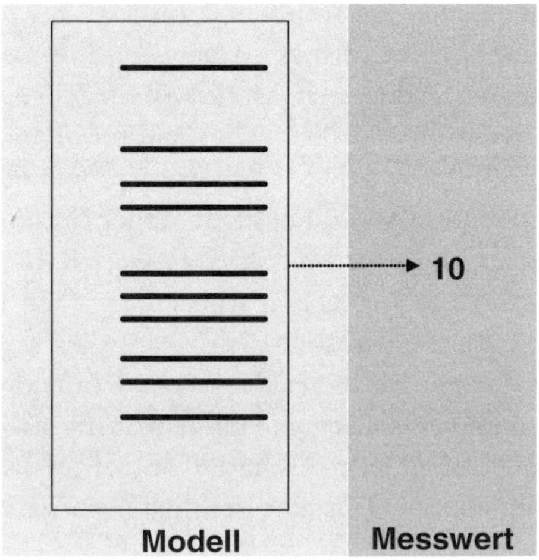

Abb. 3–4 *Vermessung*

3.2.3 Vermessungsschritt 3: Rückübertragung

Im dritten und letzten Schritt wird der Messwert auf das ursprünglich betrachtete Artefakt rückübertragen, d.h., das Sourcecodefragment besitzt 10 effektive Codezeilen. Die Rückübertragung geschieht nicht nur für Quantifizierungen, sondern auch für statistische Aussagen der Quantifizierungen: So erlaubt die Quantifizierung zweier Codefragmente mit den Ergebnissen 100 und 50 leicht die Aussage 100>50. Diese Aussage kann ebenfalls auf die der Vermessung zugrunde liegenden Artefakte rückübertragen werden, d.h., ein Codefragment ist länger als das andere.

3.2.4 Automatisierbare Merkmalsbestimmung mittels Vermessung

Es ist klar, dass ein derart systematisches Vorgehen der Vermessung, insbesondere für EDV-technisch verfügbare Systeme, sehr effektiv automatisierbar ist. Es ist an dieser Stelle wichtig, noch einmal darauf hinzuweisen, dass nur Merkmale eine solche (automatisierte) Vermessung erlauben: Eigenschaften wie Schönheit, Robustheit oder Wartbarkeit entziehen sich einer global gültigen konsensfähigen Modellierung und sind damit per se niemals direkt universell messbar.

Merkmale lassen sich in den beschriebenen drei Schritten immer vermessen. Die häufigen Diskussionen nach dem Wert eines Maßes oder der konkreten Definition eines Maßes (LOC mit Kommentarzeilen oder ohne) sind bei der reinen Merkmalsbetrachtung überflüssig. Es geht lediglich um die der Entität objektiv innewohnenden Charakteristika, unabhängig davon, ob die Merkmalsausprägung einen Mehrwert bei der Beschäftigung mit Qualität darstellt. So sind auch

Merkmale wie »For-Schleifen«, verwendete @author-Tags oder die Zeilenlängen korrekte Merkmale, die korrekt vermessen bzw. gezählt werden können. Innerhalb der Programmierung finden sich Merkmalsvorgaben häufig in Form von Kodier- (Coding-Conventions) oder Metrik-Richtlinien. Diese legen für bestimmte Merkmale un-/zulässige Merkmalsausprägungen fest, bilden diese jedoch nicht auf Eigenschaften ab und besitzen daher für das Management kaum Aussagekraft. Dies gilt ebenfalls für Metrikkataloge (z.B. [LoKi94]), in denen nur noch erlaubte Werteintervalle angegeben werden. In allen Fällen, in denen rein über Merkmale argumentiert wird, stellt sich zwangsläufig die Frage nach einem belegbaren Mehrwert. Primär ist keiner Person im Kontext der Qualitätsanalyse an der Vermeidung von GOTOs gelegen; vielmehr sollte sich diese Forderung aus einer Verfeinerung der Qualitätseigenschaft Kontrollflussanalysierbarkeit ergeben, da die Verwendung von GOTOs eine deutlich negative Implikation bzgl. dieser Eigenschaft besitzt.

Die Frage nach einem belegbaren Mehrwert der Beschäftigung mit Merkmalen bzw. nach einem kausalen Zusammenhang zwischen Qualitätseigenschaften und Qualitätsmerkmalen wird daher in den folgenden Abschnitten weiter diskutiert und konzeptuell gelöst.

3.3 Anomalien

Prinzipiell lässt sich auf Basis unterschiedlicher Merkmale eine Vielzahl von Qualitätsmerkmalen ermitteln. Aktuelle Sammlungen von Codemetriken weisen über 2.000 Metriken auf, denen unterschiedliche Merkmale und Merkmalstupel zugrunde liegen (vgl. z.B. [Zuse98]).

Aus Sicht der Qualität sind besonders solche Qualitätsmerkmale interessant, deren Messwert von einem Erwartungswert bzw. Erwartungshorizont abweichen, da hier offensichtlich ein Risiko oder zumindest ein untypisches Verhalten identifiziert wurde. Grundsätzlich existieren zwei Möglichkeiten, um die graduelle Ausprägung eines Qualitätsmerkmals bzgl. ihrer Implikation für eine höhere Qualitätseigenschaft zu bewerten:

- Absolute Grenzwertangabe: Hierbei wird ein bestimmtes Qualitätsmerkmal numerisch beschränkt und eine Ober- oder Unterschreitung als negative oder positive Implikation auf eine höherwertige Qualitätseigenschaft gedeutet.

  Ein typisches Beispiel einer solchen absoluten Grenzwertangabe ist die Angabe der maximalen Zeilenanzahl pro Datei in Sun's Java-Coding-Conventions: »*Files longer than 2000 lines are cumbersome and should be avoided*« [SUN05].
- Relative Grenzwertangabe: Hierbei wird die Häufigkeit eines bestimmten Qualitätsmerkmals relativ zu der Häufigkeit eines anderen Qualitätsmerkmals betrachtet und für diese Relation ein prozentualer Grenzwert angege-

ben, dessen Ober- oder Unterschreitung als negative oder positive Implikation auf eine höherwertige Qualitätseigenschaft gedeutet wird.

Ein typisches Beispiel einer solchen relativen Grenzwertangabe ist die Angabe des Dokumentationsgrades in Infospheres Java Coding Standard [Cali99]. Demzufolge besitzt »*good code*« einen Kommentierungsgrad zwischen 15 und 25%, d.h., der Quotient der beiden Qualitätsmerkmale *Lines of Comments* und *Lines of Code* sollte innerhalb dieses Intervalls liegen.[1]

Allgemeiner formuliert sind in einem ersten Schritt diejenigen Qualitätsmerkmale interessant, deren Ausprägung anders als in anderen Systemen ist. Diese werden im Folgenden als Anomalien bezeichnet.

Eine Anomalie ist eine Konstellation von Ausprägungen eines oder mehrerer Qualitätsmerkmale, die von üblichen Ausprägungen anderer, vergleichbarer Systeme abweicht. Die Konstellation muss hierbei minimal sein, d.h., jede Ausprägung eines Qualitätsmerkmals ist für die Anomalie notwendig.

Def. 3–5 *Anomalie*

Eine Anomalie ist demzufolge lediglich eine Abweichung vom üblichen oder von einem explizierten Erwartungswert. Die Forderung nach Minimalisierung stellt sicher, dass keine unnötigen Merkmale für eine Anomalie betrachtet werden.

Beispiele solcher Anomalien sind:

- Ein großes C++-System mit 1 Mio. LOC deklariert 3 Klassen. Die Anomalie besteht darin, dass ein Entwickler in der Regel ein ungefähres Verständnis einer Klasse besitzt und damit auch einen bestimmten Maximalumfang verbindet, bis zu der eine Klasse als Implementierung eines abstrakten Datentyps noch sinnvoll erscheint. Der Grenzwert resultiert daher aus einem unscharfen Benchmark mit anderen Systemen. Wird dieser Maximalumfang auf die 1 Mio. LOC angewendet, ergibt sich ein Erwartungswert von vermutlich deutlich größer 3. Die Anomalie resultiert daher darin, dass bei einem so großen System deutlich mehr Klassendeklarationen erwartet werden.
- Ein großes Java-System mit 1 Mio. LOC besitzt 100 Kommentarzeilen. Die Anomalie besteht darin, dass die evtl. in einem spezifischen Kontext gültige Vorgabe von mindestens 15% Kommentierungsquote in keiner Weise eingehalten ist.

Innerhalb des Code-Quality-Index sind die notwendigen zu erreichenden Wertehorizonte einem Repository, das den »normalen Industriestand« repräsentiert,

1. Die Anomalie bezieht sich dabei auf die Kommentierungsdichte als *notwendiges* Kriterium; *hinreichend* für eine gute Kommentierung ist es damit noch nicht, aber in jedem Fall notwendig, da keine Kommentierung immer ungenügend ist.

entnommen (s.u.). Einige Merkmale verwenden zwar absolute numerische Angaben für ihre Definition, die Anomalie selbst ist aber dadurch definiert, wie sich der Industriestandard gegenüber dieser meist der Literatur entnommenen quantitativen Größe verhält.

Zu einer systematisch erfassten und auf Qualitätsmerkmalen basierenden Anomalie gehören daher die folgenden Angaben:

- Relevante Qualitätsmerkmale, auf die sich die Anomalie bezieht.
- Relevante Metriken, die die Häufigkeit der Qualitätsmerkmale ermitteln, und deren eventuelle Kombination (z.B. Quotientenbildung für relative Grenzwertangaben).
- Erwartungsintervall, innerhalb dessen die relevanten Metrikwerte erwartet werden. Liegen Metrikwerte außerhalb des Erwartungsintervalls, liegt eine Anomalie vor.

Derartige Anomalien weisen noch keinen Bezug zu den höherwertigen Qualitätseigenschaften auf. Sie weisen lediglich auf etwas Untypisches hin, das sich entgegen einer bestimmten Erwartungshaltung oder anders als andere Systeme verhält. Werden ermittelte Anomalien manuell überprüft und damit bzgl. der höherwertigen Qualitätseigenschaften analysiert, können Anomalien jedoch folgende Auswirkungen auf die Qualität zugeordnet werden:

- Negative Auswirkungen, d.h., das Vorkommen einer Anomalie besitzt direkt negative Auswirkungen auf höherwertige Qualitätseigenschaften. Die Anomalie von Dateien mit einer Länge von mehr als 2.000 LOC hat z.B. direkt negative Auswirkungen auf die Qualität, da überlange Dateien in der Handhabung deutlich schwieriger sind als kleinere Dateien.
- Positive Auswirkungen, d.h., das Vorkommen einer Anomalie besitzt direkt positive Auswirkungen auf eine höherwertige Qualitätseigenschaft. Besitzt ein System z.B. eine vollständige Javadoc-Kommentierung aller öffentlichen Methoden, so stellt dies eine deutliche Abweichung zu anderen Systemen dar, da derartige Techniken in der Regel nicht flächendeckend verwendet werden. Diese Anomalie besitzt jedoch eine direkte positive Auswirkung auf die Qualität, da Kommentare – solange sie nicht generiert oder vorsätzlich wertlos gehalten werden – Zusatzinformationen zum Quelltext liefern, die die Weiterverarbeitung positiv beeinflussen.
- Keine bekannten Auswirkungen, d.h., das Vorkommen einer Anomalie besitzt keine bekannten direkten Auswirkungen auf höherwertige Qualitätseigenschaften. So ist es z.B. nicht bekannt, ob ein System, dessen Quotient aus For-Schleifen und While-Schleifen größer als üblich ist, eine bessere (oder schlechtere) Qualität besitzt.

Insbesondere der letzte Punkt mahnt noch einmal deutlich, den kausalen Zusammenhang zwischen Merkmalen und höherwertigen Qualitätszielen niemals aus den Augen zu verlieren. Anomalien, die lediglich aufgrund statistischer Operationen existieren, sind zwar Anomalien, für den eigentlichen Sinn der Objektivierung von Qualität aber wertlos. Ansonsten lässt sich nur mittels statistischer Operationen z.B. eine signifikante Korrelation zwischen der Storchpopulation in Skandinavien und der Bevölkerungspopulation zeigen [KiPfFe95].

Eine große Schwierigkeit bei der Definition von Anomalien ist die Angabe von Grenzwerten (s.o.). Bei sehr vielen Qualitätsmerkmalen und deren Kombination fehlt letztlich die empirische Datenbasis, wie sich ein typisches System verhält. Hier möchte der Code-Quality-Index Pionierarbeit leisten, indem eine empirische Datenbasis zur Verfügung gestellt wird, deren Ist-Werte an vielen Stellen die konkrete Definition von Anomalien erlauben. Bei fest etablierten Schwellwerten (z.B. die bekannte Java-Vorgabe, keine Datei dürfe mehr als 2.000 LOC besitzen) ermöglicht die empirische Datenbasis Transparenz, wie sich typische Systeme gegenüber diesem Quasistandard verhalten, und erlaubt auf diese Weise eine praxistaugliche Relativierung derartiger fixer Werte. Die Genese und Qualität der empirischen Daten werden im folgenden Abschnitt beschrieben.

3.3.1 Empirische Datenbasis zur Definition von Anomalien

Obwohl die Softwaretechnik bereits eine etablierte Wissenschaftsdisziplin darstellt, existieren bisher nur sehr punktuell praxisrelevante Informationen, wie große Softwaresysteme in der Praxis üblicherweise aussehen. Es hängt vom empirischen Hintergrund eines jeden Softwareentwicklers selbst ab, was für ihn typische Werte sind. Ein Neueinsteiger, der bis dato überwiegend Systeme akademischer Größe gesehen hat, erfährt deshalb häufig einen Praxisschock, wenn er die Dimensionen, die Komplexität, aber auch die Inkompatibilität zu den Lehren der »reinen Wissenschaft« in großen Projekten kennen lernt.

In diesem Abschnitt wird eine empirische Datenbasis vorgestellt, die dieses Defizit abbauen helfen möchte. Zu einer Vielzahl relevanter Anomalien werden empirisch fundierte Daten geliefert, die angeben, wie häufig die Anomalien in großen Projekten aus der aktuellen Wirtschaft üblicherweise vorkommen. Der Ursprung dieser empirischen Datenbasis, in der mittlerweile für über 120 Projekte die unterschiedlichen Anomalien ermittelt und abgelegt wurden, kann wie folgt klassifiziert werden:

- Die SQS Software Quality Systems AG besitzt als europaweit führendes Beratungshaus im Bereich des Quality-Managements ein eigenes Kompetenzzentrum Code-Quality-Management, durch das Dienstleistungen erbracht werden, die sich mit der Bestandsaufnahme und der Optimierung der technischen Qualität beschäftigen. Die reine Bestandsaufnahme (dort als *Product Quality Assessment* bezeichnet) analysiert große Softwaresysteme und identifiziert besondere Risikoaspekte und Codefragmente, die für die projektspezifischen

Anforderungen Risiken und Zusatzaufwände bedeuten. Die Optimierung (dort als *Code-Quality-Improvement*-Service bezeichnet) unterstützt nach der Identifizierung von Risikostellen die Erkennung geeigneter Gegenmaßnahmen und überwacht die entsprechende Umsetzung. Während beider Dienstleistungen wurde eine große Anzahl von Projekten aus technischer Sicht analysiert. Die Systeme repräsentieren dabei größtenteils Großprojekte von deutschen Unternehmen. Solange kein explizites Non-Disclosure-Agreement (NDA) die Weiterverarbeitung der maximal anonymisierten Daten verboten hat, wurden die repräsentativen Kennzahlen in die empirische Datenbasis eingetragen. In der Datenbasis sind alle diejenigen Daten, die einen Rückschluss auf das konkrete Projekt erlauben, entfernt.

- Das Forschungszentrum Informatik in Karlsruhe entwickelt in seinem Forschungsbereich Software-Engineering (SE) Methoden und Werkzeuge zur effizienten Erstellung und Evolution flexibler und qualitativ hochwertiger Softwaresysteme. Neben der Bestandsanalyse und der Optimierung werden hier auch eigene Werkzeuge zur Analyse von spezifischen Qualitätsmerkmalen erstellt. Darüber hinaus werden ebenfalls Werkzeuge zur semiautomatischen Verbesserung identifizierter Schwachstellen implementiert und in Industrieprojekten angewendet. Bekannt ist das FZI/SE u.a. durch Ergebnisse der Forschungsprojekte Famoos und Compobench, bei denen es ebenfalls um unterschiedliche Bereiche der Qualitätssicherung technischer Aspekte ging. Die in den unterschiedlichen Piloten und Industrieprojekten adressierten Systeme wurden, solange dies die NDAs nicht explizit verboten haben, in die empirische Datenbasis eingetragen. Auch hier wurde, wie bei der SQS, für eine maximale Anonymisierung gesorgt.
- Das Software-Qualitäts-Labor (SWQlab) des Fraunhofer-Institutes für Rechnerarchitektur und Softwaretechnik (FIRST) entwickelt in enger Kooperation mit dem Lehrstuhl Software-Systemtechnik der Brandenburgischen Technischen Universität Cottbus praxisorientierte Methoden und Werkzeuge zur Qualitätsanalyse und Visualisierung von großen Softwaresystemen. Diese Konzepte werden in Industrieprojekten praktisch validiert und die Ergebnisse für eine wirtschaftliche Weiterentwicklung vorbereitet. Das SWQlab bietet Unternehmen im Bereich der Softwarequalitätssicherung u.a. die Erstellung von Qualitätsmodellen, die Durchführung von Qualitätsassessments und die Visualisierung von komplexen Problemstrukturen an. Wie das FZI hat das SWQlab die in den unterschiedlichen Piloten und Industrieprojekten adressierten Systeme in die empirische Datenbasis eingetragen, wenn die NDAs die Möglichkeit dazu erkennen ließen. Auch hier wurde, wie bei SQS und FZI auch, für eine maximale Anonymisierung gesorgt.
- Das Forschungsprojekt QBench, in dem es um Methoden und Werkzeuge zur Sicherung der technischen Qualität bei der Evolution objektorientierter Softwaresysteme geht, hat maßgeblich den gesamten Konzeptrahmen für den

Code-Quality-Index geliefert. Darüber hinaus wurden hier die Softwaresysteme der Industriepartner während der gesamten Projektlaufzeit kontinuierlich analysiert und optimiert. Auch eine Vielzahl von Open-Source-Applikationen wurde analysiert, um angedachte Konzepte in unterschiedlichen Softwarekontexten validieren zu können. Ebenfalls wurden hier die erhaltenen Kennzahlen in die empirische Datenbasis eingetragen, deren Infrastruktur auch im Kontext von QBench entstanden ist.

In der zentralen empirischen Datenbasis, in der die jeweiligen Einzelergebnisse abgelegt sind, befinden sich aktuell Daten von mehr als 120 Projekten, die entweder in C++ oder Java geschrieben wurden. Empirische Datenbasen für andere Sprachen (z.B. Visual Basic, C#, Cobol und SQL) sind derzeit im Aufbau.

Für die empirische Datenbasis wird die nicht im Detail belegte Hypothese angenommen, dass die darin abgelegten Projekte typische deutsche Softwaresysteme repräsentieren. Für den Beleg würde entweder eine Übersicht über alle aktuellen Großprojekte notwendig (was nicht möglich ist), oder es müsste ein Klassifizierungsraum erstellt werden, der eine statistisch repräsentative Auswahl von Projekten ermöglicht und damit via Extrapolation alle Projekte abbildet.

Eine derartige empirische Datenbasis ist einmalig und erlaubt wertvolle Einblicke in das typische Verhalten typischer Großprojekte. In diesem Kontext ist besonders wichtig, dass dieses Repository als Quelle von Grenzwerten für Anomalien verwendet werden kann. Aufgrund der unterschiedlichen Systemgrößen müssen die Grenzwerte allerdings zuvor bzgl. der Systemgröße normiert werden, da ansonsten die wenig innovative Einsicht, dass in großen Systemen mehr negative Qualitätsmerkmalsausprägungen existieren als in kleinen Systemen, die Ergebnisse dominieren würde. Für die Normierung eines Qualitätsmerkmals kommen grundsätzlich zwei unterschiedliche Ansätze in Frage:

1. Quotientenbildung aus Lines of Code und der Häufigkeit des Merkmals. Das oben angegebene Beispiel mit der Kommentierungsdichte verwendet diese Form der Normierung.
2. Quotientenbildung aus dem Merkmalskomplement und der Häufigkeit des Merkmals. Unter einem Merkmalskomplement wird hierbei das semantisch Inverse des betrachteten Merkmals verstanden. Wird beispielsweise das Merkmal »leere Exception-Handler« gesucht, so kann als Merkmalskomplement hierzu der »nichtleere Exception-Handler« aufgefasst werden. Als Merkmalskomplement der öffentlichen Attribute könnten z.B. alle nichtöffentlichen Attribute betrachtet werden.

Beiden Normalisierungstechniken ist gemeinsam, dass sie wie gewünscht eine Normierung gegenüber der Systemgröße vornehmen. Ein System X hat demzufolge bzgl. eines betrachteten Qualitätsmerkmals dieselbe Ausprägung wie ein System 2X, das lediglich durch Verdopplung des Systems X entsteht.

In der empirischen Datenbasis, auf der auch der Code-Quality-Index basiert, wird grundsätzlich die erste Form der Normierung verwendet. Dies hat vor allen Dingen den Grund, dass viele Werkzeuge lediglich Merkmale analysieren, die negative Auswirkungen auf höherwertige Qualitätseigenschaften besitzen. So analysieren beispielsweise viele Analysatoren die oben aufgeführten leeren Exception-Handler; allerdings ermittelt kaum ein Werkzeug die Anzahl nichtleerer und damit korrekter Exception-Handler. Ein weiteres Problem ist häufig die Ermittlung des Merkmalskomplements: Wie sieht z.B. das Merkmalskomplement zu Problemen bzgl. der Vererbungsstruktur aus (z.B. eine übertriebene Vererbungstiefe oder Breite)?

Für jedes System innerhalb der empirischen Datenbasis wird für die Häufigkeit jeder betrachteten Anomalie eine derartige Normierung vorgenommen und einmal in der empirischen Datenbasis abgelegt.

Um nun darauf aufbauend für die Ermittlung möglicher Grenzwerte eine Übersicht zu erhalten, wird für alle Häufigkeiten einer Anomalie eine Verteilungsübersicht auf Basis der Quartilberechnung der deskriptiven Statistik angegeben. Folgende statistische Kenngrößen werden konkret ermittelt:

- Minimum: Stellt den kleinsten Wert aller Werte dar.
- Unteres Quartil: Teilt die beobachtete Wertemenge so auf, dass 25% der Werte kleiner als das untere Quartil und 75% der Werte größer als das untere Quartil sind.
- Median (2. Quartil): Teilt die beobachtete Wertemenge so auf, dass 50% der Werte kleiner als der Median und 50% der Werte größer als der Median sind.
- Oberes Quartil: Teilt die beobachtete Wertemenge so auf, dass 75% der Werte kleiner als das obere Quartil und 25% der Werte größer als das obere Quartil sind.
- Maximum: Stellt den größten Wert aller Werte dar.

Eine häufig verwendete Darstellung zur Veranschaulichung dieser Kenngrößen ist der Boxplot, wie er in Abbildung 3–5 angegeben ist:

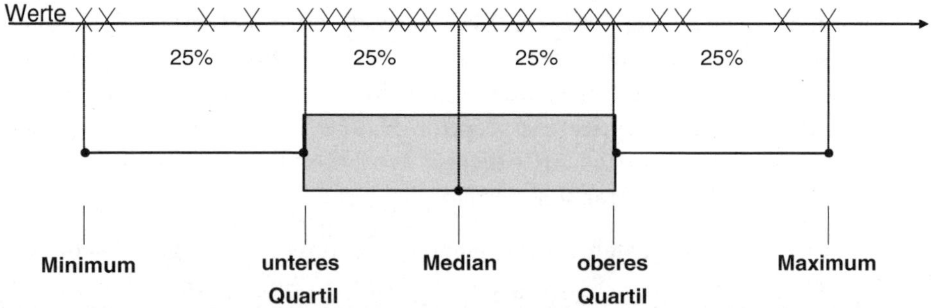

Abb. 3–5 Boxplot

Ein solcher Boxplot erlaubt nun für die unterschiedlichen Qualitätsmerkmale Einblicke in den »Industriestandard«. Darauf aufbauend können Grenzwerte definiert werden, die als Grundlage einer Anomaliedefinition dienen.

Als Beispiel einer solchen Anomaliedefinition wurde z.B. im Kontext der Beschäftigung mit technischer Qualität zwischen der Telekom und T-Systems ein ROI-Modell definiert, das alle solchen Qualitätsmerkmale als zu hebendes Optimierungspotenzial aufweist, die schlechter als der Median waren, d.h., der Median der empirischen Datenbasis wurde als Grenzwert für die Anomaliedefinition verwendet [SiStRi05].

Der Vorteil eines derart explizierten Industriestandards ist die Praxisrelevanz, die hierdurch zum Ausdruck kommt. Anstelle häufig visionärer Forderungen aus der Wissenschaft können nun realistische Forderungen treten, die auf Basis der empirischen Datenbasis als realisierbar eingestuft werden können (da sie offensichtlich von einer großen Anzahl von Projekten erreicht wurden).

Ein weiterer wichtiger Vorteil von Grenzwerten auf Basis des Industriestandards ist das Kompensieren von Ausnahmen: Zu vielen Anomalien existieren in der Literatur Ausnahmebeschreibungen, die Anomalien als »normal« darstellen. Als Beispiel sei hier die häufig gemachte Forderung nach maximaler Datenkapselung innerhalb von Klassen wiedergegeben, die fordert, dass jede Klasse jedes Attribut maximal kapselt, d.h. jeglichen direkten Datenzugriff auf alle Attribute verbietet. Ein typisches Qualitätsmerkmal ist nun das Betrachten von öffentlichen Daten, da dies offensichtlich eine Anomalie zur Forderung nach maximaler Datenkapselung darstellt. Demgegenüber fordern einige Implementierungen des Value-Object-Patterns explizit das direkte Lesen der Attribute, d.h., bei diesen speziellen Klassen liegt trotz öffentlicher Daten diesbezüglich keine Anomalie vor (vgl. [Bien02]).

Derartige Ausnahmen können durch Verwendung der empirischen Datenbasis bereits eingearbeitet werden, indem von der maximalen Datenkapselungsforderung abgewichen wird und lediglich eine Datenkapselung nach Industriestandard gefordert wird. Die darin abgelegten Grenzwerte berücksichtigen bereits derartige Ausnahmen und heben den Grenzwert, ab wann dennoch eine Anomalie vorliegt, an (oder senken ihn). Eine Anomalie, deren Grenzwert dem Industriestandard entnommen ist, ist daher häufig sehr viel weniger restriktiv als Anomalien, deren Grenzwerte aus der Wissenschaft oder Best Practices stammen.

3.3.2 Problemmuster

Bereits die Konzentration auf bestimmte Merkmale und die Identifikation von bestimmten Grenzwerten haben solche Anomalien im Fokus, deren Vorkommen negative Auswirkungen auf höherwertige Qualitätseigenschaften besitzt. Liegt für eine Anomalie eine begründete Kausalkette für solch negative Auswirkungen vor, so wird die Anomalie als Problemmuster bezeichnet.

> Ein Problemmuster ist eine Anomalie, die begründete negative Auswirkungen auf die technische Qualität besitzt. Diese negativen Auswirkungen brauchen noch nicht weiter verfeinert oder gewichtet zu sein.

Def. 3–6 *Problemmuster*

Eine Problemmusterdefinition erweitert also lediglich die Anomaliedefinition um eine Begründung, dass ein Anomalievorkommen negative Auswirkungen auf die technische Qualität besitzt.

Eine Anomalie bzgl. des Qualitätsmerkmals leere Exception-Handler kann z.B. in Bezug auf den Grenzwert auf Basis des Medians des Industriestandards definiert sein (da in jedem System leere Exception-Handler existieren; eine Anomalie liegt jedoch vor, wenn überdurchschnittlich häufig Gebrauch von diesem risikobehafteten Konstrukt gemacht wird). Die Kausalkette könnte dann dahingehend begründet werden, dass mehr leere Exception-Handler ein Zeichen dafür sind, dass das System bei auftretenden Exceptions häufiger ohne besondere Maßnahmen die Arbeit fortsetzt und damit nicht spezifisch auf Exceptions reagiert. Die technische Qualität ist dadurch eingeschränkt, dass ein wichtiges Mittel der Programmierung nicht adäquat eingesetzt wurde, so dass ein Entwickler bei auftretenden Fehlern kaum Informationen aus dem System selbst dazu erhält.

Ein Großteil der bisherigen Literatur zur Identifikation von Risikostellen im Code hat den Charakter von Problemmustern (häufig auch als Anti-Pattern oder Bad-Smells bezeichnet, vgl. z.B. [DeDuNi02]). Im Kontext der bidirektionalen Qualitätsmodelle stellen sie eine Vorstufe zu den Qualitätsindikatoren dar, die die Lücke zwischen den Qualitätsmerkmalen und Qualitätseigenschaften konkret schließen und damit erstmals die zwei Richtungen Eigenschaftsverfeinerung und Metrikanwendung zusammenführen.

3.4 Qualitätsindikatoren

Das Ziel der Qualitätsmodelle, das spezifische Qualitätsverständnis objektiv und systematisch messbar zu machen, gelingt vollständig und praktikabel erst durch die Qualitätsindikatoren.

> Ein Qualitätsindikator ist ein Problemmuster, das als beweiskräftiger Anzeiger (Indiz) von einem oder mehreren Qualitätsmerkmalen auf eine (oder mehrere) Qualitätseigenschaften dient. Naturgemäß muss sichergestellt sein, dass der Indikator eine aussagekräftige, u.U. gewichtete Beweiskraft für die untersuchten Qualitätseigenschaften besitzt.

Def. 3–7 *Qualitätsindikator*

Ein Qualitätsindikator konkretisiert damit die negativen Auswirkungen des Problemmusters auf technische Qualität in Form konkreter Qualitätseigenschaften, wie sie im ersten Schritt der Erstellung eines bidirektionalen Qualitätsmodells verfeinert wurden. Die Auswirkungen selbst können wiederum gewichtet sein.

Die zwei Stoßrichtungen der bidirektionalen Qualitätsmodelle treffen an den Qualitätsindikatoren zusammen: Die eine Richtung resultiert aus der Eigenschaftsseite und der dort vorgenommenen Verfeinerung; die andere Richtung resultiert aus der Qualitätsmerkmalsdefinition, der Anomaliedefinition und der Problemmuster-Charakterisierung.

Das bidirektionale Qualitätsmodell mit seinen unterschiedlichen Artefakten kann daher konzeptuell wie in Abbildung 3–6 dargestellt werden:

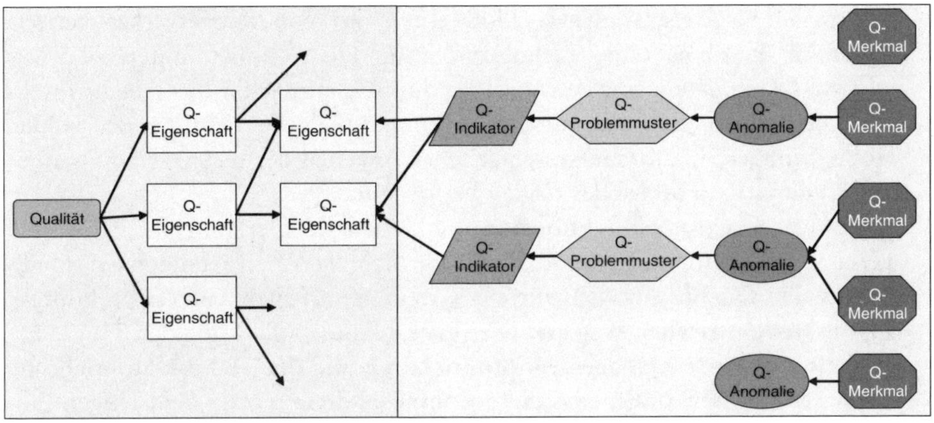

Abb. 3–6 *Konzepte des bidirektionalen Qualitätsmodells*

Eine Qualitätseigenschaft lässt sich in der Regel zuverlässig erst durch die Aggregation verschiedener Qualitätsindikatoren ausdrücken, d.h., es existieren deutlich mehr Qualitätsindikatoren als Qualitätseigenschaften. Da unterschiedliche Qualitätsindikatoren häufig unterschiedlich starken Einfluss auf die Qualitätseigenschaften besitzen, ist es häufig ratsam, den Einfluss zu gewichten, so wie es später auch beim Code-Quality-Index durchgeführt wird. Eine konkrete Qualitätseigenschaft ergibt sich damit aus der gewichteten Summe der sie beeinflussenden Qualitätsindikatoren. Jeder Einfluss muss separat begründet sein, damit die Nachvollziehbarkeit des bidirektionalen Qualitätsmodells zu jedem Zeitpunkt der Anwendung gewahrt bleibt.

Mittels derartiger bidirektionaler Qualitätsmodelle kann praxistauglich erstmals technische Qualität systematisch erfasst werden, d.h., die oftmals vorhandene Lücke zwischen gewünschten Eigenschaften und festgestellten Charakteristika wird systematisch geschlossen. Die wesentlichen Vorteile sind:

- Die bidirektionale Vorgehensweise ermöglicht auf beiden Seiten eine maximale Berücksichtigung von Projektspezifika: Auf der einen Seite werden nur solche Qualitätseigenschaften erfasst, die im jeweiligen Projekt relevant sind, und auf der anderen Seite werden nur solche Qualitätsmerkmale betrachtet, die im jeweiligen Kontext überhaupt ermittelbar sind. Die Vorteile des letzten Punktes zeigen sich u.a. darin, dass sich bidirektionale Qualitätsmodelle auch problemlos auf Technologien anwenden lassen, für die es wenig oder kaum Analysatoren gibt. In der Praxis wurden sie z.B. bereits für PL/1 und ABAP eingesetzt; als Analysatoren kamen selbst gebaute Mini-Parser (häufig auf Basis von grep und wc) zum Einsatz, die unterschiedliche Merkmale analysierten.
- Die bidirektionale Vorgehensweise kombiniert systematisch Gewünschtes (in Form von Qualitätseigenschaften) mit Möglichem (in Form der Qualitätsmerkmale). So genügt weder das bloße Anwenden von Metrikwerkzeugen (da an dessen Ergebnis ohne Zielinterpretation kaum jemand interessiert ist) noch das Definieren von gewünschten Eigenschaften (da diese nicht direkt ermittelt werden können). Erst die bidirektionale Verbindung der beiden Stoßrichtungen erlaubt ein systematisches Angehen der technischen Qualität und ist damit Grundlage des Code-Quality-Index.
- Die offene Struktur bidirektionaler Qualitätsmodelle erlaubt das Parametrisieren vieler Faktoren. In der Realität zeigt sich, dass die Erstellung eines bidirektionalen Qualitätsmodells für ein System ein arbeitsintensiver und durchaus diskussionsreicher Weg ist. Die Struktur des bidirektionalen Qualitätsmodells mit seiner Management-Stoßrichtung und der Technik-Stoßrichtung motiviert hier sehr stark, dass diese Konsensbildung nur im beidseitigen Einvernehmen zwischen Management und Entwicklung geschehen kann. Ist ein solcher Konsens einmal erarbeitet, besitzt das Management die Möglichkeit, jederzeit Transparenz bzgl. seiner gewünschten Eigenschaften zu erhalten (bis zu einem bestimmten Grad, s.u.). Die Entwicklung auf der anderen Seite besitzt die Kenntnis darum, wie es die Güte seiner Arbeit belegen kann. Insbesondere der letzte Punkt ist in der Praxis oft wenig ausgeprägt: Zwar leisten die Entwickler häufig hervorragende Arbeit, sie können es aber aufgrund der Techniklastigkeit ihrer Arbeit dem Management gegenüber nicht entsprechend kommunizieren. Mit dem bidirektionalen Qualitätsmodell wird dies erstmals möglich.
- Bidirektionale Qualitätsmodelle lassen sich evolutionär weiterentwickeln: Weder die Menge an Qualitätsmerkmalen, Anomalien, Problemmustern oder Qualitätsindikatoren noch die Menge der Qualitätseigenschaften müssen vollständig sein, bevor ein bidirektionales Qualitätsmodell zum Einsatz kommen kann. Auch die Anomalien selbst können sich weiterentwickeln (z.B. durch Verschieben der Grenzwerte). Sowohl neue Werkzeuge mit neuen Qualitätsmerkmalen als auch neue Managementfokusse können bidirektionale Qualitätsmodelle jederzeit erweitern.

Die bidirektionalen Qualitätsmodelle und ihre strikte Trennung zwischen technikabhängigen und managementabhängigen Teilen erlauben unternehmensweite, technikunabhängige Zielvorgaben, die für jedes System im Unternehmen mittels jeweils spezifischer Qualitätsindikatoren ermittelt werden. So besitzt die Telekom unternehmensweit mehrere bidirektionale Qualitätsmodelle, bei denen allerdings die Qualitätseigenschaftsverfeinerung einheitlich ist und die Unternehmensstrategie widerspiegelt (vgl. [SiStRi05]). Lediglich die Qualitätsmerkmale und die darauf aufbauenden Anomalien/Problemmuster und Qualitätsindikatoren variieren je nach Technologie. So existieren für die einheitliche Qualitätseigenschaftsverfeinerung dort spezifische Qualitätsindikatoren für Cobol, C++ und Java (vgl. [SiStRi05]).

Im zweiten Teil des Buches ist eine Vielzahl von konkreten Qualitätsindikatoren angegeben. Sie alle beinhalten die betrachteten Qualitätsmerkmale, die konkreten Schwellwerte für Anomalien und pro betrachteter Qualitätseigenschaft eine begründete Gewichtung für negative Auswirkungen. Die Menge betrachteter Qualitätseigenschaften wird hierbei für eine maximale Einheitlichkeit und damit Vergleichbarkeit der Ergebnisse als fix angenommen und der ISO 9126 entnommen (vgl. vorheriges Kapitel). Der Code-Quality-Index selbst wiederum basiert auf einer standardisierten Menge derart definierter Qualitätsindikatoren.

4 Code-Quality-Index

In diesem Abschnitt wird der Code-Quality-Index eingeführt. Hierbei wird die Idee der Indices, die in vielen Bereichen des täglichen Lebens eingesetzt werden, auf technische Qualität ausgeweitet. Grundlage ist hierbei ein standardisiertes bidirektionales Qualitätsmodell, das insbesondere die Kosten und Nutzen stark berücksichtigt. Die Einheit des Code-Quality-Index ist der Quality-Benchmark-Level (QBL), der in 5 unterschiedlichen Ausprägungen definiert ist.

4.1 Indices als Merkmalsaggregationen

Mit dem im vorherigen Abschnitt eingeführten Konzept der bidirektionalen Qualitätsmodelle ist es nun möglich, Qualität messbar zu machen. Die Vermessung basiert hierbei auf einer Vielzahl von Qualitätsmerkmalen und Metriken, mit denen diese gemessen werden. Das Ergebnis der Vermessung ist ein Wertetupel, bei dem der Wert jedes Tupelelements der graduellen Ausprägung eines Qualitätsmerkmals entspricht. Die Qualitätsindikatoren erlauben anschließend eine Interpretation dieser Einzelwerte, indem die Implikationen bei bestimmten Ausprägungen auf die höherwertigen Qualitätseigenschaften bewertet werden.

Auch wenn diese Form der feingranularen Merkmalsinterpretation eine sehr detailtreue Qualitätsbestimmung darstellt, besitzt sie doch aufgrund ihrer inhärenten Komplexität signifikante Nachteile, die einem tagtäglichen Einsatz entgegenstehen. Insbesondere ein Management wünscht sich für eine zügige Transparenz in der Regel eine Aggregation der Wertetupel bis hin zur häufig belächelten »Ampellogik«[1].

1. »Grünes Licht« (GO), wenn die Qualität ausreichend bzw. gut ist, und »Rotes Licht« (STOP), wenn nicht.

Die Grundidee einer derartigen Aggregation basiert auf Indexzahlen:

»Eine Indexzahl ist eine kollektive Kenngröße für eine Vielzahl unter einem bestimmten Gesichtspunkt zusammenfassbarer [...] [Einzelphänomene], die durch eine geeignete Kombination individueller [...] [Einzelmerkmale] entsteht.«

Def. 4–1 *Indexzahl (aus [Brac02], dort auf Preise bezogen)*

Eine Indexzahl verliert aufgrund der Aggregation mehrerer Werte in eine Kenngröße immer an Information. Dennoch werden Indices in der Praxis sehr häufig verwendet, da sie auf der einen Seite einfach erfassbar sind und auf der anderen Seite bei einer entsprechend sinnvollen Aggregation immer noch genügend Information über die Grundgesamtheit erlauben (vgl. z.B. der Deutsche Aktienindex oder der Preisindex).

Das Ziel dieses Kapitels ist die Einführung eines Index für die technische Qualität – des Code-Quality-Index. Zur Motivation und Identifikation der dafür notwendigen Schritte werden zuvor zwei wichtige Indices, die aus dem tagtäglichen Leben nicht mehr wegzudenken sind, detailliert vorgestellt, um im Anschluss daran mit der Definition des Quality-Benchmark-Level als Indexzahl des Code-Quality-Index beginnen zu können.

4.1.1 Exkurs 1: Deutsche Hotelzertifizierung

Indexzahlen haben sich sehr erfolgreich im Bereich der Hotellerie und Gastronomie etabliert. Das typische Szenario ist hierbei das folgende: Ein Gast sucht in einer ihm unbekannten Stadt ein für ihn geeignetes Hotel. An dieses Hotel wird er die unterschiedlichsten Ansprüche haben, wie die Forderung nach einer Minibar im Zimmer, nach einem Restaurant im Hotel, nach einer bestimmten Mindestzimmergröße, nach einem Swimmingpool im Hotel usw. Ein Blick in die örtlichen Branchenverzeichnisse oder auch Telefonbücher ergibt für ihn eine lange Liste von möglichen Hotels. Um nun das für ihn geeignete Hotel zu finden, existieren zumindest die folgenden Möglichkeiten:

- Der Gast beruft sich auf sein gutes Bauchgefühl und reserviert willkürlich in einem Hotel der Liste. Häufig werden die spärlich vorhandenen Informationen heuristisch extrapoliert und auf das Hotel übertragen. Dies wird in diesem Fall z.B. ganz wesentlich mit dem Hotelnamen (Hotel »Zur roten Rose« vs. Hotel »Stadtpalast«) und dem Preis (ein hoher Preis muss eine gute Leistung bedeuten) geschehen.
- Der Gast erstellt eine Checkliste mit all seinen Anforderungen. Um diese Anforderungen mit jedem Hotel abzugleichen (z.B. via Telefon), muss er diese Anforderungen, die in der Regel in Form von Eigenschaften formuliert sind (z.B. »zentral«, »groß«, »luxuriös«), auf harte abfragbare Fakten (Merkmale)

herunterbrechen, z.B. »Wie weit ist der Hauptbahnhof entfernt?«, »Hat jedes Zimmer mindestens 16 qm?« oder »Besitzt jedes Zimmer eine eigene Minibar?«. Der Gast erstellt also implizit ein bidirektionales Qualitätsmodell, wobei die Merkmale nur solche Aspekte abdecken sollten, die ein normaler Hotelangestellter beantworten kann. Die so erstellte Checkliste wird für jedes Hotel ausgefüllt. Der anschließend damit mögliche qualitative Vergleich erlaubt es dem Kunden, das für ihn »beste« Hotel zu wählen.

- Der Gast fragt in seinem Bekanntenkreis, ob jemand bereits in einem Hotel in der Zielstadt war und dort entsprechend gute Erfahrungen gemacht hat. Bekommt der Gast auf diese Art und Weise entsprechende Informationen, so wird er – unter der Prämisse, dass sein Bekannter ähnliche Anforderungen an Hotels hat wie er selbst – ein Zimmer im genannten Hotel reservieren.

Die dritte Alternative bietet unter der Annahme einer glaubwürdigen Information den höchsten Garant dafür, dass auch der zukünftige Gast sich in dem vorgeschlagenen Hotel wohl fühlen wird. Der Bekannte, der das Hotel bereits aus eigener Erfahrung kennt, wird nicht nur harte Fakten in Form von Merkmalen in seine Empfehlung einfließen lassen (»Die Zimmer haben eine Minibar«, »Es ist 5 Gehminuten vom Hauptbahnhof entfernt«), sondern auch weiche Eigenschaften, die sich nicht vollständig mittels Merkmalen erfassen lassen (»sehr nettes, hilfsbereites Personal«, »schönes Ambiente«). Die Risiken einer derartigen Empfehlung sind vor allen Dingen der punktuelle Charakter der Erfahrungen (vermutlich kann die Größenaussage z.B. nur für ein Zimmer getroffen werden und nicht für alle Zimmer) und die unterschiedliche Wahrnehmung von Eigenschaften. Letzterer Punkt gilt besonders für die weichen Eigenschaften, da diese subjektiv stark unterschiedlich wahrgenommen werden (was bedeutet »nettes Personal«).

In der Realität wird häufig, insbesondere in Ermangelung eines entsprechenden Bekannten, der in der Zielstadt bereits entsprechende Erfahrungen mit Hotels gesammelt hat, eine Variante der zweiten Alternative verwendet: die Hotelsterne der deutschen Hotel- und Gastronomiezertifizierung. Diese Hotelsterne bieten eine Indexzahl, die als Wertebereich 1 bis 5 Sterne besitzt. Für die einzelnen Stufen sind u.a. folgende Mindestanforderungen in Form konkreter Merkmalsausprägungen aufgeführt (vgl. [DeHoGa05]):

Sterne	Name	Mindestanforderungen (Ausschnitt)
*	Tourist	■ Einzelzimmer mind. 8 qm ■ Doppelzimmer mind. 12 qm ■ Telefax am Empfang ■ Etagendusche und Etagen-WC
**	Standard	■ Einzelzimmer mind. 12 qm ■ Doppelzimmer mind. 16 qm ■ 70% der Zimmer mit Dusche/Bad und WC ■ Frühstücksbuffet
***	Komfort	■ Einzelzimmer mind. 14 qm ■ Doppelzimmer mind. 18 qm ■ alle Zimmer mit Bad/Dusche und WC ■ Bargeldloses Zahlen mit Karten
****	First Class	■ Einzelzimmer mind. 16 qm ■ Doppelzimmer 22 qm ■ Frühstück als Zimmerservice ■ Restaurant, Bademantel
*****	Luxus	■ Einzelzimmer mind. 18 qm ■ Doppelzimmer mind. 26 qm ■ 24h besetzte Rezeption ■ Safe im Zimmer

Für die einzelnen Stufen gilt, dass eine Anforderung, die für x Sterne notwendig ist, auch für alle höher liegenden Stufen erfüllt sein muss; zusätzlich werden mit jeder höher liegenden Stufe weitere Anforderungen gestellt bzw. bereits bestehende verschärft (z.B. größere Zimmer). Wird auch nur eine Anforderung der nächsthöheren Stufe nicht erfüllt, so kann diese nicht erreicht werden. Daher wird ein Hotel, dessen Einzelzimmer nur 8 qm groß sind, trotz der Erfüllung aller anderen Mindestanforderungen nicht der Standard- sondern nur der Tourist-Klasse zugeordnet.

Insgesamt liefert die Deutsche Hotelzertifizierung mit der Indexzahl eine Aggregation von 279 Qualitätsindikatoren, die in unterschiedlicher Gewichtung Auswirkungen auf die folgenden 6 Qualitätseigenschaften haben, die jeweils noch in weitere Untereigenschaften verfeinert sind:

- Gutes Gebäude- und Raumangebot: Hier sind u.a. Qualitätsindikatoren aufgeführt, die die Zimmergrößen analysieren.
- Gute Einrichtung und Ausstattung: Hier sind u.a. Qualitätsindikatoren aufgeführt, die vorhandenes Wohn-Equipment wie WC und Bad analysieren.
- Guter Service: Hier sind u.a. Qualitätsindikatoren aufgeführt, die Dienstleistungen für den Gast wie Zimmerreinigung analysieren.
- Gute Freizeitmöglichkeiten: Hier sind u.a. Qualitätsindikatoren aufgeführt, die vorhandenes Freizeit-Equipment wie Solarium und mögliche Freizeitservices wie Massagen analysieren.

- Gute Angebotsgestaltung: Hier sind u.a. Qualitätsindikatoren aufgeführt, die die Angebotswahrnehmung vereinfachen (z.B. Online-Buchbarkeit).
- Gute Tagungsmöglichkeiten: Hier sind u.a. Qualitätsindikatoren aufgeführt, die das technische Equipment in Tagungsräumen wie Beamer analysieren.

Der Erfolg der Indexzahl der deutschen Hotelzertifizierung basiert im Wesentlichen auf den folgenden Punkten:

- Die verwendeten Qualitätsindikatoren decken einen Großteil der üblichen Anforderungen von Hotelgästen ab. Die Notwendigkeit der individuellen Erstellung eines (bidirektionalen) Qualitätsmodells entfällt daher.
- Die Indexzahl bietet ein extrem einfaches Raster, innerhalb dessen sich ein Gast zurechtfinden kann. Bucht er ein Zimmer mit z.B. 4 Sternen, bedeutet dies zwangsläufig bestimmte Ausprägungen für eine Vielzahl von Merkmalen.
- Die Indexzahl erlaubt ein einfaches Vergleichen zwischen unterschiedlichen Hotels: Unabhängig von der absoluten Indexzahl besitzt ein Hotel mit mehr Sternen mehr positive Merkmalsausprägungen als ein Hotel mit weniger Sternen. Dies ist insbesondere für die Kosten-Nutzen-basierte Qualitätsbewertung relevant.
- Der Kriterienkatalog wird regelmäßig aktualisiert, um den sich ändernden Ansprüchen der Kunden gerecht zu werden. So ist das Merkmal »DSL-Anschluss« erst in jüngster Zeit in einen Qualitätsindikator für die Eigenschaft »Tagungsfähigkeit« eingeflossen.

Dennoch besteht für den Kunden, der die deutsche Hotelzertifizierung als Selektionskriterium verwendet, nach wie vor die Möglichkeit, dass ihm das ausgewählte Hotel trotz der entsprechenden Anzahl der Sterne nicht zusagt. Die Gründe hierfür können sein:

- Das implizit von der deutschen Hotelzertifizierung verwendete Qualitätsmodell deckt besondere Ansprüche eines Gastes nicht oder falsch ab (z.B. die Nähe zu einem Dialysezentrum).
- Trotz der positiven Ausprägung aller geforderten Merkmale existieren negative Aspekte, die nicht durch Merkmalsprüfungen abgedeckt sind und dennoch die Qualität für den Gast negativ beeinflussen. Hierzu gehören vor allen Dingen alle nur schwer »messbaren« Eigenschaften wie »Schönheit« und »Höflichkeit«. Die durch die deutsche Hotelzertifizierung geforderten Merkmale sind hier mehr als notwendige, denn als hinreichende Kriterien zu verstehen.
- Die Hotelzertifizierung wurde aufgrund von Messfehlern falsch vorgenommen. Da die Merkmale in Form von Checklisten abgefragt und vom Hotel selbst ausgefüllt werden, sind Messfehler möglich, d.h., ein kommunizierter Sternestand stimmt nicht mit dem tatsächlichen Sternestand überein.

Das Risiko eines inkompatiblen Qualitätsmodells ist als das geringste Risiko anzusehen, da normalerweise nur zu viel gefordert wird. Dieses Zuviel behindert aber nicht andere Merkmale und Eigenschaften. Das zweite Risiko deutet auf den eigentlichen Charakter der Indices hin: Risikominimierung. Natürlich kann auch ein beurteiltes Hotel ohne jegliche Sterne dem Gast eine hohe Qualität anbieten (z.B. indem zu kleine Zimmer durch eine geschickte Architektur, eine hohe Deckenhöhe oder sehr große Balkone kompensiert werden), die Wahrscheinlichkeit hierfür ist allerdings extrem gering. Darüber hinaus baut sich über die Jahre (z.B. mit zahlreichen Hotelübernachtungen) ein Erwartungshorizont auf, dessen Nicht-Einhaltung dann per se negativ wirkt: Und hierzu gehört insbesondere eine Mindestgröße bei Hotelzimmern.

Mit dem Code-Quality-Index liegt ein ähnliches Instrument wie die deutsche Hotelzertifizierung für die Bewertung der technischen Qualität objektorientierter Systeme vor, inkl. der beschriebenen Vor- und Nachteile. Es wird aber noch gezeigt werden, dass bei diesem Index das Risiko von Messfehlern ausgeschlossen werden kann, da die Bewertung vollautomatisch mittels etablierter Analysewerkzeuge erfolgen kann.

4.1.2 Exkurs 2: CMM®-Prozessmodell

Ein anderer Bereich, in dem Indices als Aggregation vieler Einzelmerkmale verwendet werden, ist die Qualitätsbewertung von Prozessen im Bereich des Software-Engineering (Softwaretechnik). Als typisches Beispiel soll hier auf das Capability Maturity Model® (CMM®) eingegangen werden (vgl. hierzu [PaCuCh+93]).

> »[Das] Capability Maturity Model® (kurz CMM®) ist ein Prozessmodell zur Beurteilung der Qualität (›Reife‹) des Softwareprozesses (Softwareentwicklung, Wartung, Konfiguration etc.) von Organisationen sowie zur Bestimmung der Maßnahmen zur Verbesserung desselben.«

Def. 4–2 *Capability Maturity Model® (vgl. [WikiPedia05a])*

Wie die Hotelsterne auch verwendet das CMM®-Modell eine ganzzahlige Indexzahl aus dem Intervall [1..5] für die Bewertung, wobei die einzelnen Stufen (im Folgenden als CMM-Indexwerte bezeichnet) wie folgt definiert sind:

Stufe	Name	Mindestanforderungen (Ausschnitt)
1	Initial	keine
2	Repeatable	■ Konfigurationsmanagement ■ Projektplanung ■ Release-Planung ■ Ressourcenzuweisung
3	Defined	■ Schulungen der Mitarbeiter ■ Budgetkontrolle ■ Code-Reviews ■ Gruppen-/Rollenbildung
4	Managed	■ Projektperformance-Messung ■ Sammlung statistischer Daten ■ Qualitätsmodelle ■ Management-taugliches Projektmonitoring
5	Optimizing	■ Ursachenanalyse bei Fehlern ■ Pilotierung von Neuerungen ■ Innovationsforschung ■ Verbesserungsmessung

Die Art und Weise der Einstufung und die dafür jeweils notwendigen Anforderungen entsprechen größtenteils denen der deutschen Hotelzertifizierung: »[...] *each level forms a necessary foundation from which to achieve the next level. The CMM identifies the levels through which an organization must evolve to establish a culture of software engineering excellence. Processes without the proper foundation fail at the very point they are needed most – under stress – and they provide no basis for future improvement*« ([PaCuCh+93], S. 25).

Die Vielzahl geforderter Merkmale, die je nach Version des CMM®-Modells stark variiert (vgl. insbesondere die neuere CMMI®-Version), wird dort in 18 verschiedene Eigenschaften, den so genannten *Key Process Areas* (KPA) eingeteilt. Diese *Key Process Areas* werden ab einer bestimmten Stufe relevant und stellen für höhere Stufen jeweils weitere Anforderungen. Eine Übersicht der Zuteilung von KPAs auf den jeweiligen CMM-Indexwert ist in der folgenden Abbildung dargestellt (vgl. [PaCuCh+93], S. 31)(vgl. Abb. 4–1).

Die CMM-Indexzahl ermöglicht daher ein zügiges Erkennen der Prozessqualität. Dies kann u.a. hilfreich bei der Auswahl von Auftragnehmern sein, indem von dem Auftragnehmer eine bestimmte CMM-Stufe als notwendiges Kriterium einer Beauftragung vorausgesetzt wird.

Auch die Vorteile und Risiken der Verwendung von CMM entsprechen weitestgehend denen der deutschen Hotelzertifizierung. Besonders interessant ist an dieser Stelle noch einmal das zweite Risiko bzgl. der Einschätzung »notwendig« bzw. »hinreichend«. »*The adjective ›key‹ implies that there are process areas (and processes) that are not key to achieving a maturity level. The CMM does not describe all the process areas in detail that are involved with developing and maintaining software. Certain process areas have been identified as key*

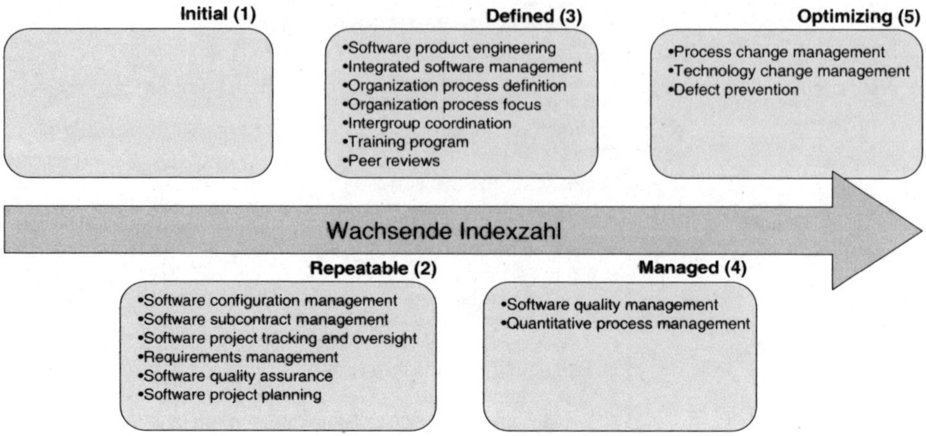

Abb. 4–1 *Key Process Areas des CMM®*

determiners of process capability; these are the ones described in the CMM« ([PaCuCh+93], S. 32).

Ähnlich wie bei den Hotelsternen werden also Kriterien formuliert, die keineswegs vollständig sein müssen, also nicht zwangsläufig als hinreichendes Kriterium für einen guten Prozess dienen, aber die dennoch als notwendiges Kriterium für einen systematischen Prozess verwendet und nach zunehmender Etablierung der Kriterien auch als Standard vorausgesetzt werden können.

4.2 Softwarezertifizierung mit dem Code-Quality-Index

Ziel dieses Abschnittes ist es, in Anlehnung an die Indexzahlen der deutschen Hotelzertifizierung und des CMM®-Modells einen Index für Softwaresysteme vorzustellen, der ein zügiges Einschätzen der technischen Qualität ermöglicht.

Die Grundparameter, deren Dimensionen in den vorherigen Kapiteln ausführlich beschrieben wurden und die zugleich die Konkretisierung der für eine Definition der Indexwerte notwendigen Beschreibung der »Gesichtspunkte« für eine kollektive Zusammenfassung sind (vgl. Def. 4–1), sind dabei die folgenden:

- Der Code-Quality-Index hat als Qualitätssicht (vgl. Kapitel 2) eine Mischung des Produktansatzes mit dem Kosten-Nutzen-Ansatz.
- Er beschreibt Qualität unmittelbar aus der Sicht der Rolle (vgl. Kapitel 2) des Softwareentwicklers und mittelbar aus der des Managers (in Form besserer Planbarkeit und geringerer Wartungskosten) und des Anwenders (in Form einer besseren Stabilität und zeitnaherer Änderungen).
- Als Projektparameter (vgl. Kapitel 2) wird angenommen, dass es sich um ein großes, noch einige Jahre zu pflegendes (kein Prototyp/Pilot), manuell erstelltes (kein generiertes) Softwaresystem handelt, das für das Unternehmen einen

produktiven Mehrwert ermöglicht (kein Testcode) und zumindest in einer Minimalversion bereits vorliegt (es muss bereits übersetzbarer Code vorhanden sein).

- Die technische Umsetzung kann bisher nur für die beiden Programmiersprachen C++ und Java erfolgen. Konzeptuell kann der Code-Quality-Index auf beliebige andere Sprachen ausgeweitet werden; es bedarf nur angepasster Qualitätsindikatoren und – dieser Schritt ist besonders arbeitsintensiv – Vergleichswerte für die Vergabe von Schwellwerten. Aktuell wird an einer Überführung des Code-Quality-Index auf die Sprachen C#, Visual Basic und Cobol gearbeitet.
- Der Code-Quality-Index verwendet ein konkret instanziiertes bidirektionales Qualitätsmodell, das von Seiten der Eigenschaften auf der ISO 9126 basiert. Auf der Seite der Merkmale werden diese ins Verhältnis zu solchen Aspekten gestellt, die mittels einer statischen Analyse des Quelltextes ermittelbar sind.
- Der Code-Quality-Index möchte – wie die Hotelzertifizierung und CMM auch – mehr und vor allen Dingen zuverlässigere Informationen liefern, als dies nur durch Bauchgefühle und punktuelle Eindrücke gegeben ist. Auf der anderen Seite möchte der Code-Quality-Index in keiner Weise manuelle Code-Reviews oder Architekturassessments (vgl. z.B. die Architecture Tradeoff Analysis Method (ATAM), [ClKaKl01]) mit ihrer Ergebniszuverlässigkeit ersetzen. Die qualitative Einstufung des Code-Quality-Index bzgl. der beiden Dimensionen zuverlässige Transparenz und Aufwand ist in der folgenden Abbildung noch einmal dargestellt. Die Zuverlässigkeit der Transparenz ist hierbei wichtig, da auch ein Bauchgefühl akzidentell eine maximale Transparenz ermöglichen kann, nur kann deren Korrektheit in keiner Weise zugesagt werden, so dass solche Aussagen als unzuverlässig einzustufen sind.

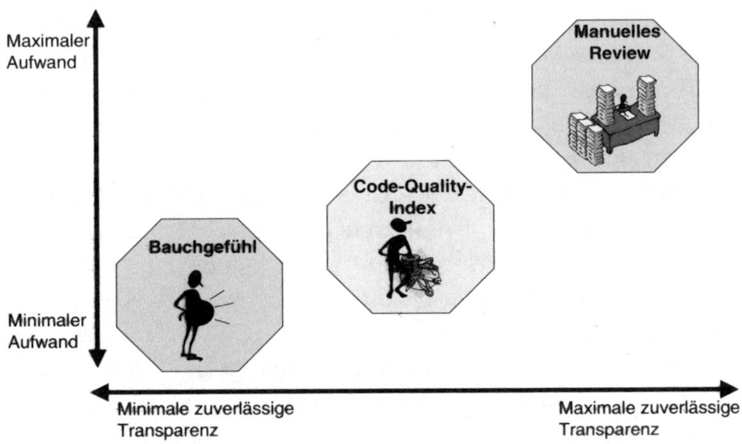

Abb. 4–2 *Code-Quality-Index zwischen Transparenz und Aufwand*

Bevor im Folgenden der Code-Quality-Index weiter konkretisiert wird, werden die wesentlichen Nachteile des manuellen Code-Reviews sowie des Bauchgefühls erläutert.

4.2.1 Manuelles Review

Ein wesentliches Charakteristikum des manuellen Code-Reviews ist der dafür notwendige hohe Aufwand. Dies wird im Folgenden durch ein kurzes Rechenbeispiel belegt: Soll für ein mittelgroßes Softwaresystem mit 1 Millionen LOC ein manuelles Code-Review durchgeführt werden, wie es etwa in der weit verbreiteten »*Anleitung zum Test und zur Inspektion*« [FrLuSa04] beschrieben wird, so sind pro Review-Sitzung mindestens folgende 5 Personen erforderlich:

- der Manager, der als Linienvorgesetzter oder Projektleiter den Auftrag zur Erstellung des Prüflings gegeben hat,
- der Autor als Urheber des Prüflings oder Repräsentant des Teams, das den Prüfling erstellt hat,
- ein Moderator, der das »Miniprojekt«-Review leitet,
- ein Gutachter, der den Prüfling beurteilen kann, und
- ein Aktuar, der in der Review-Sitzung das Protokoll aufnimmt.

Werden diesem formalen Rahmen die von Hewlett Packard veröffentlichten Zahlen einer »Review-Leistung« von 360 LOC pro Stunde zugrunde gelegt (vgl. [Balz98]), so ergibt sich für ein derartiges Projekt alleine für die Durchführungszeit ein Gesamtaufwand von über 8 Personenjahren. Nicht mit eingerechnet sind die Vorbereitungszeiten des Gutachters, die laut [FrLuSa04] als doppelt so hoch wie die Durchführung selbst angegeben werden, sowie mögliche Nacharbeitungen (dort als »dritte Stunde« bezeichnet), die zur Klärung aufgetretener Fragen benötigt werden. Falls die manuellen Reviews, wie durchaus in der Praxis üblich, auf bestimmte Systemteile beschränkt werden, verschlechtert sich die ansonsten zuverlässige Transparenz bzgl. der Qualität, da eine Extrapolation von Einzelteilen auf das Gesamtsystem die Zuverlässigkeit der Transparenz wieder auf die Ebene des Bauchgefühls zurückstuft.

Natürlich werden innerhalb eines Code-Reviews sehr detaillierte Einschätzungen erarbeitet, die neben syntaktischen Eigenschaften auch semantische Aspekte wie Aufgabenangemessenheit und Sinngehalt ermitteln. Diese Detailtreue kann und soll der Code-Quality-Index zugunsten einer deutlich höheren Durchführungseffizienz nicht haben, so wie auch die Hotelzertifizierung in keiner Weise einen Ersatz für individuelle Erfahrungen in Hotels vor Ort darstellen soll. Dennoch liefert der Code-Quality-Index in jedem Fall eine höhere Transparenz, als dies durch Bauchgefühle oder punktuelle Erfahrungen gegeben ist.

4.2.2 Bauchgefühl

Die bzgl. der Transparenz niedrige Einordnung des Bauchgefühls in der Abbildung 4–2 soll im Folgenden belegt werden. Aufgrund der fehlenden Systematik des Bauchgefühls kann deren Richtigkeit und Vollständigkeit in keiner Weise gewährleistet werden. Hinsichtlich des bidirektionalen Qualitätsmodells ergeben sich vor allen Dingen folgende Probleme:

- Qualitätseigenschaftsdivergenz: Passen die dem Bauchgefühl zugrunde liegenden Qualitätseigenschaften zu denen des »Verwerters« des Bauchgefühls? Hierbei sind vor allen Dingen folgende Probleme möglich:
  - Fehlende Qualitätseigenschaften: Das Bauchgefühl fokussiert lediglich einen Teil des gesamten Qualitätsmodells. Ein Bauchgefühl eines Technikers mit dem Fokus auf Performance wird u.U. Eigenschaften wie Analysierbarkeit oder Stabilität ignorieren. Sein Qualitätsmodell stellt somit lediglich ein subjektiv motiviertes Teilqualitätsmodell eines Gesamtqualitätsmodells dar.
  - Ungeeignete Qualitätseigenschaften: Das Bauchgefühl fokussiert Eigenschaften, die nicht Bestandteil des Qualitätsmodells sind. Ein Bauchgefühl eines Projektleiters kann u.U. den technischen Fokus besitzen, dort allerdings eher prozessbezogene Eigenschaften zugrunde legen. So können z.B. prozessbezogene Eigenschaften der Vergangenheit (Budgettreue, Annahme beim Kunden) nicht in ein direktes Verhältnis zur technischen Qualität des Produktes gesetzt werden, da hierfür weitere Aspekte, die nicht Teil des Qualitätsmodells sind, wie Ressourcen-Skills oder Marktverhalten, verantwortlich sein können.
  - Fehlende oder ungeeignete Gewichtungen von Qualitätseigenschaften: Das Bauchgefühl fokussiert zwar Eigenschaften aus dem Qualitätsmodell, gewichtet diese aber anders, unsystematisch oder überhaupt nicht. Ein Bauchgefühl eines Neueinsteigers, der dabei ist, ein gegebenes System zu verstehen, um daran Änderungen vornehmen zu können, wird die Qualitätseigenschaft Analysierbarkeit deutlich höher bewerten als die Qualitätseigenschaft Performance.
- Qualitätsindikatordivergenz: Da die Qualitätsindikatoren sehr auf dem Fundus einer ausgewiesenen Expertise im Bereich der Qualitätsanalyse basieren, sind hier beim Bauchgefühl ebenfalls große Unschärfen möglich. Die wesentlichen Probleme sind vor allen Dingen:
  - Fehlende Sensibilisierung für Problemmuster: Das Fehlen von Namenskonventionen kann z.B. in kleinen Systemen u.U. noch durch Detailwissen kompensiert werden, in großen Systemen, in denen eine solche Detailanalyse von häufig verteilt entwickelten Systemteilen gar nicht mehr möglich ist, wiegt ein solches Phänomen deutlich schwerer.

  - Fehlende oder ungeeignete Abhängigkeiten zu Qualitätseigenschaften: Insbesondere Techniker neigen dazu, bei Qualitätsindikatoren die Ebene der Qualitätseigenschaften auszublenden. Die heute immer noch häufig anzutreffende McCabe-Analyse ist ein solches Beispiel: Dass eine einzelne Methode einen McCabe-Wert von z.B. über 20 hat, ist als Qualitätsmerkmal noch kein Problem. Erst wenn der Fokus auf Änderbarkeit liegt und sich damit die Notwendigkeit der Prüfbarkeit ergibt (um Änderungen bzgl. ihrer Auswirkungen überprüfen zu können), deutet der Wert von 20 auf ein Problem hin, da eine C0- und eine C1-Überdeckung nur mit einer sehr großen Anzahl von Testfällen erreicht werden kann (vgl. z.B. [PaSi94]).
- Qualitätsmerkmaldivergenz: Da das Bauchgefühl in der Regel auf jeglichen Werkzeugeinsatz, der systematisch die Qualitätsmerkmale betrachtet, verzichtet, wird eine Bauchgefühleinschätzung niemals vollständig und 100% korrekt bzgl. der der Bewertung zugrunde liegenden Qualitätsmerkmale sein können. Die wesentlichen Probleme sind vor allen Dingen:
  - Vollständigkeit: Mit zunehmender Größe heutiger Systeme wird die vollständige Erfassung aller Vorkommen eines Qualitätsmerkmals immer unwahrscheinlicher. Das übliche Vorgehen sind in diesem Fall manuelle Stichproben (Selektion i.d.R. ebenfalls aus dem Bauchgefühl) und deren Extrapolation auf das Gesamtsystem.
  - Korrektheit: Aus denselben Gründen, aus denen eine vollständige manuelle Erfassung heute nicht mehr möglich ist, kann auch die Korrektheit manuell nicht garantiert werden: Bereits eine einfache Analyse, welche Systemteile ein betrachtetes Codefragment benutzen, ist ohne Werkzeugeinsatz nicht mehr 100% korrekt möglich. Deutlich wird dies heute u.a. an der immer akuter werdenden Notwendigkeit von Architekturanalysen, d.h. der vollständigen Überprüfung von Abhängigkeiten auf einer hohen Abstraktionsebene.

4.2.3 Definition des Code-Quality-Index

Mit den Konzepten und Erfahrungen bisheriger Indices und der Konkretisierung der Zielsetzung eines derartigen Index für die technische Qualität ist eine Definition des Code-Quality-Index möglich:

Der Code-Quality-Index stellt eine kollektive Kenngröße für eine konkrete, bzgl. der technischen Qualität vorgenommenen Instanziierung eines bidirektionalen Qualitätsmodells für die Programmiersprachen Java und C++ dar. Der Wertebereich des Code-Quality-Index ist hierbei durch 5 verschiedene Quality-Benchmark-Level gegeben, deren Erreichung durch Schwellwerte aus einem Repository, das den aktuellen Stand der Technik repräsentiert, bestimmt wird. Das zugrunde liegende bidirektionale Qualitätsmodell verwendet auf der Merkmalsseite lediglich mit Werkzeugen der statischen Analyse automatisch erfassbare Merkmale, so dass der Index für ein Softwaresystem vollautomatisch ermittelt werden kann.

Def. 4–3 *Code-Quality-Index*

Damit ermöglicht der Code-Quality-Index bei geringen Kosten eine hohe Zuverlässigkeit bzgl. der Transparenz technischer Qualität, ohne dabei jedoch semantische Bewertungen, wie sie durch manuelle Reviews zusätzlich ermittelbar sind, ersetzen zu wollen.

4.3 Zertifizierungsverschärfungen

Der Code-Quality-Index, der die wesentlichen Nachteile des manuellen Code-Reviews zugunsten einer deutlich besseren Effizienz und die Nachteile des Bauchgefühls durch ein systematisches, weitestgehend automatisierbares Vorgehen kompensieren will, wird im Folgenden bzgl. der Anforderungen für die Erreichung eines bestimmten Quality-Benchmark-Level detailliert. Es wird vor allen Dingen darauf eingegangen, welche Anforderungen und Anforderungsverschärfungen für höher liegende Zertifizierungsstufen angewendet werden. Der Code-Quality-Index setzt hierbei als Werkzeug der Softwarezertifizierung mit zunehmendem Indexwert sowohl einen breiter werdenden Kriterienkatalog als auch strengere Schwellwerte für bereits geltende Kriterien ein. Diese beiden Verschärfungen werden im Folgenden detaillierter vorgestellt.

4.3.1 Indikatorzuwachs

Eine Möglichkeit, die Zertifizierung zu verschärfen, besteht darin, mit zunehmender Zertifizierungsstufe den Umfang der betrachteten Aspekte zu erhöhen. Wie bei der Hotelzertifizierung werden somit einige Aspekte der Qualität erst ab einem bestimmten Indexwert analysiert. Dagegen gelten die relevanten Aspekte eines bestimmten Zertifizierungsgrades automatisch immer auch für alle darüber liegenden Grade.

Ein derartiges Vorgehen ist ebenfalls innerhalb des Code-Quality-Index realisiert. Die Kriterien, die entscheiden, ab welchem Zertifizierungsgrad ein Qualitätsindikator betrachtet wird, sind die beeinflussten Qualitätseigenschaften, der

Aufwand für die Behebung (Kosten) sowie die zeitliche Auswirkung der Behebung (Unmittelbarkeit).

Priorisierte Qualitätseigenschaften

Die der ISO 9126 entlehnten Qualitätseigenschaften, die auch als Grundlage des Code-Quality-Index dienen, sind in einem Softwaresystem häufig nicht als gleichwertig anzusehen. Die höchste Priorität wird zuerst denjenigen Eigenschaften zugesprochen, die am ehesten das Axiom des Software-Engineering (vgl. Kapitel 2) belegen, d.h. bei denen die Lücke zwischen funktionaler und technischer Qualität am geringsten ist und somit eine hohe technische Qualität auch eine starke positive Auswirkung auf die funktionale Qualität besitzt. Hierzu gehört maßgeblich die Stabilität, da diese direkt vom Benutzer wahrgenommen werden kann (z.B. in Form häufiger bzw. seltener Abstürze). Demgegenüber wird die geringste Priorität auf diejenigen Eigenschaften gelegt, bei denen die Lücke zwischen funktionaler und technischer Qualität am größten ist, d.h. wo der erreichbare Mehrwert nur sehr indirekt (und i.d.R. auch eher langfristig) wirkt. Hierzu gehört u.a. die Austauschbarkeit, da diese hauptsächlich dann relevant ist, wenn Synergien zwischen mehreren, zeitlich durchaus hintereinander liegenden Systemen genutzt werden sollen.

Da ein Qualitätsindikator per definitionem ein beweiskräftiger Anzeiger (Indiz) auf eine oder mehrere Qualitätseigenschaften ist, kann diese qualitätsindikatorspezifische, gewichtete Implikationsbetrachtung zusammen mit der grundsätzlichen Priorisierung der Qualitätseigenschaften (»Was ist am wichtigsten?«) verwendet werden, um die Relevanz der Qualitätsindikatoren einer bestimmten Zertifizierungsstufe zuzuweisen. Die Grundidee ist dabei, dass ein Qualitätsindikator mit einer sehr starken Auswirkung auf eine hoch priorisierte Qualitätseigenschaft (z.B. die Stabilität) bereits ab einer sehr frühen Zertifizierungsstufe relevant ist. Ist der Qualitätsindikator für die hoch priorisierte Qualitätseigenschaft weniger relevant bzw. erst für eine geringer priorisierte Qualitätseigenschaft hoch relevant (z.B. die Austauschbarkeit), so wirkt der Qualitätsindikator erst ab späteren Zertifizierungsstufen. Für die beiden Beispieleigenschaften Austauschbarkeit und Stabilität und deren Priorisierungen bedeutet dies, dass diejenigen Qualitätsindikatoren, die eine starke Auswirkung auf die Stabilität besitzen, ab einem früheren QBL relevant werden als solche, die »nur« eine starke Auswirkung auf die Austauschbarkeit besitzen.

Im Folgenden wird die Priorisierung der Qualitätseigenschaften für jeden Quality-Benchmark-Level separat in Form der Gewichtungen 100%, 75%, 50%, 25% und 0% durchgeführt. 100% bedeutet hierbei, dass die entsprechende Qualitätseigenschaft im Fokus des jeweiligen QBL steht, d.h., alle Qualitätsindikatoren, die eine 100%ige Auswirkung auf die entsprechende Qualitätseigenschaft besitzen, sind mindestens ab dem entsprechenden QBL relevant.

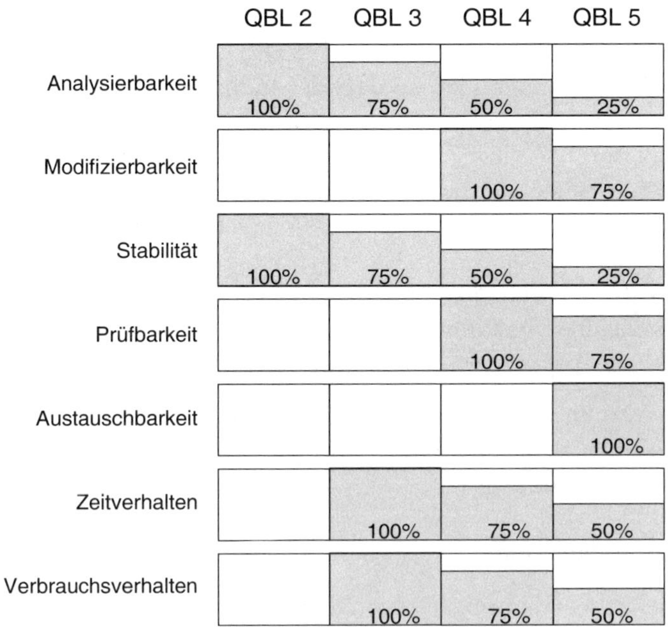

Abb. 4–3 *Priorisierung der Qualitätseigenschaften innerhalb der QBL*

Es ist deutlich ersichtlich, dass Analysierbarkeit und Stabilität die am höchsten priorisierten Qualitätseigenschaften im QBL 2 darstellen (vgl. »QBL 2«-Spalte): Jeder Qualitätsindikator, der maximale Auswirkungen auf eine dieser beiden Eigenschaften besitzt, gilt folglich bereits ab QBL 2. Für die konkrete Ermittlung, ab wann ein Qualitätsindikator relevant ist, bedarf es also neben der grundsätzlichen Priorisierung der Qualitätseigenschaften (vgl. Abb. 4–3) noch für jeden Qualitätsindikator der detaillierten Angabe, welche Qualitätseigenschaften wie stark beeinflusst werden. Diese Angaben sind detailliert für jeden Qualitätsindikator des Code-Quality-Index angegeben (vgl. Teil II dieses Buches).

Besitzt auf der anderen Seite ein derart definierter Qualitätsindikator »nur« maximale Auswirkung auf die Austauschbarkeit, so gilt er erst ab QBL 5. Besitzt er dagegen lediglich eine abgeschwächte Auswirkung auf die Stabilität (z.B. 75%), so gilt dieser Indikator erst ab QBL 3.

Wie aus der Definition der Qualitätsindikatoren bereits ersichtlich, kann ein Qualitätsindikator auf mehrere Qualitätseigenschaften unterschiedlich starke Auswirkungen besitzen. Jeder im zweiten Teil dieses Buches vorgestellte Qualitätsindikator wird daher vollständig bzgl. aller im Fokus von Code-Quality-Management stehenden Qualitätseigenschaften gewichtet. Per definitionem gilt ein Qualitätsindikator ab dem kleinsten QBL, der für alle Qualitätseigenschaften ermittelt wurde. Beispiele der Berechnung sind:

- Ein Indikator hat eine 100%-Auswirkung auf die Stabilität und eine 50%-Auswirkung auf die Austauschbarkeit: Die QBL-dominante Qualitätseigenschaft ist hier die Stabilität, so dass der Indikator bereits ab QBL 2 relevant ist.
- Ein Indikator hat eine 75%-Auswirkung auf das Zeitverhalten und eine 100%-Auswirkung auf die Austauschbarkeit: Die QBL-dominante Qualitätseigenschaft ist hier das Zeitverhalten, so dass der Indikator ab QBL 4 (da nur 75%) relevant ist.
- Ein Indikator hat eine 50%-Auswirkung auf alle Qualitätseigenschaften: Die QBL-dominanten Qualitätseigenschaften sind hier die Analysierbarkeit sowie die Stabilität, so dass der Indikator ab QBL 4 (da nur 50%) relevant ist.

Die tatsächliche Einstufung eines Qualitätsindikators kann aufgrund eines Korrekturfaktors von dem eben beschriebenen Schema abweichen. Dieser Faktor wird im Folgenden motiviert.

Kosten-Nutzen-Integration

Die priorisierten Qualitätseigenschaften ermöglichen eine eindeutige Zuordnung der Qualitätsindikatoren zu einem bestimmten QBL. Diejenigen Qualitätsindikatoren, die einen hohen Nutzen für alle Qualitätsrollen besitzen (vgl. Axiom des Software-Engineering oben), werden somit bereits sehr früh fokussiert. Je nach strategischer Ausrichtung innerhalb eines Unternehmens kann es daher durchaus Sinn machen, nicht den höchsten QBL anzustreben, da dort die zu erwartenden Mehrwerte evtl. zu teuer sind oder zu langfristig und indirekt wirken. Neben dem reinen Nutzen, der durch die Priorisierung der Qualitätseigenschaften auf den Code-Quality-Index abgebildet wird, spielen folglich die beiden Bereiche *Kosten* zur Behebung von Befunden als auch die *Unmittelbarkeit* der Behebung (als zeitliche Wirkung) eine wesentliche Rolle.

Um diese Kosten-Nutzen-Sicht auf Qualität in die Zertifizierungsstufen zu integrieren, wird diese in Form eines Korrekturfaktors eingearbeitet: Angenommen, zwei Qualitätsindikatoren sind ab demselben QBL relevant, so geht aus diesem Indexwert noch nicht hervor, mit wie viel Aufwand mögliche Fehler behoben werden können und wie zeitnah damit der Return on Investment auftritt. Diese beiden Faktoren bestimmen aber die Kosten-Nutzen-Sicht auf Qualität (vgl. Kapitel 2). Neben der detaillierten Einschätzung jedes Qualitätsindikators bzgl. der konkreten Auswirkungen auf alle Qualitätseigenschaften werden daher auch die folgenden beiden Einschätzungen für jeden Qualitätsindikator vorgenommen:

- Beurteilung des Kostenzuwachses, der für die Behebung identifizierter Qualitätsdefizite notwendig ist.
- Beurteilung der Unmittelbarkeit, mit der die positiven Auswirkungen einer Behebung sichtbar werden.

Auch bzgl. dieser beiden Aspekte wurde wiederum die Skala von 0% bis 100% verwendet: Ein 100%-Kostenzuwachs ist denjenigen Indikatoren zugeordnet, deren Behebung den maximalen Aufwand im Vergleich zu den anderen Qualitätsindikatoren benötigt. Ein 25%-Kostenzuwachs steht für einen vergleichsweise geringen Einarbeitungsaufwand der Änderungen. Eine 100%-Unmittelbarkeit ist denjenigen Indikatoren zugeordnet, bei denen die Behebung einen zeitlich direkten positiven Nutzen bringt. Eine 25%-Unmittelbarkeit bedeutet eine sehr große Zeitspanne zwischen dem Investment für die Behebung und dem Erfahren des dadurch erreichten Nutzens.

Der für den Code-Quality-Index verwendete Korrekturfaktor kann den durch die Priorisierung der Qualitätseigenschaften ermittelten QBL per definitionem um maximal 2 Stufen nach unten oder oben korrigieren (jeweils Kostenzuwachs und Unmittelbarkeit um 1 Stufe). Daraus folgt, dass ein Problemindikator, der ohne Korrekturfaktor erst ab QBL 4 gilt, gleichzeitig aber kaum Kosten und eine hohe Unmittelbarkeit besitzt, aufgrund der hervorragenden Kosten-Nutzen-Sicht bereits ab QBL 2 gilt (Korrekturfaktor von -2). Auf der anderen Seite kann die Kosten-Nutzen-Sicht auch dazu führen, dass ein ohne Korrektur bereits ab QBL 2 geltender Indikator aufgrund enormer Kosten und einer geringen Unmittelbarkeit tatsächlich erst ab einem QBL 4 berücksichtigt wird.

Die vollständige Korrekturtabelle ist in Abbildung 4–4 dargestellt; angegeben sind jeweils die relativen Verschiebungen (+2 bis -2) des durch die Priorisierung der Qualitätseigenschaften ermittelten QBL:

Unmittelbarkeit \ Kostenzuwachs	0%	25%	50%	75%	100%
0%	0	0	+1	+1	+2
25%	0	0	0	+1	+1
50%	-1	0	0	0	+1
75%	-1	-1	0	0	0
100%	-2	-1	-1	0	0

Abb. 4–4 *Korrekturtabelle für die Ermittlung des QBL*

Beispiele der Anwendung der Korrekturtabelle:

- Ein Qualitätsindikator wird aufgrund der priorisierten Qualitätseigenschaften auf den QBL 2 abgebildet. Die Behebung von Befunden ist allerdings sehr aufwendig (100%) und der Nutzen wirkt nicht sehr unmittelbar (50%). Der abzulesende Korrekturfaktor +1 bedeutet, dass der Qualitätsindikator erst ab QBL 3 relevant ist.

- Ein Qualitätsindikator wird aufgrund der priorisierten Qualitätseigenschaften auf den QBL 4 abgebildet. Die Behebung von Befunden ist allerdings sehr aufwendig (100%); der Nutzen dagegen kommt sofort nach Behebung zum Tragen (100%). Der abzulesende Korrekturfaktor 0 bedeutet, dass der Qualitätsindikator unverändert ab QBL 4 relevant ist.
- Ein Qualitätsindikator wird aufgrund der priorisierten Qualitätseigenschaften auf den QBL 4 abgebildet. Die Behebung von Befunden kostet allerdings kaum Aufwand und wird durch moderne IDEs stark unterstützt (0%); auch der Nutzen kommt sofort nach Behebung zum Tragen (100%). Der abzulesende Korrekturfaktor -2 bedeutet, dass der Qualitätsindikator bereits ab QBL 2 relevant ist.

Mit Hilfe der Priorisierung der Qualitätseigenschaften, der Implikationsanalyse jedes Qualitätsindikators sowie dieses Korrekturfaktors lässt sich entlang des beschriebenen Verfahrens für jeden Qualitätsindikator ermitteln, ab welchem QBL er betrachtet wird.

4.3.2 Schwellwerttunnel

Bisher gilt, dass ein Qualitätsindikator ab einem bestimmten QBL (inkl. des Korrekturfaktors) unverändert auch für alle höherwertigen Stufen wirkt. Diese sehr binäre Sichtweise auf Qualitätsindikatoren erlaubt keinerlei Evolution auf dem Weg zu einer höheren Zertifizierungsstufe: Entweder ein System erfüllt den Qualitätsindikator oder nicht.

Auch hier soll wiederum die Hotelsterne-Zertifizierung für die Herleitung der Einführung eines so genannten *Schwellwerttunnels* dienen: So verwendet ein dort formulierter Qualitätsindikator für das Erreichen von 2 Hotelsternen die Merkmalsausprägung »Farbfernseher im Hotelzimmer«. Dieses Merkmal wird allerdings als Schwellwerttunnel formuliert, d.h., ausgehend von einem zu erreichenden Mindestwert für untere Zertifizierungsstufen wird dasselbe Merkmal auf höheren Zertifizierungsstufen mit strengeren Schwellwerten verwendet. Für die deutsche Hotelzertifizierung bedeutet dies im angegebenen Beispiel, dass für 2 Sterne mindestens 70% der Zimmer einen Farbfernseher haben müssen; für ein 3-Sterne-Hotel liegt dieser Schwellwert bereits bei 100%.

Das Konzept der Schwellwerttunnel wird ebenfalls für den Code-Quality-Index verwendet: Alle Qualitätsindikatoren des Code-Quality-Index sind so beschrieben, dass in einem perfekten System mit optimaler technischer Qualität keine einzige Stelle im System existiert, bei der ein Qualitätsindikator auf negative Auswirkungen hinweist. Die Häufigkeit aller Problemmuster, die jeweils Teil eines Qualitätsindikators sind, ist daher in einem derartigen System immer 0.

Auf der anderen, praxisnäheren Seite beginnt der Schwellwerttunnel auf Grundlage der empirischen Datenbasis: Die Verletzungsanzahl jedes Qualitätsindikators wurde für jedes der über 120 Industrieprojekte ermittelt und mittels LOC normiert. Die Werte für Maximum, oberes Quartil, Median, unteres Quartil und Minimum werden aus diesen Daten ermittelt und wie folgt angewandt:

Ist ein Qualitätsindikator für QBL 2 bereits relevant, so darf das System nach der weiter oben beschriebenen Normierung mittels LOC bzgl. dieses Qualitätsindikators per definitionem nicht zu den 25% der schlechtesten Systeme des Code-Quality-Index-Repositories gehören, d.h., die Fehlerdichte muss geringer als das obere Quartil sein.

Der vollständige Schwellwerttunnel ist in der folgenden Abbildung dargestellt:

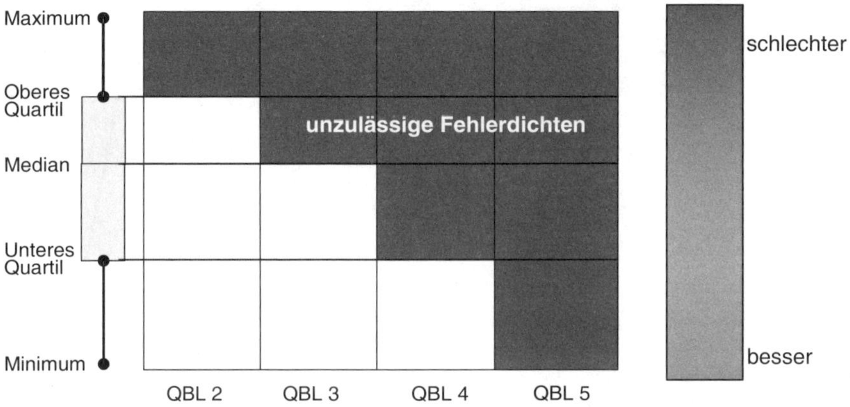

Abb. 4–5 *Repository-basierter Schwellwerttunnel des Code-Quality-Index*

Für alle innerhalb QBL 2 relevanten Qualitätsindikatoren muss folglich für ein System gelten, dass die Fehlerdichte kleiner als das obere Quartil ist. Derselbe Qualitätsindikator ist – wie beschrieben – auch für QBL 3 relevant, nur muss die Fehlerdichte eines Systems dort besser als der Median sein.

Eine Besonderheit stellt die zulässige Fehlerdichte für QBL 5 dar. Die erlaubte Fehlerdichte ist hierbei auf die minimale Fehlerdichte aus dem QBL-Repository reduziert. Der dadurch u.U. entstehende Eindruck, es könne jeweils nur ein einziges System – jenes mit der minimalen Fehlerdichte – QBL 5 erreichen, ist aufgrund der grundsätzlichen Formulierung der Qualitätsindikatoren mit einem Zielwert von 0 falsch: Vielmehr können *alle* Systeme, die bzgl. eines Qualitätsindikators zu 100% perfekt sind (Fehlerdichte gleich 0), für diesen Qualitätsindikator QBL 5 erreichen. Die softwaretechnische Vision kann daher durchaus sein, dass alle Softwaresysteme QBL 5 besitzen.

Die zulässigen Fehlerdichten sind nur vom QBL abhängig; wird ein Qualitätsindikator z.B. erst ab QBL 4 relevant, so gilt als zulässige Fehlerdichte maximal das untere Quartil.

4.4 Quality-Benchmark-Level

Im folgenden Abschnitt werden die einzelnen QBL des Code-Quality-Index jeweils kurz vorgestellt und die relevanten, spezifischen Qualitätsindikatoren aufgeführt (für eine ausführlichere Definition vgl. Teil II des Buches und dort der Qualitätsindikatorenkatalog in Kapitel 10).

Die fünf beschriebenen QBL können zusammen mit den beiden Verschärfungen Indikatorzuwachs und Schwellwerttunnel wie in der folgenden Abbildung dargestellt werden:

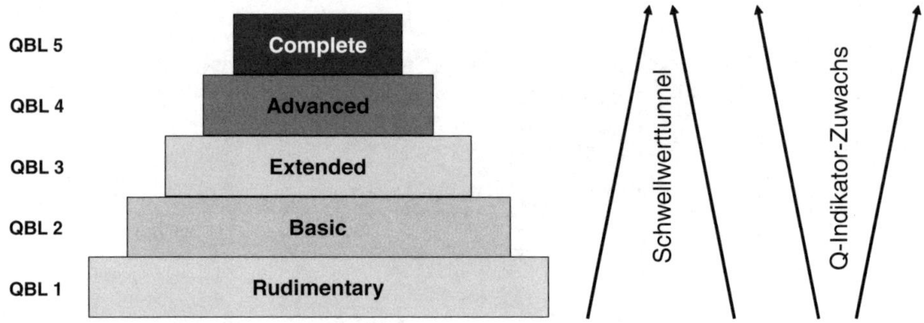

Abb. 4–6 *QBL des Code-Quality-Index zusammen mit Verschärfungen*

4.4.1 QBL 1: Rudimentary

Der Rudimentary-Wert des Code-Quality-Index besagt lediglich, dass der Quelltext eines Programms übersetzbar ist (kompilierbar) und in ein ausführbares Programm überführt werden kann (linkbar). Über ein Softwaresystem mit einem QBL 1 kann daher lediglich ausgesagt werden, dass es syntaktisch der verwendeten Programmiersprache entspricht und bzgl. verwendeter Bibliotheken und Frameworks vollständig ist. Es kann keinerlei Aussage darüber getroffen werden, ob ein System mit einem QBL-1-Wert minimal lauffähig ist (im Sinne der Absturzfreiheit) oder wie es um die technische Qualität bestellt ist.

Die Praxis hat gezeigt, dass bereits hier in vielen Systemen große Probleme auftreten: Insbesondere bei extern erstellten Systemen zeigen sich große Defizite bei der Liefervollständigkeit des Quelltextes, bei der Kommunikation notwendiger Umgebungsvariablen und Parameter für den Übersetzungs- und Link-Schritt sowie bei den grundsätzlichen Informationen über die Funktionsweise einer Erstellungsperipherie (z.B. make, ant, maven). Erreicht ein System QBL 1 nicht, so ist jede Weiterentwicklung des Systems unmöglich. Die technische Zukunftsfähigkeit des Systems ist daher ungenügend.

Wird der Rudimentary-Wert von einem System nicht erreicht, kann darüber hinaus die graduelle Ausprägung höher liegender Ebenen nur unzuverlässig ermittelt werden, da die Übersetzbarkeit häufig Grundvoraussetzung der Werkzeuge zur statischen Analyse ist (vgl. hierzu auch Teil II dieses Buches und die dortige Werkzeugbeschreibung in Kapitel 7).

4.4.2 QBL 2: Basic

Ein Softwaresystem, das die Basic-Ebene des Code-Quality-Index erreicht, besitzt die mindestens notwendige technische Qualität, um das System wirtschaftlich sinnvoll und zuverlässig an neue Anforderungen anpassen zu können. Die technische Zukunftsfähigkeit des Systems kann daher als grundlegend erfüllt bezeichnet werden (basic). Erreicht ein System nicht diese Basic-Ebene, wohl aber QBL 1, so existieren schwerwiegende Risiken, die eine wirtschaftliche Weiterentwicklung des Systems stark gefährden und nur schwer kalkulierbar sind.

Der Schwerpunkt der Basic-Ebene liegt auf all denjenigen Indikatoren, die die Eigenschaften Analysierbarkeit und Stabilität maßgeblich negativ beeinflussen, deren Einhaltung eine gute Kosten-Nutzen-Relation aufweist oder die unmittelbar wirken.

Die konkret für QBL 2 gültigen Qualitätsindikatoren und ihre jeweiligen Auswirkungen auf die Qualitätseigenschaften sind in Abbildung 4–7 dargestellt. Die Zeilen enthalten jeweils neben dem Namen des Qualitätsindikators (für die Bedeutung der Qualitätsindikatoren siehe Katalog im Teil II des Buches) pro Qualitätseigenschaft eine Kugel, deren Durchmesser mit dem Einfluss des Qualitätsindikators auf die Qualitätseigenschaft korreliert. Die betrachteten Qualitätseigenschaften sind die Analysierbarkeit (AN), die Austauschbarkeit (AU), die Modifizierbarkeit (M), die Prüfbarkeit (P), die Stabilität (S), das Verbrauchsverhalten (V) und die Zeiteffizienz (Z), wobei die im Fokus eines QBL stehenden Qualitätseigenschaften dunkel hervorgehoben sind (in Abb. 4–7 sind dies AN und S).

Die letzten beiden abgesetzten Spalten umfassen die beiden Aspekte des Korrekturfaktors: Kosten (K) und Unmittelbarkeit (U). In jedem Feld dieser Tabelle ist nun durch die Größe der eingetragenen Kugel die Bewertung des Qualitätsindikators bzgl. der Qualitätseigenschaften und des Korrekturfaktors dargestellt.

Beispiele aus der Tabelle:

- Der Datenkapselaufbruch ist bereits ab QBL 2 relevant und hat besonders starke Auswirkungen auf die Analysierbarkeit (100%) und die Modifizierbarkeit (100%). Da die Analysierbarkeit im Fokus von QBL 2 liegt und die beiden Korrekturfaktoren eine sehr hohe Unmittelbarkeit (100%) und moderate Kosten (50%) erkennen lassen, der Korrekturfaktor also -1 ist, bleibt der Datenkapselaufbruch auf dem QBL 2 (der Korrekturfaktor hat hier also keine Bedeutung, da Qualitätsindikatoren überhaupt erst ab QBL 2 eingesetzt werden).

- Die halbherzigen Operationen sind bereits ab QBL 2 relevant und haben besonders starke Auswirkungen auf die Austauschbarkeit. Für QBL 2 sind aber primär Analysierbarkeit (moderate Auswirkung, 50%) und Stabilität (starke Auswirkung, 75%) relevant. Die beiden Korrekturfaktoren zeigen eine hohe Unmittelbarkeit (75%) und sehr geringe Kosten (25%), bewirken also eine Korrektur um -1. Dies führt dazu, dass die halbherzigen Operationen bereits ab QBL 2 relevant sind, obwohl die dadurch adressierten Qualitätseigenschaften mit ihren Gewichtungen erst später (QBL 3) adressiert werden.

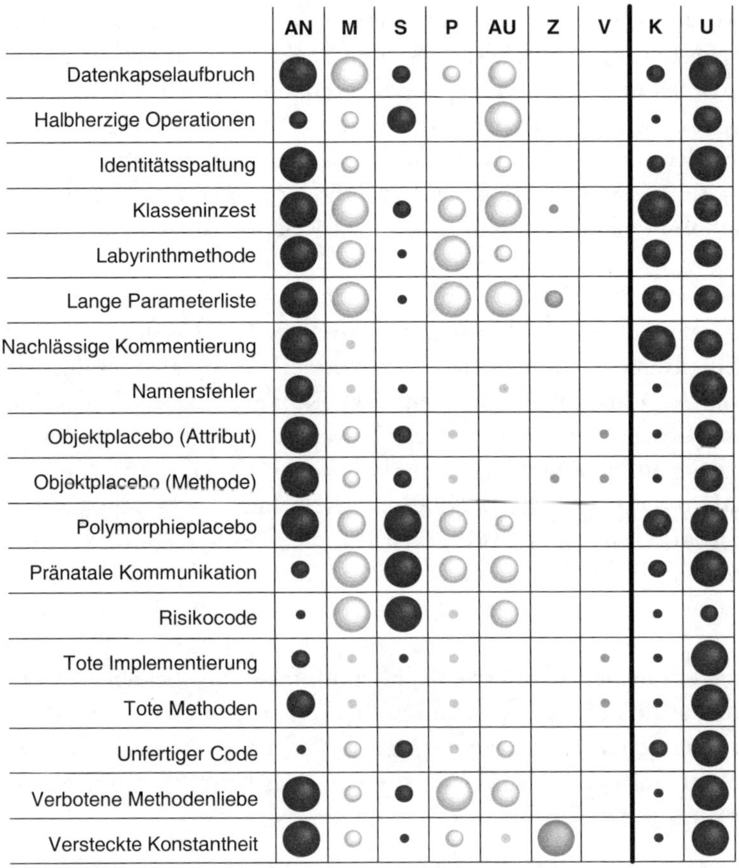

Abb. 4–7 *Qualitätsindikatoren von QBL 2*

Für alle relevanten Qualitätsindikatoren dieser Zertifizierungsstufe (vgl. linke Spalte in der Abbildung) gilt, dass die konkrete, normierte Ausprägung im Vergleich zur empirischen Datenbasis nicht im oberen Quartil liegen darf, d.h., ein System auf der Basic-Ebene gehört bzgl. aller QBL-2-Indikatoren nicht zu den 25% der Systeme mit der höchsten Fehlerdichte. Die Anforderungen entsprechend des Schwellwerttunnels sind noch einmal in Abbildung 4–8 dargestellt:

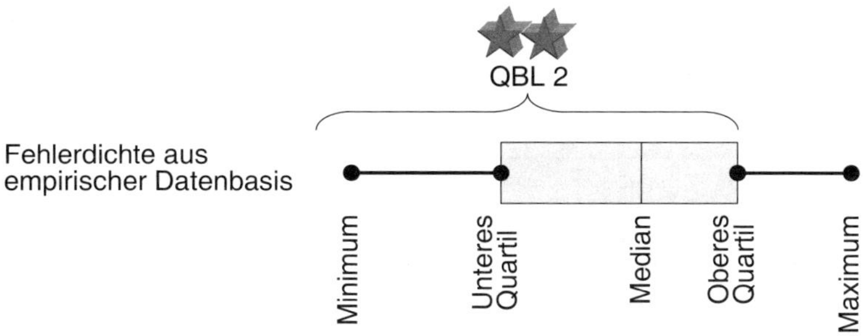

Abb. 4–8 *Schwellwerttunnel des QBL 2*

4.4.3 QBL 3: Extended

Ein Softwaresystem, das die Extended-Ebene des Code-Quality-Index erreicht, besitzt eine gute technische Qualität. Aufgrund dieser guten Qualität kann das System wirtschaftlich sinnvoll und zuverlässig an neue Anforderungen angepasst werden. Die technische Zukunftsfähigkeit des Systems kann daher als gut erfüllt bezeichnet werden und liegt deutlich oberhalb der Basic-Ebene.

Der Schwerpunkt der Extended-Ebene liegt auf den etwas aufwendiger zu erfüllenden oder nicht direkt wirkenden Indikatoren, die die Eigenschaften Analysierbarkeit und die Stabilität maßgeblich negativ beeinflussen, sowie auf den Indikatoren, die die QBL-3-eigenen Kerneigenschaften Zeitverhalten und Verbrauchsverhalten stark negativ beeinflussen.

Die konkret gültigen und im Vergleich zur Basic-Ebene neuen Qualitätsindikatoren und ihre jeweiligen Auswirkungen auf die Qualitätseigenschaften sind in Abbildung 4–9 dargestellt. Für die Darstellung gelten analog die Ausführungen zur Abbildung 4–7 im vorherigen Abschnitt.

Für alle relevanten Qualitätsindikatoren dieser Ebene gilt, dass die konkrete, normierte Ausprägung im Vergleich zur empirischen Datenbasis nicht schlechter als der Median sein darf, d.h., ein System auf der Extended-Ebene ist bzgl. aller QBL-2- und QBL-3-Indikatoren mindestens so gut wie das »durchschnittliche« System der empirischen Datenbasis (Median). Die Anforderungen entsprechend des Schwellwerttunnels sind noch einmal in Abbildung 4–10 dargestellt.

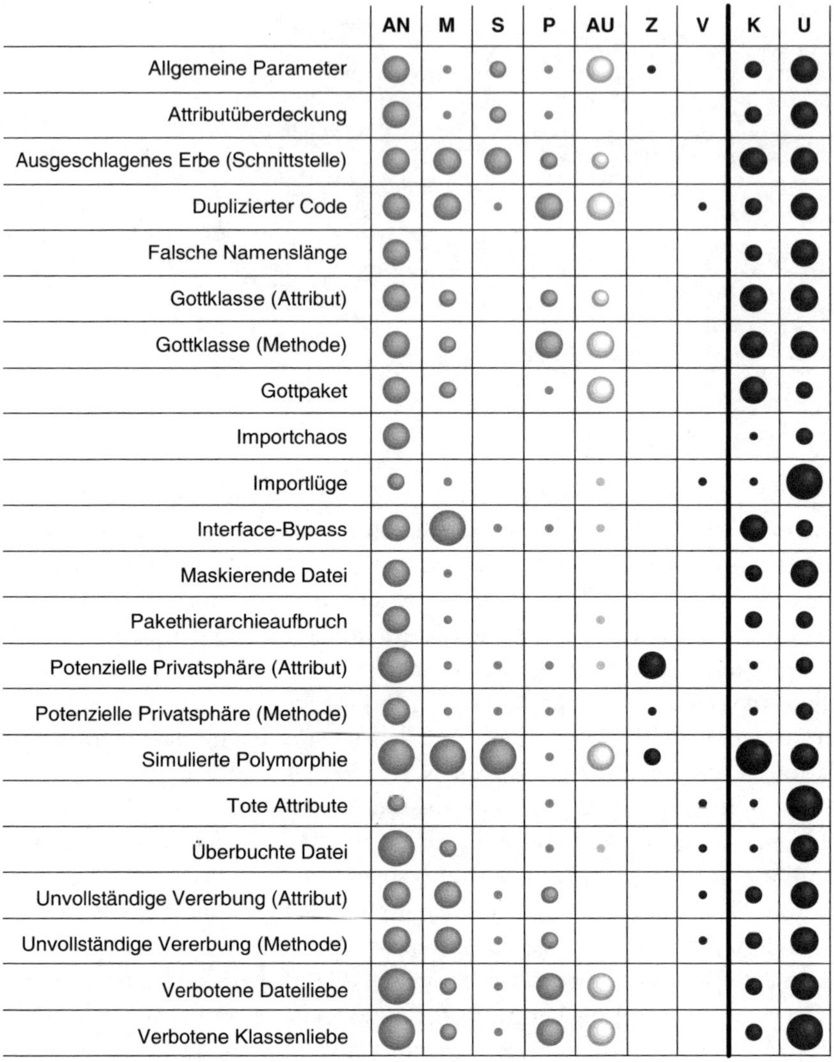

Abb. 4–9 *Qualitätsindikatoren von QBL 3*

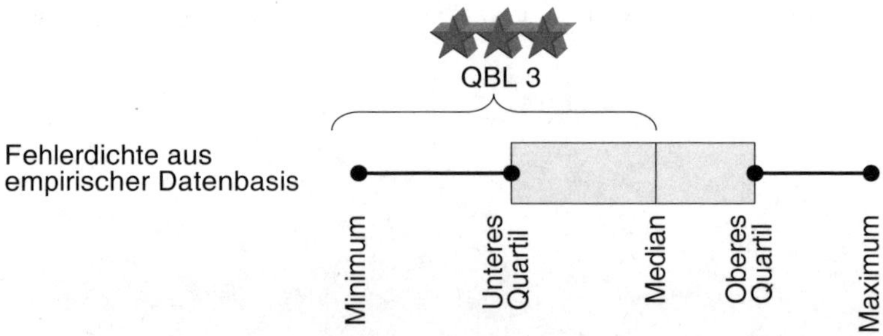

Abb. 4–10 *Schwellwerttunnel des QBL 3*

4.4.4 QBL 4: Advanced

Ein Softwaresystem, das die Advanced-Ebene des Code-Quality-Index erreicht, besitzt eine hervorragende technische Qualität, um das System dauerhaft wirtschaftlich sinnvoll und zuverlässig an neue Anforderungen anpassen zu können. Das System ist in seiner Struktur explizit für Weiterentwicklungen vorbereitet. Die technische Zukunftsfähigkeit des Systems kann daher als hervorragend erfüllt bezeichnet werden und liegt deutlich oberhalb der Extended-Ebene.

Der Schwerpunkt der Advanced-Ebene liegt

- auf allen aufwendig zu erfüllenden und indirekt wirkenden Indikatoren, die die Eigenschaften Analysierbarkeit und die Stabilität maßgeblich negativ beeinflussen,
- auf aufwendiger zu erfüllenden und weniger direkt wirkenden Indikatoren, die die Eigenschaften Zeitverhalten und Verbrauchsverhalten negativ beeinflussen,
- sowie auf den Indikatoren, die die QBL-4-eigenen Kerneigenschaften Prüfbarkeit und Modifizierbarkeit stark negativ beeinflussen.

Die konkret gültigen und im Vergleich zur Extended-Ebene neuen Qualitätsindikatoren und ihre jeweiligen Auswirkungen auf die Qualitätseigenschaften sind in Abbildung 4–11 in Anlehnung an die obige Darstellungsform bei QBL 2 und QBL 3 dargestellt.

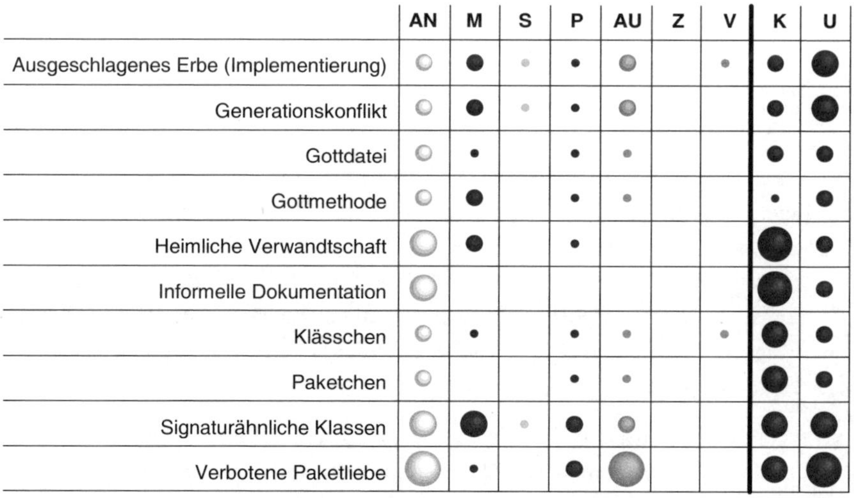

Abb. 4–11 *Qualitätsindikatoren von QBL 4*

Für alle relevanten Qualitätsindikatoren dieser Ebene gilt, dass die konkrete, normierte Ausprägung im Vergleich zur empirischen Datenbasis zu den 25% der besten Systeme gehört, d.h., ein System auf der Advanced-Ebene ist bzgl. aller

QBL-2-, QBL-3- und QBL-4-Indikatoren mindestens besser als 75% der Systeme der empirischen Datenbasis. Die Anforderungen entsprechend des Schwellwerttunnels sind noch einmal in Abbildung 4–12 dargestellt:

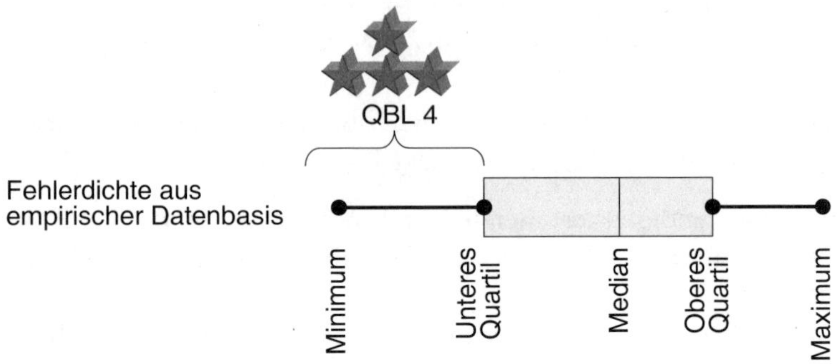

Abb. 4–12 *Schwellwerttunnel des QBL 4*

4.4.5 QBL 5: Complete

Ein Softwaresystem, das die Complete-Ebene des Code-Quality-Index erreicht, besitzt eine perfekte technische Qualität, um das System dauerhaft wirtschaftlich sinnvoll und zuverlässig an neue Anforderungen anpassen zu können und zudem Teile des Systems für andere Bereiche weiter- und wiederverwenden zu können. Das System ist in seiner Struktur explizit für Weiterentwicklungen und Wiederverwendung vorbereitet. Die technische Zukunftsfähigkeit des Systems kann daher als perfekt erfüllt bezeichnet werden und liegt deutlich oberhalb der Advanced-Ebene.

Der Schwerpunkt der Complete-Ebene liegt

- auf allen aufwendig zu erfüllenden und indirekt wirkenden Indikatoren, die die Eigenschaften Zeitverhalten und Verbrauchsverhalten maßgeblich negativ beeinflussen,
- auf aufwendiger zu erfüllenden und weniger direkt wirkenden Indikatoren, die die Eigenschaften Prüfbarkeit und Modifizierbarkeit negativ beeinflussen,
- sowie den die QBL-5-Kerneigenschaft Austauschbarkeit stark negativ beeinflussenden Indikatoren.

Die konkret gültigen und im Vergleich zur Advanced-Ebene neuen Qualitätsindikatoren und ihre jeweiligen Auswirkungen auf die Qualitätseigenschaften sind in Abbildung 4–13 in Anlehnung an die obige Darstellungsform bei QBL 2, QBL 3 und QBL 4 dargestellt.

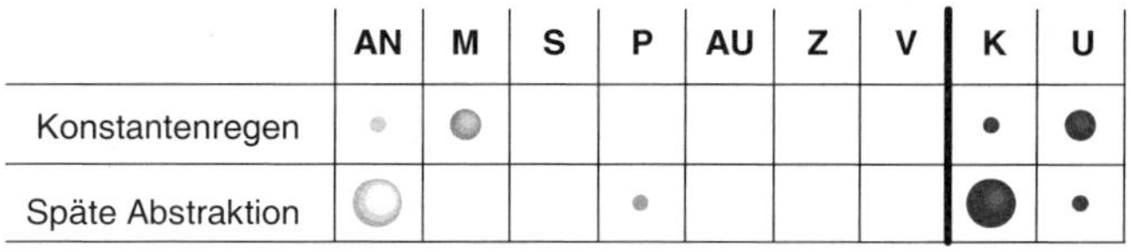

Abb. 4–13 *Qualitätsindikatoren von QBL 5*

Für alle relevanten Qualitätsindikatoren dieser Ebene gilt, dass die konkrete, normierte Ausprägung im Vergleich zur empirischen Datenbasis genauso gut ist, wie es das beste System bzw. ein neues Minimum vorgibt (wenn das System selbst das beste ist). Das heißt, ein System auf der Complete-Ebene ist bzgl. aller Qualitätsindikatoren mindestens genauso gut wie das beste System der empirischen Datenbasis oder sogar besser. In der Regel bedeutet dies, dass das dem Qualitätsindikator innewohnende Problemmuster kein einziges Mal vorkommt (d.h., die Fehlerdichte ist 0). Die Anforderungen entsprechend des Schwellwerttunnels sind noch einmal in Abbildung 4–14 dargestellt:

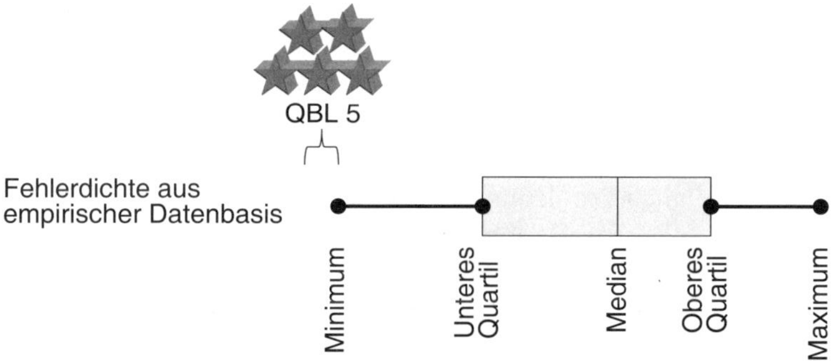

Abb. 4–14 *Schwellwerttunnel QBL 5*

4.5 Grenzen von QBL

So einfach und attraktiv ein Index insbesondere aus Management-Sicht ist, so gefährlich ist jede Ausweitung des ursprünglich angedachten Ziels und die Fehlinterpretation des ermittelten Indexwertes. Viele der Grenzen sind bereits weiter oben beschrieben: Das eigentliche Ziel des Index ist zuverlässige Transparenzschaffung bei minimalem Aufwand. Es ist weder das Ziel vom Code-Quality-Index, die wertvollen manuellen Reviews, die insbesondere auch semantische Aspekte berücksichtigen, vollständig zu ersetzen noch Aussagen über die Qualität des Softwaresystems insgesamt, d.h. inklusive funktionaler Aspekte, zu machen. Der Code-Quality-Index adressiert ausschließlich technische Aspekte der Qualität und will diese bestmöglich automatisch beleuchten.

Der Code-Quality-Index hat in seiner initialen Version in Form dieses Buches allerdings auch noch folgende Grenzen:

- Die empirische Datenbasis, die bzgl. des Schwellwerttunnels maßgeblichen Einfluss besitzt, umfasst mit ihren mehr als 120 Systemen zwar schon deutlich mehr Systeme, als je in einer derartigen Datenbank systematisch zusammengetragen wurden, ist aber statistisch noch keineswegs repräsentativ. Die aktuell im Repository abgelegten Werte realer Applikationen resultieren schwerpunktmäßig aus Systemen, die eines der Unternehmen der Autoren zur Qualitätsbewertung übergeben bekommen hat. Da derartige Maßnahmen normalerweise nur beauftragt werden, wenn bereits starke Verdachtsmomente für eine beeinträchtigte Qualität existieren, besteht die Möglichkeit, dass der Schwellwerttunnel in der aktuellen Version nicht stark genug verengt (d.h. restriktiver wird), da lediglich gegen schlechte Systeme verglichen wird. Dies wurde insbesondere von wissenschaftlicher Seite dadurch versucht zu kompensieren, indem partiell etablierte Open-Source-Produkte mit in die empirische Datenbasis übernommen wurden.
- Spracherweiterungen, wie sie insbesondere mit Java 1.5 auftreten, sind noch nicht entsprechend berücksichtigt (z.B. property- und generic-Möglichkeiten). Dies liegt zum einen an den sich erst im Aufbau befindlichen Best Practices und zum anderen an den noch nicht in genügendem Umfang existierenden Systemen, die verwendet werden könnten, die empirische Datenbasis bzgl. dieser Merkmale zu füllen.
- Der Code-Quality-Index thematisiert aktuell mit den verwendeten Qualitätsindikatoren lediglich Problemmuster, die sowohl in C++ als auch in Java auftreten können (das ist insbesondere auch ein Grund dafür, warum die C++-Templates aktuell noch nicht berücksichtigt sind). Zurzeit existieren die Schwellwerte sprachspezifisch, d.h., ein und dasselbe Problemmuster darf in einem C++-System mit einer anderen »Dichte« vorkommen als in Java-Systemen. Die gegenwärtigen signifikanten Werteabweichungen in beiden Technologien motivieren diese sprachspezifische Unterscheidung und erlauben auf der Indexseite damit sprachübergreifende Benchmarks. Eine kausale Begründung für die unterschiedlichen Wertebereiche lässt sich allerdings nicht immer finden. Auch wenn unterschiedliche Konzepte in C++ und Java wie beispielsweise Mehrfachvererbung oder Funktionspointer dort zwangsläufig zu verschiedenen Implementierungen führen, so lassen sich damit sprachspezifische Ausprägungen bei psychologisch motivierten und damit technologieunabhängigen Aspekten wie z.B. allen Größen fokussierenden Problemmustern nicht erläutern.
- Im Gegensatz zum vorherigen Punkt, bei dem es um die Frage der Adäquatheit sprachspezifischer Schwellwertvorgaben geht, ist ein weiterer offener Punkt, inwieweit eine weitere, evtl. branchenspezifische Detaillierung innerhalb einer Programmiersprache sinnvoll ist. So finden sich an einigen Stellen, insbesondere für den Embedded-Bereich, spezifische Vorgaben mit spezifischen Schwellwerten (vgl. z.B. die Organisation Motor Industry Software

Reliability Association mit ihren Vorgaben für mobile und andere sicherheitskritische Systeme [MISR04]). Eventuell existierende Domainspezifika werden in der aktuellen Version des Code-Quality-Index ignoriert. Allerdings wird bereits jetzt jedes im Repository eingepflegte System bzgl. einer anpassbaren Systemklassifikation eingeordnet. Klassifiziert werden die Systeme z.B. als Embedded- oder GUI-Anwendungssystem. Mit zunehmender Größe des Repositories werden hier in Zukunft einige interessante statistische Auswertungen möglich sein, deren Aussagen Anstoß für domainspezifische Vorgaben sein können.

Um den aufgeführten Grenzen bestmöglich zu begegnen, ist in jedem Fall ein aktives Fortschreiben des Code-Quality-Index notwendig. Insbesondere sind ermittelte QBL grundsätzlich mit einem Zeitstempel ihrer Ermittlung zu versehen und zeitlich zu befristen, so wie dies für alle oben aufgeführten Indizes anderer Bereiche (z.B. Hotelzertifizierung) ebenfalls gilt. Für diese Lebendigkeit des Code-Quality-Index dient unter anderem die eingerichtete Internetpräsenz *www.code-quality-management.de*.

5 Prozesse zum Einsatz des Code-Quality-Index

In diesem Kapitel werden verschiedene Prozesse beschrieben, innerhalb derer der Code-Quality-Index ein wertvolles Hilfsmittel sein kann. Zunächst wird skizziert, wie der Code-Quality-Index als Hilfsinstrument zur Qualitätssicherung in Outsourcing-Projekten und bei Due Diligence eingesetzt werden kann. Anschließend werden die Möglichkeiten beleuchtet, die der Code-Quality-Index beim Vergleich von Produkten entlang technischer Qualität bietet. Im dritten Abschnitt wird erläutert, welche Mittel der Code-Quality-Index für das Marketing eines Softwareproduktes bereitstellt. Als weiterer und umfangreichster Prozess wird skizziert, wie mit Hilfe des Code-Quality-Index zunächst Transparenz bezüglich technischer Qualität in Softwareprojekten erzeugt werden kann, die dann anschließend zur Identifikation von konkreten Optimierungsaktivitäten nutzbar ist. Abschließend werden mit dem Code-Quality-Index häufig einhergehende Sekundärprozesse betrachtet, z.B. die damit verbundene Schulung der Entwickler und die somit entstehende Sensibilisierung für technische Qualität insgesamt.

5.1 Qualitätssicherung in Outsourcing-Projekten

Beim Outsourcing werden einzelne Unternehmensprozesse von einem externen Dienstleister erbracht: »*The phrase outsourced software refers to software projects that are built under contract by an external company for a client organisation*« [Jone00]. Zusätzlich zur Erbringung der Leistung geht dabei auch die Verantwortung für die vertragsgemäße Erbringung der Leistung an den Auftragnehmer über (vgl. [WikiPedia05b]). Outsourcing gewinnt für Unternehmen trotz immer wieder kommunizierter Risiken zunehmend an Bedeutung. Im Bereich der Informationstechnologie wird zum einen die nötige Infrastruktur von externen Dienstleistern bereitgestellt und gepflegt [Bitkom05]. Zum anderen werden IT-intensive Prozesse wie die Erstellung firmenspezifischer Softwarelösungen zunehmend von externen Firmen erbracht. Dass Outsourcing in dieser Form aktuell hochgradig relevant ist, belegt z.B. eine Umfrage von Diamond-Cluster (vgl. Abb. 5–1):

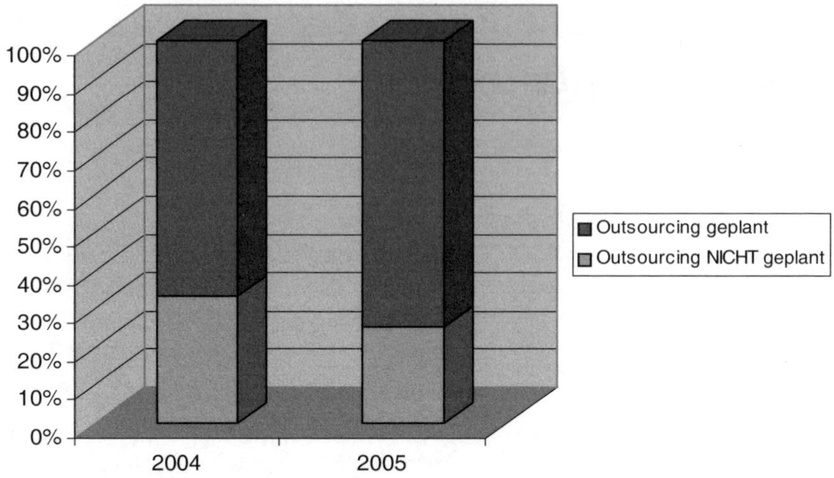

Abb. 5–1 *Relevanz von Outsourcing in Unternehmen (vgl. [InfW05])*

Ein Hauptgrund für den allgemeinen Trend zum Outsourcing ist, dass viele Firmen beschlossen haben, sich wieder auf ihr häufig IT-fremdes Kerngeschäft zu konzentrieren – getreu dem Motto: »*Do what you can do best – outsource the rest!*« Ein weiterer Grund ist der vermeintliche Kostenvorteil. Da die Lohnkosten in osteuropäischen Ländern, China oder Indien um ein Vielfaches geringer als in Westeuropa oder den USA sind und die Personalkosten die Gesamtkosten von Softwareprojekten in der Regel deutlich dominieren, sehen viele Unternehmen hier ein großes Einsparpotenzial. Ein weiterer Vorteil wird in der Nutzung von »fremdem« Know-how beim Outsourcen von Prozessen gesehen: Bei Prozessen, die ein hohes technisches Know-how voraussetzen, ist dieses oft nicht in ausreichendem Maße in der Firma selbst vorhanden. Wird der Prozess von einem darauf spezialisierten externen Unternehmen ausgeführt, so kann oft bei gleichem Preis eine höhere Qualität erzielt werden, als wenn der Prozess im eigenen Unternehmen ausgeführt würde.

Aktuell ist nicht abzusehen, dass Outsourcing in naher Zukunft an Wichtigkeit verlieren wird. Ganz im Gegenteil, Marktforscher gehen davon aus, dass der Markt für Outsourcing weiter wachsen wird (s. [Bitkom05]). Aufgrund der zunehmenden Erkenntnis, dass auch durch Outsourcing nicht alle Probleme gelöst werden, entscheiden sich vereinzelt Firmen allerdings dafür, ausgelagerte Prozesse wieder in das eigene Unternehmen zu integrieren (Insourcing). Der Grund dafür ist, dass sie oft mit der Qualität des Dienstanbieters unzufrieden sind bzw. die erwarteten Kostenvorteile nicht in entsprechendem Maße zum Tragen kamen. Die aktuell verfügbaren Analysen des Projekterfolgs von Outsourcing-Projekten belegen z.B. häufig, dass über 50% aller Outsourcing-Projekte nicht erfolgreich abgeschlossen werden (vgl. z.B. [InfW05]). Hinzu kommt das mittel- bis langfristige Risiko höherer Kosten, wenn z.B. bei einer ausgelagerten IT-Anwendungsentwicklung neue Anforderungen umgesetzt werden sollen, deren Kosten häufig vom Auftragnehmer eher politisch als aufwandsbegründet diktiert werden.

Ein Grundproblem beim Outsourcing ist, dass der Auftraggeber die Qualität der ausgelagerten Prozesse und Produkte häufig nur indirekt beeinflussen kann. So kann er bei einer unzureichenden technischen Qualität des Quelltextes einer Versionslieferung damit drohen, den Vertragspartner zu wechseln oder die Dienstleistung in der eigenen Firma erbringen zu lassen. Diese Maßnahmen greifen allerdings alle erst zu einem sehr späten Zeitpunkt, nämlich dann, wenn eine Version fertig gestellt und geliefert wurde. Die Alternative der Inhouse-Wartung erfordert zudem eine gewisse technische Güte, damit eine Einarbeitung überhaupt möglich ist. Ist die technische Qualität völlig ungenügend, kann das für ein Insourcing notwendige Wissen nicht mit vertretbarem Aufwand aufgebaut bzw. können Änderungen und Erweiterungen am System nicht vorgenommen werden. Eine Steuerung derartiger Projekte ist extrem schwierig, da keine wirklichen Alternativen existieren: Die Abhängigkeit vom Lieferanten dominiert hier das Auftragsverhältnis.

Deshalb ist es äußerst wichtig, dass bereits im Rahmen der Vertragsverhandlungen geeignete Qualitätsstandards und Kontrollmechanismen vereinbart und etabliert werden, mit deren Hilfe die Qualität (und hier insbesondere auch die technische) der erbrachten Produkte möglichst transparent gemacht wird. Werden die in diesem Zuge genannten Mechanismen wie z.B. der Leitfaden zum Outsourcing von IT-Anwendungsentwicklung der BITKOM [Bitkom05] betrachtet, so kann festgestellt werden, dass bis dato Wartbarkeit und damit die technische Zukunftsfähigkeit eines Systems keine Rolle zu spielen scheint. Die fehlende Berücksichtigung von Wartbarkeit oder einer globalen Forderung nach *»wartbaren Systemen«* in Verträgen kann jedoch fatale Folgen haben.

Die vertragliche Berücksichtigung von Wartbarkeit – und dies schließt in Verträgen insbesondere deren konkrete Operationalisierung ein – kann mit Hilfe des Code-Quality-Index auf eine sehr mächtige Weise durchgeführt werden. Bereits zu Vertragsbeginn wird ein bestimmter QBL vereinbart, den der Quelltext der Anwendung bei jeder Auslieferung erfüllen muss. Ein QBL > 1 ist hierbei eine notwendige Voraussetzung für eine wirtschaftlich vertretbare Wartbarkeit. Obwohl kurzfristig sicherlich höhere Kosten für die initiale Entwicklung anfallen, können mittel- bis langfristig deutliche Kostenvorteile genutzt werden, da die einfachere Wartbarkeit niedrigere und besser planbarere Aufwände für die Weiterentwicklung zur Folge hat.

Bei der Festlegung des vertraglich geforderten QBL muss der Auftraggeber die Kosten-Nutzen-Relation beachten. Einen Prototyp mit einem QBL 5 zu erstellen ist vermutlich nicht zielführend, da aufgrund seiner kurzen Lebensdauer die höheren Erstellungskosten während der nicht vorhandenen oder nur sehr kurzen Wartungsphase nicht wieder ausgeglichen werden können. Eine rasche Auftragserfüllung und eine angemessene Zuverlässigkeit der Applikation sind hier von oberster Priorität.

Der vereinbarte QBL kann also beim Outsourcing eine technische Mindestanforderung darstellen: Erfüllt die gelieferte Anwendung die Anforderung nicht, so können entweder im Vertrag Pönale vereinbart werden, die zum Beispiel von der Höhe der Abweichung abhängig sind (vgl. z.B. hierfür das abgestimmte ROI-Modell zwischen der Deutschen Telekom und T-Systems in [SiStRi05]), oder aber der Auftragnehmer kann vertraglich verpflichtet werden, die Software nachträglich ohne zusätzliche Vergütung auf den festgelegten QBL zu bringen. Die Einhaltung des geforderten QBL kann entweder am Ende des Projekts in Form eines um technische Kriterien erweiterten Abnahmetests oder regelmäßig bei jeder Zwischenlieferung überprüft werden. Die letztere Variante hat den Vorteil, dass entstandene Risiken deutlich früher erkannt werden und damit kostengünstiger mit konstruktiven Gegenmaßnahmen konterkariert werden können.

Diese Form der Sicherstellung technischer Qualität bei Outsourcing-Projekten wird bereits – wenn auch meist noch ohne Unterstützung durch den vollständigen Code-Quality-Index – Erfolg versprechend eingesetzt. So existiert zwischen der Deutschen Telekom als Auftraggeber und T-Systems als Auftragnehmer ein dezidiertes bidirektionales Qualitätsmodell, das Grundlage jeder Lieferung ist und automatisch überprüft wird (vgl. [SiStRi05]).

Zwischen diesen beiden Partnern wurde dieses Konzept der Qualitätskontrolle insbesondere auch in bereits langjährig bestehende Wartungsprojekte eingeführt: Ausgehend von einer detaillierten Ist-Analyse (wie groß ist die Abweichung zu einem Soll) werden gefundene Abweichungen priorisiert, bzgl. des Aufwandes geschätzt und mit dem zu erwartenden Nutzen kontrastiert. Dies führt dazu, dass der Qualitätssicherung von Outsourcing-Projekten auch ROI-Analysen zugrunde gelegt werden, die belegen, welche wirtschaftlichen Implikationen durch die Optimierung eines technisch risikobehafteten Aspektes möglich sind.

5.2 Due Diligence

Der Begriff *Due Diligence* stammt ursprünglich aus dem US-amerikanischen Haftungsrecht und diente dem Anlegerschutz. Grob gesagt bedeutet der Begriff die Pflicht zur Anwendung der gebotenen Sorgfalt bei Wertpapieremissionen [BeSt02].

Heutzutage wird Due Diligence im deutschen Sprachraum vornehmlich im Kontext von Produkt- oder Firmenkäufen bzw. Firmenübernahmen verwendet. Due Diligence bedeutet hier die vorherige Prüfung des Produktes oder des Unternehmens mit dem Ziel, möglichst vielfältige Informationen zu gewinnen, die bei der Entscheidung für oder gegen einen Kauf bzw. eine Übernahme berücksichtigt werden sollten.

Charakteristisch für Due Diligence ist, dass die damit verbundene Informationsgewinnung nicht ausschließlich vom Kaufinteressenten durchgeführt wird, sondern häufig externe Experten zu Rate gezogen werden.

Der grobe Ablauf von Due Diligence besteht aus drei Teilen. Zunächst werden die vorhandenen und öffentlichen Unterlagen des Akquisitionsobjekts wie z.B. Jahresabschlüsse analysiert. Anschließend werden weitere Daten analysiert, die nicht öffentlich zur Verfügung stehen, da es sich z.B. um vertrauliche Firmendaten handelt. Die Analyse der vertraulichen Daten wird oft direkt beim Akquisitionsobjekt durchgeführt, da die Daten aus verständlichen Gründen nicht die Firma verlassen dürfen. Zuletzt müssen die gewonnenen Analysedaten noch aufbereitet und interpretiert werden, damit sie in die abschließende Bewertung einfließen können.

Gerade bei geplanten Transaktionen, bei denen Softwaresysteme in irgendeiner Form mit übernommen oder gekauft werden sollen, kann der Code-Quality-Index ein wichtiger Teilaspekt von Due Diligence sein, da er ohne großen Aufwand vollautomatisch berechnet werden kann. Mit seiner Hilfe erfährt der potenzielle Kunde, wie es um die technische Qualität des Quelltexts und damit um die gesamte technische Zukunftsfähigkeit bestellt ist. Dies ist umso wichtiger, da selbst Systemkenner heute für große Systeme darüber keine vollständige Auskunft geben können. Dass subjektiv geprägte und eher aus dem Bauchgefühl abgeleitete Qualitätsbewertungen, die zudem im Due-Diligence-Bereich heute sehr positiv ausfallen, um einen etwaig auszuhandelnden Kaufpreis zu beeinflussen, hier wenig helfen, scheint klar: Der Code-Quality-Index kann hier – und hat dies bereits bei den Autoren mehrmals – die vom potenziellen Käufer gewünschte objektive und praxisrelevante Qualitätstransparenz bringen. Plant der potenzielle Kunde z.B. das gekaufte System weiterzuentwickeln, dann sollte die Software mindestens QBL 2 besitzen. Höhere QBLs unterstützen die Entscheidung für den Kauf weiter. Ist die Software hingegen nur auf QBL 1, so sollte sich ein Kunde gegen einen solchen Kauf entscheiden oder zumindest die Kosten für das erfolgreiche Insourcen deutlich höher veranschlagen. Im Bereich des Due Diligence kann der Code-Quality-Index und die damit erreichbare Transparenz eine wichtige weitere Informationsquelle sein, um alle relevanten Aspekte beim Kauf vollständig erfassen zu können.

5.3 Produktvergleich

Besteht eine Wahl zwischen zwei oder mehreren konkurrierenden Produkten, so spielen die folgenden Fragestellungen oft eine Rolle bei der Entscheidung:

- Können die einzelnen Alternativen die Anforderungen bezüglich des Funktionsumfangs erfüllen?
- Lassen sich die für einen konkreten Projektkontext notwendigen Anpassungen und Erweiterungen mit vertretbarem Aufwand durchführen?

Der Code-Quality-Index bietet eine Entscheidungshilfe für die zweite Fragestellung, indem die technische Qualität, die maßgeblich über die Möglichkeit der Anpassbarkeit und Erweiterbarkeit entscheidet, beleuchtet wird. Dies ist für den Kunden insbesondere dann wichtig, wenn er das Produkt auf Quelltextbasis erweitern oder benutzen möchte. Allerdings kann es für ihn auch wichtig sein, wenn er das Produkt nur als Anwendung nutzt: Der Zustand der technischen Qualität kann einen Eindruck darüber vermitteln, wie hoch die Wartungskosten für die nächsten Versionen sein werden. Diese Wartungskosten werden natürlich indirekt über den Preis des Produkts vom Kunden bezahlt. Weiterhin kann eine schlechte technische Qualität ein Indikator dafür sein, dass eine Anwendung bereits am Ende ihres Lebenszyklus angelangt ist und eine Neuentwicklung unvermeidbar ist.

Plant ein Kunde das Produkt selbst zu erweitern und in seine eigene Anwendung einzubinden, so ist die Einbeziehung der technischen Qualität in die Entscheidung ebenfalls sehr empfehlenswert. Der Code-Quality-Index ist ein mächtiger Indikator dafür, wie aufwendig, zuverlässig und planbar eine Weiterentwicklung sein wird und wo welche technischen Risiken zu erwarten sind. Mit dem Code-Quality-Index kann ebenfalls abgeschätzt werden, wie leicht oder wie schwer eine fremde Komponente (third party component) zu benutzen ist. Besitzt eine Fremdkomponente einen hohen QBL, so fällt den eigenen Entwicklern eine Einarbeitung in die Komponente leichter, und Modifikationen und Fehlerbehebungen können mit vertretbarerem Aufwand durchgeführt werden.

Als konkretes Beispiel aus der Menge der QBL-Problemmuster kann hier »lange Parameterliste« (vgl. Abschnitt 10.25) genannt werden. Je mehr Parameter zum Aufruf einer Methode einer fremden Bibliothek benötigt werden, desto schwieriger ist es, den Aufruf korrekt durchzuführen. In realen Fallstudien wurden schon Methoden mit über 90 manuell aufgeführten Parametern gefunden. Somit kann dieses Problemmuster direkt Auskunft geben, ob die Schnittstelle einer Komponente unhandlich, d.h. schwierig zu verstehen, zu korrigieren und zu testen ist.

Ist eine ausschließliche Nutzung der Fremdkomponente und keine Erweiterung geplant, so sollte die Fremdkomponente mindestens QBL 2 besitzen, da dieser auf die Eigenschaften Analysierbarkeit und Stabilität fokussiert. Ein QBL 2 zeigt somit an, dass die Fremdkomponente eine einfache Einarbeitung erlaubt und die Gefahr von Abstürzen während der Laufzeit gering ist. Ist jedoch die Modifikation und Wiederverwendung von Teilen der Komponente geplant, so sollte die Fremdkomponente einen QBL oberhalb von 2 besitzen. Die Erfahrung der Telekom-Tochter MMS hat z.B. gezeigt, dass die Einarbeitung neuer Mitarbeiter in große Systeme um ca. 20% schneller vonstatten geht, wenn die technische Qualität während der Projektbearbeitung kontinuierlich gesichert ist und damit saubere Systemstrukturen erzielt werden können [SiRi04].

5.4 Marketing mit dem Code-Quality-Index

Viele Firmen werben heutzutage damit, als Organisation eine CMM- oder CMMI-Zertifizierung einer bestimmten Stufe zu haben. Besitzt eine Firma einen CMM-Level von 5, so hat dies sehr positive Auswirkungen auf das Image einer Firma. Ein Kunde wird in der Regel mehr Vertrauen in eine Firma haben, die einen hohen CMM-Level besitzt, und somit dazu neigen, einen Auftrag eher einer Firma mit CMM-Level 3 als einer geringer oder überhaupt nicht zertifizierten Firma zu erteilen.

Die Glaubwürdigkeit von CMM/CMMI wird u.a. dadurch hergestellt, dass eine Zertifizierung von Institutionen oder Firmen vorgenommen wird, die organisatorisch nichts mit dem zertifizierten Unternehmen zu tun haben.

Viele indische Softwareunternehmen wie z.B. *infosys* [URLInfosys] oder *wipro* [URLWipro] sind beispielsweise CMM-5-zertifiziert und werben auch aktiv auf ihren Webseiten mit dieser Zertifizierung. Auf diese Weise versuchen die Unternehmen, zumindest bzgl. der verwendeten Prozesse, eine gewisse Transparenz den potenziellen Auftraggebern gegenüber zu ermöglichen.

Der Code-Quality-Index könnte ähnlich zu CMM/CMMI ein mächtiges Mittel sein, mit dem Softwareunternehmen ihre Leistungsfähigkeit unter Beweis stellen können, und somit als Bestandteil des Marketings eingesetzt werden.

Mit dem Code-Quality-Index wird im Unterschied zu CMM/CMMI keine Aussage über das gesamte Unternehmen und seine Prozesse gemacht, sondern über die Qualität der technischen Umsetzung jedes einzelnen Softwareproduktes, das das Unternehmen erstellt hat. Denkbar ist zum Beispiel eine Übersicht, die aufzeigt, wie viele erstellte Softwaresysteme einer Firma einen QBL 1, QBL 2 usw. besitzen. Ein ähnliches Vorgehen dieser Form des Marketings wird häufig in der Automobilbranche verwendet, in dem unterschiedliche Bewertungen von Autos einer Marke zusammengetragen werden und als Unternehmensqualitätsbild verwendet werden. Beispiele solcher Bewertungen sind die Pannenstatistiken unterschiedlicher Stellen (z.B. ADAC) oder auch die jährlich ermittelten Zufriedenheitswerte einzelner Autos.

Weiter differenzieren ließe sich für den Softwarebereich eine derartige Übersicht durch eine Unterteilung nach Branchen, Zeiten, Programmiersprachen usw. Ein Unternehmen kann mit Hilfe solcher Übersicht(en) bei Auftraggebern mehr Vertrauen in die technische Qualität der erstellten Produkte schaffen, auch wenn die Extrapolation vergangener Leistungsbeweise in die Zukunft Unsicherheiten birgt; dies gilt allerdings ebenfalls für die Prozessaussagen.

Falls der Code-Quality-Index als Marketingmaßnahme eingesetzt werden soll, ist es besonders wichtig, dass auch die QBL-Einstufung von externen Personen vorgenommen wird und die Ergebnisse in einer unabhängigen Datenbank abgelegt werden. Die Autoren planen hier ein allgemeines Projektrepository bei einer unabhängigen Institution aufzubauen. Informationen werden hierzu auf der Internetseite zum Code-Quality-Index verfügbar gemacht werden.

5.5 Transparenzerzeugung als Vorbedingung zum Code-Quality-Management

Der Code-Quality-Index kann nicht nur zur Bestandsaufnahme der technischen Qualität dienen, sondern auch zur Steuerung und Kontrolle ihrer Optimierung. Nach dem Motto »*You cannot control what you cannot measure*« von Tom DeMarco bietet der Code-Quality-Index eine systematisch definierte Menge von Kennzahlen in Form der standardisierten Qualitätsindikatoren, mit deren Hilfe technische Qualität eingefordert und überwacht werden kann. Dabei bietet der Code-Quality-Index sowohl eine hochaggregierte Sicht in Form der Level von 1 bis 5 als auch für jedes erfasste Problemmuster die konkrete Anzahl von Verletzungen. Somit kann sowohl auf abstrakter, eher managementlastiger als auch auf einer detaillierten, eher entwicklungsnahen Ebene exakt bestimmt werden, wie sich die technische Qualität entwickelt. Die abstrakte Sicht ist naturgemäß für den Manager von Nutzen, der nicht über das nötige Detailwissen verfügt, um die konkreten Verletzungen beurteilen zu können. Die konkreten Verletzungen hingegen werden jedoch vom Entwickler benötigt, da er das System verbessern muss.

Der Code-Quality-Index kann also direkt als Hilfsmittel für ein effizientes Code-Quality-Management eingesetzt werden. Mit Code-Quality-Management wird der in Abbildung 5–2 dargestellte Regelkreis bezeichnet, dessen Ziel die kontinuierliche Sicherstellung und gegebenenfalls Optimierung technischer Qualität über die gesamte Lebenszeit einer Applikation ist:

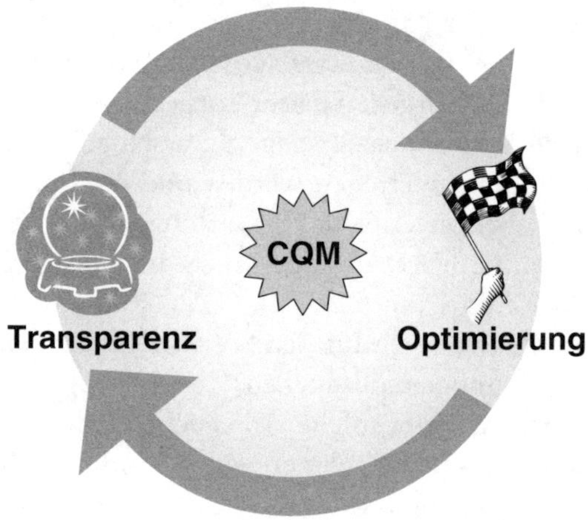

Abb. 5–2 *Regelkreis des Code-Quality-Managements*

Aufbauend auf einer kontinuierlichen Transparenz bzgl. des qualitativen Ist-Standes werden bei aufgetretenen Abweichungen Optimierungspotenziale erkannt und konkret angegangen. Der Erfolg der Maßnahmen wird wiederum mittels der Transparenzschaffung bewertet.

Diese Form der Verwendung des Code-Quality-Index ist die nachhaltigste und zielführendste: Während die obigen Prozesse durchaus den punktuellen Einsatz des Code-Quality-Index propagieren und die Ergebnisse auch zur einmaligen Verwendung geeignet sind (z.B. einkaufen oder nicht einkaufen), wird in diesem Prozess kontinuierlich gesichtet und optimiert. Um dies zu ermöglichen, muss der Code-Quality-Index als Mittel der Transparenzschaffung kontinuierlich innerhalb eines Unternehmens angewendet werden; damit werden aber neben dem reinen Konzept weitere Parameter relevant, die bei einem punktuellen Einsatz kaum eine Rolle spielen. Werden diese Kontextparameter nicht entsprechend berücksichtigt, besteht das Risiko des Scheiterns, das weniger durch konzeptuelle Schwächen als durch mangelnde Berücksichtigung des konkreten Einsatzkontextes begründet ist.

Dieser konkrete Einsatzkontext ist für alle neuen Technologien relevant, die im Bereich der Softwareentwicklung eingesetzt werden sollen. Die grobe Klassifizierung der zu beachtenden Parameter und damit verbundenen Risiken sind in Abbildung 5–3 dargestellt (vgl. [Sieg84], [Wall01]). Im Folgenden wird näher auf die einzelnen Bereiche und die in diesen Bereichen vorhandenen Risiken eingegangen.

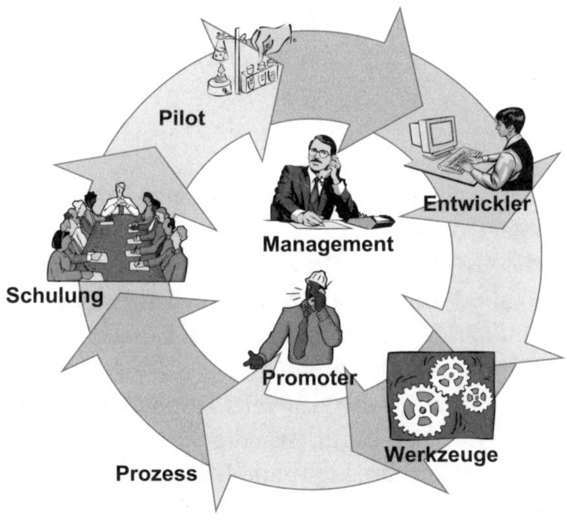

Abb. 5–3 *Risikobehaftete Bereiche bei der Einführung neuer Techniken*

5.5.1 Prozesse

Der oben beschriebene CQM-Prozess ist für einen konkreten Projektkontext noch zu allgemein, um tatsächlich umgesetzt zu werden. Ohne z.B. eine explizite, konsensfähige Zielvorgabe des Einsatzes von CQM können insbesondere Personen aus verschiedenen Gruppen einer Organisation unterschiedliche, vielleicht sogar orthogonal zueinander stehende Ziele haben, denen CQM dann in keinem Fall allen gleichzeitig gerecht werden kann.

Aus der Sichtweise des Projektmanagements muss es einen genau definierten Prozess (inklusive Feedback-Schleifen) zur Einführung von CQM geben. Neben einer expliziten Zieldefinition sollten Meilensteine und ein Terminplan vorgegeben werden, um das initiale Aufsetzen und den Verlauf eines Verbesserungsprogramms zu kontrollieren. Auch verantwortliche Rollen und Maßnahmen bei Fehlentwicklungen des Prozesses sind entsprechend im Vorfeld der Durchführung von CQM festzuhalten.

5.5.2 Management

Ohne den Rückhalt des Managements ist es nahezu unmöglich, ein auf dem Code-Quality-Index basierendes Code-Quality-Management zu etablieren. Typischerweise sind nur Manager in einer Position, in der sie die benötigten finanziellen, organisatorischen und technischen Ressourcen beschaffen können. Auch nur sie können etwaige notwendige Ressourcen- und Terminverschiebungen nach außen entsprechend kommunizieren. Das Management muss daher eng in die Etablierung des Code-Quality-Managements eingebunden werden. Ihm kommt die Rolle einer formalen Instanz zu, die in der Lage ist, neue Konzepte kraft der Hierarchie zu bewirken und gegen eventuelle Widerstände durchzusetzen.

5.5.3 Promotoren

Das Code-Quality-Management kann nur dann wirklich erfolgreich sein, wenn es gelingt, seine Vorzüge über Abteilungsgrenzen hinweg bekannt zu machen. Es besteht ansonsten die Gefahr, dass Personen, die nicht an der Planung beteiligt sind, die Gründe für die Einführung von CQM nicht verstehen und auch keine entsprechende Rolle innerhalb des Unternehmens kennen, bei dem die fehlenden Informationen nachgefragt werden können.

Auch wenn der Prozess für CQM bereits etabliert ist, muss er immer noch von Promotoren unterstützt und ggf. ständig neuen Erfordernissen angepasst werden. Die Promotoren müssen kontinuierlich überwachen, dass der Prozess noch so durchgeführt wird, wie er anfangs geplant wurde, d.h., es gibt neben der Rolle des Promotors die Rolle des CQM-Verantwortlichen.

5.5.4 Entwickler

Bei der Einführung/Etablierung von CQM müssen insbesondere auch psychologische Aspekte bei den Entwicklern beachtet werden. Viele Entwickler stehen einem solchen Code-Optimierungsprogramm häufig zunächst sehr ablehnend gegenüber und versuchen, eine Einführung eines solchen Programms typischerweise mit einer der in [SiSi05] beschriebenen Abwehrstrategien zu verhindern. Sie argumentieren zum Beispiel, dass die eigentlichen Probleme bezüglich technischer Qualität in den »fremden« Systemteilen liegen und dass zunächst diese Probleme aus dem Weg geräumt werden müssten, bevor der eigene Quelltext verbessert werden kann. Im Extremfall kann das dazu führen, dass im Endeffekt das gesamte Entwicklungsteam für keinen vorhandenen Produktivcode verantwortlich zu sein scheint und daher der Code-Quality-Index im aktuellen Kontext als wertlos dargestellt wird.

Damit die positiven Effekte des Code-Quality-Index maximal zum Tragen kommen können, müssen die Entwickler davon überzeugt werden, dass es gerade für sie Vorteile bringt, wenn in Bezug auf die Güte des Quellcodes Transparenz geschaffen wird und dass gerade die Qualitätsindikatoren ein geeignetes Mittel hierfür sind. Die Entwickler dürfen sich durch die Maßnahmen nicht angegriffen und bevormundet fühlen und sollten in keinem Fall in eine Verteidigungsposition gedrängt werden (in Form einer Abwehrhaltung). An dieser Stelle kann der Code-Quality-Index helfen, die häufig propagierte Wahrnehmung des Entwicklers als »nicht bändigbaren kreativen Künstler« zu korrigieren und ein eher ingenieurmäßiges Vorgehen einzuführen. Im oben genannten Beispiel der Abwehrhaltung mittels Delegation auf fremde Sourcen kann der Code-Quality-Index dazu verwendet werden, die vermuteten Probleme und Vorbehalte im »fremden« Quelltext nachzuweisen bzw. detailliert transparent zu machen. Anstelle einer Argumentation über »Bauchgefühle« und »Eindrücke« kann der Code-Quality-Index damit quantifiziert helfen, für eine von der Entwicklung gewünschte Konsolidierungsphase zusätzliche Daten zu liefern.

5.5.5 Schulungsmaßnahmen

Eine erfolgreiche Etablierung von CQM bedingt wie bei allen technischen Neuerungen im Bereich des Software-Engineering ein fundiertes Wissen über die theoretischen Grundlagen solcher Programme sowie entsprechende praktische Kenntnisse im Umgang mit diesen im Team. Insbesondere muss klar gemacht werden, wie mit den ermittelten Messwerten und der daraus erzeugten Transparenz umzugehen ist. Für den Kontext von CQM bedeutet dies, dass der konstruktive Charakter des Code-Quality-Index im Vordergrund stehen soll: Idealerweise werden daher alle Verletzungen von Problemmustern aus dem Quelltext direkt mit Refactorings für deren Entfernung kontrastiert. Als Refactorings werden hierbei Quelltexttransformationen bezeichnet, die das von außen beobachtbare Verhalten unverändert lassen und nur die Struktur des Quelltexts verändern [Fowl99]. Der Zusammenhang zwischen der durch CQM erzeugten Transparenz und der Ableitung konkreter Refactorings muss von allen beteiligten Entwicklern innerhalb eines Projektes verstanden werden.

Die Schulung muss ebenfalls die Kosten-Nutzen-Sicht von Qualität, der der Code-Quality-Index durch die verschiedenen QBL gerecht zu werden versucht, adressieren. Es kann daher im Einzelfall aufgrund der Wirtschaftlichkeit begründete Ausnahmen geben, die ein Vorkommen eines Problemmusters im Quelltext rechtfertigen. Der Code-Quality-Index fordert daher für die unteren QBLs keine sehr restriktiven Schwellwerte, sondern erlaubt basierend auf dem empirischen Repository für jeden Qualitätsindikator eine bestimmte Anzahl von Ausnahmen. Ein Entwickler muss daher den zielführenden Einsatz von CQM und das wirtschaftlich sinnvolle Ableiten von konstruktiven Gegenmaßnahmen lernen. Er muss beim Aufdecken von Risiken diese mit zusätzlichen Projektinformationen anreichern und priorisieren, so dass sich konkrete Handlungsempfehlungen ergeben. Dies bedeutet für den Code-Quality-Index, dass den Entwicklern die zugrunde liegenden Konzepte erläutert werden müssen. Sie müssen die Bedeutung der Qualitätsindikatoren, ihren Bezug zu den Qualitätseigenschaften und mögliche Lösungen kennen und verstehen, um CQM als konstruktive Maßnahme zur nachhaltigen Verbesserung des Quelltextes zu begreifen.

5.5.6 Pilot

Eine hervorragende Möglichkeit, den Beteiligten von CQM die grundsätzliche Vorgehensweise zu erläutern, sind Piloten, anhand derer sie sich einen Eindruck verschaffen können, welche Vorteile, aber auch welche neuen Anforderungen der Einsatz von CQM mit sich bringt. Piloten bieten einen großen Mehrwert, da sie als projektspezifische Spielwiese genutzt werden können, auf der verschiedene CQM-Varianten (z.B. unterschiedliche Priorisierungen von Maßnahmen oder unterschiedliche Zeitintervalle zwischen mehreren Transparenzschaffungen) gefahrlos exploriert werden können. Durch ihren konkreten Bezug zum umgebenden Kontext bieten sie den beteiligten Personen einen direkten Beleg der konkreten Machbarkeit sowie insgesamt einen leichteren Zugang zum Verständnis von CQM.

Auch Pilotprojekte, die während der Einführung einer neuen Technik durchgeführt werden, dürfen nicht ungeplant und willkürlich durchgeführt werden: Sie müssen insbesondere sorgfältig dokumentiert werden, da ansonsten die Gefahr besteht, dass während eines Pilotprojekts nur der technische Ansatz und die Machbarkeit des Verbesserungsprogramms getestet, die gesammelten Erfahrungen und Probleme jedoch für den tatsächlichen Einsatz vergessen werden.

In gleichem Maße, wie der Pilot ausführlich reflektiert werden muss, müssen anschließend die positiven und negativen Erfahrungen an andere Projekte, die sich des Themas CQM annehmen wollen, weitergegeben werden. Dies wird am besten dadurch erreicht, dass am Piloten beteiligte Personen auf andere Projekte verteilt werden. Auf diese Art und Weise kann die Motivation und das Wissen bezüglich CQM über eine komplette Organisation verteilt werden. Auch die oben aufgeführte Rolle der Promotoren sollte initial aus dem Kontext des Piloten besetzt werden.

5.5.7 Werkzeuge

Eine manuelle Ermittlung des Code-Quality-Index in Form eines Code-Reviews ist zwar prinzipiell denkbar, aus Aufwandsgründen aber nicht praktikabel (vgl. Kapitel 4). Die wohl größte Herausforderung an Werkzeuge zur Ermittlung des Code-Quality-Index ist deren Skalierbarkeit. Oft bestehen die Programme, die im Kontext von CQM analysiert werden sollen, aus mehreren Millionen Zeilen Quelltext. Auch für solche Systeme muss sichergestellt werden, dass die Werkzeuge die große Menge sowohl an Eingangsdaten als auch an entstehenden Messdaten verarbeiten können.

Aufgrund der erwarteten Ergebnismenge sind auch Usability- und Performance-Aspekte nicht zu vernachlässigen. Das Werkzeug muss möglichst einfach bedienbar sein, d.h., die gewünschte Information muss mit wenigen Nutzereingaben verfügbar sein. Bezüglich der Performance muss auch für große Systeme gewährleistet sein, dass eine Analyse regelmäßig (z.B. wöchentlich) für den kompletten Quelltext durchgeführt werden kann.

Ist das Ziel, Code-Quality-Management auf Basis des Code-Quality-Index durchzuführen, muss sichergestellt sein, dass das Werkzeug alle Problemmuster des Katalogs erfassen kann. Momentan existiert bereits eine Vielzahl von Werkzeugen, die einzeln schon jeweils einen großen Teil der Qualitätsindikatoren ermitteln können (s. Kapitel 7). Eventuell müssen daher mehrere Werkzeuge kombiniert werden, um tatsächlich alle Qualitätsindikatoren berechnen zu können. Ebenfalls zu beachten sind die durch den Einsatz von kommerziellen Werkzeugen anfallenden Lizenzgebühren. Das im Rahmen des BMBF-Forschungsprojektes QBench entstandene Werkzeug SISSy kann für die Sprache Java alle Qualitätsindikatoren berechnen (s. Abschnitt 7.1.3), erfordert keine Lizenzgebühren und besitzt eine gute Skalierbarkeit. Allerdings hat das Werkzeug keine GUI und daher eine sehr eingeschränkte Usability, was jedoch typisch für Piloten aus wissenschaftlichen Forschungsprojekten ist, deren Ziel weniger die Produktisierung als der Beleg neuer Konzepte ist.

5.6 Sekundärprozesse des Code-Quality-Index

Der Einsatz des Code-Quality-Index und die damit verbundene grundsätzliche Thematisierung der technischen Qualität hat häufig zusätzliche Seiteneffekte, die im Folgenden kurz beschrieben werden.

5.6.1 Schulung der Entwickler

Ein häufig unterschätzter nützlicher Nebeneffekt des Code-Quality-Index ist, dass die Entwickler durch die Beschäftigung mit den Problemmustern, deren Auswirkungen und deren Erkennung grundsätzlich in den verwendeten Technologien geschult werden. Immer wieder kann in Projekten festgestellt werden, dass weder sprachspezifische Details (z.B. in Java die Gefahr der String-Konkatenation mittels +) noch grundsätzliche objektorientierte Best Practices (z.B. die Ausfaktorisierung von dupliziertem Code) in voller Breite jedem Entwickler bekannt sind. Durch die Analyse des Systems wird dem Entwickler oft das erste Mal bewusst gemacht, wie häufig bestimmte Instanzen von Problemmustern vorliegen, z.B. die immer wieder sehr hohe Anzahl von Codeduplikaten. Eine Steigerung des QBL erfordert verstandene Veränderungen am Quelltext eines Softwaresystems, mit deren Hilfe sukzessive Problemmusterinstanzen bis zum Erreichen der neuen Stufe entfernt werden.

Durch den Einsatz des Code-Quality-Index ergibt sich für alle Entwickler die Notwendigkeit, sich mit Fragestellungen guten Softwaredesigns auseinander zu setzen und sich selbst Regeln aufzustellen, wie derartige Problemmuster im Idealfall in Zukunft vermieden werden können. Diese »Schulung« ist in jedem Fall wertvoll, weil Problemmuster und Qualitätsindikatoren mit einem technischen Fokus nicht Teil der Standardausbildung eines Informatikers sind. Alleine der Einsatz des Code-Quality-Index hat hier stark positive Seiteneffekte in Form zusätzlichen Wissens von Dos und Don'ts. Den Entwicklern wird bewusst, dass der von ihnen geschriebene Code nicht ihr Eigentum, sondern Eigentum des Teams ist und sie sich somit nicht als Künstler, sondern als Ingenieur zu sehen haben.

5.6.2 Entstehen eines Qualitätsbewusstseins

Insgesamt entsteht durch den Code-Quality-Index und die damit verbundenen Schulungen zunächst innerhalb einer Projektgruppe und später bei der Ausweitung des Code-Quality-Index auf andere Projekte innerhalb des gesamten Unternehmens ein homogenes Bewusstsein für Qualität. Die Entwickler sind für die Problemmuster sensibilisiert und werden diese zukünftig versuchen zu vermeiden. Diese Idee findet sich zum Beispiel im Extreme-Programming-Softwareprozess wieder [Beck04]. Hier gehört das ständige Überarbeiten des Quelltextes mit Hilfe von konsequentem Refactoring fest zum Softwareprozess.

Problemmuster können ebenfalls zu Diskussionen zwischen Entwicklern führen, indem zum Beispiel gemeinsam überlegt wird, wie ein bestimmtes Problemmuster verhindert werden kann bzw. was insgesamt aus technischer Sicht die bzgl. des Code-Quality-Index beste Lösung ist.

Insbesondere findet die Sensibilisierung für Codequalität auch auf Managementebene statt. Der Code-Quality-Index kommt dem Management entgegen, da die Abbildung auf die Qualitätseigenschaften einfach zu durchschauen ist. Das Management lernt insbesondere, dass

- die Beschäftigung mit dem Code-Quality-Index wichtig ist, da Risiken bezüglich der Wartbarkeit mit seiner Hilfe frühzeitig entdeckt werden,
- Konsolodierungsphasen wichtig sind, während denen keine neue Funktionalität implementiert, sondern das System bezüglich der technischen Qualität überarbeitet wird,
- kurzfristig höhere Kosten entstehen, langfristig aber Kosten gesenkt werden können.

Der Einsatz des Code-Quality-Index hilft damit in Form des neuen rollenintegrierenden Qualitätsverständnisses, die Entwicklung und das Management für gemeinsame Ziele, der Optimierung technischer Qualität, zu motivieren – mit all den daraus entstehenden Pflichten in Form zusätzlicher Aufwände sowie höherer Qualitätsgüte der zu liefernden Artefakte.

Teil 2

Technische Umsetzung und Werkzeuge

6 Statische Analyse

Die zur Ermittlung des Code-Quality-Index benötigten Qualitätsmerkmale können alle mit Hilfe von statischen Analysen ermittelt werden. Zur Durchführung von statischen Analysen existiert für die Sprachen C++ und Java eine Reihe von kommerziellen und frei verfügbaren Werkzeugen.

Im ersten Teil dieses Kapitels wird zunächst der typische Ablauf einer statischen Analyse beschrieben. Im zweiten Teil werden exemplarisch besonders verbreitete Werkzeuge zur statischen Analyse vorgestellt, die jeweils verschiedene Merkmale berechnen können.

6.1 Einleitung

Eine statische Analyse von Softwaresystemen bedeutet die Bestimmung von Merkmalen eines Softwaresystems allein auf Basis des Quelltexts oder des Kompilats [AnMoSe+04]. Sie besteht aus den aus Übersetzungsvorgängen bekannten Schritten *lexikalische Analyse*, *syntaktische Analyse* und *semantische Analyse*. Gängige statische Analysen extrahieren z.B. die Klassenhierarchie oder bestimmen den Aufrufgraphen, um dem Programmierer das Verständnis des Quelltextes zu erleichtern. Mit Hilfe statischer Analysen können punktuell auch Aussagen über das Laufzeitverhalten von Programmen gemacht werden (z.B. durch Identifikation unbenutzter Codestellen oder das Auffinden unnötiger Variablensetzungen). Der große Vorteil statischer Analysen gegenüber dynamischen Analysen ist, dass das Softwaresystem zur Analyse nicht ausgeführt werden muss und keine Testfälle mit Testdaten vorliegen müssen.

Die in Teil II dieses Buches beschriebenen Problemmuster lassen sich alle mit Hilfe einfacher statischer Analysen bestimmen. Komplexere Analysen wie z.B. Datenflussanalysen oder Algorithmen zur Typinferenz werden nicht benötigt.

6.2 Ablauf

In diesem Abschnitt werden zunächst der Ablauf und die einzelnen Bestandteile einer typischen statischen Analyse grob erläutert, bevor sie anschließend detaillierter beleuchtet werden. Abbildung 6–1 zeigt diesen groben Ablauf.

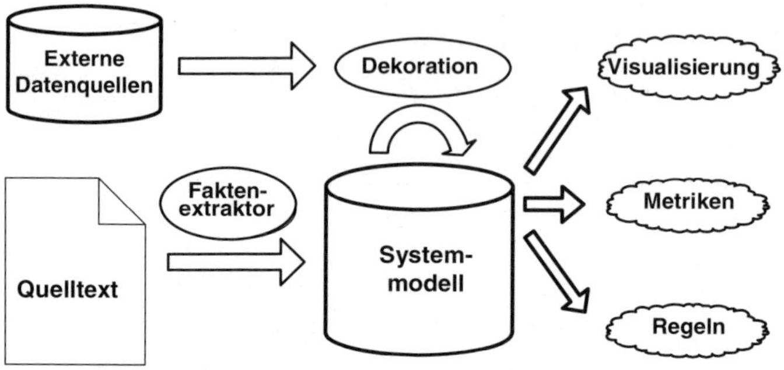

Abb. 6–1 Typischer Ablauf einer statischen Analyse

Im ersten Schritt – der Faktenextraktion – wird zunächst der Quelltext des Systems in ein Systemmodell überführt und abgespeichert. Das Systemmodell ist eine abstrakte Beschreibung des Quelltexts und enthält Informationen über im System vorhandene Einheiten und deren Beziehungen untereinander. Zum Beispiel kann es Informationen über die im System existierenden Klassen und die Aufrufe zwischen Methoden enthalten. Im nächsten Schritt – der Dekoration – können zum Systemmodell Informationen hinzugefügt werden, die entweder nicht direkt aus dem Quelltext gewonnen werden können oder aber von einem externen Programm ermittelt werden. Ein Beispiel für nicht aus dem Quelltext ermittelbare Informationen ist das Hinzufügen von Angaben zu Subsystemen, d.h. für Java die Gruppierung von Paketen und/oder Klassen zu noch grobgranulareren Einheiten (z.B. zur Umsetzung von Systemschichten). Die Suche nach dupliziertem Quelltext wird z.B. oft nicht vom Faktenextraktor selbst durchgeführt, da hierzu rein textbasierte Ansätze ausreichend sind, und ist somit ein Beispiel für die Dekoration eines Systemmodells durch externe Programme.

Auf dem Systemmodell aufbauend können bereits einfache Metriken wie z.B. Anzahl der in einer Klasse deklarierten Attribute berechnet werden. Die Metriken allein sind jedoch nutzlos, erst als Bestandteil eines Qualitätsmodells können mit ihrer Hilfe problematische Stellen im Quelltext identifiziert werden (vgl. Kapitel 3). Mit Hilfe von Regeln kann nach Strukturen gesucht werden, die der gängigen Entwurfspraxis widersprechen, z.B. die Suche nach Oberklassen, die von ihren Unterklassen abhängen (vgl. Anomalien in Kapitel 3).

Metrikberechnungen und Überprüfungen von Regeln können durch Visualisierungen anschaulicher dargestellt bzw. in diese eingebettet werden. Typischerweise wird die Struktur der Software in den Visualisierungen als Graph angegeben. In den Darstellungen können zum Beispiel die Klassen besonders hervorgehoben werden, die von einem Problem betroffen sind.

Im Folgenden werden die wesentlichen Schritte und Bestandteile der statischen Qualitätsanalyse detaillierter vorgestellt.

6.2.1 Faktenextraktion

Die Faktenextraktion bedient sich Techniken des Compilerbaus, um den Quelltext eines Systems analysieren zu können. Allerdings handelt es sich bei den Werkzeugen zur Faktenextraktion nicht um vollständige Übersetzer. Es werden nur lexikalische (Zerlegung des Quelltextes in Zeichenketten, die Bestandteile der Grammatik sind), syntaktische (Bestimmung der Struktur des Programms und Aufbau des Strukturbaums) und semantische Analysen (Analyse der Namen und Typen) durchgeführt. Das im Systemmodell gespeicherte Zwischenformat muss nicht mehr weiter transformiert werden, d.h., dass insbesondere kein Binärcode daraus generiert wird. Dies erlaubt das Weglassen von Details und verringert somit häufig den Speicherbedarf.

Bei der Faktenextraktion bereitet oft die Tatsache Schwierigkeiten, dass keine oder nur unvollständige Informationen über die Build-Umgebung (z.B. benötigte Include-Pfade) vorhanden sind, dass der Quelltext nicht vollständig ist und dass nicht alle Bibliotheken zur Verfügung stehen. Dies bedeutet, dass die Referenzen eines zur Faktenextraktion bereitstehenden Systems nicht vollständig aufgelöst werden können. Für die Sprache C++ ist zusätzlich problematisch, dass kein einheitlicher Sprachstandard existiert, sondern eine Vielzahl von Sprachdialekten vorkommt, die von Übersetzern unterschiedlicher Hersteller unterschiedlich unterstützt werden. Da diese Dialekte oft nur unzureichend dokumentiert sind, muss in der Praxis mit nahezu beliebigen Spracherweiterungen gerechnet werden. Darüber hinaus können durch den Einsatz von Präprozessoren Quelltextteile vor der Präprozessierung eine beliebige Form haben (ein Präprozessor führt nur Textersetzung durch) und somit kann nicht einmal garantiert werden, dass der Quelltext eine syntaktisch korrekte Blockschachtelung aufweist. Dadurch ist die Analyse der betroffenen Quelldateien nicht oder nur mit großen Abstrichen bezüglich der Korrektheit möglich.

Ein bekannter Ansatz zur Lösung der Probleme mit unvollständigem Quellcode oder Build-Umgebung sind die so genannten Inselgrammatiken. Für die Teile einer Sprache, die von Interesse sind, wird die Grammatik exakt spezifiziert. Diese Teile bilden die »Inseln«. Alle anderen Sprachbestandteile, die nicht näher untersucht werden sollen, bilden das »Wasser« und werden während der Analyse einfach überlesen [HaKuSe05].

Eine weitere fehlertolerante Technik ist Fuzzy Parsing. Hier verwendet man Parser, die nur bestimmte Teile einer Programmiersprache zu erkennen versuchen und sonstige Symbole mit einer gewissen Unschärfe überlesen. Fuzzy Parsing wurde zuerst in der SNIFF-Entwicklungsumgebung [Bisc92] eingeführt. Diese Methode ist gut geeignet, um Informationen zu extrahieren, die ohne semantische Analyse berechnet werden können, wie z.B. Vererbungsbeziehungen.

Bei beiden fehlertoleranten Techniken müssen allerdings Abstriche bezüglich Vollständigkeit und Korrektheit des Ergebnisses der Faktenextraktion gemacht werden. Im Idealfall steht dem Faktenextraktor eine komplette Build-Umgebung inklusive aller benötigten Quellen zur Verfügung, und die Faktenextraktion startet erst, nachdem ein Präprozessor die Textersetzung durchgeführt hat. Durch den Präprozessor können allerdings Analyseergebnisse auch verfälscht werden, da z.B. Quelltexteile erst nachträglich in Methodenrümpfe durch den Präprozessor generiert werden können und die Methodenlänge somit fälschlicherweise als zu groß gemeldet wird.

Eine weitere Möglichkeit, ein Systemmodell für ein System zu erstellen, bildet die Faktenextraktion auf Basis des Kompilats. Die syntaktische Korrektheit des Codes ist hier implizit gegeben. Ungenauigkeiten können sich jedoch durch unpassende Compileroptimierungen ergeben, wenn z.B. bei Java während der Bytecodeoptimierung statisch aufgelöste Methoden (in Frage kommen Methoden, die entweder als `static`, `private` oder `final` deklariert wurden) an der Aufrufstelle eingefügt werden (inlining) und somit die Anzahl der Methodenaufrufe im Kompilat geringer als im Quelltext ist. Weiterhin sind bei einer bloßen Analyse des Kompilats Messungen, die auf dem Quellcode beruhen, wie z.B. die exakte Ermittlung der Anzahl der Quellcodezeilen, nur bedingt möglich. Daher ist eine Faktenextraktion aus dem Kompilat in den meisten Fällen mit einer zusätzlichen Untersuchung des Quellcodes gekoppelt.

Existieren für eine Fallstudie in einer bestimmten Sprache perfekte Vorbedingungen, d.h., der Quelltext ist vollständig vorhanden und die Build-Umgebung ist bekannt, so sind Faktenextraktoren, die auf einer vollständigen Grammatik basieren, auf jeden Fall zu bevorzugen, da alle benötigten Analysen komplett und maximal präzise ausgeführt werden können.

6.2.2 Systemmodelle und Systemmetamodelle

Wie in Abschnitt 6.2 bereits beschrieben, ist ein Systemmodell eine abstrakte Beschreibung des Quelltexts und enthält Informationen über im System vorhandene Einheiten und deren Beziehungen untereinander. Ein zu einem Systemmodell gehöriges Systemmetamodell legt nun fest, welche Informationen eines Softwaresystems überhaupt im Systemmodell gespeichert werden können. Anhand des Systemmetamodells kann festgestellt werden, welche Qualitätsmerkmale prinzipiell überhaupt betrachtet werden können. Je umfangreicher das Systemmetamodell ist, desto mehr Informationen können in einem Systemmodell abgelegt werden und desto detailliertere Analysen können auf Basis des Systemmodells ausgeführt werden. Leichtgewichtige Systemmetamodelle modellieren zum

Beispiel keine Elemente innerhalb von Methodenrümpfen, was z.B. die Berechnung des Qualitätsindikators Risikocode (siehe Kapitel 10) unmöglich macht.

Bei der Wahl der geeigneten Werkzeuge spielt also die Mächtigkeit des zugrunde liegenden Systemmetamodells eine entscheidende Rolle. Insbesondere sollte das Systemmetamodell die Möglichkeit vorsehen, dass das Systemmodell mit zusätzlichen Informationen dekoriert werden kann (s.o.). Beispiele für solche Zusatzinformationen sind Subsysteme, die anhand des Quelltextes nicht automatisch bestimmt werden können, oder Analyseergebnisse von Fremdwerkzeugen, die in das Systemmodell aufgenommen werden können (z.B. Daten aus Laufzeitbetrachtungen).

Der Nachteil von detaillierteren Systemmetamodellen ist, dass zur Erstellung der zugehörigen Systemmodelle detailliertere Faktenextraktoren benötigt werden. Da die Erstellung eines Faktenextraktors mit steigender Präzision teurer wird, muss hier bei den Werkzeugherstellern oft ein Kompromiss zwischen Präzision und Aufwand gemacht werden.

Unterschiedliche Programmiersprachen erfordern gegebenenfalls unterschiedliche Systemmetamodelle, da sich die Sprachen bezüglich der unterstützten Sprachkonstrukte unterscheiden können. Zum Beispiel gibt es in Java im Gegensatz zu C++ keine Funktionszeiger und keine globalen Variablen und Funktionen. Werkzeuge, die mehrere Sprachen unterstützen, verzichten entweder auf diese Details oder bieten sprachübergreifende Systemmetamodelle an, die eine Obermenge aller benötigten Sprachelemente bilden.

Ein bekanntes Systemmetamodell ist dasjenige für UML-Klassendiagramme. Mit UML-Klassendiagrammen kann die Klassenstruktur eines Softwaresystems inklusive elementarer Beziehungen wie z.B. Vererbung, Aggregation oder Assoziation dargestellt werden. UML-Klassendiagramme unterstützen die Modellierung von Elementen innerhalb von Methodenrümpfen nicht, so dass z.B. keine zyklomatische Komplexität (die Anzahl linear unabhängiger Kontrollflusspfade innerhalb einer Methode, siehe hierzu auch weiter unten) auf diesen Modellen berechnet werden kann.

Ein detaillierteres Systemmetamodell, das unter anderem auch die Modellierung von Elementen innerhalb von Methodenrümpfen erlaubt, wurde innerhalb des Forschungsprojektes QBench entwickelt [TrSzKu05]. Dieses Systemmetamodell bietet ein sprachübergreifendes Modell für die Sprachen C, C++, Java, Delphi und C#.

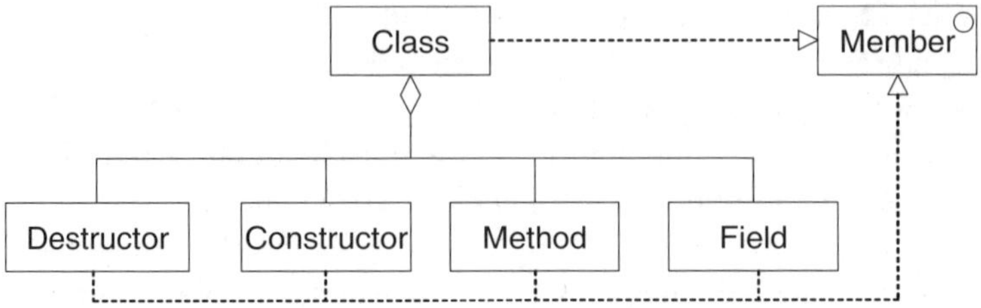

Abb. 6–2 *Teil des QBench-Systemmetamodells zur Modellierung von Klassen und enthaltenen Elementen*

In Abbildung 6–2 ist der für die Modellierung von Klassen und der darin enthaltenen Elemente relevante Teil des QBench-Systemmetamodells dargestellt. In der Abbildung ist u.a. zu erkennen, dass eine Klasse Attribute, Methoden, Konstruktoren und Destruktoren besitzen kann. Alle diese Elemente implementieren die Schnittstelle Member, mit deren Hilfe genauere Informationen über die Elemente wie z.B. Sichtbarkeiten abgefragt werden können.

Im Folgenden wird anhand eines kurzen Beispiels skizziert, wie ein Stück Quelltext als Systemmodell auf Basis des QBench-Systemmetamodells dargestellt werden kann:

```
public class Account  {
  private double interestrate;
  public void print() { ...}
}
```

Das aus dem Quelltext erzeugte Systemmodell ist ausschnittsweise in Abbildung 6–3 dargestellt. Es wurde eine Instanz vom Typ `Class` erzeugt, die die Klasse `Account` repräsentiert. Weiterhin wurde eine Instanz vom Typ `Field` für `interestrate` und eine Instanz vom Typ `Method` für die Methode `print()` erzeugt. Das Modellelement `Class` enthält diese beiden Elemente, was durch Abhängigkeitskanten modelliert wird.

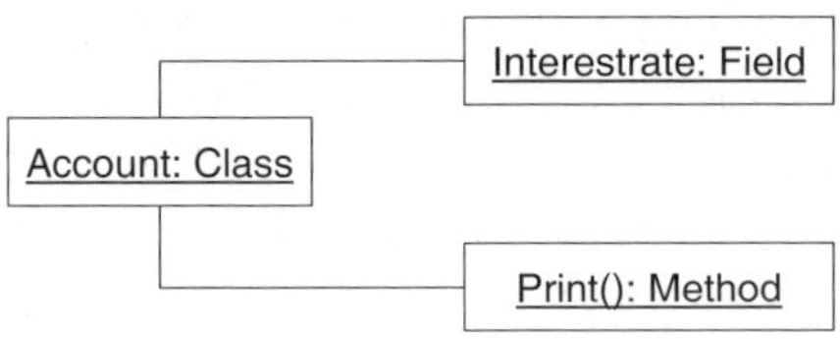

Abb. 6–3 *Beispiel für ein Systemmodell*

Zur Modellierung von Systemmetamodellen werden ebenfalls Modelle, die so genannten Systemmetametamodelle, benötigt. Abbildung 6–4 zeigt auf der linken Seite eine mehrschichtige Modellarchitektur, die diese Hierarchie der Modelle darstellt. Auf unterster Ebene befindet sich die Information selbst bzw. die Daten, die modelliert werden sollen.

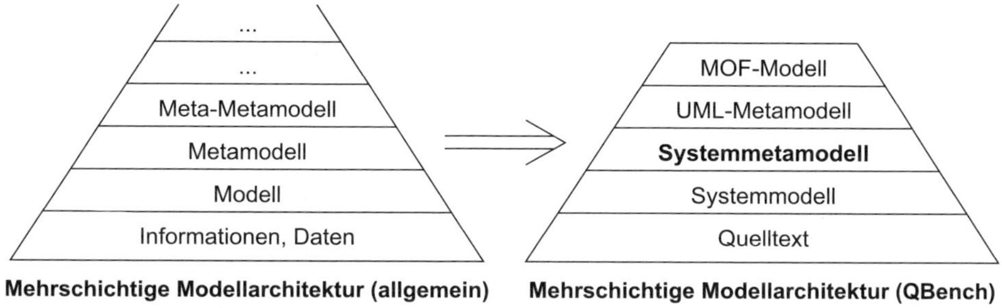

Abb. 6–4 *Mehrschichtige Modellarchitektur*

Auf der nächsthöheren Ebene befindet sich das Modell, welches die Daten beschreibt. Die Mächtigkeit des Modells wird mit Hilfe eines Metamodells definiert. Dessen Mächtigkeit wiederum wird mit einem Meta-Metamodell festgelegt.

Wie eine Modellarchitektur konkret aussehen kann, ist anhand des QBench-Metamodells in Abbildung 6–4 auf der rechten Seite dargestellt. Auf unterster Ebene (der Datenebene) steht der Quelltext des Systems. Das Systemmodell abstrahiert vom Quelltext mit Hilfe der im Systemmetamodell definierten Artefakte. Das Systemmetamodell selbst ist mit Hilfe von UML-Klassendiagrammen modelliert, welche wiederum mit Hilfe eines MOF[1]-Modells festgelegt wurden.

6.2.3 Metriken

Eine Technik, um die Qualitätsindikatoren des Code-Quality-Index zu berechnen, sind Metriken auf Basis der Merkmale, die im Systemmodell abgelegt werden. Metriken können nach Art des zu vermessenen Objekts unterschieden werden [FePf96]. Korrekterweise müsste hier von Maßen gesprochen werden, da eine Metrik im mathematischen Sinne ein Abstandsmaß ist. Im Bereich von Softwaresystemen hat sich aber mittlerweile der Begriff Metrik fest etabliert. Da sowohl materielle Objekte (z.B. Personen), ideelle Objekte (z.B. Programme) als auch konzeptionelle Objekte (z.B. Prozesse) vermessen werden können, werden diese verschiedenen Arten häufig in dem Begriff Entität subsumiert.

Entsprechend der während der Softwareerstellung identifizierbaren, messbaren Entitäten können Metriken wie folgt klassifiziert werden:

- Prozessmetriken für diejenigen Aktivitäten, die sich auf die Bearbeitung von Software beziehen,
- Ressourcenmetriken für diejenigen Mittel, die für einzelne Prozesse benötigt werden, und
- Produktmetriken für diejenigen Artefakte, die das Ergebnis eines Prozesses sind.

1. Meta-Object-Facility: *http://www.omg.org/*

Diese drei Klassen werden zusammen als Softwaremetriken bezeichnet. Jede der Klassen kann entsprechend der Abhängigkeit der betrachteten Merkmale einer zu vermessenden Entität von anderen Merkmalen oder Entitäten jeweils wiederum unterteilt werden in

- direkte Metriken, d.h., das betrachtete Merkmal der zu vermessenden Entität besitzt keinerlei Abhängigkeit zu anderen Merkmalen oder Entitäten, und
- indirekte Metriken, d.h., das betrachtete Merkmal der zu vermessenden Entität lässt sich nur indirekt über andere Merkmale und/oder Entitäten bestimmen.

Bei den für den Code-Quality-Index relevanten Metriken handelt es sich entsprechend dieser beiden Klassifizierungen ausschließlich um direkte Produktmetriken.

Das Ziel von Metriken ist, bestimmte Merkmale des Quelltextes zu erfassen. Sie erlauben den Vergleich von Quelltextartefakten gleichen Typs und ermöglichen die Erfassung von Trendentwicklungen eines Quelltextartefakts über mehrere Softwareversionen [AnMoSe+04].

Eine der wohl bekanntesten direkten Softwaremetriken ist *Lines of Code* (LOC). Mit Hilfe dieser Metrik kann die textuelle Größe eines Quelltextstücks ermittelt werden, indem die vorhandenen Quelltextzeilen gezählt werden. Die Definition von LOC muss exakt festlegen, was eine Quelltextzeile ist, z.B. ob Leer- oder Kommentarzeilen gezählt werden oder nicht (vgl. hierzu insbesondere Kapitel 3). Eine Möglichkeit, direkte Softwaremetriken zu kategorisieren, ist die Unterscheidung in Komplexitäts-, Kopplungs- und Kohäsionsmetriken [Simo01].

Komplexitätsmetriken

Komplexitätsmetriken messen die Komplexität von Container-Entitäten als definierte Aggregation der Menge oder Abhängigkeit der enthaltenen Entitäten. Eine populäre Komplexitätsmetrik für objektorientierte Systeme ist *Weighted Method Count* (WMC) [ChKe94]. Diese Metrik bestimmt die Komplexität einer Klasse durch Aufaddieren der Komplexität aller Methoden, die in dieser Klasse definiert sind:

$$WMC = \sum_{i=1}^{n} c_i$$

In der obigen Formel ist c_i die Komplexität der Methode i. Die Komplexität einer Methode kann auf verschiedene Arten gemessen werden. Möglich ist zum Beispiel die Verwendung von LOC oder die McCabe-Komplexität [FePf96]: Die McCabe-Komplexität ist hierbei definiert als Anzahl der linear unabhängigen Kontrollflusspfade durch eine Methode. Die McCabe-Zahl einer Methode ist also umso höher, je mehr bedingte Verzweigungen oder Schleifen in ihr enthalten sind. Wird die Komplexität einer Methode fest auf eins gesetzt, so ergibt sich als Spezialfall die Metrik *Number of methods* (NOM) [ChKe94].

Kopplungsmetriken

Kopplungsmetriken bestimmen, wie stark die Bestandteile eines Softwaresystems voneinander abhängen. Kopplungsmetriken können für verschiedene Artefakttypen wie Subsysteme, Pakete oder Klassen berechnet werden. Zwei Artefakte sind miteinander gekoppelt, wenn eines das andere oder Teile davon im Quelltext referenziert. Abhängigkeiten, die erst zur Laufzeit feststehen, da sie z.B. durch Funktionszeiger oder dem Einsatz von Reflection zu Stande kommen, werden typischerweise bei der statischen Analyse nicht berücksichtigt.

Zum Beispiel besteht zwischen zwei Klassen eine Kopplungsbeziehung, wenn eine Methode der einen Klasse eine Methode der anderen aufruft. Kopplung kann sowohl gerichtet als auch ungerichtet betrachtet werden. Je geringer die Kopplung zwischen zwei Artefakten ist, desto weniger sind sie aus technischer Sicht voneinander abhängig und desto besser können sie getrennt voneinander getestet, analysiert und wiederverwendet werden. Artefakte können nur isoliert betrachtet werden, wenn sie nicht oder kaum an andere Artefakte gekoppelt sind.

Eine Metrik für die Kopplung zwischen Klassen ist *Coupling Between Objects* (CBO) [ChKe94]. Der CBO-Wert einer Klasse ergibt sich aus der Anzahl der Klassen, mit denen die betrachtete Klasse verbunden ist. Die betrachtete Klasse ist mit einer anderen Klasse verbunden, wenn sie Instanzvariabeln oder Methoden der anderen Klasse benutzt.

Kohäsionsmetriken

Kohäsionsmetriken bestimmen, wie stark die in einem Artefakt enthaltenen Elemente zusammenhängen, beispielsweise die Klassen eines Subsystems oder die Attribute und Methoden einer Klasse. Zusammenhängen bedeutet wie bei Kopplung, dass ein Artefakt ein anderes oder Teile davon im Quelltext referenziert oder in anderer Weise davon abhängt. Eine häufig verwendete Metrik zur Bestimmung der Kohäsion einer Klasse ist *Tight Class Cohesion* (TCC) [BiKa95]. Hier wird als Kohäsion einer Klasse die relative Anzahl direkt miteinander verbundener Methoden gezählt. Eine Methode ist der Definition zufolge mit einer anderen Methode verbunden, wenn sie beide auf dasselbe Attribut der Klasse zugreifen. Die formale Definition lautet:

Sei NDC die Anzahl der Methoden, die mindestens auf ein gemeinsames Attribut zugreifen, und sei

$$NPC = \frac{n(n-1)}{2}$$

die Anzahl der theoretisch möglichen Verbindungen zwischen den Methoden, dann ist TCC der Quotient aus diesen beiden Werten:

$$TCC = \frac{NDC}{NPC}$$

6.2.4 Regelprüfung

Die zweite Technik zur Bestimmung der Qualitätsindikatoren ist die Regelprüfung. Mit Hilfe der statischen Analyse kann überprüft werden, ob der Quelltext eines Softwaresystems eine Menge von festgelegten, auf Qualitätsmerkmalen beruhenden Regeln einhält. Bei diesen Regeln handelt es sich um bestimmte Anforderungen, die an die Struktur eines Softwaresystems gestellt werden. Eine Regel kann z.B. das Vorkommen eines bestimmten Musters in der Struktur eines Softwaresystems verbieten. Eine solche Regel ist das Problemmuster »Klasseninzest« (siehe Kapitel 10), das Abhängigkeiten von einer Oberklasse zu Unterklassen verbietet. Musterbasierte Regeln können werkzeuggestützt auf Basis des Systemmodells überprüft werden, indem das Systemmodell als Graph aufgefasst wird und mit Hilfe der Graphmustersuche nach Vorkommen von verbotenen Mustern gesucht wird. In Abbildung 6–5 ist ein Systemmodell als Graph mit Hilfe der UML dargestellt. Die Kanten bezeichnen je nach Typ (vgl. Pfeilende) entweder Vererbungsbeziehungen oder Abhängigkeiten zwischen zwei Klassen. Zwischen den Klassen A und B existiert sowohl eine Vererbungskante von B nach A als auch ein Abhängigkeitskante von A nach B. Somit stellt diese Struktur eine Verletzung der Regel »Klasseninzest« dar.

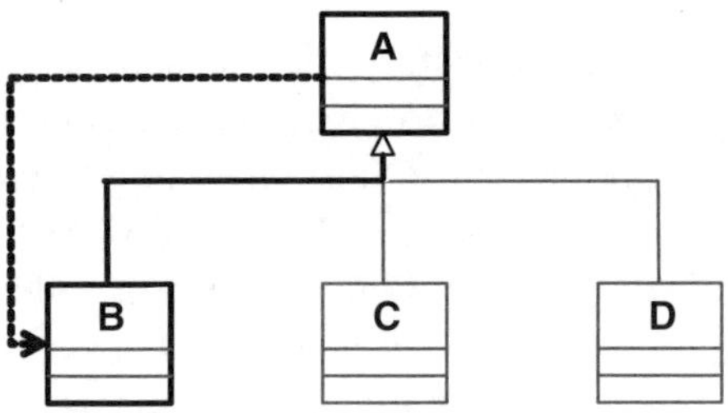

Abb. 6–5 *Systemmodell als UML-Diagramm dargestellt*

Regeln können ebenfalls bestimmte Vorgaben bezüglich existierender Metrikwerte machen, indem sie vorgeben, dass ein Schwellwert nicht über- oder unterschritten werden darf. Ein Beispiel für eine auf Metriken basierende Regel ist »lange Parameterliste« (vgl. Abschnitt 10.25). Diese Regel fordert, dass Methoden nicht mehr als 7 Parameter besitzen dürfen.

Metrikbasierte Regeln können auf ähnliche Weise wie strukturbasierte Regeln überprüft werden. In Abbildung 6–6 werden als Auszug aus einem Systemmodell eine Reihe von Methoden und ihre Parameter dargestellt. Die Zugehörigkeit eines Parameters zu einer Methode wird durch eine Kante modelliert. Zur Überprüfung der Regel bzw. Bestimmung der Metrik wird für jede Methode die Anzahl der Parameter gezählt. Als Regelverletzung wird Methode m1 gemeldet, da diese 8 Methodenparameter besitzt.

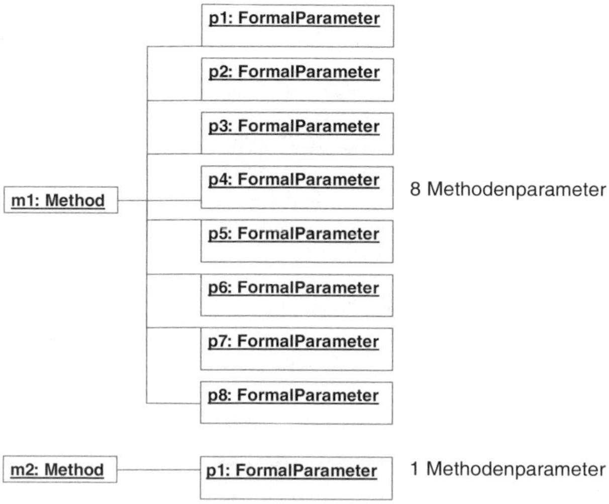

Abb. 6–6 *Ausschnitt eines Systemmodells als Objektmodell dargestellt*

6.2.5 Visualisierungen

Die einzelnen Instanzen der Problemmuster müssen dem Entwickler geeignet präsentiert werden, damit er über eventuelle Behebungsmaßnahmen entscheiden kann. Da ein Bild bekanntlich mehr als tausend Worte sagt, ist es häufig hilfreich, die Ergebnisse der Problemmustersuche bzw. das Systemmodell der Software selbst mit Hilfe einer geeigneten Visualisierung darzustellen. Eine weit verbreitete Visualisierungsform ist die Darstellung der Struktur eines Systems als Graph. Die Einheiten eines Systemmodells (z.B. Pakete, Klassen, Methoden) werden als Knoten modelliert und die Beziehungen zwischen ihnen als Kanten. Beispiele für solche Beziehungen sind Aufrufbeziehungen zwischen zwei Methoden oder Vererbungsbeziehungen zwischen Klassen. Knoten und Kanten, die Teil eines Problemmusters sind, können entsprechend farblich markiert werden. Ein Beispiel für eine solche Visualisierung ist in Abbildung 6–5 zu sehen. Die Klassen und die Beziehungen, die zum Klasseninzest führen, sind fett gezeichnet.

Große Systeme können aus mehreren tausend Klassen, Methoden und Attributen bestehen. Ihre Struktur muss für eine Visualisierung zunächst geeignet aufbereitet werden, da sonst zu viel Information auf einmal dargestellt wird und die Visualisierung keinen Mehrwert bringt. Diese Aufbereitung beruht auf zwei Prinzipien: Aggregation und Selektion. Aggregation bedeutet, dass mehrere Knoten zu einem Knoten zusammengefasst werden und die ein- und ausgehenden Kanten auf den neuen Knoten übertragen werden. Zum Beispiel können, wie in Abbildung 6–7 zu sehen, Methoden mit der Klasse, zu der sie gehören, zu einem Knoten verschmolzen werden. Die Kanten zwischen den Methoden werden dabei auf die Klassen übertragen.

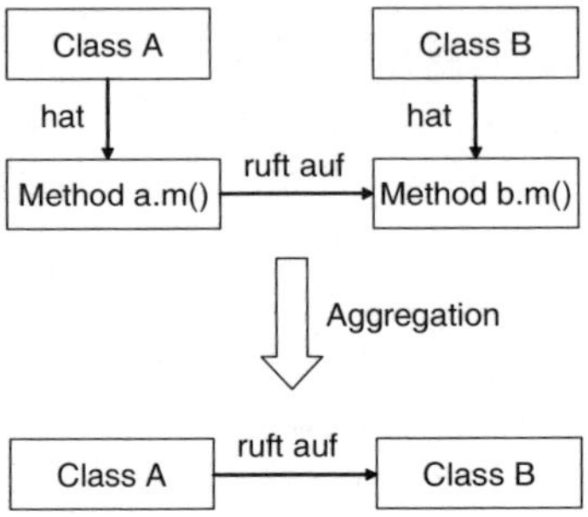

Abb. 6–7 *Beispiel für Aggregation*

Selektion bedeutet, dass ein Teil der Information ausgeblendet wird, d.h. zum Beispiel nur die Klassen eines spezifischen Paketes dargestellt werden. Eine kombinierte Anwendung von Aggregation und Selektion führt zu einer abstrakten Sicht auf das System und wird Abstraktion genannt [Ciup01].

Die Knoten und Kanten, die Teil dieser Sicht sind, müssen noch geeignet angeordnet werden, damit eine übersichtliche Darstellung erreicht werden kann. Automatische Layoutalgorithmen, die z.B. auf Feder-Masse-Modellen beruhen oder den Graph topologisch sortieren, leisten hier gute Arbeit [Simo01]. In Abbildung 6–8 ist eine Visualisierung einer Paketstruktur zu sehen, wobei die Anordnung der Knoten mit Hilfe einer topologischen Sortierung vorgenommen wurde. Die Knoten repräsentieren jeweils ein Paket, das aus einer Menge von Klassen besteht. Die Kanten modellieren jede mögliche Art von Abhängigkeiten zwischen zwei Paketen, die durch Abhängigkeiten zwischen Klassen aus verschiedenen Paketen zu Stande kommen.

Es wird in der Visualisierung sehr schnell deutlich, dass eine Art Schichtung vorliegt, da alle Pfeile nur von oben nach unten zeigen, und es insbesondere keine zyklischen Abhängigkeiten gibt.

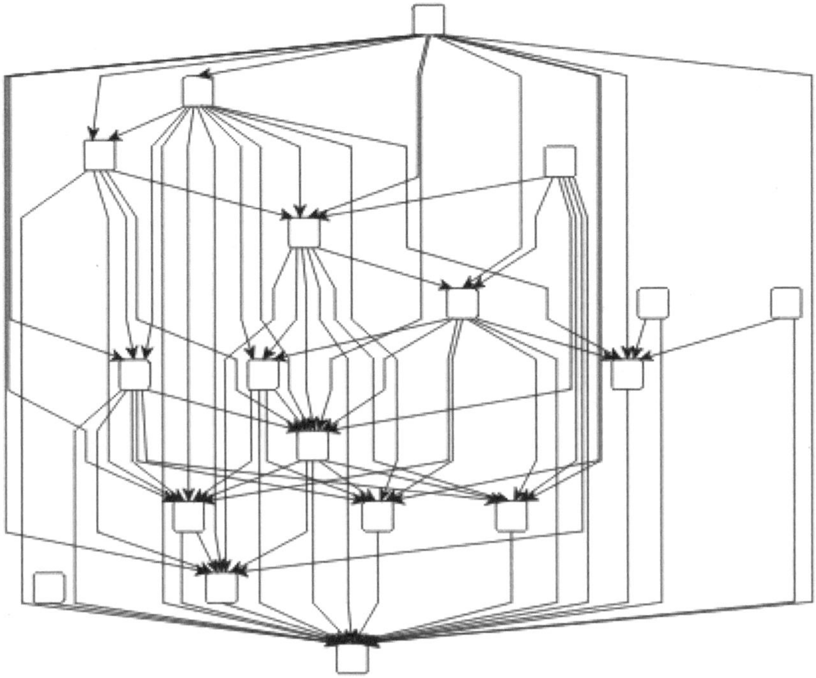

Abb. 6–8 Visualisierung einer Subsystemstruktur

6.3 Werkzeuge

Zur statischen Analyse von C++- und Java-Programmen und somit zur Berechnung der Qualitätsindikatoren existiert bereits eine Reihe von kommerziellen und frei verfügbaren Werkzeugen. Diese Werkzeuge unterscheiden sich maßgeblich durch die Mächtigkeit des zugrunde liegenden Systemmetamodells. Viele Werkzeuge, wie z.B. die in den nächsten Abschnitten als Erstes vorgestellten Werkzeuge Code-Wizard und Lint, haben ihren Schwerpunkt auf Analysen, die das System auf einer niedrigen Abstraktionsebene untersuchen und nur wenige Abhängigkeiten zwischen den einzelnen Modellelementen betrachten. Anschließend werden die Werkzeuge JMetrics und JDepend vorgestellt, die insbesondere die Abhängigkeiten zwischen Modellelementen untersuchen und hauptsächlich Analysen auf höherer Abstraktionsebene anbieten. (Eine genauere Beschreibung der verschiedenen Abstraktionsebenen befindet sich im Abschnitt 8.2.1)

Parasofts Code-Wizard

Ein bekanntes Werkzeug zur Überprüfung von Regeln auf Quelltextebene ist der Code-Wizard von Parasoft [URLParasoft]. Mit ihm können in C++ geschriebene Programme auf 502 Richtlinien hin überprüft werden, darunter 26 Richtlinien aus dem MISRA-Katalog. Auch können eigene Richtlinien erstellt und überprüft werden. Der Code-Wizard ist für eine Vielzahl von Plattformen verfügbar, unter anderem für Linux und diverse Windows-Versionen.

Ein Beispiel für eine Regel des Code-Wizards ist die Regel, dass eine Return-Anweisung die letzte Anweisung auf einem Kontrollflusspfad einer Methode sein sollte. Folgen auf eine Return-Anweisung noch weitere Anweisungen, so werden diese Anweisungen niemals ausgeführt. Diese Regel ist im Problemmusterkatalog unter dem Namen »Tote Implementierung« (vgl. Abschnitt 10.42) zu finden.

```
int test1(int x) { // violation
  int i;
  if (x>0) {
    return 0;
  }
  return 1;
  int s=0;
  for (i=0;i<x;i++) {
    s += i;
  }
}
```

In obigem Beispielquelltext wird die `for`-Schleife nach der `return 1`-Anweisung niemals ausgeführt und stellt somit eine Verletzung der Regel dar.

Lint

Ein weiteres bekanntes Werkzeug zur Überprüfung von Regeln in C/C++-Programmen ist Lint von Gimpel-Software [URLGimpel]. Mittlerweile gibt es aber auch diverse Lint-Versionen von anderen Anbietern, die auch Java unterstützen.

Ein typisches Beispiel für einen Warnhinweis von Lint ist die Regel »*Testing float's for equality*«, die überprüft ob bei Anwendung des Vergleichsoperators == die Operanden vom Typ `float`, `double` oder `long double` sind. Zwei Gleitkommazahlen zu vergleichen birgt die Gefahr von Fehlern, da aufgrund von Rundungsfehlern oder der unzureichenden Darstellungsgenauigkeit von Brüchen eine echte Gleichheit nicht garantiert werden kann.

Eclipse Metrics Plugin

Ein frei verfügbares Werkzeug zur Erfassung von Metriken für in Java geschriebene Programme ist das Eclipse Metrics Plugin [URLTeaminabox]. Seine Integration in die Entwicklungsumgebung Eclipse ermöglicht ein kontinuierliches Überwachen des Quelltextes. Momentan werden unter anderem die folgenden Metriken unterstützt: *McCabe's Cyclomatic Complexity, Efferent Couplings, Lack of Cohesion in Methods, Lines of Code in Method, Number Of Fields, Number Of Levels, Number Of Parameters, Number Of Statements* und *Weighted Methods Per Class*.

JDepend

JDepend [URLJDepend] ist ein Werkzeug zur Berechnung von Metriken und Regeln für Java-Pakete. Basierend auf den übersetzten Java-Dateien können Analysen durchgeführt werden, die im Wesentlichen die Abhängigkeiten zwischen den einzelnen Paketen untersuchen. Es wird beispielsweise berechnet, von welchen Paketen ein Paket A abhängt und welche Pakete von A abhängen. Damit können insbesondere auch zyklische Abhängigkeiten zwischen Paketen (siehe Abschnitt 10.51) oder die Stabilitätsmetrik nach Martin [Mart02] berechnet werden. Neben einer grafischen Darstellung der Ergebnisse erlaubt JDepend den Export der Analysedaten in einem XML- oder Textformat. Dies ermöglicht eine flexible Darstellung der Ergebnisse in anderen Programmen, z.B. die Integration der Analysen in Entwicklungsumgebungen wie Eclipse.

6.4 Visualisierungswerkzeuge

Die meisten Visualisierungswerkzeuge zeigen die Struktur der Software in Form eines Graphen. Hauptaufgabe der Visualisierung ist es, den Benutzer beim Verständnis des Systems und bei der Ursachenanalyse für gefundene Probleme zu unterstützen.

Ein Beispiel für ein Werkzeug zur Darstellung von Systemmodellen ist CrocoCosmos [URLCrocoCosmos]. Als Besonderheit können Graphen mit diesem Werkzeug nicht nur zweidimensional, sondern auch dreidimensional dargestellt werden. In Abbildung 6–9 ist eine mit Hilfe von CrocoCosmos visualisierte starke Zusammenhangskomponente auf Klassenebene zu sehen. (Ein gerichteter Graph, in dem jeder Knoten von jedem anderen aus durch einen Pfad erreichbar ist, heißt stark zusammenhängend.) Die an einer starken Zusammenhangskomponente beteiligten Klassen bilden aufgrund der vorhandenen Abhängigkeiten einen Zyklus.

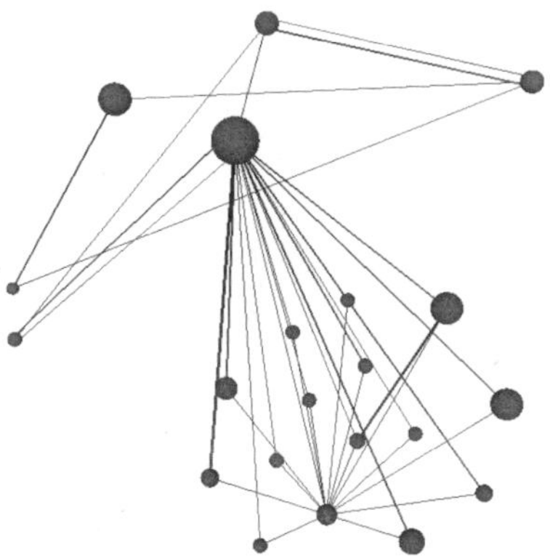

Abb. 6–9 *Starke Zusammenhangskomponente auf Klassenebene*

Ein weiteres Werkzeug zur Visualisierung ist in der Anwendungssuite CAST Envision [URLCast] enthalten. Neben der üblichen Darstellung der Software als Graph können hier die Effekte von Änderungen simuliert werden. Ein Nutzer kann den Graphen in der Visualisierung manipulieren und bekommt sofort die abhängigen Stellen markiert, die von einer geplanten Änderung betroffen sein können. Damit lässt sich insbesondere das Risiko einer Änderung sehr gut abschätzen (Impact-Analyse).

7 Werkzeuge zur Bestimmung des Code-Quality-Index

Aus der Vielzahl der existierenden kommerziellen und freien Werkzeuge zur statischen Analyse von Quellcode werden in diesem Kapitel einige vorgestellt. Die Auswahl orientiert sich dabei zum einen an der Verbreitung bzw. dem Bekanntheitsgrad der Werkzeuge und zum anderen an der Möglichkeit, eigene Abfragen zur Erkennung von Problemmustern formulieren zu können. Letzteres ist zumindest aktuell noch eine zwingende Voraussetzung, um mit den Werkzeugen eine Analyse entsprechend des Code-Quality-Index durchführen zu können.

Im ersten Abschnitt werden drei Werkzeuge für die Bestimmung des Code-Quality-Index vorgestellt. Zu Beginn werden dafür zunächst einige Grundlagen erläutert und die Grundstruktur der drei Werkzeuge beschrieben. Die anschließende Vorstellung der Werkzeuge beschränkt sich auf die für die Bestimmung des Code-Quality-Index relevanten Funktionen und stellt keine umfassende Produktpräsentation dar. Die Behandlung der drei Werkzeuge erfolgt in alphabetischer Reihenfolge der Firmennamen und stellt keinerlei Wertung der Werkzeuge dar. Im zweiten Abschnitt wird auf Portale eingegangen, welche die Integration von verschiedenen Werkzeugen zur Systemanalyse ermöglichen.

7.1 Analysewerkzeuge

Im Folgenden wird zunächst die Grundstruktur der vorgestellten Werkzeuge erläutert. Im Anschluss daran wird auf jedes Werkzeug soweit im Detail eingegangen, wie es für die Beschäftigung mit dem Code-Quality-Index notwendig ist. Die Vorstellung der Werkzeuge wird jeweils mit der Erläuterung einer exemplarischen Umsetzung einer Erkennungsstrategie eines Qualitätsindikators abgeschlossen. Weiter reichende Funktionalitäten der jeweiligen Werkzeuge werden trotz der Relevanz für Code-Quality-Management nicht erläutert, da dies den Rahmen dieses Buches bei weitem sprengen würde.

7.1.1 Grundstruktur

Alle drei hier vorgestellten Analysewerkzeuge besitzen bzgl. ihrer technischen Architektur eine ähnliche Struktur. Diese setzt sich aus den im Kapitel 6 beschriebenen Grundkomponenten für die statische Codeanalyse zusammen (vgl. Abb. 7–1).

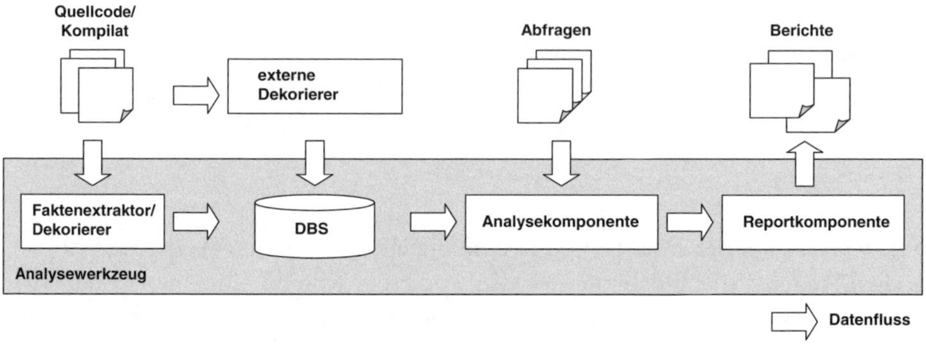

Abb. 7–1 *Allgemeine Struktur der Analysewerkzeuge*

Die Ausgangsdaten für die statische Codeanalyse bilden der reine Quellcode und/oder dessen Kompilat. Der Faktenextraktor extrahiert aus diesen Daten ein Systemmodell. Die Extraktion kann im Wesentlichen in die Artefakterkennung und die Ermittlung der Referenzen zwischen den Artefakten unterteilt werden. Bei der Artefakterkennung werden Artefakte wie z.B. Verzeichnisse, Quellcodedateien, Pakete, Klassen, Methoden und Attribute ermittelt. Die betrachteten Referenzen zwischen diesen Artefakten umfassen u.a. Enthaltenseins- und Vererbungsbeziehungen oder Methodenaufrufe und Attributbenutzungen. Alle vorgestellten Werkzeuge ermöglichen (u.a.) die Analyse von C++- und Java-Systemen.

Je nach analysierter Programmiersprache und zugrunde liegendem Systemmetamodell kann der Umfang der unterschiedenen Arten/Typen von Artefakten und Referenzen variieren. Für die beiden im Kontext des Code-Quality-Index betrachteten Programmiersprachen C++ und Java sind solche sprachspezifischen Artefakttypen z.B. globale Funktionen oder *struct*/*union*-Strukturen in C++ bzw. *interface*-Deklarationen in Java-Programmen. Ähnliche Unterschiede gibt es bei Referenztypen wie die Friend- (C++) und Implements-Beziehungen (Java). Das Problem für die Werkzeughersteller besteht darin, diese Unterschiede mit einem einheitlichen Systemmetamodell in Einklang zu bringen. Die dafür angewandten Lösungen liegen zwischen den beiden Extremen, entweder ein universelles bzw. generisches Systemmetamodell oder für jede Sprache ein separates (Teil-)Systemmetamodell zu verwenden.

Die vom Faktenextraktor ermittelten Artefakte und Referenzen werden in einem Systemmodell abgelegt. Die Struktur und der Inhalt des Systemmodells ist durch das werkzeugspezifische Systemmetamodell vorgegeben (s. Abschnitt 6.2.2).

Das vom Faktenextraktor erstellte Systemmodell kann somit auch als Instanz des Systemmetamodells bezeichnet werden.

Nach der Faktenextraktion wird das Systemmodell optional durch Dekorierer angereichert. Grundsätzlich ist eine Dekorierung dadurch geprägt, dass sie Merkmale bestimmt, die nicht durch den Faktenextraktor ermittelt werden. In den meisten Fällen ermitteln die Dekorierer die Merkmale aus dem Quellcode. Denkbar ist aber auch, dass hierfür andere Quellen benutzt werden, z.B. die Log-Dateien eines Konfigurations-Management-Systems, wie CVS oder Subversion, anhand derer die Änderungshäufigkeit der Quellcodedateien bestimmt wird. Typische Anreicherungen sind die Anzahl der Quellcodezeilen (Lines of Code, LOC) oder Angaben über die Vollständigkeit von Javadoc- oder Doxygen-Kommentaren.

Neben der Merkmalsbestimmung werden häufig einige in der Analysephase wiederholt benötigte Daten berechnet, wie z.B. die transitive Hülle der Vererbungsbeziehungen oder des Aufrufgraphen. Dies kann einerseits deutliche Performance-Gewinne bewirken, andererseits ganz neue Analysen ermöglichen, da z.B. transitive Hüllen mit reinem SQL als Abfragesprache auf das Systemmodell nicht ermittelt werden können.

Der Umfang der im Systemmodell abgelegten Daten wird sowohl durch den Faktenextraktor und die Dekorierer (welche Daten werden ermittelt) als auch durch das Systemmetamodell selbst (was kann im Systemmodell abgelegt werden) bestimmt. In jedem Fall findet jedoch eine Datenreduktion statt, so dass der ursprüngliche Quellcode bzw. das Kompilat typischerweise nicht wieder aus dem Systemmodell generiert werden kann.

Alle drei im Folgenden bzgl. der Ermittlung des Code-Quality-Index vorgestellten Werkzeuge legen das Systemmodell mittels eines relationalen Datenbanksystems (DBS) ab. Insbesondere aufgrund der Befähigung der Datenbanksysteme zum effektiven Umgang mit großen Datenmengen, der effizienten Berechnung von Relationen und der persistenten Speicherung der Daten [Balz99] sind diese gerade zu prädestiniert für die Speicherung des Systemmodells. So sind auch Analysen von Systemen mit mehreren Millionen Zeilen Quellcode oder mehr als 100.000 Methodenaufrufen problemlos durchführbar.

Die Analysekomponente untersucht das System bzw. das davon erstellte Systemmodell. Dank der persistenten Speicherung ist die Analyse zeitlich unabhängig von der Faktenextraktion und Dekorierung. So kann die Analyse zu einem späteren Zeitpunkt oder auch wiederholt und modifiziert durchgeführt werden.

Eine Qualitätsanalyse setzt sich im Allgemeinen aus einer Vielzahl von Teilanalysen zusammen. Im Fall der hier betrachteten Werkzeuge werden die einzelnen Analysen als Anfragen an das Datenbanksystem in SQL (Structured Query Language) formuliert. Da es sich bei SQL um eine deskriptive Abfragesprache handelt, wird nicht beschrieben, *wie* etwas berechnet wird, sondern *was* als Ergebnis verlangt wird [GrSo04]. Der dafür zur Verfügung stehende SQL-Sprachumfang wird durch das zugrunde liegende Datenbanksystem und werkzeugspezifische Erweiterungen und Einschränkungen festgelegt.

Ein Faktor, der die Akzeptanz einer Anfrage durch die Anwender beeinflusst, ist die Laufzeit der Berechnung. Diese kann durch entsprechend leistungsfähige Hardware, in weit stärkerem Maße aber durch die Art der Formulierung der Anfragen beeinflusst werden. Im Idealfall kann beides durch bereits im Unternehmen vorhandene Ressourcen – Datenbankserver und Know-how der Mitarbeiter – abgedeckt werden. Voraussetzung ist jedoch, dass das Analysewerkzeug mit dem vorhandenen Datenbanksystem zusammenarbeiten kann.

Die Ausgabe der Ergebnisse der einzelnen Anfragen erfolgt im Allgemeinen in Form von Tabellen oder Diagrammen. Die zwei kommerziellen Werkzeuge verfügen darüber hinaus über eine Report-Komponente, in der die Ergebnisse aufgearbeitet und zu Berichten zusammengefasst werden können. Die Verwendung von Berichten auf verschiedenen Abstraktionsstufen ermöglicht hierbei die Adressierung unterschiedlicher Unternehmensebenen (vom Management bis zum Entwickler). Dieser Prozess (Faktenextraktion – Analyse – Bericht erstellen) kann automatisiert werden, wenn das Werkzeug einen Batch-Betrieb (Steuerung des Werkzeugs über die Kommandozeile) erlaubt. In diesem Fall können z.B. bei einer Integration in das nächtliche Build-System automatisch Berichte erstellt und veröffentlich werden, z.B. über ein Portal (s.u.).

Es sei an dieser Stelle noch einmal darauf hingewiesen, dass die folgenden Beschreibungen in keiner Weise eine vollständige Darstellung der Werkzeuge beinhalten. Es ist einleuchtend, dass ein einmal auf diese Weise erstelltes Systemmodell von Werkzeugen für unterschiedliche, über den Fokus der bloßen Qualitätsbestimmung hinausgehende Anwendungsszenarien herangezogen werden kann. Im Folgenden wird lediglich die werkzeugspezifische Umsetzung der Ermittlung des Code-Quality-Index beschrieben. Für weiter gehende Informationen sei auf die jeweils angegebenen Internet-Seiten verwiesen.

7.1.2 CAST – Application Intelligence Platform

Die CAST Application Intelligence Platform (im Folgenden CAST) der Firma CAST [URLCast] präsentiert die Möglichkeiten statischer Codeanalyse unter dem Schlagwort *Application Intelligence*, d.h. dem bewussten Einsatz von qualitätssichernden Maßnahmen für Applikationen auf der Ebene der Unternehmensführung. Das Marktforschungsinstitut Gartner ordnet CAST in einer Studie zum Thema Werkzeuge zur Modernisierung von Alt-Applikationen den Marktführern zu (*Magic Quadrant leader)*. Entsprechend der Gartner-Analyse besitzt CAST sowohl einen vollständigen Lösungsansatz (*Completeness of Vision*) als auch die Fähigkeit, diesen in die Praxis umzusetzen (*Ability to execute*) (vgl. [Gart03]).

CAST hält sich eng an die oben aufgeführte Architektur, d.h. auch hier wird mittels Faktenextraktionstechnologien Quelltext analysiert und die relevanten softwaretechnischen Artefakte werden in einem Datenbanksystem abgelegt (bei CAST als *Warehouse* bezeichnet). CAST selbst besitzt Faktenextraktoren für eine Vielzahl von Programmiersprachen (z.B. Cobol, SAP/ABAP, C#, Java, SQL, C++, Delphi, Visual Basic), die allesamt in ein allgemein gehaltenes Systemmetamodell abgelegt werden. Als Datenbanksysteme können dabei u.a. Oracle oder DB2 verwendet werden.

Da das von CAST verwendete Systemmetamodell aufgrund der Sprachenvielfalt sehr generisch ist, müssen viele softwaretechnische Artefakte (z.B. Klassen) erst mittels sprachspezifischer Abfragen als solche identifiziert werden.

Für die vom Code-Quality-Index unterstützten Sprachen C++ und Java umfasst ein Systemmodell eines Softwaresystems alle der im Abschnitt 8.2.1 beschriebenen Granularitätsstufen, wobei die »kleinsten« erfassten Artefakte Methoden und Attribute sind. Aussagen über einzelne Statements oder auch das Codelayout müssen daher via Dekorierern in das Warehouse eingefügt werden.

Eine Besonderheit von CAST ist das Ablegen unterschiedlicher Programmiersprachen eines Systems in ein und dasselbe Warehouse: Besteht ein System aus HTML-Seiten mit JavaScript, in dem Visual Basic Controls angestoßen werden, die ihrerseits Java-Klassen verwenden, die anschließend Stored Procedures einer Datenbank aufrufen, die ihrerseits einzelne Tabellen heranziehen, so liegen alle Teilsysteme im selben Warehouse. Möglich sind anschließend sowohl technologiespezifische Auswertungen als auch die Identifikation technologieübergreifender Abhängigkeiten (welche Tabelle wird von welchen Stored Procedures und von welchen Java-Klassen aufgerufen). Die Abfragesprache, mit der benutzerspezifische Anfragen programmiert werden, um bestimmte Regeln für ein System zu überprüfen, ist aufgrund des verwendeten Datenbanksystems eng an SQL und Stored Procedures angelegt.

Exemplarische Umsetzung

Im Folgenden soll anhand eines Beispiels zur Erkennung von Methodenzyklen (Qualitätsindikator »verbotene Methodenliebe«, vgl. Qualitätsindikatorenkatalog) die Verwendung des CAST-Systemmetamodells[1] unter der Zuhilfenahme von SQL[2] erläutert werden:

Die unten aufgeführte Anfrage identifiziert alle Methodenpaare, die sich gegenseitig aufrufen; Rekursion soll hierbei allerdings ausgeschlossen werden. Angezeigt werden sollen jeweils die beteiligten Methoden sowie die umgebenden Klassen (Zeilen 1-5). Die Universalität des Systemmetamodells wird bereits hier deutlich erkennbar. Die Referenzen werden in den Zeilen 14-15 hinzugezogen, die Zugehörigkeit der Methoden an eine Klasse wird durch die Zeilen 18-19 erreicht.

1. CAST Version 5.0.3
2. Das verwendete Datenbanksystem ist Oracle 9.

Aufgrund der möglichen Vielsprachigkeit innerhalb des Systemmodells und den damit extrem unterschiedlichen Methodentypen werden diese in den Zeilen 22-23 auf die für verbotene Methodenliebe relevanten Typen eingeschränkt. Die verwendeten »Magic-Numbers« stehen hier jeweils für bestimmte Typen (s. Kommentar).

Die Verbindung zwischen den Methoden wird über die Referenzentabelle `callAB` bzw. `callBA` hergestellt, so dass anschließend Methode A die Methode B aufruft (Zeile 26-27) und umgekehrt (Zeile 30-31). Der Sonderfall der Rekursion wird in der Zeile 34 ausgeschlossen, da in diesem Fall die aufrufende Methode dieselbe ist wie die aufgerufene. Weiterhin werden mit der formulierten Ordnungsrelation Dopplungen der Methodenpaare vermieden.

Die Zugehörigkeiten der Methoden zu den jeweiligen Klassen werden über die Parent-Relationen sichergestellt (Zeilen 36-42).

```
1  SELECT DISTINCT
2        classA.OBJECT_NAME
3      , methodA.OBJECT_NAME
4      , classB.OBJECT_NAME
5      , methodB.OBJECT_NAME
6  FROM
7    -- Objekte
8        CWMM503.CDT_OBJECTS methodA
9      , CWMM503.CDT_OBJECTS methodB
10     , CWMM503.CDT_OBJECTS classA
11     , CWMM503.CDT_OBJECTS classB
12
13   -- Aufrufbeziehungen
14     , CWMM503.CSV_CALLED_OBJECTS callAB
15     , CWMM503.CSV_CALLED_OBJECTS callBA
16
17   -- Methoden-/Klassenzuordnungen
18     , CWMM503.CTT_OBJECT_PARENTS parA
19     , CWMM503.CTT_OBJECT_PARENTS parB
20 WHERE
21   -- Methoden sind vom CAST-Typ COM Method, Java Method oder Method
22         methodA.OBJECT_TYPE_STR IN (89,102,410)
23   AND methodB.OBJECT_TYPE_STR IN (89,102,410)
24
25   -- Methode A ruft Methode B auf,
26   AND methodA.OBJECT_ID = callAB.OBJECT_ID
27   AND callAB.CALLED_ID = methodB.OBJECT_ID
28
29   -- Methode B ruft Methode A auf
30   AND methodB.OBJECT_ID = callBA.OBJECT_ID
31   AND callBA.CALLED_ID = methodA.OBJECT_ID
32
33   -- Methode A und B sind nicht identisch
34   AND methodA.OBJECT_ID < methodB.OBJECT_ID
35
```

```
-- Klasse A ist Container von Methode A
AND classA.OBJECT_ID = parA.PARENT_ID
AND methodA.OBJECT_ID = parA.OBJECT_ID

-- Klasse B ist Container von Methode B
AND methodB.OBJECT_ID = parB.OBJECT_ID
AND classB.OBJECT_ID = parB.PARENT_ID
```

Die Ergebnismenge enthält alle Methodenpaare, die ungleich sind, sich aber gegenseitig aufrufen. Die Methoden werden hierbei inklusive der umgebenden Klasse genannt. Alternativ zu dieser textuellen Darstellung kann die Ergebnismenge auch durch eine Vielzahl der mitgelieferten Visualisierer dargestellt werden, wobei hier unterschiedliche Layoutalgorithmen, Einfärbungskonzepte, Ausblendemechanismen sowie Schichtungsmöglichkeiten existieren.

7.1.3 FZI – SISSy

Das Analysewerkzeug SISSy (Structural Improvement of Software Systems) wurde maßgeblich durch das Forschungszentrum Informatik (FZI) in Karlsruhe im Rahmen des BMBF-Projekts QBench entwickelt [URLQBench] und ist als Open Source veröffentlicht (vgl. hierzu die Internetpräsenz dieses Buches unter *www.code-quality-management.de*). Es ermöglicht die Analyse von Java-, C/C++- und Delphi-Systemen. Als Faktenextraktoren kommen dabei RECODER für Java-Quellcode [URLRecoder], CDT aus dem Eclipse-Projekt für C/C++ [URLCdt] und ein in Kooperation mit CAS[3] entwickelter Faktenextraktor für Delphi zum Einsatz.

Die von SISSy verwendeten Faktenextraktoren extrahieren das zugehörige Systemmodell aus den Quellcodedateien. Dabei werden die Abstraktionsebenen Paket, Datei, Klasse, Member (Methoden und Attribute), globale Funktion, globale Variable und Anweisung (Statement) unterschieden und die zugehörigen Artefakte extrahiert. Zusätzlich können manuell Subsysteme oder andere Abstraktionen wie z.B. Schichten definiert werden. Die Faktenextraktoren klassifizieren Referenzen u.a. in Aufrufe, Read-/Write-Zugriffe, Vererbungsbeziehungen, Aggregationen und Typzugriffe. Das so erzeugte Systemmodell wird wahlweise in einer PostgreSQL- oder Microsoft SQL-Datenbank gespeichert.

Neben dem Faktenextraktor wendet SISSy auch Dekorierer an. So wird das Werkzeug CloneAnalyzer [URLClone] benutzt, um das Systemmodell mit Informationen über Codeduplikate zu ergänzen.

Die eigentliche Codeanalyse erfolgt in SISSy über SQL-Anfragen. Die Anfragen können entweder direkt über die Kommandozeile mit SISSy ausgeführt werden oder alternativ dazu mit Hilfe eines SQL-Clients. Da in beiden Varianten die Erkennungsstrategien letztlich vom verwendeten Datenbanksystem ausgeführt

3. CAS ist ein mittelständisches Unternehmen aus Karlsruhe (*http://www.cas.de*).

werden, steht für die Anfragen ausschließlich der SQL-Dialekt desselbigen zur Verfügung.

SISSy verfügt über keine grafische Benutzerschnittstelle, sondern kann nur über die Kommandozeile gesteuert werden. Der Vorteil ist jedoch, dass dadurch eine einfache Integration in die Build-Umgebung oder in ein Portal (s. Abschnitt 7.2) möglich ist.

Exemplarische Umsetzung

Nachfolgend ist eine Implementierung einer Erkennungsstrategie für den Qualitätsindikator »Attributüberdeckung« (vgl. Qualitätsindikatorenkatalog) für das SISSy-Systemmodell[4] aufgeführt. Die Erkennungsstrategie ist als SQL-Anweisung für PostgreSQL definiert.

Die für die Identifikation verwendete Anfrage (s.u.) wird im Folgenden erläutert: Mit der Anfrage sollen Attribute aus Oberklassen ermittelt werden, die gleichnamige »Nachfahren« (Attribute in Unterklassen) besitzen. Für jedes derartige Attribut soll der Klassen- und Attributname sowie die Anzahl der gleichnamigen Unterklassenattribute ausgegeben werden (Zeilen 4-10).

Aus der Tabelle `TTypes` werden mit Hilfe der Tabelle `TInheritances` Ober- und Unterklassenpaare ausgewählt (Zeilen 20-22). Danach werden für diese Klassen die Attribute aus der Tabelle `TMembers` bestimmt (Zeilen 27-29 bzw. 31-33). Die Forderung bzgl. der Namensgleichheit der Attribute ist in der Zeile 36 formuliert. Nicht betrachtet werden jedoch die vom Faktenextraktor generierten Attribute mit dem Namen »<self>«[5] (Zeile 39). Eine weitere Einschränkung, die sich aus der Definition des Qualitätsindikators ergibt, ist in Zeile 42 hinterlegt – das Oberklassenattribut darf nicht statisch sein. In den Zeilen 44-46 werden die ermittelten Attributpaare schließlich nach gleichen Oberklassenattributen gruppiert.

```
1  /* Attributueberdeckung */
2
3  SELECT
4      superClass.id AS superClassId
5    , superClass.fullname AS superClass
6
7    , superAttr.id AS superAttributeId
8    , superAttr.name AS superAttribute
9
10   , COUNT (subAttr.id) AS numberOfOverwrites
11 FROM
12     TTypes subClass
13   , TTypes superClass
```

4. SISSy Version 3.2
5. *<self>* steht für die Objektinstanz selbst und modelliert für die Sprachen C++ und Java das Schlüsselwort `this`.

```
14   , TInheritances inh
15
16   , TConstants tcAttr
17   , TMembers subAttr
18   , TMembers superAttr
19 WHERE
20   /* subClass ist Unterklasse von superClass */
21       inh.classId = subClass.id
22   AND inh.superId = superClass.id
23
24   /* Attribute sind Member von Typ VAR_FIELD*/
25   AND tcAttr.name = 'VAR_FIELD'
26
27   /* Attribut der Unterklasse */
28   AND subAttr.classId = subClass.id
29   AND subAttr.kindOfMember = tcAttr.value
30
31   /* Attribut der Oberklasse */
32   AND superAttr.classId = superClass.id
33   AND superAttr.kindOfMember = tcAttr.value
34
35   /* beide Attribute sind namensgleich*/
36   AND subAttr.name = superAttr.name
37
38   /* ungleich '<self>' (this) */
39   AND superAttr.name <> '<self>'
40
41   /* und das Superattribut ist nicht statisch*/
42   AND superAttr.isstatic = 0
43
44 GROUP BY
45     superAttr.id
46   , superClass.id
47 ;
```

Jede Zeile der Ergebnistabelle stellt eine Verletzung bzw. Instanz des zugrunde liegenden Problemmusters dar. Aufgelistet werden bei jeder Verletzung der Klassen- und Attributname des Oberklassenattributs sowie die Anzahl der gleichnamigen Unterklassenattribute (s. Zeile 4-10).

7.1.4 Software-Tomography – Sotograph

Das Analysewerkzeug Sotograph der Firma Software-Tomography GmbH ermöglicht die Analyse von Java- und C/C++-Systemen [URLSotograph]. Als Backend für die Speicherung des Systemmodells verwendet der Sotograph eine MySQL-Datenbank.

Um das Systemmodell für C/C++-Systeme aufzubauen, untersucht der Sotograph die zugehörigen Quellcodedateien. Bei Java-Systemen werden die Daten dagegen aus dem Kompilat extrahiert, die Quellcodedateien sind jedoch zur erfolgreichen Erstellung des Systemmodells ebenfalls notwendig.

Am Ende der Faktenextraktion werden Referenzen von der unteren Abstraktionsebene auf höhere Ebenen aggregiert und umfangreichere Berechnungen, wie die der transitiven Hülle der Vererbungsbeziehungen, durchgeführt.

Das Systemmetamodell des Sotographen unterscheidet die Abstraktionsebenen System, Subsystem[6], Java-Paket/Verzeichnis, Datei, Klasse und Methode/Attribut/Funktion/globale Variable. Die ermittelten Referenzen werden u.a. als Aufrufe, Read-/Write-Zugriffe, Vererbungsbeziehungen, Aggregation und Typzugriffe klassifiziert.

Da die feinste Abstraktionsstufe des Systemmodells die Ebene der Methoden und Attribute ist, sind eigene Analysen auf Anweisungsebene nur in begrenztem Umfang und mit erhöhtem Aufwand in Form von eigenen Metric-Plugins möglich. Metric-Plugins sind Java-Programme, mit denen die Quellcodedateien zeilenweise analysiert werden können.

Auch der Sotograph reichert das Systemmodel mit Hilfe von Dekorierern weiter an. Zu den integrierten Dekorierern gehören z.B. ein Werkzeug für die Suche nach Codeduplikaten und das Open-Source-Werkzeug PMD, mit dem der Quellcode z.B. hinsichtlich einer vollständigen Kommentierung mit Javadoc überprüft werden kann. Weitere Dekorierer können über das *CodeChecker Plugin Interface* in den Sotographen eingebunden werden.

Die eigentliche Codeanalyse erfolgt im Sotographen mit Hilfe von Anfragen, die in einer erweiterten SQL-Syntax oder auch als Java-Programme formuliert werden können. Im Sotographen wird dabei zwischen Metriken und Regelanfragen (Queries) unterschieden – beide basieren jedoch auf demselben Systemmetamodell.

Exemplarische Umsetzung

Das nachfolgende Beispiel einer Erkennungsstrategie für den Qualitätsindikator »verbotene Klassenliebe« (vgl. Abschnitt 10.49) ist als Regelanfrage (Sotograph-Query) für die Sotograph-Version 2.3 formuliert.

Die Anfrage (s.u.) ermittelt alle Klassenpaare, die sich gegenseitig referenzieren, jedoch unter Beachtung der im Qualitätsindikator definierten Randbedingungen: Zunächst wird eine erweiterte Tabelle (`tmpRefs`) mit Referenzen zwischen den Klassen des Systems erstellt (Zeile 3-23). Ausgangsbasis dafür ist die Tabelle `ClassReferences`, welche u.a. Angaben über Aufruf-, Typzugriff- und Vererbungsreferenzen zwischen den Klassen des Systems enthält. Zu diesen Referenzen werden in den Zeilen 14-22 Typreferenzen, die aus den Rückgabetypen der Methoden resultieren, hinzugefügt.

Im Anschluss daran werden alle Klassenpaare bestimmt, die sich gegenseitig (entsprechend der Tabelle `tmpRefs`) referenzieren (Zeilen 39-46). Diese Ergebnis-

6. Subsysteme müssen manuell definiert werden.

menge wird durch die laut Definition nicht zulässigen Klassenpaare von geschachtelten (nested) Klassen (Zeilen 48-58) und von Klassen, die in einer Vererbungsbeziehung stehen (Zeilen 60-70), bereinigt.

In den Zeilen 72-74 werden schließlich noch die Pakete der Klassen ermittelt.

```
1 # Verbotene Klassenliebe
2
3 # ClassReferences erweitern
4 DROP TABLE IF EXISTS tmpRefs;
5 CREATE TABLE tmpRefs
6 SELECT
7       referencingId
8     , referencedId
9 FROM
10    ClassReferences
11
12 UNION
13
14 SELECT
15      DISTINCT m.classId referencingId
16    , m.typeId referencedId
17 FROM
18      Methods m
19    , Classes c
20 WHERE
21    # nur Objekt-Rückgabetypen betrachten
22    c.symbolId = m.typeId
23 ;
24
25 # Paare von Klassen mit zyklischen Abhängigkeiten
26 SELECT
27      DISTINCT c1.symbolId
28    , c1.name, p1.path
29    , c2.symbolId
30    , c2.name, p2.path
31 FROM
32      tmpRefs ref1
33    , tmpRefs ref2
34    , Classes c1
35    , Classes c2
36    , Packages p1
37    , Packages p2
38 WHERE
39    # doppelte Aufzählung von Paaren vermeiden
40    c1.symbolId < c2.symbolId
41
42    # c1 MUSS c2 referenzieren und umgekehrt
43    AND ref1.referencingId = c1.symbolId
44    AND ref2.referencingId = c2.symbolId
```

```
45  AND ref1.referencingId = ref2.referencedId
46  AND ref2.referencingId = ref1.referencedId
47
48  # c1 darf NICHT c2 enthalten und umgekehrt
49  AND NOT EXISTS (
50    SELECT
51      cn.*
52    FROM
53      ClassNestings cn
54    WHERE
55      cn.container = c1.symbolId AND cn.contained = c2.symbolId
56      OR
57      cn.container = c2.symbolId AND cn.contained = c1.symbolId
58  )
59
60  # c1 darf NICHT Oberklasse von c2 sein und umgekehrt
61  AND NOT EXISTS (
62    SELECT
63      i.*
64    FROM
65      InheritanceNestings i
66    WHERE
67      i.superSymbolId = c1.symbolId AND i.subSymbolId = c2.symbolId
68      OR
69      i.superSymbolId = c2.symbolId AND i.subSymbolId = c1.symbolId
70  )
71
72  # Paketnamen ermitteln (für Anzeige)
73  AND p1.packageId = c1.packageId
74  AND p2.packageId = c2.packageId
75 ;
```

Jede Zeile der Ergebnistabelle (vgl. Zeile 27-30) beinhaltet die Paket- und Klassennamen eines Klassenpaares, welches eine Instanz des Problemmusters darstellt. Neben der textuellen Ausgabe ermöglicht der Sotograph auch eine visuelle Darstellung der Ergebnisse. Die ermittelten Pakete und Klassen können mit Hilfe von verschiedenen Layoutalgorithmen und Markierungen u.a. einzeln oder im Kontext des gesamten Systems dargestellt bzw. hervorgehoben werden.

7.2 Portale

Die oben vorgestellten Werkzeuge werden in der Regel als Einzelplatzanwendungen eingesetzt. Die Art und der Umfang der durchgeführten Analysen und die Präsentation der Ergebnisse können sich je nach Rolle des Anwenders im Unternehmen unterscheiden. So ist z.B. ein Entwickler in erster Linie an Analysen auf Codeebene interessiert, während ein Systemarchitekt eher die Designebene betrachtet. Aber auch für die Rolle des Projektleiters oder auf Managementebene sind weitere Sichten denkbar. Im ersten Fall würde die Systemebene fokussiert, während für letztere eine mehrere Systeme übergreifende Sicht von besonderem Interesse ist (Application Portfolio Management).

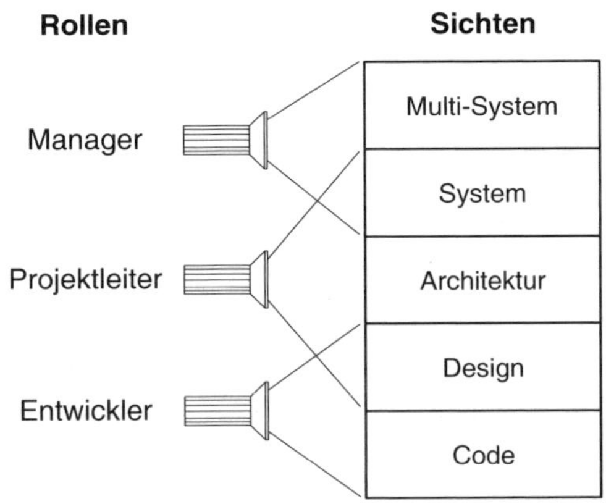

Abb. 7–2 *Rollen und Sichten*

Keine Sicht ist exklusiv an eine Rolle oder Person gebunden. So ist z.B. ein Projektleiter zur Exploration von einzelnen Analyseergebnissen u.U. auch auf die Design- oder Codeebene angewiesen. Andererseits kann er aber auch selbst als Entwickler in dem Projekt mitarbeiten und in dieser Rolle die Entwicklersicht fokussieren.

Neben der Sicht und der Rolle kann auch die Granularität der Analyse variieren. Diese äußert sich z.B. in der Anzahl der jeweils betrachteten Systemausschnitte oder Systeme. So kann die Sicht eines Entwicklers auf Codeebene auf das von ihm bearbeitete Modul beschränkt sein, während ein Projektleiter alle Module auf der Codeebene explorieren können muss.

Je stärker die Varianz der beschriebenen drei Dimensionen – Sicht, Rolle und Granularität – beim Einsatz eines Analysewerkzeugs innerhalb eines Unternehmens ist, umso höher wird der Aufwand für dessen individuelle Anpassung. Darüber hinaus wächst mit dem Umfang des betrachteten Systemausschnitts bzw. der Anzahl der Systeme und Rollen die Wahrscheinlichkeit, dass ein einzelnes Werkzeug für die gewünschten Analysen nicht mehr ausreicht. Die Verwendung von mehreren Werkzeugen zur Qualitätsanalyse lässt sich daher wie folgt begründen:

- Es existiert kein (einzelnes) Werkzeug, mit dem alle von den zu analysierenden Systemen verwendeten Programmiersprachen in der gewünschten Art und Weise (Anforderungen an das Systemmetamodell) analysiert werden können. Bei der Verwendung von mehreren (verschiedenen) Werkzeugen besteht dieses Problem nicht.
- Einige Systeme können aus lizenzrechtlichen Gründen nicht mit einem vorhandenen Werkzeug analysiert werden. Die Lizenz eines Werkzeugs kann z.B. an die Programmiersprache, Systemgröße oder Analyseart gekoppelt sein. In

diesen Fällen ist die Verwendung eines zweiten Werkzeugs u.U. kostengünstiger als eine Erweiterung der Lizenz.
- Es sollen zusätzliche Metriken ermittelt oder weitere Untersuchungen durchgeführt werden, die von dem verwendeten Werkzeug nicht unterstützt werden.

Der Einsatz von mehreren Analysewerkzeugen bedingt jedoch auch komplexere und umfangreichere Vorbereitungen für jede Datenerhebung. Verbunden mit dem erhöhten Wartungsaufwand zur Anpassung der verschiedenen Werkzeuge wächst daher der Wunsch nach einer Automatisierung und Zentralisierung. Eine Lösung bieten hierfür Portale.

Der Ausdruck Portal (lat. porta, »Pforte«) bezeichnet in der Informatik ein Anwendungssystem, das durch folgende Eigenschaften gekennzeichnet ist:
- Integration von Anwendungen, Prozessen und Diensten
- Bereitstellung von Funktionen zur Personalisierung, Sicherheit, Suche und Präsentation von Informationen. [WikiPedia05c]

Def. 7–1 *Portal*

Ein Portal im Kontext der Qualitätsanalyse kann dementsprechend eine zentralisierte Datenerhebung ermöglichen, Analysen der gewonnenen Daten durchführen und diese in Form von interaktiv explorierbaren Berichten aufbereiten. Die Struktur eines solchen Portals ist in Abbildung 7–3 dargestellt.

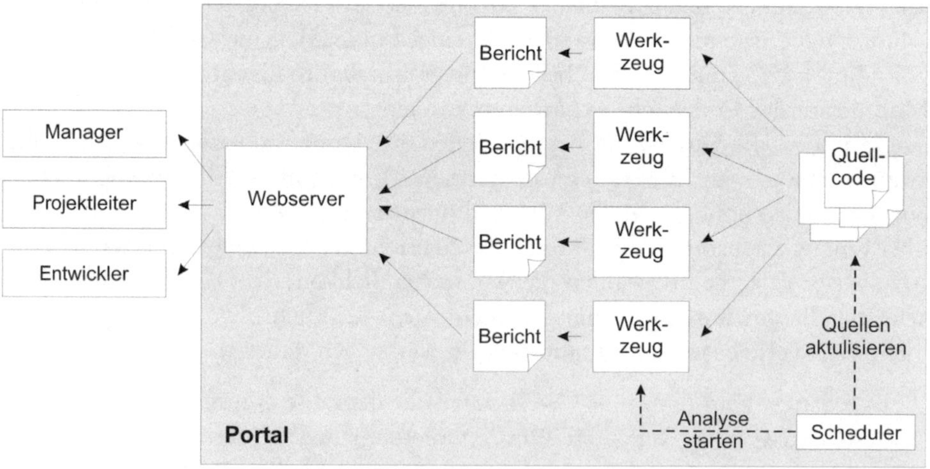

Abb. 7–3 *Struktur eines Portals*

Der Zugriff auf die Ergebnisberichte erfolgt in einem Portal meist mit Hilfe eines Browsers über ein Webinterface. Sind entsprechende Sicherheitsmechanismen integriert, ist auch die Möglichkeit eines mehrfachen und ortsunabhängigen

Zugriffs auf die Berichte gegeben (view-from-anywhere). Ebenso können die präsentierten Daten personalisiert und somit der Datenumfang und/oder die bereitgestellten Sichten je nach Rolle des Nutzers variieren. Gleiches gilt für die Explorationstiefe der Berichte, die z.B. von einer einfachen Auflistung der Problemstellen bis zu der Möglichkeit, die zu den Problemstellen gehörenden Quellcodedateien angezeigt zu bekommen, variieren kann.

Portale bieten die Möglichkeit, aufgrund der zentralen Steuerung der Datenerhebung (Analyse) für alle angebotenen Sichten und Ergebnisse eine gemeinsame und einheitliche Datenbasis zu verwenden. Die Sichten und Ergebnisse können dadurch konsistent gehalten werden und sind somit untereinander vergleichbar. Im Gegensatz dazu kann dies bei einem Vergleich von Ergebnissen, die von mehreren Einzelplatzinstallationen erzeugt wurden, nicht garantiert werden. Differenzen können aus verschiedenen Werkzeugversionen, modifizierten Abfragen oder unterschiedlichen Ausgangsdaten resultieren.

Neben der Analyse des aktuellen Zustands eines Systems ist vor allem auf den höheren Abstraktionsebenen die Entwicklung der Codequalität über die Zeit von Interesse. Solche Trendbetrachtungen können z.B. auf Tages- oder Releasebasis erfolgen. Auch hierfür sind Portale aufgrund der zentralen Datenhaltung und -erhebung gut geeignet, da es für die Ermittlung von Trends notwendig ist, die Analysedaten bei allen betrachteten Systemversionen mit den gleichen Metrik- bzw. Problemmusterdefinitionen zu ermitteln.

Neben der Betrachtung von einzelnen Systemen bzw. deren Trends eignen sich Portale aber auch für einen Vergleich von mehreren Systemen, z.B. für die Ermittlung von Vergleichswerten. Diese Multi-Projekt-Sicht wird häufig als *Application Portfolio Management* bezeichnet (vgl. z.B. [URLCast]).

Die beschriebenen Anwendungsfälle von Portalen motivieren die Anforderung, dass die Analysedaten hinreichend aktuell sind. Soll z.B. eine qualitätssichernde Maßnahme durchgeführt werden, so muss sichergestellt sein, dass das damit zu behebende Qualitätsproblem in der aktuellen Version des Systems (immer noch) präsent ist. Um dies zu ermöglichen, erfolgt die Datenerhebung und -analyse bei Portalen mit einem hohen Automatisierungsgrad. Derartig automatisiert können Portale (in Abhängigkeit vom Analyseumfang und der Analysedauer) stunden- oder tagesaktuelle Daten anbieten.

In Portalen können außerdem ergänzend zu den Analysedaten/-berichten weitere systemspezifische Daten oder Werkzeuge zentral bereitgestellt werden. Darunter fallen z.B. Entwurfsdokumente, Dokumentationen oder ein Fehlererfassungssystem (z.B. Bugzilla).

Natürlich besitzen Portale auch Nachteile. Ein Nachteil ist das relativ große Aktualisierungsintervall. Wegen der systemweiten Datenerhebung können Portale in der Regel nicht mit dem Aktualisierungsintervall von modul- oder dateibasierten Analysen, z.B. durch Codechecker-Plugins der IDE, mithalten. Damit verbunden ist die Frage nach der Lokalität/Gültigkeit der analysierten Quellen. Die

Analysen des Portals beruhen in der Regel auf »global« gültigen Versionen eines Systems, die z.B. in einem zentralen Konfigurations-Management-System abgelegt sind. Beim Entwickler erfolgt dagegen eine Analyse der lokalen Kopie/Version des Systems. Insbesondere können daher durch den Entwickler Zwischenversionen analysiert werden bzw. allgemein Analysen während der Entwicklung erfolgen.

Aus Unternehmenssicht zeichnen sich Portale u.a. durch eine deutliche Maximierung des Nutzens der ermittelten Daten und einer Minimierung des Ressourcenbedarfs für die Analyse aus. Während bei einer Einzelplatzanwendung in den meisten Fällen nur ein Bruchteil der ermittelten Daten verwendet wird[7], werden die Daten bei einem Portal mehrfach genutzt. Im gleichen Zuge sinkt der Ressourcenbedarf für die Datenerhebung und -analyse, wenn diese nur einmalig durch das Portal und nicht mehrmals durch mehrere Einzelplatzinstallationen erfolgt. Ebenso sinken die Wartungskosten, die für die Aktualisierung der Analysewerkzeuge und die Modifizierung und Erweiterung der Analyse anfallen, aufgrund der Konzentration dieser Aktivitäten auf einen Installationsort.

In der Praxis sind Portale bereits breit etabliert. Im Bereich der technischen Qualitätssicherung verwendet die T-Systems-Tochter Multimedia-Solutions beispielsweise ein auf dem SQS-Framework PPM (Process Performance Management) basierendes Portal, das dort als Code-Control-Cockpit bezeichnet wird (vgl.[RiSi04]). Dieses PPM wurde auch innerhalb des Verbandes der Vereine Creditreform eingesetzt. Dort wurden zu typischen statischen Datenanalysatoren auch Daten dynamischer Analysen und fachlicher Anforderungen in das Portal integriert [MaSi04].

7. Die Datenerhebung durch die Analysewerkzeuge erfolgt in der Regel immer für das gesamte betrachtete System. Eine Beschränkung auf ein einzelnes Modul oder eine inkrementelle Analyse (in Analogie zum inkrementellen Übersetzen) ist nicht üblich. Für bestimmte Analysen, wie z.B. die Ermittlung von Codeduplikaten, Architekturprüfungen oder identischen Bezeichnern (s. Qualitätsindikator »Identitätsspaltung«), ist die Betrachtung des gesamten Systems sogar zwingend.

8 Aufbau und Anwendung des Qualitätsindikatorenkatalogs

In diesem Kapitel wird die Anwendung des Qualitätsindikatorenkatalogs beschrieben. Im ersten Abschnitt werden zuerst Aufbau und Inhalt des Katalogs beschrieben. Im Anschluss daran werden mögliche Klassifizierungen der Qualitätsindikatoren und deren jeweiliger Einsatzzweck erläutert. Am Ende des Kapitels wird die Anwendung des Katalogs zur Verbesserung der technischen Qualität von Softwaresystemen anhand zweier Beispiele beschrieben.

8.1 Inhalt des Katalogs

Die Grundidee bei der Ermittlung des Code-Quality-Index ist der Vergleich der Anzahl der Problemmustervorkommen innerhalb des betrachteten Softwaresystems mit der entsprechenden Anzahl in einer Reihe von Referenzsystemen (vgl. Kapitel 4). Um diesen Vergleich durchführen zu können, ist es zwingend nötig, dass der Ermittlung der Kennzahlen identische und für die Anwendung genügend präzise Problemmusterdefinitionen zugrunde liegen. Ebenso müssen die mit dem einzelnen Problemmuster implizierten Auswirkungen auf Qualitätseigenschaften identisch sein. Um dies zu garantieren, wurde der im Kapitel 10 enthaltene Katalog von 52 Qualitätsindikatoren erstellt. Jeder Qualitätsindikator beschreibt ein Problemmuster und dessen Implikationen auf die betrachteten Qualitätseigenschaften sowie die wirtschaftlichen Aspekte Kostenzuwachs und Unmittelbarkeit (vgl. Abschnitt 3.1 und Abschnitt 4.3.1).

Alle den Qualitätsindikatoren innewohnenden Problemmuster können mit Hilfe von Werkzeugen automatisch erkannt werden, ohne dass eine manuelle Konfiguration der Erkennungsstrategien notwendig ist.

8.1.1 Beschreibung von Qualitätsindikatoren

Die Beschreibung der Qualitätsindikatoren erfolgt mit Hilfe eines einheitlichen Schemas. Die Struktur und der Inhalt des verwendeten Schemas werden im Folgenden vorgestellt:

- Definition – Die Definition enthält eine kurze und prägnante Beschreibung des zugrunde liegenden Problemmusters. Sie ist maßgebend für die Erkennung des Problems und definiert ggf. Grenzwerte, ab denen ein Muster zum Problemmuster wird. Die Präzision der Definition muss so hoch sein, dass daraus später automatische Erkennungsstrategien abgeleitet werden können; diese hohe Präzision führt u.U. zu einer schwierigen Lesbarkeit, versucht aber, die in Abschnitt 3.2 in der Praxis immer wieder anzutreffenden Risiken von Softwaremetriken zu kontrastieren, indem alle notwendigen Details für die dort aufgeführten Messschritte beschrieben werden.
- Beschreibung – An dieser Stelle erfolgt eine ausführliche Darlegung der Problemstruktur und eine Begründung, welche negativen grundsätzlichen Implikationen mit dem Problemmuster verbunden sind.
- Qualitätseigenschaften – In diesem Abschnitt werden die negativen Auswirkungen des Problemmusters auf die betrachteten Qualitätseigenschaften – Analysierbarkeit, Modifizierbarkeit, Stabilität, Prüfbarkeit, Austauschbarkeit, Zeitverhalten und Verbrauchsverhalten – beschrieben und prozentual gewichtet (in den Stufen 0%, 25%, 50%, 75% und 100%). Eine Gewichtung mit 0% bedeutet dabei, dass dieses Problemmuster keine negativen Auswirkungen auf die jeweilige Qualitätseigenschaft hat, während die 100%-Wichtung mit einer sehr starken Auswirkung gleichzusetzen ist. Letztlich befördern diese Einflussbeschreibungen das Problemmuster zu einem Qualitätsindikator.
- QBL entsprechend Code-Quality-Index – Dieser Abschnitt beginnt mit einem Kiviat-Diagramm, das die Gewichtungen der Qualitätseigenschaften zeigt. Des Weiteren wird die Relevanz des Qualitätsindikators für die wirtschaftlichen Aspekte Kostenzuwachs und Unmittelbarkeit erläutert und prozentual gewichtet. Analog zu der Gewichtung der Qualitätseigenschaften erfolgt auch hier eine Einstufung in 0%, 25%, 50%, 75% und 100%.

  Den Abschluss bildet die Benennung des aus diesen Parametern ermittelten QBL (zur Ermittlung s. Kapitel 4).
- Technische Parameter – In diesem Abschnitt sind die technischen Aspekte Betrachtungsebene, QBL-Quartile und informelle Hinweise für die Erkennung aufgeführt.

  Bei der *Betrachtungsebene* werden die Granularitätsklassen Technologie, Architektur, Design und Code unterschieden (s. Abschnitt 8.2).

  Der Unterabschnitt *QBL-Grenzwerte* beinhaltet die Kennzahlen, die aus der empirischen Datenbasis (s. Abschnitt 3.3.1) für das Problemmuster ermittelt wurden. Diese Werte bilden die Grundlage für die Ermittlung des QBL eines Softwareprojekts. Die Kennzahlen enthalten Angaben zum Maximum, oberen Quartil, Median, unteren Quartil und Minimum. Das Maximum gibt dabei die größte normierte Anzahl[1] an Verletzungen (Instanzen des Problemmusters) in allen Referenzprojekten an. Gleiches gilt analog für die anderen

Werte. Alle Kennzahlen sind getrennt für die Programmiersprachen Java und C++ angeben.

Im Unterabschnitt *Informelle Hinweise für die Erkennung* ist verbal beschrieben, wie das Problemmuster bei einer statischen Codeanalyse erkannt werden kann und wie die Anzahl der Probleminstanzen bzw. die Verletzungsanzahl ermittelt wird.

8.2 Klassifizierung der Qualitätsindikatoren

Die Qualitätsindikatoren können hinsichtlich der Granularität und des QBL klassifiziert werden. Aus der ersten Klassifizierung lassen sich Hinweise auf die in die Problembehebung involvierten Rollen ableiten, während letztere die Grundlage für die Bestimmung des Code-Quality-Index darstellt. Beide Klassifizierungen werden in den folgenden Unterabschnitten näher erläutert.

Grundsätzlich ist auch eine Klassifizierung entsprechend der jeweils relevanten Programmiersprachen denkbar. Da die hier betrachteten Indikatoren jedoch ausschließlich hinsichtlich ihrer Relevanz für die Sprachen Java und C++ untersucht wurden und alle Indikatoren ohne Ausnahme für beide Sprachen relevant sind, ist diese Klassifizierung hier trivial und wird nicht näher besprochen.

8.2.1 ... nach Granularität

Bei der Klassifikation nach Granularitätsklassen werden die Qualitätsindikatoren bzw. die innewohnenden Problemmuster bestimmten Abstraktionsebenen zugeordnet.

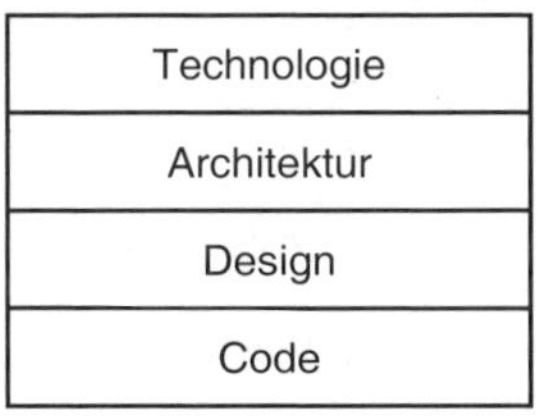

Abb. 8–1 *Abstraktionsebenen von Qualitätsindikatoren*

Die oberste (grobgranularste) Abstraktionsebene bildet die Technologieebene. Dieser Ebene werden Qualitätsindikatoren zugeordnet, die systemweite Merkmale untersuchen. Die Systemgrenze ist hierbei durch die betrachtete Technologie, also Java bzw. C++, definiert. Ein Beispiel für einen Qualitätsindikator der Technologieebene ist der Qualitätsindikator »Duplizierter Code«.

1. Um die Vergleichbarkeit der ermittelten Anzahl an Verletzungen zu erreichen, sind die Werte über LOC normiert (s. Abschnitt 3.3.1).

Die nächste Granularitätsklasse repräsentiert die Architekturebene. Dieser Ebene zugeordnete Qualitätsindikatoren beziehen sich auf die technische Architektur der Software, die in der Regel die erste Dekomposition des Gesamtsystems in Teile beschreibt. Hierzu gehören zum Beispiel Qualitätsindikatoren, die Merkmale von Paketen fokussieren, wie »Paketchen«.

Die unter der Architekturebene angeordnete Designebene stellt die nächste Abstraktionsebene dar. Dieser werden Qualitätsindikatoren zugeordnet, die im Zusammenhang mit typisch objektorientierten Aspekten, wie Vererbung oder Polymorphie, stehen und die in der Regel Klassen, deren inneren Aufbau sowie deren Interaktion fokussieren.

Die unterste und feingranularste Ebene bildet die Codeebene. Die dieser Ebene zugeordneten Qualitätsindikatoren betreffen Codemerkmale wie Exception-Handler oder nicht erreichbaren Code.

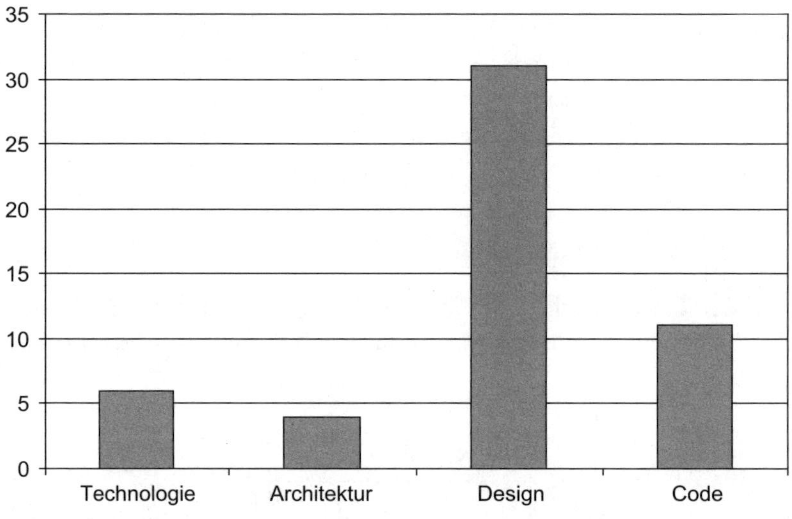

Abb. 8–2 *Verteilung der 52 Qualitätsindikatoren auf die Abstraktionsebenen*

Die beschriebene Klassifizierung ordnet jeden Qualitätsindikator einer Abstraktionsebene zu. Andererseits können jeder Abstraktionsebene aber auch Rollen zugeordnet werden. Mit Hilfe dieser Klassifizierung lassen sich somit jedem Qualitätsindikator die Rollen zuordnen, die schwerpunktmäßig in die Problembehebung involviert sind. So liegt der Fokus der Rolle »Entwickler« hauptsächlich auf den Qualitätsindikatoren der Codeebene, während sich der Architekt eher für die Qualitätsindikatoren der Architektur- und Technologieebene verantwortlich zeigt.

Weiterhin ist die Klassifizierung bei der Auswahl der Analysewerkzeuge dienlich. Um Qualitätsindikatoren der Technologieebene analysieren zu können, muss das Analysewerkzeug ein Systemmodell des gesamten analysierten Systems verwenden; zur Analyse von Qualitätsindikatoren auf Codeebene genügt dagegen ein Modell mit geringerem Umfang, z.B. nur der Artefakte innerhalb einer einzelnen Datei.

8.2.2 ... nach QBL

Jeder Qualitätsindikator kann einem QBL zugeordnet werden. Die Zuordnung resultiert aus der Relevanz des zugrunde liegenden Problemmusters für die betrachteten Qualitätseigenschaften sowie aus den Auswirkungen hinsichtlich der Wirtschaftlichkeitsfaktoren Kostenzuwachs und Unmittelbarkeit (vgl. Kapitel 4). Die Verteilung der Qualitätsindikatoren aus dem Katalog auf die relevanten QBL ist in Abbildung 8–3 dargestellt[2]. Eine Auflistung der Zuordnung von Qualitätsindikatoren und QBL kann den Abbildungen im Abschnitt 4.4 entnommen werden.

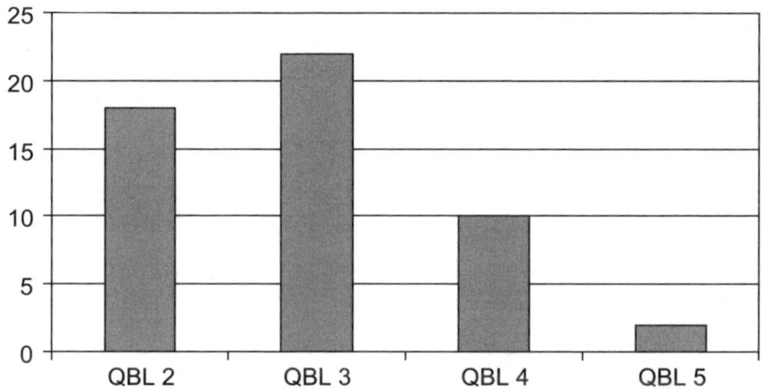

Abb. 8–3 *Verteilung der Qualitätsindikatoren entsprechend ihres QBL*

Wie im Abschnitt 4.4 dargelegt, fokussiert jeder Quality-Benchmark-Level bestimmte Qualitätsaspekte. Der Fokus von QBL 2 liegt z.B. auf den Qualitätseigenschaften Stabilität und Analysierbarkeit. Die Zuordnung von Qualitätsindikatoren und QBL bildet somit eine Grundlage für die Bestimmung des Code-Quality-Index. Diese Klassifizierung stellt eine Form der beiden im Abschnitt 4.3 beschriebenen Zertifizierungsverschärfungen dar.

8.3 Anwendung des Katalogs

Im Folgenden wird die Anwendung des Qualitätsindikatorenkatalogs zur Verbesserung der technischen Qualität von Softwaresystemen anhand eines Qualitätsindikators für die Java-Open-Source-Bibliothek OpenJGraph erläutert. Im darauf

2. Um Fehlinterpretationen vorzubeugen, sei an dieser Stelle nochmals darauf hingewiesen: Ein höherer QBL ist nicht »nur« mit weiteren Qualitätsindikatoren gekoppelt, sondern auch mit einer Verschärfung der Schwellwerte für bereits relevante Indikatoren (vgl. Kapitel 4).

folgenden Abschnitt werden die Ergebnisse einer Code-Quality-Index-Analyse für OpenJGraph und das in C++ geschriebene Werkzeug Doxygen dargelegt und für beide Beispiele eine Bestimmung des Code-Quality-Index vorgenommen.

8.3.1 Analyse des Qualitätsindikators »lange Parameterliste«

Die Erläuterungen zur Anwendung des Qualitätsindikatorenkatalogs erfolgen im Weiteren anhand des Qualitätsindikators »lange Parameterliste«. Dieser Qualitätsindikator ist entsprechend der in Abschnitt 8.2 vorgestellten Klassifizierungen der Granularität Codeebene und dem QBL 2 zugeordnet.

Als Beispielsystem für die Erläuterung dient die Open-Source-Bibliothek »OpenJGraph«. OpenJGraph ist eine Java-Bibliothek zur Darstellung und Manipulation von Graphen [URLOpenJGraph]. Die Bibliothek unterstützt verschiedene Grapharten, z.B. gerichtete und ungerichtete Graphen. Weiterhin enthält sie grundlegende Graphalgorithmen und ermöglicht die Visualisierung von Graphen sowie die interaktive Manipulation der Graphen durch den Nutzer, z.B. das Einfügen und Entfernen von Knoten bzw. Kanten.

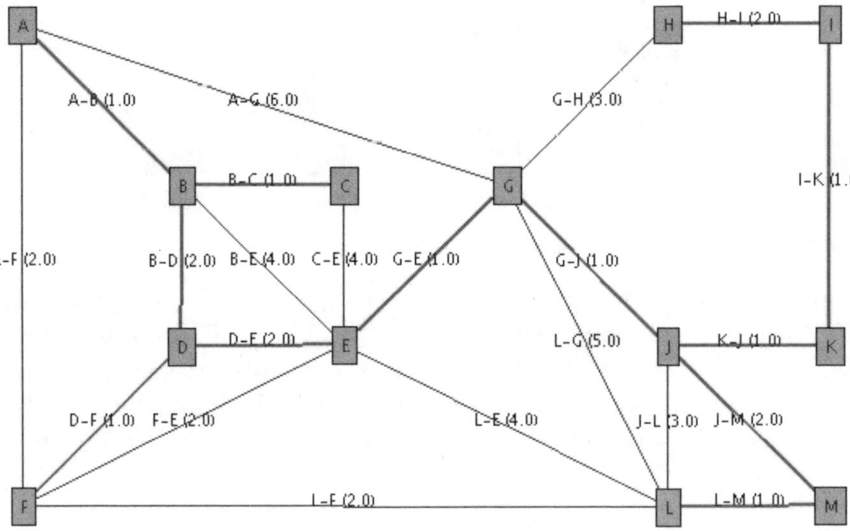

Abb. 8–4 *Screenshot einer OpenJGraph-Applikation*

Entwickelt wurde die Bibliothek über einen Zeitraum von mehreren Jahren. Die letzte veröffentlichte Version 0.9.2 aus dem Jahr 2002 ist Gegenstand der folgenden Analyse.

Das System besitzt 21.157 Quellcodezeilen, 40 Interfaces und 180 Klassen (s. Tab. 8–1). Es handelt sich demnach dabei um ein kleines System, was jedoch die Anwendung des Qualitätsindikatorenkatalogs nicht behindert.

Artefakte	Anzahl
Pakete	13
Dateien	173
Klassen	180
Interfaces	40
Methoden	1.078
Attribute	458
LOC	21.157

Tab. 8–1 *Systemübersicht OpenJGraph*

Die Analyse des Qualitätsindikators erfolgt mit Hilfe von Checkstyle. Checkstyle ist ein Open-Source-Werkzeug zur Überprüfung von Kodierungsrichtlinien für Java-Quellcode [URLCheckstyle]. Neben der Prüfung von Layoutrichtlinien ermöglicht Checkstyle auch das Auffinden von Designproblemen, dupliziertem Code und komplexen Strukturen. Insgesamt beinhaltet Checkstyle über 120 Tests (Checks), die um eigene Tests erweitert werden können. Schwerpunktmäßig fokussiert Checkstyle die Codeebene, ermöglicht aber insbesondere auch die Analyse von Codeduplikaten (Technologieebene).

Die Anpassung von Checkstyle an die zu prüfenden Regeln erfolgt in einer XML-Datei. In dieser werden die durchzuführenden Tests aktiviert und konfiguriert. Nachfolgend ist ein Beispiel für die Anpassung eines Tests angegeben. Gemeldet werden sollen alle Quelltextzeilen, an deren Ende ein oder mehrere Leerzeichen stehen:

```
<!-- No Trailing Spaces -->
<module name="GenericIllegalRegexp">
  <property name="format" value="\s+$"/>
  <property name="message" value="Line has trailing spaces."/>
</module>
```

Konfigurationsdateien sind richtlinienspezifisch und nicht projektspezifisch. Eine Konfigurationsdatei für unternehmensspezifische Richtlinien kann somit – einmal erstellt – auf alle Projekte angewandt werden, die diesen Richtlinien unterliegen. Für eine Überprüfung gemäß den Kodierungsrichtlinien von Sun [URLSun] oder OpenORB [URLOpenORB] liegen der Checkstyle-Distribution bereits entsprechende Konfigurationsdateien bei.

Checkstyle kann entweder in ein Ant-Skript [URLAnt] integriert oder über die Kommandozeile gestartet werden. Die Ergebnisse der Tests können als Text oder in Form einer XML-Datei ausgegeben werden.

Ist *Ant* Bestandteil der Entwicklungsumgebung, so kann die Richtlinienprüfung in den normalen Arbeitsprozess der Entwickler und/oder in den »nightly build« integriert werden. Der Start über die Kommandozeile bietet sich dagegen für die Integration von Checkstyle in ein Portal (s. Abschnitt 7.2) oder bei der Verwendung einer Build-Umgebung ohne Checkstyle-Unterstützung an.

Mit Checkstyle wurde an dieser Stelle bewusst ein weiteres Werkzeug für eine Code-Quality-Index-Analyse verwendet. Es wird von vielen Java-Entwicklern eingesetzt, lässt sich einfach in bestehende Entwicklungsumgebungen oder Portale (vgl. Kapitel 7) integrieren und deckt in der Standardauslieferung bereits einige die Codeebene adressierende Qualitätsindikatoren korrekt ab. Nicht zuletzt demonstriert die Möglichkeit der Verwendung eines weiteren Werkzeugs die Werkzeugunabhängigkeit des Code-Quality-Index.

Informationen des Qualitätsindikatorenkatalogs

Im Qualitätsindikatorenkatalog ist der Qualitätsindikator »lange Parameterliste« wie folgt definiert: »*Eine lange Parameterliste liegt vor, wenn eine Methode (inkl. Struktoren) mehr als 7 Übergabe-Parameter besitzt. Optionale Parameter werden hierbei mit betrachtet, variable Parameterlisten zählen als einzelner Parameter. Nicht betrachtet werden Methoden, die eine Methode aus einer externen Bibliothek überschreiben oder implementieren.*«

Das zugrunde liegende Problemmuster wird in der dazugehörigen Beschreibung näher erläutert. So sind »*Methoden mit sehr vielen Parametern [..] nur schwer zu verwenden, zu verstehen und sehr änderungsanfällig*«. Wie sich bereits aus dieser Beschreibung entnehmen lässt, hat das Problemmuster Implikationen auf die Qualitätseigenschaften Analysierbarkeit, Modifizierbarkeit, Prüfbarkeit und Änderbarkeit. Die Relevanz bezüglich dieser Qualitätseigenschaften ist dementsprechend im Katalog auch mit 100% angegeben. Weitere, wenn auch geringere Auswirkungen bestehen hinsichtlich der Qualitätseigenschaften Stabilität und Zeitverhalten. In Abbildung 8–5 sind die genannten Relevanzen in einem Kiviat-Diagramm dargestellt.

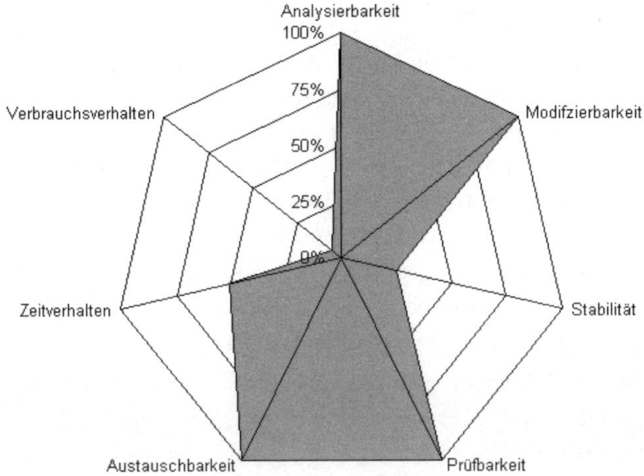

Abb. 8–5 *Relevanz des Problemmusters »lange Parameterliste« bzgl. der Qualitätseigenschaften*

Ergebnisse der Checkstyle-Analyse

Die Anzahl der Parameter der Methoden lässt sich mit dem Checkstyle-eigenen Test *ParameterNumber* überprüfen. Die Parameter des Tests bestimmen die Anzahl der zulässigen Methodenparameter sowie die zu prüfenden Deklarationen (nur Methoden und/oder nur Konstruktoren). Nicht konfiguriert werden kann bei diesem Open-Source-Werkzeug, dass bei der Überprüfung Methoden ignoriert werden sollen, »*die eine Methode aus einer externen Bibliothek überschreiben oder implementieren*«. Die Ergebnismenge kann folglich mehr Verletzungen enthalten, als gemäß der Problemmusterdefinition vorhanden sind. Bei den Falschmeldungen handelt es sich in der Terminologie des diagnostischen Fehlers dann um »falsch positive«.

Nachfolgend ist eine Checkstyle-Konfigurationsdatei für die Prüfung des Problemmusters »lange Parameterliste« angegeben:

```
<?xml version="1.0"?>
<!DOCTYPE module PUBLIC
   "-//Puppy Crawl//DTD Check Configuration 1.1//EN"
   "http://www.puppycrawl.com/dtds/configuration_1_1.dtd">
<module name="Checker">
  <module name="TreeWalker">
    <!-- Avoid long parameter lists -->
    <module name="ParameterNumber">
      <!-- max 7 parameter allowed -->
      <property name="max" value="7"/>
      <!-- check methods and constructors -->
      <property name="tokens" value="METHOD_DEF, CTOR_DEF"/>
    </module>
  </module>
</module>
```

Checkstyle ermittelt im OpenJGraph-Quellcode zwei Verletzungen für den *ParameterNumber*-Test:

```
Starting audit...
D:\ojg\salvo\jesus\graph\visual\layout\AbstractGridLayout.java:681:17:
Mehr als 7 Parameter.
D:\ojg\salvo\jesus\graph\visual\layout\AbstractGridLayout.java:792:17:
Mehr als 7 Parameter.
Audit done.
```

Es handelt sich dabei um zwei Varianten der Methode `alternateMinimalEdgePlacement`. Die nachfolgend dargestellten Quellcodeausschnitte sind unverändert den Orginaldateien entnommen. Bereits der Umfang der Methodenköpfe (mehrere Zeilen) weist dabei die erschwerte Erfassbarkeit als ein Problem von *langen Parameterlisten* aus.

```
private Point alternateMinimalEdgePlacement(
  VisualVertex anchorVertex, VisualVertex adjacentVertex,
  Point anchorPoint, Point adjacentPoint, List finalplaced,
  Grid grid, int preferredx, int preferredy )
...
private Point alternateMinimalEdgePlacement
(
  VisualVertex anchorVertex, VisualVertex adjacentVertex,
  Point anchorPoint, Point adjacentPoint, List finalplaced,
  Grid grid, int preferredx, int preferredy, int xtestpoints[],
  int ytestpoints[] )
```

Die genaue Parameteranzahl der beiden gefundenen Methoden ist 8 bzw. 10. Checkstyle prüft bei der Ermittlung der Methoden jedoch nicht, ob es sich um »neue« oder bereits in externen Bibliotheken deklarierte und hier »nur« implementierte/überschriebene Methoden handelt. Da letztere laut Definition des Qualitätsindikators von der Betrachtung ausgeschlossen sind, muss dieses bei der Anwendung von Checkstyle manuell überprüft werden. Wie oben ersichtlich, handelt es sich in beiden Fällen um *private* Methoden. Da in Java-Programmen *private* Methoden keine Methoden von Oberklassen/Schnittstellen überschreiben bzw. implementieren können, folgt, dass es sich um echte Fehler handelt.

Im Folgenden werden die Problemstellen näher untersucht, um darauf aufbauend eine konkrete Problembehebung vorzuschlagen.

Qualitätsoptimierung

Das Problemmuster »lange Parameterliste« (vgl. Abschnitt 10.25) kann auf vielfältige Weise behoben werden (s. auch [Fowl99]):

- Entfernen nicht verwendeter (»toter«) Parameter.
  Je länger die Parameterliste, desto höher ist die Wahrscheinlichkeit, dass über die Zeit ein Parameter obsolet wird, innerhalb der Implementierung folglich nicht mehr verwendet wird. Dieser Parameterballast kann – nachdem die Verwendung ausgeschlossen werden konnte – sehr einfach beseitigt werden.
- Ersetzen von Parametern durch Methodenaufrufe.
  Anstatt einen Wert oder ein Objekt zu übergeben, wird die Methode so modifiziert, dass sie sich die notwendigen Daten (über entsprechende Methodenaufrufe) selber beschaffen kann. Dies ist insbesondere dann von Vorteil, wenn einzelne Werte innerhalb der Methode nur unter bestimmten Bedingungen benötigt werden. Bei der Bereitstellung über Methodenparameter müssen diese Werte dagegen immer (vor dem Methodenaufruf) ermittelt werden.
- Übergeben einer Klasse anstatt der darin enthaltenen Daten.
  Oftmals werden an Methoden mehrere Daten ein und desselben Objekts übergeben. Bei diesem Lösungsansatz wird dagegen das Objekt selbst übergeben und die Methode erfragt die benötigten Daten bei Bedarf selbst vom

Objekt. Auch hier lassen sich durch die »Ermittlung bei Bedarf« (lazy loading) Performance-Gewinne erzielen.

- Zusammenfassen von Parametern zu Parameterobjekten.
  Werden Parameter immer wieder zusammen verwendet, so können sie zu einer eigenen Klasse oder einem eigenen Typ zusammengefasst werden.
- Aufteilen der Methode.
  Sofern in den Ausführungspfaden der Methoden disjunkte Parameter(-mengen) verwendet werden, kann die Methode in mehrere Methoden aufgeteilt werden.

Alle vorgeschlagenen Lösungsstrategien sind zunächst nur unter der Bedingung realisierbar, dass es sich bei der Probleminstanz nicht um eine Methode handelt, die eine Methode einer Oberklasse bzw. Schnittstelle überschreibt oder implementiert. Existiert eine solche Deklaration in einer Oberklasse/Schnittstelle des Systems[3], so ist die Behebung wesentlich schwieriger. In einem solchen Fall stellen sowohl die Deklaration als auch alle zugehörigen Redefinitionen/Implementierungen Instanzen des Problemmusters dar. Aufgrund des potenziellen polymorphen Aufrufs der Methoden können die Parameterlisten der Methoden jedoch nicht unabhängig voneinander geändert werden. Stattdessen muss die Modifikation der Parameterliste in der Oberklasse/Schnittstelle erfolgen und in allen implementierenden bzw. überschreibenden Methoden nachgezogen werden. Das gilt analog, wenn die Probleminstanz selbst eine Methode einer Oberklasse/Schnittstelle ist und andere Methoden diese überschreiben/implementieren.

Grundsätzlich setzen alle genannten Lösungsstrategien voraus, dass der Quellcode zur Problembehebung näher untersucht werden muss; die Auswahl der konkreten Lösungsstrategie oder gar eine Kombination kann nur in den seltensten Fällen vollständig automatisiert erfolgen.

Für das OpenJGraph-Beispiel lassen sich zunächst aufgrund der Sichtbarkeit »*private*« der beiden Methoden folgende Implikationen ableiten:

1. Es ist sichergestellt, dass die Methoden keine Oberklassenmethoden überschreiben bzw. Schnittstellenmethoden implementieren[4].
2. Es kann ausgeschlossen werden, dass die Methoden in Unterklassen überschrieben werden.
3. Die Modifikation der Methodensignaturen ist vereinfacht, da private Methoden nur innerhalb der Klasse aufgerufen werden können und somit alle Änderungen nur lokale Anpassungen (innerhalb der umgebenen Klasse) nach sich ziehen.[5]

---

3. Externe Deklarationen von Methoden und die zugehörigen implementierenden bzw. überschreibenden Methoden sind laut Problemmusterdefinition von der Betrachtung ausgeschlossen.
4. Diese Folgerung gilt nur für Java. In C++ ist es durchaus möglich,
   1. Methoden beim Überschreiben zu »privatisieren« und
   2. derartig überschriebene Methoden polymorph aufzurufen.

Die weitere Analyse des Quellcodes ergibt, dass das konkrete Codebeispiel durch eine Kombination der oben aufgeführten Überarbeitungen deutlich verbessert werden kann.

1. In beiden Methoden werden die ersten zwei Parameter (`anchorVertex` und `adjacentVertex`) und in der zweiten Methode zusätzlich der Parameter `adjacentPoint` nicht verwendet. Diese Parameter können daher gefahrlos aus der Parameterliste gestrichen werden (Überarbeitung: Entfernen nicht verwendeter Parameter). Das bedingt eine Anpassung aller fünf Aufrufstellen der beiden Methoden. Darüber hinaus muss selbstverständlich auch die Dokumentation entsprechend modifiziert werden (hier vor allen Dingen die Javadoc-Kommentierung der Methoden).
2. Weiterhin lässt sich aus der Dokumentation der Methoden entnehmen, dass die beiden Parameter `preferredx` und `preferredy` die X- und Y-Koordinaten eines Punktes beschreiben. Die Parameterliste der Methoden lässt sich daher durch die Verwendung eines Objekts der Klasse `java.awt.Point` anstatt der beiden genannten Parameter weiter reduzieren.

Die beschriebenen Modifikationen resultieren in den modifizierten Methodensignaturen:

```
private Point alternateMinimalEdgePlacement(
  Point anchorPoint, Point adjacentPoint,
  List finalplaced, Grid grid,
  Point preferredPoint)
...
private Point alternateMinimalEdgePlacement(
  Point anchorPoint,
  List finalplaced, Grid grid,
  Point preferredPoint,
  int xtestpoints[], int ytestpoints[])
```

Mit 5 bzw. 6 Methodenparametern erfüllen beide Methoden jetzt zumindest die Forderungen hinsichtlich der maximalen Parameteranzahl.

Bei der Anwendung zusätzlicher Refactoring-Maßnahmen ließe sich die zweite Methode noch weiter vereinfachen: So modifiziert die Methode zunächst in Abhängigkeit von den Koordinaten der Punkte `anchorPoint` und `preferredPoint` die Werte der Arrays `xtestpoints` und `ytestpoints`. Dieser Teil könnte aus der Methode extrahiert werden, z.B. in eine neue Methode `modifyTestPoints`. Nachfolgend ist der ursprüngliche Aufruf der Methode `alternateMinimalEdgePlacement` dargestellt:

---

5. Mit Hilfe von Reflections besteht gleichwohl die Möglichkeit, private Methoden von außerhalb aufzurufen (s. [Burt03]). Diese Zugriffsarten können jedoch mit Hilfe der statischen Analyse in der Regel nicht erkannt werden und sind daher auch nicht im Fokus des Problemmusters.

```
alternatePlacement = alternateMinimalEdgePlacement(
                          anchorPoint, finalplaced, grid, preferredPoint,
                          new int[] {-1,1,-2,2,-2,2,-1,1},
                          new int[] {1,1,0,0,-2,-2,-3,-3});
```

Nach der Extraktion der Methode `modifiyTestPoints` und der Streichung des Parameters `anchorPoint` – dieser wird nur in `modifyTestPoints` verwendet – sieht der Aufruf der Methoden wie folgt aus:

```
xtestpoints = new int[] {-1,1,-2,2,-2,2,-1,1};
ytestpoints = new int[] {1,1,0,0,-2,-2,-3,-3};
modifyTestPoints(anchorPoint, preferredPoint, xtestpoints, ytestpoints);

alternatePlacement = alternateMinimalEdgePlacement(
                          finalplaced, grid, preferredPoint,
                          xtestpoints, ytestpoints);
```

Mit den beschriebenen Modifikationen ließe sich somit die Parameterliste der zweiten `alternateMinimalEdgePlacement` Methode von Anfangs 10 auf 5 Parameter verkürzen.

Einstufung nach QBL

Abschließend soll ein Vergleich des OpenJGraph-Systems mit dem Industriestandard bezogen auf den Qualitätsindikator »lange Parameterliste« erfolgen.

Für den Qualitätsindikator »lange Parameterliste« ergeben sich die in Abbildung 8–6 dargestellten Kennwerte (Verletzungen pro 1.000 LOC).

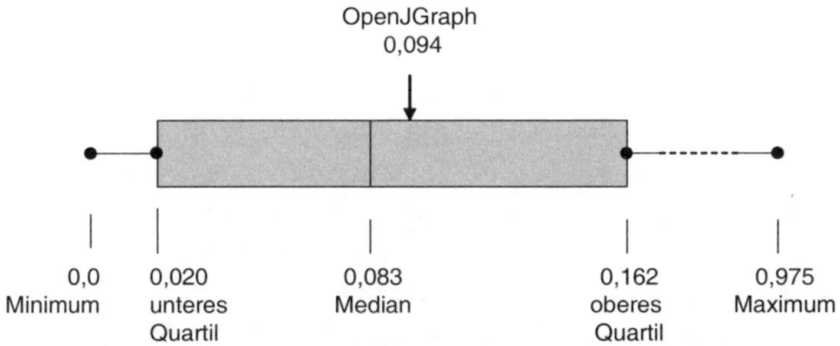

Abb. 8–6 *Boxplot der Kennwerte für den Qualitätsindikator »lange Parameterliste«. Die Zahlen entsprechen der Anzahl der Verletzungen pro 1.000 LOC.*

Im Vergleich mit dem QBL-Repository ist OpenJGraph (ohne die oben beschriebenen Modifikationen) daher beim Qualitätsindikator »lange Parameterliste« schlechter als 50% der Referenzprojekte. Das Projekt besitzt damit, ausschließlich bezogen auf »lange Parameterliste« den QBL 2. Nach der Durchführung der oben beschriebenen Verbesserungen, in deren Folge keine Verletzungen mehr vorliegen, würde das System jedoch bzgl. dieses Qualitätsindikators QBL 5 erreichen.

8.3.2 Code-Quality-Index-Analyse

Bei der Code-Quality-Index-Analyse werden alle oder auch nur ausgewählte Qualitätsindikatoren betrachtet. Diese Art der Verwendung des Qualitätsindikatorenkatalogs kann z.B. für eine Standortbestimmung (Vergleich mit dem Industriestandard) benutzt werden. Im Gegensatz dazu werden bei der Bestimmung des QBL grundsätzlich nur die im betrachteten QBL relevanten Indikatoren untersucht.

Unabhängig von der Anzahl der betrachteten Qualitätsindikatoren ist jedoch das Vorhandensein eines Systemmodells. Bevor das Systemmodell erstellt und die eigentliche Analyse durchgeführt werden kann, sind zwei vorbereitende Schritte notwendig. Zum einen muss das Quellcodeverzeichnis untersucht und ggf. bereinigt werden. Ziel dieser Untersuchung ist es, all jene Teile zu entfernen, die das Analyseergebnis verfälschen könnten. Dazu gehören u.a. (zur Begründung s. Abschnitt 4.2):

- Dateien, die Testcode enthalten.
- Dateien, die ausschließlich und vollständig generierten Code enthalten. Das bloße Enthaltensein von generiertem Code in einer Quellcodedatei ist kein ausreichendes Kriterium für den Ausschluss einer Datei von der Analyse. So fügt z.B. die IDE aus dem Microsofts Visual Studio generierten Code in GUI-Klassen ein.
- Dateien, die Beispielcode beinhalten.
- Dateien, die zu Dokumentationszwecken beigefügt wurden, wie veralteter Code[6] oder fremder Quellcode (z.B. von Open-Source-Bibliotheken).
- Verzeichnisse, die nach der Streichung oben genannter Dateien leer sind.

Im zweiten Schritt müssen die im System verwendeten Bibliotheken identifiziert und lokalisiert werden. Insbesondere sind dabei jene Bibliotheken von Interesse, deren Schnittstellen bzw. Klassen im zu untersuchenden System implementiert respektive durch Unterklassen spezialisiert werden. Die Kenntnis dieser Vererbungs-/Implementierungsbeziehungen ist zum Beispiel für die Analyse des Problemmusters »lange Parameterliste« notwendig (s.o.).

Die Verzeichnisstruktur des Beispielsystems OpenJGraph ist in Abbildung 8–7 dargestellt. Entsprechend der oben aufgeführten Ausschlussliste sind die Unterverzeichnisse *examples* und *test* potenziell zu streichende Quellcodeteile. In beiden Fällen kann dies durch eine Prüfung der enthaltenen Quellcodedateien bestätigt werden.

6. Ausdrücklich sind damit nur solche Dateien gemeint, von denen *zuverlässig bekannt* ist, dass sie veraltet sind, nicht benutzt werden und lediglich der Dokumentation dienen.

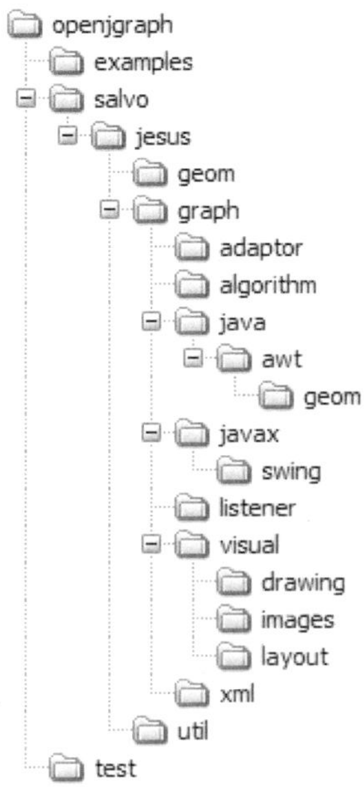

Abb. 8–7 *Verzeichnisstruktur der OpenJGraph-Quellen*

Informationen über die in der OpenJGraph-Bibliothek verwendeten externen Bibliotheken können den dem Quellcode beiliegenden Compile-Skript entnommen werden. Folgende externe Bibliotheken werden laut diesem von OpenJGraph verwendet:

- log4j-core.jar
- log4j.jar
- xerces.jar
- junit.jar

Nach der Modifikation des Quellcodeverzeichnisses – Entfernen der Verzeichnisse `examples` und `test` – sowie der Lokalisierung und Bereitstellung der externen Bibliotheken kann das Projekt analysiert und das zugehörige Systemmodell erstellt werden.

Nachdem das Systemmodell erstellt wurde, können die Analysen der Qualitätsindikatoren erfolgen. Je nach Zielsetzung werden entweder für eine Standortbestimmung alle Indikatoren analysiert (Code-Quality-Index-Analyse), oder es werden alle im gewünschten (zu erreichenden) QBL relevanten Indikatoren analysiert (QBL-Bestimmung).

Im Folgenden sind für die beiden Beispielsysteme OpenJGraph und Doxygen jeweils die Ergebnisse einer vollständigen Code-Quality-Index-Analyse (Betrachtung aller Indikatoren) sowie eine QBL-Bestimmung aufgeführt.

Ergebnisse: OpenJGraph

In Tabelle 8-2 sind zunächst die absoluten Anzahlen der Verletzungen aller Qualitätsindiktoren für das System OpenJGraph aufgeführt. Bereits diese Zahlen können bei einer Trendanalyse (Vergleich der Anzahlen mit vorherigen oder nachfolgenden Versionen von OpenJGraph) Aufschluss über die qualitative Entwicklung des Systems geben.

Qualitätsindikator	Anzahl der Verletzungen
Allgemeine Parameter	39
Attributüberdeckung	2
Ausgeschlagenes Erbe (Implementierung)	21
Ausgeschlagenes Erbe (Schnittstelle)	26
Datenkapselaufbruch	0
Duplizierter Code	0
Falsche Namenslänge	2
Generationskonflikt	0
Gottdatei	0
Gottklasse (Attribut)	0
Gottklasse (Methode)	0
Gottmethode	0
Gottpaket	1
Halbherzige Operationen	11
Heimliche Verwandtschaft	16
Identitätsspaltung	0
Importchaos	390
Importlüge	65
Informelle Dokumentation	369
Interface-Bypass	78
Klässchen	29
Klasseninzest	6
Konstantenregen	0
Labyrinthmethode	6
Lange Parameterliste	2
Maskierende Datei	0
Nachlässige Kommentierung	5.137
Namensfehler	33

Qualitätsindikator	Anzahl der Verletzungen
Objektplacebo (Attribut)	109
Objektplacebo (Methode)	17
Paketchen	3
Pakethierarchieaufbruch	3
Polymorphieplacebo	0
Potenzielle Privatsphäre (Attribut)	23
Potenzielle Privatsphäre (Methode)	21
Pränatale Kommunikation	23
Risikocode	10
Signaturähnliche Klassen	1
Simulierte Polymorphie	14
Späte Abstraktion	2
Tote Attribute	2
Tote Implementierung	0
Tote Methode	5
Überbuchte Datei	7
Unfertiger Code	7
Unvollständige Vererbung (Attribut)	18
Unvollständige Vererbung (Methode)	4
Verbotene Dateiliebe	16
Verbotene Klassenliebe	18
Verbotene Methodenliebe	0
Verbotene Paketliebe	7
Versteckte Konstantheit	12

Tab. 8–2 *Ergebnisse der Problemmusteranalyse für OpenJGraph 0.92*

Im Fokus der Code-Quality-Index-Analyse steht jedoch der Vergleich mit dem Industriestandard. Dafür werden diese Anzahlen mit LOC normiert und mit dem QBL-Repository verglichen.

Das Ergebnis dieses Vergleichs ist im Detail in Abbildung 8–8 dargestellt, während Abbildung 8–9 den Vergleich zusammenfasst. OpenJGraph ist somit bei 17 QualitätsindikaQualitätsindikator:toren besser als 75% der Referenzprojekte, aber bei 15 anderen auch schlechter als 75%. Insbesondere auf letztere sollte daher in einer Refactoringphase im Interesse einer besseren Wartbarkeit der Fokus gelegt werden.

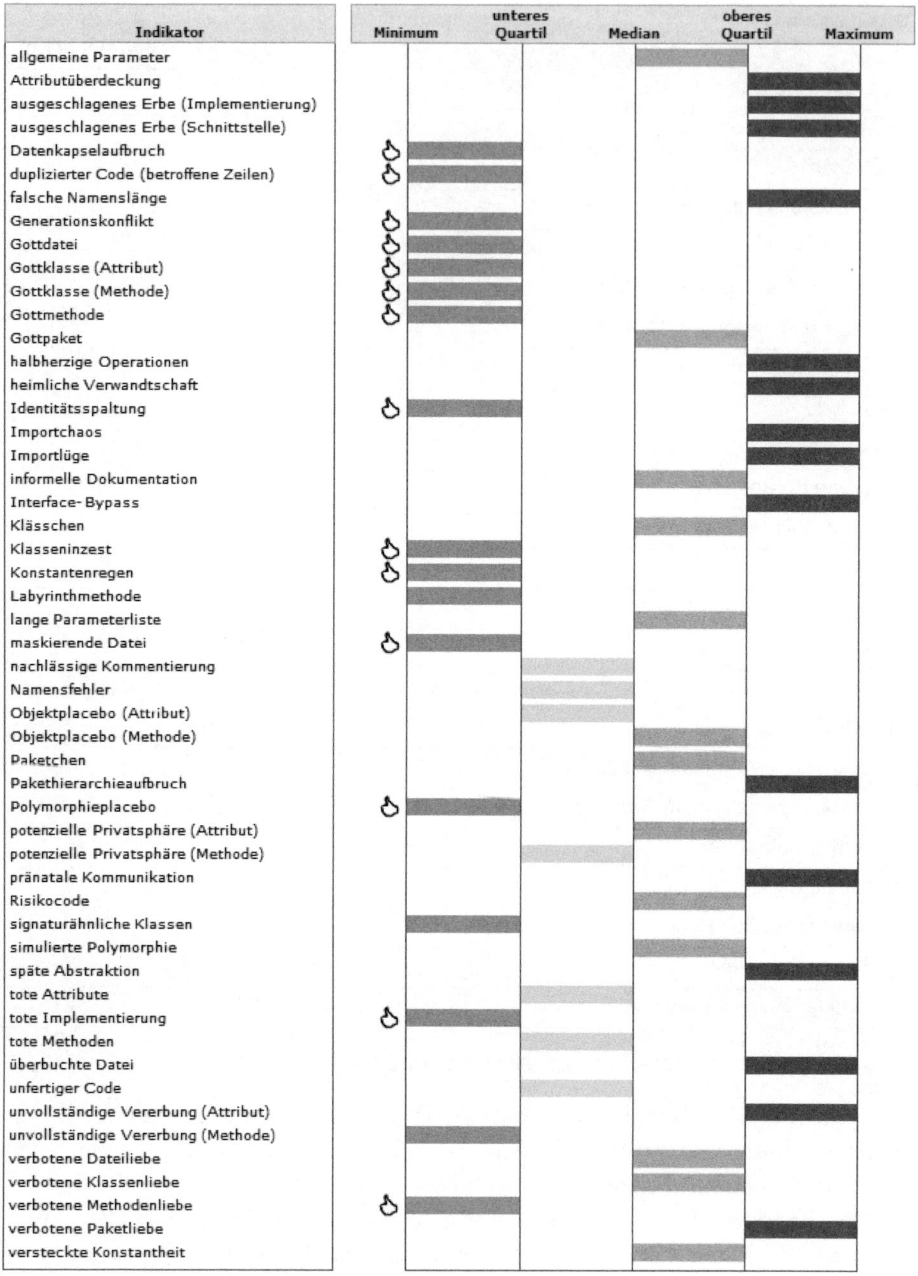

Abb. 8–8 *Vergleich von OpenJGraph mit dem QBL-Repository*

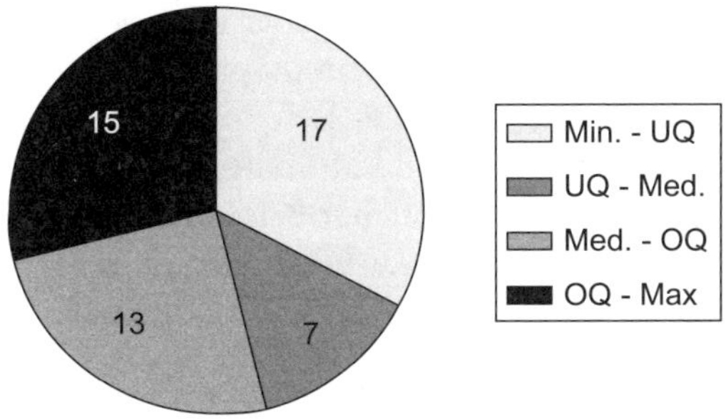

Abb. 8–9 *Zusammenfassung des Vergleichs OpenJGraph und QBL-Repository*

Für die Bestimmung des konkreten QBL wird die Betrachtung auf die im jeweiligen QBL relevanten Qualitätsindikatoren eingeschränkt. Für die QBL-2-Indikatoren ist ein solcher Auszug aus dem Vergleich in Abbildung 8–10 dargestellt. Dementsprechend ist OpenJGraph folgendermaßen einzuordnen:

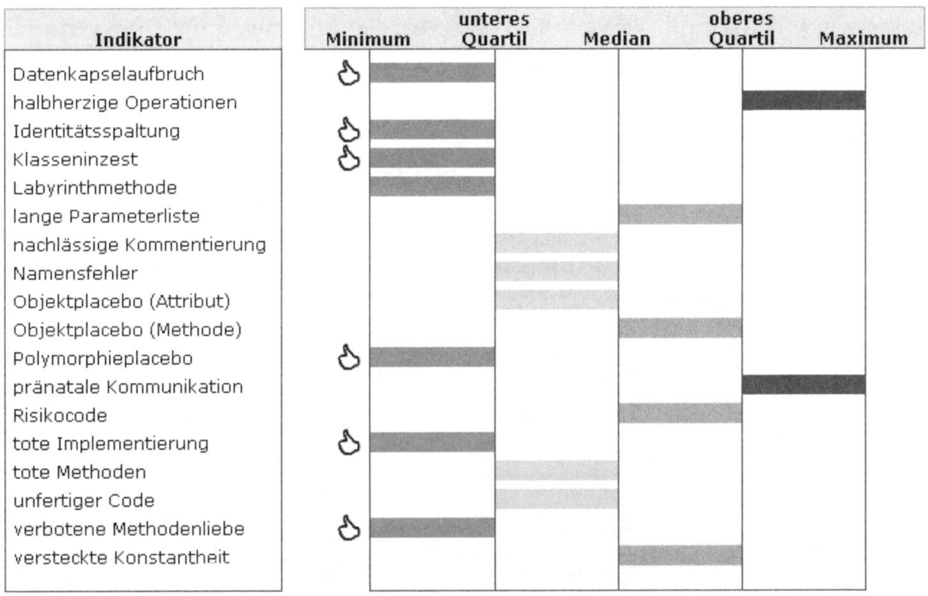

Abb. 8–10 *Ergebnisse des Vergleichs von OpenJGraph mit dem QBL-Repository, nur QBL-2-Indikatoren (Stand 02/2006)*

OpenJGraph ist

- bei den Indikatoren »halbherzige Operationen« und »pränatale Kommunikation« schlechter als 75% der Referenzprojekte,
- bei den Indikatoren »lange Parameterliste«, »Objektplacebo (Methode)«, »Risikocode« und »versteckte Konstantheit« besser als 25%, aber schlechter als die besten 75% der Referenzprojekte,

- bei den Indikatoren »nachlässige Kommentierung«, »Namensfehler«, »Objektplacebo (Attribut)«, »tote Methoden« und »unfertiger Code« besser als 50%, aber schlechter als die besten 25% der Referenzprojekte.
- Bei den restlichen aufgeführten Indikatoren gehört OpenJGraph zu den besten 25% der Referenzprojekte bzw. hat bei den mit der »Hand« markierten Indikatoren die minimale Anzahl von Verletzungen. Bei letzteren wären damit sogar die Kriterien für QBL 5 erfüllt.

Zusammenfassend besitzt OpenJGraph in der analysierten Version QBL 1, d.h. die niedrigste Stufe für übersetzbare Systeme. Zum Erreichen von QBL 2 müssten die Verletzungen der Qualitätsindikatoren »halbherzige Operationen« und »pränatale Kommunikation« zumindest bzgl. ihrer Häufigkeit deutlich reduziert werden.

Ergebnisse: Doxygen

Analog zur Code-Quality-Index-Analyse und der Bestimmung des Code-Quality-Index von OpenJGraph werden im Folgenden die Ergebnisse für Doxygen präsentiert. Doxygen ist ein Open-Source-Dokumentationssystem und vor allem im C++-Umfeld verbreitet [URLDoxygen].

Die für die Analyse verwendete Version 1.4.6 von Doxygen ist in C++ implementiert. Das System besitzt 201.319 Quellcodezeilen und 313 Klassen (s. Tab. 8–3). Mit 32501 Kommentarzeilen ist der Kommentaranteil bei Doxygen im Vergleich zu anderen Systemen sehr gering – dieses zeigt sich im Folgenden auch an den entsprechenden Qualitätsindikatoren »nachlässige Kommentierung« und »informelle Dokumentation«.

Artefakte	Anzahl
Verzeichnisse	1
Dateien	185
Klassen	313
Methoden	9263
Attribute	1.156
LOC	201.319
Kommentarzeilen	32.501

Tab. 8–3 *Systemübersicht Doxygen*

Die vollständige Code-Quality-Index-Analyse und der Vergleich mit dem QBL-Repository ergibt für Doxygen folgendes Ergebnis (s. auch Abb. 8–11 und Abb. 8–12):

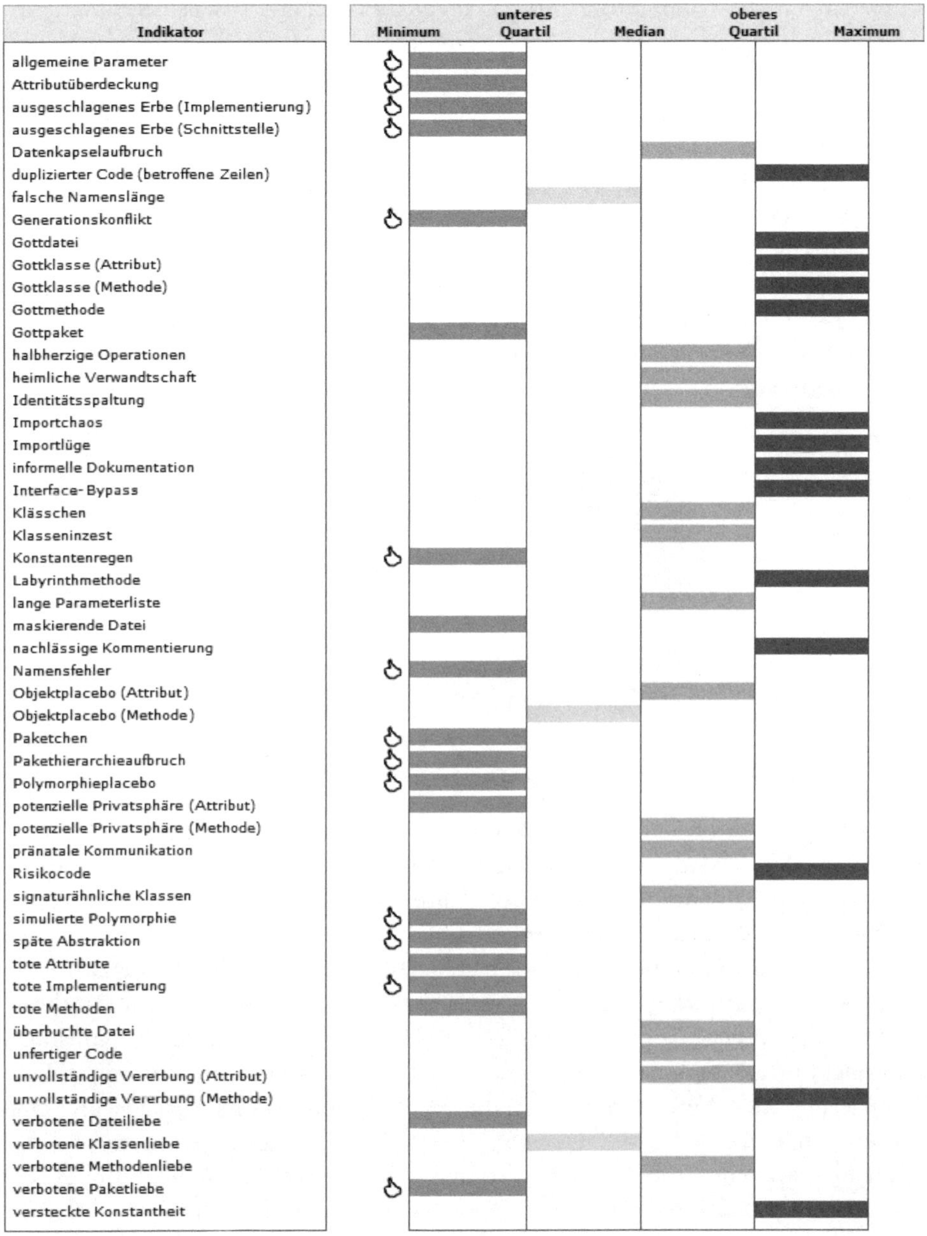

Abb. 8–11 *Vergleich von Doxygen mit dem QBL-Repository*

- Bei 20 Qualitätsindikatoren ist Doxygen besser als 75% der Referenzprojekte. Bei 14 von diesen Indikatoren (mit der »Hand« markiert) ist die Verletzungsanzahl sogar gleich der minimalen Verletzungsanzahl aller Referenzprojekte.
- Bei 3 Qualitätsindikatoren liegt die normierte Verletzungsanzahl von Doxygen im Vergleich zum Repository zwischen dem unteren Quartil und dem Median. Das System ist somit bei diesen Indikatoren besser als 50% der Referenzprojekte.
- Immer noch besser als 25% der Referenzprojekte ist das System bei weiteren 15 Qualitätsindikatoren.
- Schlechter als 75% der Referenzprojekte ist Doxygen schließlich bei 14 Qualitätsindikatoren.

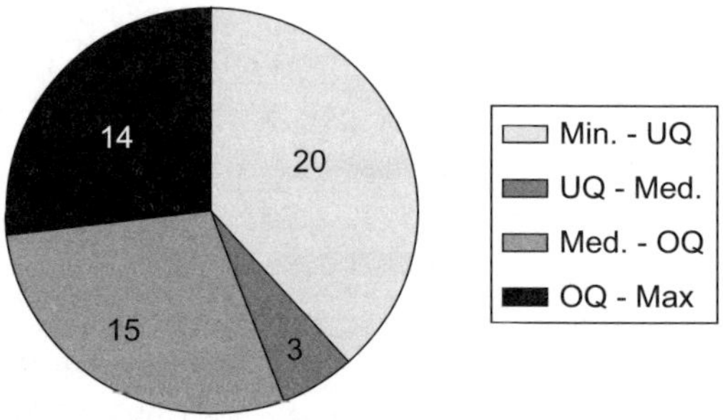

Abb. 8–12 *Zusammenfassung des Vergleichs Doxygen und QBL-Repository*

Zum Abschluss der Betrachtungen von Doxygen soll schließlich noch die Bestimmung des QBL erfolgen. Dafür wird die Menge der betrachteten Qualitätsindikatoren zunächst auf die für QBL 2 relevanten 18 Indikatoren eingeschränkt (s. Abschnitt 4.4.2). Für das Erreichen der Qualitätsstufe QBL 2 darf Doxygen bei keinem dieser 18 Qualitätsindikatoren schlechter als 75% der Referenzprojekte sein. Dieses Kriterium wird jedoch von den Qualitätsindikatoren »Labyrinthmethode«, »nachlässige Kommentierung«, »Risikocode« und »versteckte Konstantheit« nicht erfüllt (vgl. Abb. 8–13), so dass das System nur QBL 1 erreicht. Eine Reduzierung der Verletzungen bei diesen 4 Qualitätsindikatoren wäre eine Grundvoraussetzung für das Erreichen von QBL 2. Insbesondere aufgrund des geringen Kommentaranteils – der umso mehr verwundert, wenn die hinter Doxygen stehende Funktionalität betrachtet wird – wäre dies jedoch mit einem nicht unerheblichen Aufwand verbunden, der sich aber andererseits im Interesse einer guten Wartbarkeit und der zu erwartenden zukünftigen Modifikation und Erweiterungen gerade auch im Open-Source-Bereich auszahlen würde.

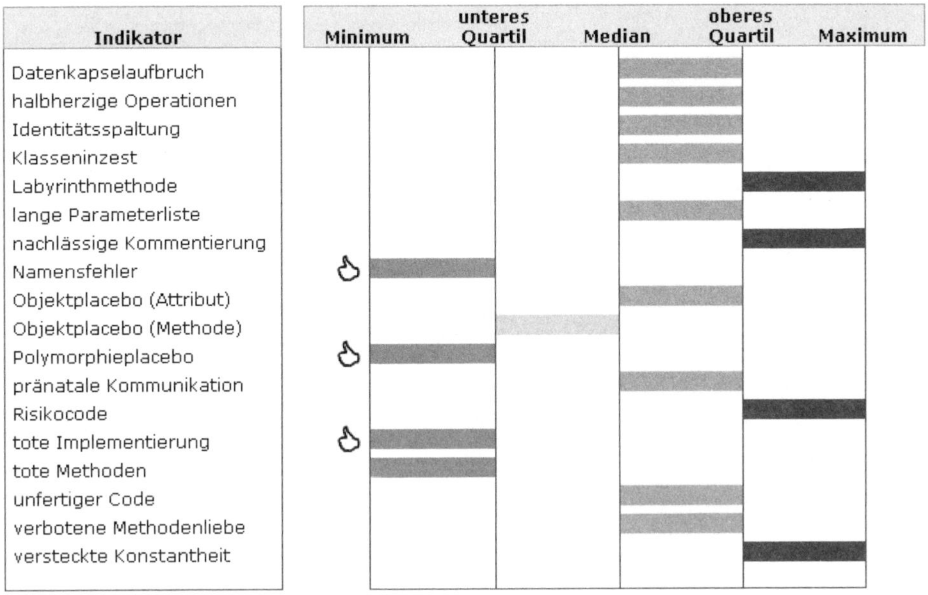

Abb. 8–13 *Status von Doxygen bzgl. der für QBL 2 relevanten Qualitätsindikatoren*

9 Ausblick

»Selbst die längste Reise beginnt mit einem ersten Schritt.«

Mit dem Code-Quality-Index ist für die Sprachen C++ und Java erstmals ein standardisierter Kriterienkatalog vorhanden, dessen einzelne Kriterien jeweils mittels Werkzeugen automatisch analysiert werden können. Für eine praxisrelevante Interpretation dieser Analyseergebnisse wird der Stand der Praxis zugrunde gelegt, der in Form eines umfangreichen Repositories mit einer Vielzahl von standardisiert abgelegten Projekten vorliegt und dessen statistische Kenngrößen ebenfalls Teil des Code-Quality-Index sind. Obwohl der Code-Quality-Index sich sowohl im Forschungsverbundprojekt QBench selbst als auch insbesondere in einer Vielzahl von Beratungsprojekten bewährt hat, ist für das Ziel, Softwareprojekte zumindest aus technischer Seite ingenieurmäßig steuern zu können, nur ein erster, aber sicherlich wichtiger Schritt getan. Fragen, denen sich der Code-Quality-Index in nächster Zeit stellen muss, sind z.B. folgende:

- Sind die aufgeführten Qualitätskriterien vollständig (zumindest bzgl. des Fokus der automatisierbaren Analyse)?
- Wie wird mit neuen Spracherweiterungen umgegangen (z.B. Java Generics)?
- Wie sieht ein Code-Quality-Index für andere Sprachen aus, die mit den bisherigen Code-Quality-Index-Programmiersprachen C++ und Java interagieren (z.B. SQL oder Skriptsprachen) und damit die aktuelle Qualitätsbewertung nicht vollständig erscheinen lassen? Wie kann ein vollständiger Code-Quality-Index für heterogene Systeme aussehen?
- Wie sieht ein Quality-Index für über dem Code liegende Abstraktionsebenen aus, aus denen Code generiert wird (z.B. Model-Driven-Architecture-Ansätze)?
- Wie groß ist die Variation der statistischen Daten des Repositories, wenn zusätzliche Projekte abgelegt werden? Werden die Grenzen schärfer oder lockerer werden? (Es wird allerdings bereits vermutet, dass, sobald auch Daten weiterer und besserer Systeme in das Repository eingepflegt werden,

die Grenzen schärfer werden; die aktuell erfassten Systeme sind in der Regel eher risikobehaftetere Systeme, für die bei den Firmen der Autoren technische Beratungen eingekauft wurden.)

- Welche Auswirkungen haben neue Systemsichtweisen, die mit Standardtechnologien implementiert und daher relevant für den Code-Quality-Index sind (z.B. aspektorientierte oder serviceorientierte Techniken)?
- Werden sich bei einem Anwachsen des Repositories branchenspezifische Auswertungen herauskristallisieren, die zu branchenspezifischen Code-Quality-Indices führen?
- Wie variieren die zurzeit festgesetzten Qualitätseigenschaften bzgl. unterschiedlicher Branchen und Projektarten? Wie verändern sich die Qualitätsindikatoren und damit der Zusammenhang zwischen Qualitätsmerkmalen und Qualitätseigenschaften?
- Wie kann der Code-Quality-Index um Qualitätsindikatoren erweitert werden, die explizit nicht automatisch ermittelbar sind, trotzdem aber einen maßgeblichen Wert darstellen? Beispiele derartiger Aspekte sind individuelle Soll-Architekturen, bei denen alleine die Existenz positive Auswirkungen auf die Qualität hat, die aber nicht in jedem Fall dem Quelltext direkt angesehen werden können.

Auch wenn die obige Liste zukünftig zu beantwortender Fragen sicher noch nicht vollständig ist, so soll die aktuelle Version des Code-Quality-Index ein erster Schritt in Richtung ingenieurmäßiger Softwareerstellung sein, dem hoffentlich weitere folgen werden. Sicher werden einzelne Interessengruppen der Informatik den Index initial ablehnen; hier sind insbesondere diejenigen zu nennen, die die Informatik nach wie vor mehr im Bereich der kreativen Künste denn im Bereich der Ingenieurtechniken sehen. Die Hoffnung ist, dass auch diesen Meinungsträgern über die Zeit klar wird, dass der Code-Quality-Index weniger als Gängelung kreativer Einfälle denn als Bindeglied zwischen Management und Softwareentwicklung verstanden werden kann: Durch den Code-Quality-Index wird ein einheitlicher Kriterienkatalog vorgegeben, der es einem Entwickler ermöglicht, die bisher nur qualitativ belegbare Güte seiner Arbeit systematisch zu belegen, und der es dem Management ermöglicht, technische Qualität mit in den Katalog betrachtenswerter Aspekte aufzunehmen und bei nachweisbarem Bedarf auch entsprechend mit Zeit und Geld auszustatten.

Auch der Code-Quality-Index ist kein »silver bullet«: Die von der Standish-Group jährlich im Chaos-Report ermittelten Erfolgsquoten großer IT-Projekte werden selbst bei konsequentestem Einsatz des Code-Quality-Index nicht 100% erreichen. Zu vielschichtig sind weitere Risiken wie unpassende Prozesse, unscharfe Anforderungen oder unzureichend geschulte Mitarbeiter. Ein konsequent eingesetzter Code-Quality-Index wird aber in jedem Fall wenigstens sicherstellen, dass etwaige notwendige Änderungen an bestehenden Systemen aus technischer Sicht keine unüberwindbaren Probleme darstellen. Damit präsentiert sich der Code-Quality-Index in Zukunft hoffentlich als notwendiges Kriterium guter Softwareprojekte, bei denen technische Risiken frühestmöglich erkannt und mit entsprechenden Gegenmaßnahmen konterkariert werden können. Für eine hinreichende Qualitätssicherung wird der Code-Quality-Index hoffentlich als zusätzlicher Key Process Indicator (KPI) Einzug in ein vollständiges Qualitätsmanagement halten, demzufolge dann technische Qualität auch ein schützenswertes Gut ist, dessen Erhalt nicht zum Nulltarif zu haben ist. Übernehmen die Entwickler den Code-Quality-Index in ihren eigenen Ehrenkodex »guter Programmierung« und werden ihnen für dessen »Ausleben« genügend Freiräume eingeräumt, werden Projekte in Zukunft zumindest deutlich weniger technische Risiken besitzen, womit andere, nicht durch den Code-Quality-Index aufgedeckte Risiken anderer KPIs besser abgefedert werden können.

10 Qualitätsindikatorenkatalog

10.1 Qualitätsindikator »allgemeine Parameter«

10.1.1 Definition

Innerhalb einer Methode M einer Klasse K wird der Datentyp eines Methodenparameters in einen spezielleren Typ umgewandelt (gecastet). Nicht betrachtet werden jedoch solche Methoden M, die in einer Oberklasse bzw. Schnittstelle deklariert und in der Klasse K implementiert oder überschrieben werden. Diese Einschränkung gilt auch für aus externen Bibliotheken stammende Oberklassen und Schnittstellen.

10.1.2 Beschreibung

Als Typ für einen Methodenparameter wird ein allgemeiner Datentyp angegeben. Innerhalb der Methode wird jedoch von einem spezielleren Datentyp des Parameters ausgegangen. Über einen Typecast wird der Parametertyp in diesen Datentyp umgewandelt und benutzt. Die Angabe des allgemeinen Datentyps suggeriert daher einem Klienten eine Allgemeinheit, die gar nicht vorhanden ist und von diesem somit auch nicht wie erwartet genutzt werden kann. Dies ist insbesondere deshalb gefährlich, weil Typfehler, die bei der Nutzung der vermuteten Allgemeinheit entstehen können, erst zur Laufzeit auftreten.

10.1.3 Qualitätseigenschaften

Qualitätseigenschaft & Relevanz	Beschreibung
Analysierbarkeit 75 %	Die Verwendung des speziellen Datentyps anstatt des allgemeinen wirkt verwirrend. Unklar bleibt, warum der Methodenparameter einen allgemeinen Typ hat, dieser jedoch nicht durchgängig verwendet wird. Die evtl. entstehende falsche Erwartungshaltung erschwert weiter die Analysierbarkeit.

Qualitätseigenschaft & Relevanz	Beschreibung
Modifizierbarkeit 25 %	Es wird eine einfache Modifizierbarkeit durch die allgemeinen Parameter suggeriert, die durch die konkreten CASTs größtenteils zunichte gemacht wird, d.h., die Modifizierbarkeit ist leicht eingeschränkt.
Stabilität 50 %	Ein Typecast wirkt sich im Allgemeinen immer kritisch auf die Stabilität aus. Vor der Umwandlung in den speziellen Datentypen sollte daher die Konformität der Parameterinstanz zum speziellen Typ geprüft werden. Ohne solch eine Prüfung besteht die Gefahr von Ausnahmen oder unerwartetem Verhalten zur Laufzeit.
Prüfbarkeit 25 %	Beim Blackbox-Test ist nur das Testen mittels der allgemeinen Parametertypen möglich, da die tatsächlich verwendeten Typen verborgen bleiben. Dies kann zu Problemen beim Testen führen, da die methodeninterne Typumwandlung fehlschlagen kann.
Austauschbarkeit 75 %	Die Austauschbarkeit ist stark beeinträchtigt, da in der neuen Umgebung im Allgemeinen nicht davon ausgegangen werden kann, dass die neuen Klienten der Methode auch den intern benutzten speziellen Datentyp übergeben.
Zeitverhalten 25 %	Jeder Typecast wirkt sich negativ auf die Performance aus.
Verbrauchsverhalten 0 %	Keine signifikanten negativen Auswirkungen

10.1.4 QBL entsprechend Code-Quality-Index

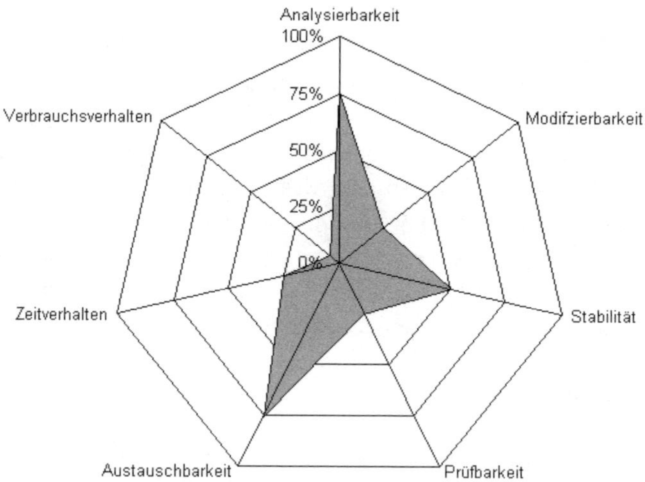

Abb. 10–1 *Qualitätseigenschaftsrelevanz von »allgemeine Parameter«*

Wirtschaftlichkeitsfaktor & Einschätzung	Beschreibung
Kostenzuwachs 50 %	Unter Umständen müssen zur Behebung des Problems sowohl die Methode als auch die Klienten überarbeitet werden. Jede Aufrufstelle der Methode und jeder CAST innerhalb der Methode muss dafür überprüft und geändert werden. Daraus resultieren mittlere bis hohe Kosten.
Unmittelbarkeit 75 %	Die Behebung des Problems bewirkt vor allem direkt eine bessere Stabilität sowie eine Verbesserung der Austauschbarkeit.

Eingestuft in QBL 3

10.1.5 Technische Parameter

Betrachtungsebene: Design

QBL-Grenzwerte für C++

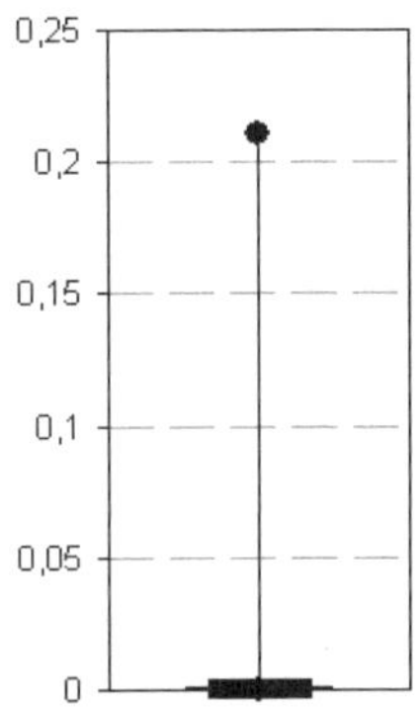

Maximum:	0,2110
Oberes Quartil:	0,0000
Median:	0,0000
Unteres Quartil:	0,0000
Minimum:	0,0000

Angaben beziehen sich auf Verletzungen pro 1.000 LOC.

QBL-Grenzwerte für Java

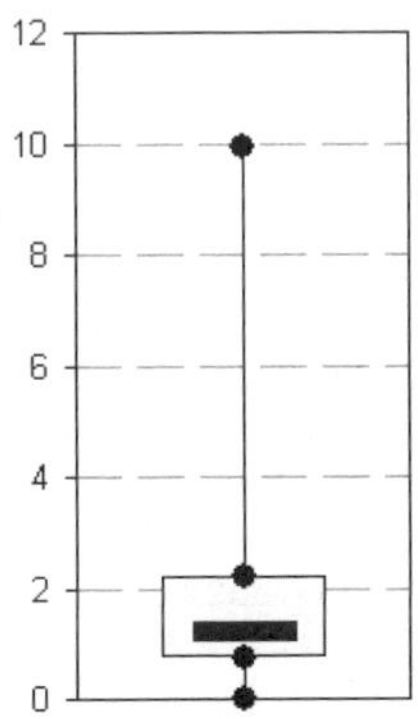

Maximum:	9,9440
Oberes Quartil:	2,2260
Median:	1,2010
Unteres Quartil:	0,7200
Minimum:	0,0000

Angaben beziehen sich auf Verletzungen pro 1.000 LOC.

Informelle Hinweise für die Erkennung

- Betrachtet werden ausschließlich solche Methoden, die nicht bereits in einer Oberklasse oder Schnittstelle deklariert bzw. gar implementiert wurden. Diese Beschränkung bezieht sich auch auf Oberklassen und Schnittstellen, die aus externen Bibliotheken stammen.
- Innerhalb eines Methodenrumpfs werden alle Typumwandlungen (CAST) von Methodenparametern betrachtet.
- Eine Verletzung liegt für einen Parameter vor, sobald dieser mindestens einmal in einen spezielleren Typ umgewandelt wird.
- Jeder Parameter einer Methode wird separat betrachtet.

10.2 Qualitätsindikator »Attributüberdeckung«

10.2.1 Definition

Der Name eines nichtstatischen Attributes einer Oberklasse wird in mindestens einer direkten oder indirekten Unterklasse für ein anderes Attribut erneut verwendet. Hierbei ist die Sichtbarkeit und der Typ der betrachteten Attribute irrelevant und eine Übereinstimmung nicht erforderlich.

10.2.2 Beschreibung

Eine Unterklasse deklariert ein Attribut, das mit dem gleichen Namen bereits in einer direkten oder indirekten Oberklasse vorkommt. Wird dieses Attribut über seinen Namen angesprochen, verdeckt es das gleichnamige Attribut in der Oberklasse (wenn das Attribut in der Unterklasse sichtbar wäre) oder verwendet lediglich denselben Namen für eine andere Variable. Auch wenn die Sprachen Java und C++ hierin kein Problem sehen und jeweils separate Speicherbereiche zuordnen, so bedeutet die namentliche Mehrdeutigkeit für die Wartung große Risiken und Zusatzaufwände.

10.2.3 Qualitätseigenschaften

Qualitätseigenschaft & Relevanz	Beschreibung
Analysierbarkeit 75 %	Die Analysierbarkeit ist beeinträchtigt, da bei der Analyse der Ober- und Unterklasse durch die Gleichnamigkeit der Attribute eine Verwechslungsgefahr gegeben ist und somit die Verständlichkeit leidet. Die Analysierbarkeit leidet besonders in solchen Fällen, bei denen die gleichnamigen Attribute unterschiedliche Datentypen haben.
Modifizierbarkeit 25 %	Die Modifizierbarkeit wird durch die Attributüberdeckung nur gering beeinträchtigt. Einzig die eventuelle Redundanz (vor allen Dingen bei Typgleichheit der Attribute) und die damit verbundene Notwendigkeit, Modifikationen mehrfach vorzunehmen, wirkt sich hier negativ aus.

Qualitätseigenschaft & Relevanz	Beschreibung
Stabilität 50 %	Durch die Gefahr, dass statt des gewollten ein anderes namensgleiches Attribut an einer Stelle verwendet wird, können unvorhersehbare Seiteneffekte auftreten.
Prüfbarkeit 25 %	Die Testbarkeit geerbter Attribute, die in der Unterklasse neu definiert werden, ist erschwert, da standardmäßig in diesen Fällen das redefinierte Attribut verwendet wird und i.d.R. der Test des geerbten Attributes überflüssig bzw. nur mit zusätzlichem Aufwand möglich ist.
Austauschbarkeit 0 %	Keine signifikanten negativen Auswirkungen
Zeitverhalten 0 %	Keine signifikanten negativen Auswirkungen
Verbrauchsverhalten 0 %	Keine signifikanten negativen Auswirkungen

10.2.4 QBL entsprechend Code-Quality-Index

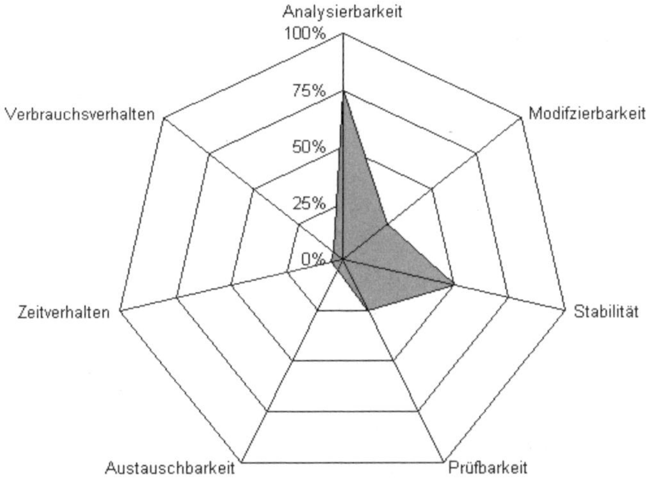

Abb. 10–2 *Qualitätseigenschaftsrelevanz von »Attributüberdeckung«*

Wirtschaftlichkeitsfaktor & Einschätzung	Beschreibung
Kostenzuwachs 50 %	Um das Problem zu beheben, muss entweder eine neue Namensgebung erfolgen oder auf durch Vererbung verfügbare Attribute zurückgegriffen werden.
Unmittelbarkeit 75 %	Die Behebung des Problems wirkt sich sofort aus, da sich die verbesserte Stabilität und Analysierbarkeit des Programms sofort bemerkbar machen.

Eingestuft in QBL 3

10.2.5 Technische Parameter

Betrachtungsebene: Design

QBL-Grenzwerte für C++

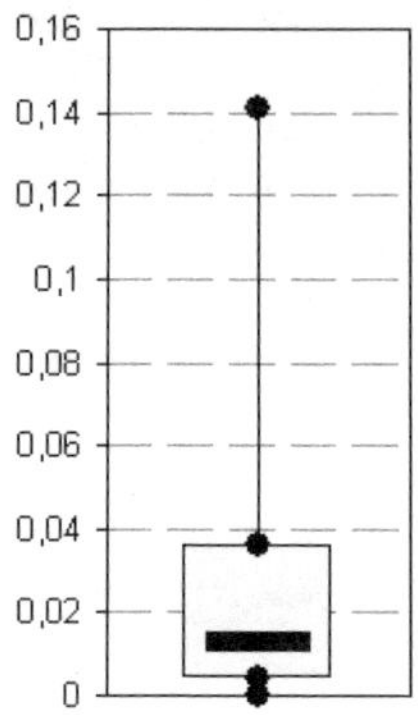

Maximum:	0,1410
Oberes Quartil:	0,0360
Median:	0,0130
Unteres Quartil:	0,0040
Minimum:	0,0000

Angaben beziehen sich auf Verletzungen pro 1.000 LOC.

QBL-Grenzwerte für Java

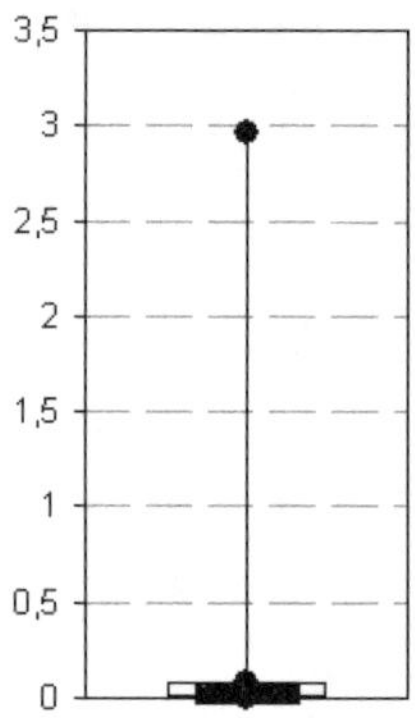

Maximum:	2,9690
Oberes Quartil:	0,0820
Median:	0,0200
Unteres Quartil:	0,0000
Minimum:	0,0000

Angaben beziehen sich auf Verletzungen pro 1.000 LOC.

Informelle Hinweise für die Erkennung

- Gesucht werden alle nichtstatischen Attribute, für die jeweils gilt: Der Name des Attributs wird in mindestens einer direkten oder indirekten Unterklasse (der Klasse des Attributs) erneut für ein Attribut verwendet.
- Jedes derartige Oberklassenattribut stellt eine Probleminstanz dar.

10.3 Qualitätsindikator »ausgeschlagenes Erbe (Implementierung)«

10.3.1 Definition

Eine Methodenimplementierung einer Klasse `OK` wird in der Mehrheit der direkten Unterklassen von `OK` nichtleer redefiniert, ohne das geerbte Pendant aus `OK` zu verwenden, d.h., die geerbte Implementierung wird von den Unterklassen ausgeschlagen.

10.3.2 Beschreibung

Im Allgemeinen dürfen Unterklassen geerbte Methoden, die zur Schnittstelle der Oberklasse gehören, mit spezialisierten Versionen überschreiben. Wenn dies aber in der Mehrheit der Unterklassen passiert, ist das ein Zeichen dafür, dass die geerbte Implementierung nicht allgemein genug ist. Dies gilt insbesondere, wenn die Reimplementierungen ohne die Verwendung der geerbten Methode auskommen (d.h. diese nicht aufrufen), da hier kein inhaltlicher Zusammenhang zwischen den beiden Methoden ersichtlich ist. In diesen Fällen ist die gewählte Vererbungsstruktur offensichtlich nicht optimal.

Referenzen: [Fowl99], [Riel96]

10.3.3 Qualitätseigenschaften

Qualitätseigenschaft & Relevanz	Beschreibung
Analysierbarkeit 50 %	Die Analysierbarkeit ist erschwert, da sich das Verhalten der reimplementierten Methode in den Unterklassen von dem Verhalten der Oberklassenmethode unterscheidet (zumindest kann eine gleiche Funktionalität aufgrund der neuen Kodierung nicht vorausgesetzt werden). Die inhaltliche Konsistenz der Ober- und Unterklassenmethoden muss manuell analysiert werden. Unterscheidet sich das Verhalten der Methoden, so wirkt sich das nicht nur lokal innerhalb der Unterklasse aus, sondern kann auch zu einem veränderten Verhalten an all den Stellen führen, an denen über Polymorphie statt der Oberklasse die Unterklasse benutzt wird.
Modifizierbarkeit 50 %	Der durch Vererbung mögliche Mechanismus, Funktionalität zentral in der Oberklasse zu implementieren und auch dort zu modifizieren, ist bei dem ausgeschlagenen Erbe nicht möglich, da eine Änderung in der Oberklasse keine Auswirkungen auf die meisten Unterklassen besitzt (sie wird ja noch nicht einmal von der Unterklasse benutzt). Daher ist die Modifizierbarkeit eingeschränkt.
Stabilität 25 %	Durch das Überschreiben kann ggf. Code in der Oberklasse zur Ausnahmebehandlung oder Gültigkeitsprüfung in der Unterklasse nicht mehr zum Einsatz kommen. Die Stabilitätkann daher reduziert sein.

Qualitätseigenschaft & Relevanz	Beschreibung
Prüfbarkeit 25 %	Der durch Vererbung mögliche Mechanismus, Funktionalität zentral in der Oberklasse zu implementieren und auch dort zu testen, ist bei dem ausgeschlagenen Erbe nicht möglich.
Austauschbarkeit 50 %	Die Austauschbarkeit ist beeinträchtigt, da sich das Verhalten der Unterklasse aufgrund der Neuimplementierung prinzipiell von dem der Oberklasse unterscheiden kann. Die Verwendung der Unterklasse anstatt ihrer Oberklasse bedarf somit einer sorgfältigen Prüfung.
Zeitverhalten 0 %	Keine signifikanten negativen Auswirkungen
Verbrauchsverhalten 25 %	Der überdeckte Code bzw. der neue Code vergrößert im Allgemeinen den Quellcode und das Kompilat.

10.3.4 QBL entsprechend Code-Quality-Index

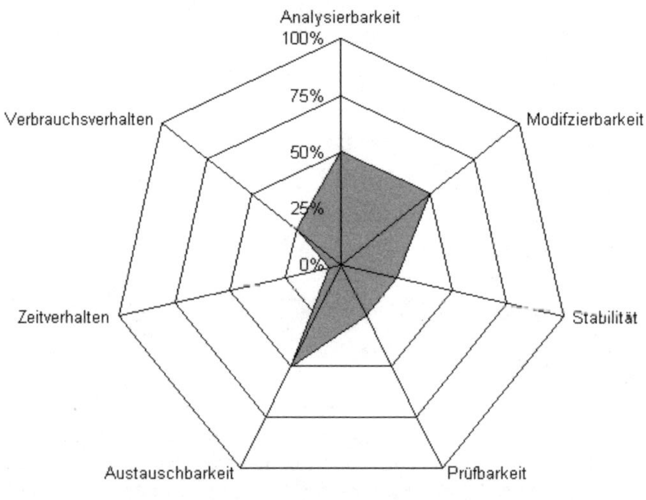

Abb. 10–3 *Qualitätseigenschaftsrelevanz von »ausgeschlagenes Erbe (Implementierung)«*

Wirtschaftlichkeitsfaktor & Einschätzung	Beschreibung
Kostenzuwachs 50 %	Die Behebung des Problems erfordert eventuell eine Änderung der Struktur der Vererbungshierarchie, etwa wenn eine Unterklasse auf die Ebene ihrer Oberklasse angehoben wird und beide eine gemeinsame (evtl. neue) Oberklasse haben. Es kann daher von mittleren Kosten ausgegangen werden.
Unmittelbarkeit 75 %	Die Problembehebung wirkt aufgrund der verbesserten Analysierbarkeit, Stabilität und Austauschbarkeit kurz- bis mittelfristig.

Eingestuft in QBL 4

10.3.5 Technische Parameter

Betrachtungsebene: Design

QBL-Grenzwerte für C++

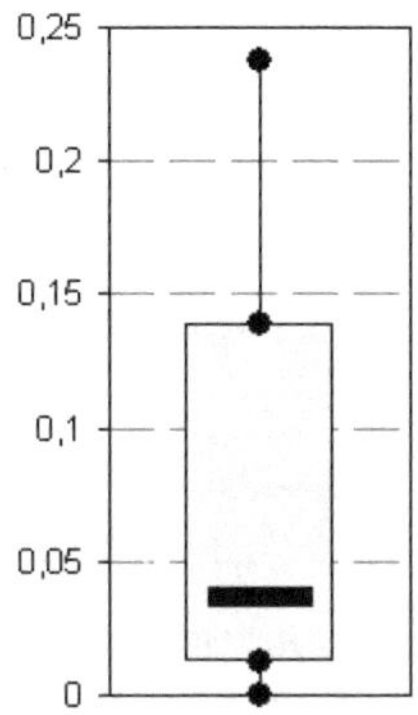

Maximum:	0,2380
Oberes Quartil:	0,1390
Median:	0,0360
Unteres Quartil:	0,0120
Minimum:	0,0000

Angaben beziehen sich auf Verletzungen pro 1.000 LOC.

QBL-Grenzwerte für Java

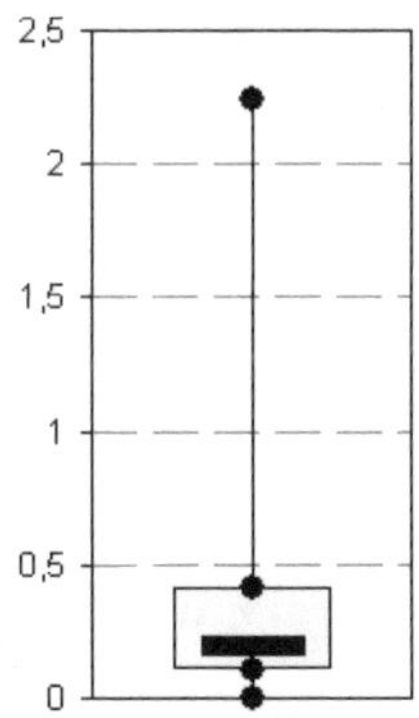

Maximum:	2,2430
Oberes Quartil:	0,4160
Median:	0,1890
Unteres Quartil:	0,1100
Minimum:	0,0000

Angaben beziehen sich auf Verletzungen pro 1.000 LOC.

Informelle Hinweise für die Erkennung

- Ermittelt werden alle implementierten Methoden in Oberklassen, für die gilt: Die Methode wird in der Mehrheit (>50%) der direkten Unterklassen nichtleer überdeckt, ohne dabei aufgerufen zu werden.
- Jede derartige Oberklassenmethode stellt eine Probleminstanz dar.

10.4 Qualitätsindikator »ausgeschlagenes Erbe (Schnittstelle)«

10.4.1 Definition

Eine Unterklasse unterstützt nicht die vollständige Schnittstelle ihrer Oberklasse bzw. ihres Interfaces, d.h. dass sie entweder mindestens

- eine Methode der Schnittstelle der Oberklasse (d.h. Deklaration oder Implementierung) durch eine leere Methode überschreibt oder implementiert (inkl. des je nach Rückgabewertes minimal notwendigen `return null`) oder
- die Sichtbarkeit einer Methode der Schnittstelle der Oberklasse reduziert (`public>protected>private`) (nur C++).

10.4.2 Beschreibung

Im Allgemeinen wird bei der Verwendung von Vererbung von der Gültigkeit des *Liskov Substitution Principle (LSP)* ausgegangen. Dieses besagt, dass Objekte einer abgeleiteten Klasse grundsätzlich anstelle eines Basisklassenobjekts verwendet werden können. Die Voraussetzung dafür ist die vollständige Unterstützung aller geerbten Schnittstellen durch die Unterklasse.

Eine Klasse verstößt gegen das LSP, wenn sie die Schnittstelle ihrer Oberklasse nicht vollständig unterstützt. Das ist dann der Fall, wenn die Klasse Methoden der Oberklassen mit leeren Methoden überschreibt bzw. implementiert oder deren Sichtbarkeit einschränkt (im letzteren Fall wird die Schnittstelle nur noch »heimlich« über den Typ der Oberklasse unterstützt; durch die Unterklasse ist sie nicht mehr vorhanden).

Die Verwendung solcher Klassen als Instanzen der Oberklasse kann zu unerwarteten Laufzeitproblemen führen, denn Klienten verwenden normalerweise die Schnittstelle der Oberklasse und erwarten, dass alle Unterklassenobjekte diese Schnittstelle auch vollständig unterstützen.

Referenzen: [Fowl99], [Riel96]

10.4.3 Qualitätseigenschaften

Qualitätseigenschaft & Relevanz	Beschreibung
Analysierbarkeit 75 %	Die Analysierbarkeit ist aufgrund der Verletzung des LSP, das implizit bei jeder Vererbung angenommen wird, beeinträchtigt. Die im Allgemeinen übliche Generalisierung durch Oberklassen ist nicht mehr gültig. Daher muss bei jeder Verwendung der Oberklassenschnittstelle geprüft werden, ob die tatsächlich zur Verwendung kommende Funktionalität dieser Schnittstelle vollständig entspricht oder nicht.

Qualitätseigenschaft & Relevanz	Beschreibung
Modifizierbarkeit 75 %	Klienten der Oberklasse vertrauen auf die Gültigkeit der Oberklassen-Schnittstelle und deren Funktionalität. Diese Annahmen gelten jedoch aufgrund der Verletzung des LSP nicht, die Modifizierbarkeit ist daher beeinträchtigt.
Stabilität 75 %	Die leeren Methoden, die die Methoden der Oberklasse überschreiben, gehen i.d.R. davon aus, nicht aufgerufen zu werden. Falls dies dennoch geschieht, können Laufzeitfehler auftreten. Im Falle der Sichtbarkeitsreduktion kann auch das von außen angestoßene Durchlaufen von z.B. privaten Methoden Stabilitätsprobleme bewirken.
Prüfbarkeit 50 %	Die Verwendung von Tests, die für die Prüfung der Schnittstelle bzw. der Funktionalität der Oberklasse gedacht sind, ist nicht oder nur mit Einschränkung möglich. Der Grund hierfür ist die Verletzung des LSP – die Prüfbarkeit ist daher eingeschränkt.
Austauschbarkeit 50 %	Das Verhalten der Unterklasse unterscheidet sich vom erwarteten Verhalten der Oberklasse. Der Austausch der Unterklasse durch eine andere Unterklasse, die sich konform zur Oberklasse verhält, oder die Verwendung der Oberklasse anstatt einer konformen Unterklasse kann zu unerwartetem Verhalten führen. Die Austauschbarkeit ist daher eingeschränkt.
Zeitverhalten 0 %	Keine signifikanten negativen Auswirkungen
Verbrauchsverhalten 0 %	Keine signifikanten negativen Auswirkungen

10.4.4 QBL entsprechend Code-Quality-Index

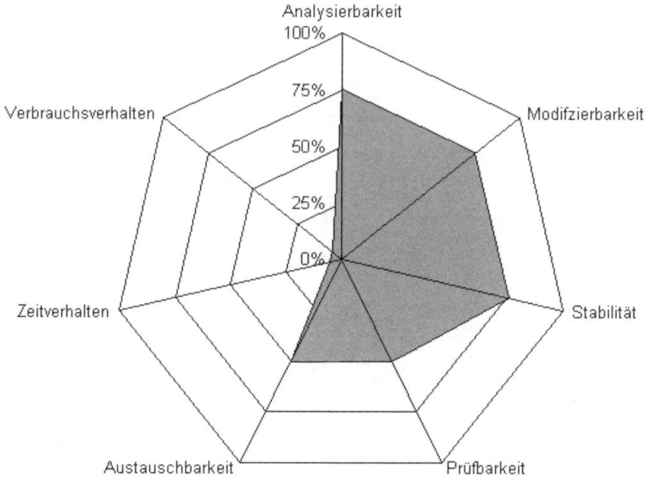

Abb. 10–4 *Qualitätseigenschaftsrelevanz von »ausgeschlagenes Erbe (Schnittstelle)«*

Wirtschaftlichkeits-faktor & Einschätzung	Beschreibung
Kostenzuwachs 75 %	Die Behebung des Problems geht meist (u.a. auch häufiger als bei »ausgeschlagenes Erbe (Implementierung)«) mit einer Modifikation des Vererbungsbaums einher und ist daher i.d.R. mit einigen Aufwänden verbunden.
Unmittelbarkeit 75 %	Da das Problem wahrscheinlich mit einer falschen Vererbungsstruktur verbunden ist, bewirkt die Behebung eine bessere Analysierbarkeit und u.U. auch eine verbesserte Stabilität.

Eingestuft in QBL 3

10.4.5 Technische Parameter

Betrachtungsebene: Design

QBL-Grenzwerte für C++

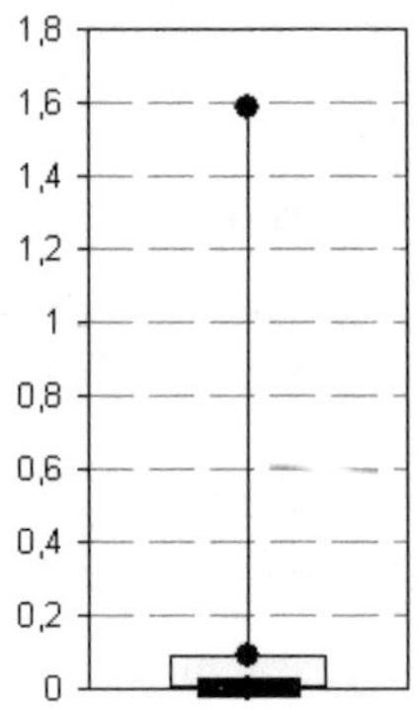

Maximum:	1,5830
Oberes Quartil:	0,0920
Median:	0,0010
Unteres Quartil:	0,0000
Minimum:	0,0000

Angaben beziehen sich auf Verletzungen pro 1.000 LOC.

QBL-Grenzwerte für Java

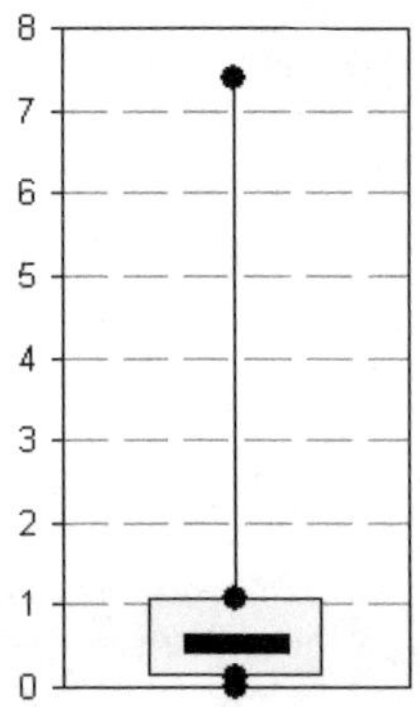

Maximum:	7,3770
Oberes Quartil:	1,0840
Median:	0,5100
Unteres Quartil:	0,1270
Minimum:	0,0000

Angaben beziehen sich auf Verletzungen pro 1.000 LOC.

Informelle Hinweise für die Erkennung

Ermittelt werden alle Methoden von Unterklassen, die eine Methode ihrer Oberklasse bzw. Schnittstelle entweder

- mit einer Methode mit kleinerer Sichtbarkeit überschreiben (`public>protected>private`; nur C++) oder
- mit einer leeren Implementierung (bzw. mit dem evtl. minimal notwendigen `return null`) überschreiben oder implementieren.

Jedes Methodenpaar (Unterklassenmethode, Oberklassenmethode), das diese Forderungen erfüllt, stellt eine Probleminstanz dar.

10.5 Qualitätsindikator »Datenkapselaufbruch«

10.5.1 Definition

Eine nichtgeschachtelte Klasse bietet Attribute (keine Konstanten) öffentlich an, auf die von äußeren Klassen zugegriffen wird (lesend oder schreibend).

10.5.2 Beschreibung

Ein Grundziel des objektorientierten Vorgehens ist die Datenkapselung, d.h., die objektorientierten Klassen fungieren als abstrakte Datentypen, die lediglich Services anbieten, die ihrerseits auf klasseninternen Daten basieren. Durch diese Form der Datenkapselung ist die Klasse in der Lage, die Korrektheit und Gültigkeit der internen Daten sicherzustellen, indem die Services entsprechende Überprüfungsmechanismen realisieren und Abhängigkeiten berücksichtigen.

Anderenfalls können ungültige Objekte existieren, deren Weiterverarbeitung im System zu Folgefehlern führen kann, deren Ursprung dann nur mit großen Zusatzaufwänden aufzufinden ist. Die geschickte Datenkapselung führt daher die Gültigkeitsprüfung bei jedem Ändern der Daten durch. Damit dies möglich ist, sind direkte Verwendungen der Daten nicht mehr erlaubt.

Referenzen: [Riel96]

10.5.3 Qualitätseigenschaften

Qualitätseigenschaft & Relevanz	Beschreibung
Analysierbarkeit 100 %	Bei der Analyse der Klasse ist nicht ersehbar, welche besonderen semantischen Anforderungen an die Daten (auch mehrere innerhalb einer Klasse) gestellt werden. Auch spezifisches Wissen der Entwickler, dass auf bestimmte Attribute z.B. nur lesend zugegriffen wird, kann nicht direkt dem Code entnommen werden (im Falle der Kapselung ist dies durch das Weglassen von Schreiboperationen sehr einfach). Auch das Analysieren mittels Debugger oder Performance-Analysewerkzeugen ist deutlich schwieriger, da diese häufig nur Methoden als Betrachtungsartefakt zulassen.
Modifizierbarkeit 100 %	Änderungen der internen Datenstruktur haben potenziell immer globale Auswirkungen, da durch den direkten Zugriff auch die interne Datenstruktur immer herausgereicht wird. Nach einer Änderung des Datentyps müssen z.B. ohne Datenkapselung alle Klienten angepasst werden. Existieren dagegen Kapselungsoperationen, kann die Änderung in der dortigen Implementierung vorgenommen werden.
Stabilität 50 %	Durch das fehlende zentrale Testen der Gültigkeit von Daten besteht permanent die Möglichkeit, dass mit falschen/ungültigen Daten gearbeitet wird. Die hierdurch induzierten Folgefehler können die Stabilität des Gesamtsystems deutlich reduzieren.
Prüfbarkeit 50 %	Da die Verkapselung meist selbst Prüfungen vornimmt, ist die Prüfbarkeit des Systems ohne eine derartige Kapselung erschwert, da nicht direkt mit höherwertigen Tests begonnen werden kann (Business-Logik).
Austauschbarkeit 75 %	Die Austauschbarkeit ist stark beschränkt, da ein neues Fragment syntaktisch (z.B. bzgl. des Typs) zum vorherigen Fragment kompatibel sein muss. Änderungen der Gültigkeitsprüfungen können zudem nur schwer ausgetauscht werden, da sie u.U. verteilt bei jedem Klienten existieren.
Zeitverhalten 0 %	Der Laufzeit-Overhead von Zugriffsmethoden kann fast vernachlässigt werden, zumal öffentliche Daten in Java z.B. grundsätzlich langsamer sind als private (vgl. z.B. [Ritt01]). Zudem ermöglicht Datenkapselung effiziente Caching- und Poolingmechanismen, so dass durch die Beseitigung des Datenkapselaufbruchs keine signifikanten negativen Auswirkungen entstehen.
Verbrauchsverhalten 0 %	Keine signifikanten negativen Auswirkungen

10.5.4 QBL entsprechend Code-Quality-Index

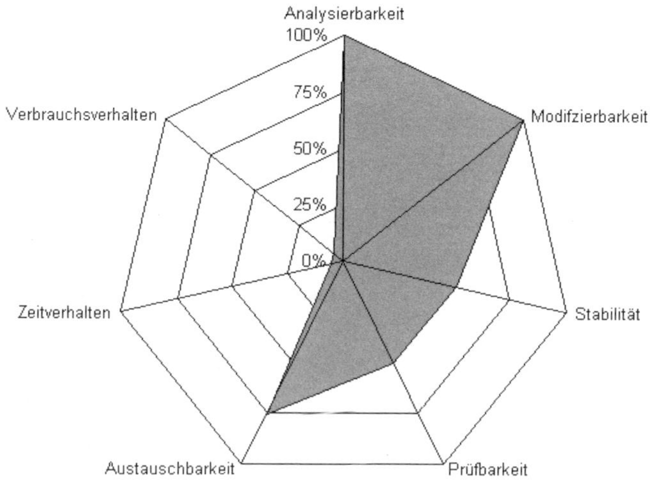

Abb. 10–5 *Qualitätseigenschaftsrelevanz von »Datenkapselaufbruch«*

Wirtschaftlichkeits-faktor & Einschätzung	Beschreibung
Kostenzuwachs 50 %	Der Aufwand, der zur Beseitigung von Datenkapselaufbrüchen notwendig ist, besteht aus der Identifizierung und Implementierung der Kapselung und aus der Überarbeitung aller Klienten, die das Attribut direkt verwenden, da diese Zugriffe neu implementiert werden müssen.
Unmittelbarkeit 100 %	Die Beseitigung des Datenkapselaufbruchs hat eine sofortige Wirkung, da unkontrollierte Zugriffe auf die Attribute direkt beim Kompilieren verhindert werden und hierdurch somit keine unerwarteten Zustände mehr entstehen können.

Eingestuft in QBL 2

10.5.5 Technische Parameter

Betrachtungsebene: Design

QBL-Grenzwerte für C++

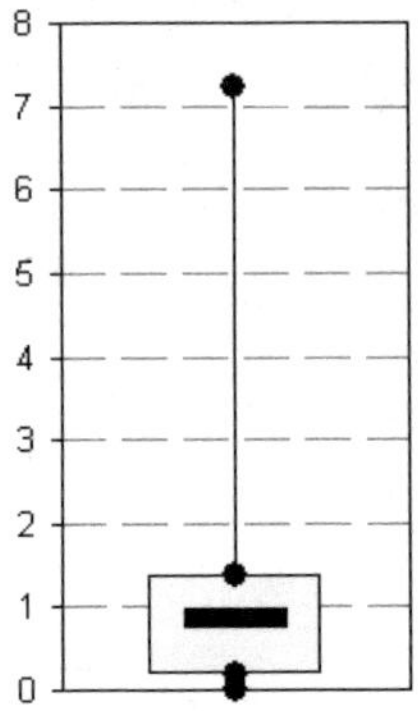

Maximum:	7,2320
Oberes Quartil:	1,3700
Median:	0,8680
Unteres Quartil:	0,1810
Minimum:	0,0000

Angaben beziehen sich auf Verletzungen pro 1.000 LOC.

QBL-Grenzwerte für Java

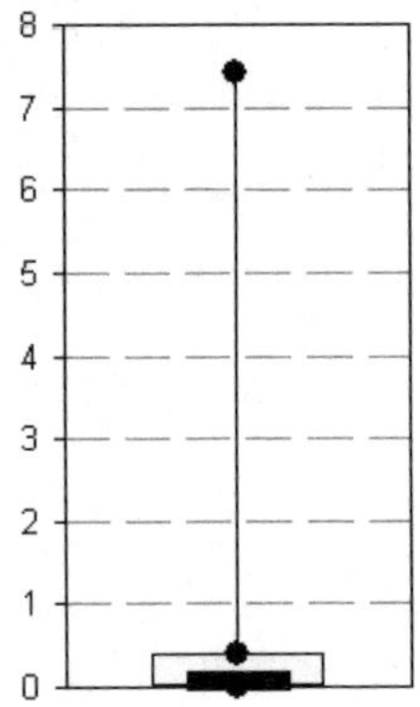

Maximum:	7,4050
Oberes Quartil:	0,4040
Median:	0,0500
Unteres Quartil:	0,0000
Minimum:	0,0000

Angaben beziehen sich auf Verletzungen pro 1.000 LOC.

Informelle Hinweise für die Erkennung

- Ermittlung aller öffentlichen, nichtkonstanten Attribute von nichtgeschachtelten Klassen.
- Betrachtet werden nur die Attribute, die von einer äußeren Klasse lesend oder schreibend verwendet werden.
- Jedes Attribut, auf das diese Forderungen zutreffen, stellt eine Probleminstanz dar.

10.6 Qualitätsindikator »duplizierter Code«

10.6.1 Definition

Duplizierter Code liegt vor, wenn mindestens 40 aufeinander folgende Codezeilen (inkl. Leerzeilen und Kommentarzeilen) innerhalb des Quellcodes in identischer Form mehrmals auftreten.

10.6.2 Beschreibung

Gleiche oder ähnliche Funktionalität muss häufig an mehreren Stellen genutzt werden. Anstatt jedoch die Funktionalität herauszufaktorisieren und so nutzbar zu machen, wird sie unter Verwendung von Copy und Paste (Kopieren und Einfügen) dupliziert. So können Duplikate entstehen, die Methodenteile, ganze und mehrere Methoden, komplette Klassen oder auch vollständige Dateien umfassen. Das mehrfache Auftreten identischer Codefragemente bedeutet mehrfache Aufwände beim Verstehen, Warten und Testen. Insbesondere Änderungen müssen konsistent mehrfach durchgeführt werden, was wiederum sehr fehleranfällig ist.

Referenzen: [BrMaMc98], [Fowl99]

10.6.3 Qualitätseigenschaften

Qualitätseigenschaft & Relevanz	Beschreibung
Analysierbarkeit 75 %	Je höher der Anteil von Codeduplikaten in einem System, desto schwieriger und aufwendiger ist dessen Analysierbarkeit: Der Aufwand steigt mit zunehmender Systemgröße (Duplikate blähen ein System auf). Die Schwierigkeit nimmt außerdem zu, da die Gemeinsamkeit von Codefragementen nicht expliziert wird, sondern durch die Duplikation verschleiert ist.
Modifizierbarkeit 75 %	Änderungen, die für alle Kopien eines Fragmentes Gültigkeit besitzen, müssen mehrfach durchgeführt werden und bedeuten daher Mehraufwände. Außerdem besteht das Risiko, einzelne Kopien beim homogenen Ändern zu übersehen, wodurch ungewollte Variationen entstehen.
Stabilität 25 %	Das Duplizieren beeinträchtigt die Stabilität eines Programms nicht direkt, sondern erst dann, wenn global gültige Änderungen nicht flächendeckend umgesetzt werden, da Änderungen in einzelnen Kopien vergessen werden.
Prüfbarkeit 75 %	Durch das Duplizieren muss dieselbe Funktion an mehreren Stellen im Quellcode getestet werden. Somit erhöht sich der Testaufwand unnötig. Dies könnte durch eine Zentralisierung der Funktion umgangen werden.
Austauschbarkeit 75 %	Die mehrfache Implementierung einer Funktionalität erschwert deren Austausch, da dies nicht zentral vorgenommen werden kann, sondern separat für jede Kopie einzeln durchgeführt werden muss.

Qualitätseigenschaft & Relevanz	Beschreibung
Zeitverhalten 0 %	Keine signifikanten negativen Auswirkungen
Verbrauchsverhalten 25 %	Duplizierte Codefragmente werden mehrfach kompiliert und liegen daher auch mehrfach im Kompilat vor, so dass dieses deutlich größer ist als notwendig.

10.6.4 QBL entsprechend Code-Quality-Index

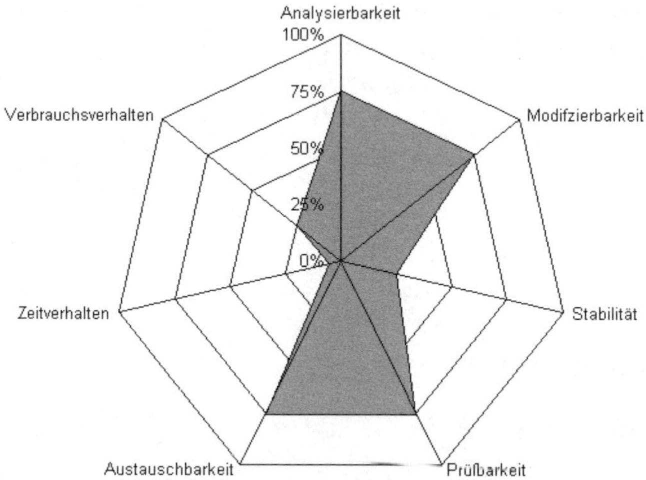

Abb. 10–6 *Qualitätseigenschaftsrelevanz von »duplizierter Code«*

Wirtschaftlichkeitsfaktor & Einschätzung	Beschreibung
Kostenzuwachs 50 %	Um das Problem zu beseitigen, müssen alle Programmstellen angepasst werden, innerhalb derer duplizierter Code existiert. Dies kann je nach Granularität (Fragment, Methode, Klasse, Datei etc.) und Kontext des Duplikates relativ aufwendig sein.
Unmittelbarkeit 75 %	Die Auswirkungen der Problembeseitigung resultieren direkt in einem kleineren Programm mit reduzierten Wartungskosten für Folgeaktivitäten.

Eingestuft in QBL 3

10.6.5 Technische Parameter

Betrachtungsebene: Technologie

QBL-Grenzwerte für C++

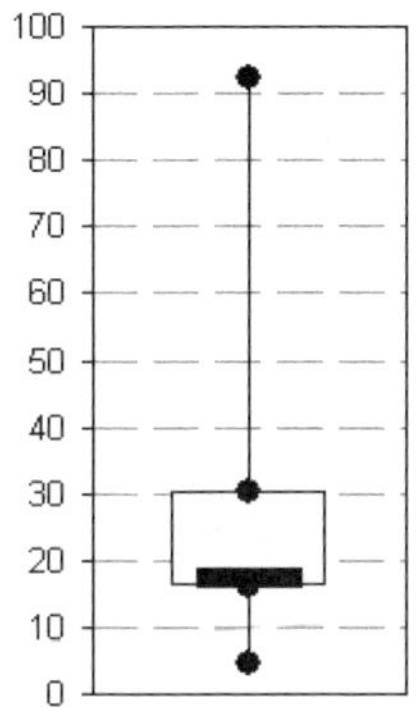

Maximum:	92,1780
Oberes Quartil:	30,3570
Median:	17,3370
Unteres Quartil:	15,9690
Minimum:	4,7610

Angaben beziehen sich auf Verletzungen pro 1.000 LOC.

QBL-Grenzwerte für Java

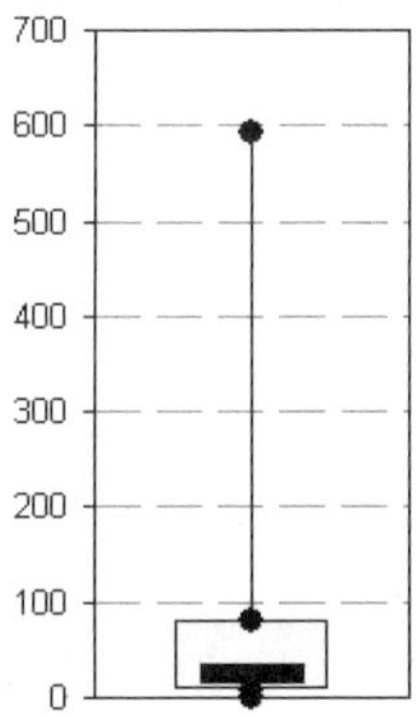

Maximum:	593,0750
Oberes Quartil:	80,4740
Median:	25,3920
Unteres Quartil:	8,1620
Minimum:	0,0000

Angaben beziehen sich auf Verletzungen pro 1.000 LOC.

Informelle Hinweise für die Erkennung

- Ermittelt werden alle Codeduplikate, bei denen mindestens 40 Zeilen identisch auftreten.
- Gezählt wird die Anzahl der von Codeduplikaten betroffenen Zeilen. Dieser Wert ergibt sich, indem die einzelnen Fragmente der Duplikate bzgl. ihrer Länge summiert werden, wobei jedoch jede Codezeile maximal einmal gezählt wird. Diese Zählung entspricht folgendem Vorgehen: Der gesamte Quellcode wird ausgedruckt und alle Codeduplikate markiert. Gezählt werden dann alle markierten Zeilen.

10.7 Qualitätsindikator »falsche Namenslänge«

10.7.1 Definition

Die Länge des Namens eines softwaretechnischen Artefakts ist kleiner als 2 oder größer als 50. Folgende Artefakte werden hierbei betrachtet:

- Pakete (jeweils nur der letzte Teil des Paketnamens)
- Dateien (jeweils ohne Erweiterung)
- Klassen und Interfaces
- Methoden (ohne Parameter und Rückgabetyp)
- Attribute/Konstanten

10.7.2 Beschreibung

Bezeichner von softwaretechnischen Artefakten müssen auf der einen Seite ausdrucksstark sein und Rückschlüsse auf ihren Zweck ermöglichen, auf der anderen Seite aber noch lesbar und einprägsam sein. So gewählte Artefaktnamen erhöhen die Lesbarkeit des Codes und damit dessen Wartbarkeit.

Kontraproduktiv ist es bzgl. der Benamung,

- wenn die Länge des Artefaktnamens zu groß wird, d.h. nur mit erhöhtem Aufwand lesbar und wahrnehmbar ist, und
- wenn die Länge des Artefaktnamens =1 ist, d.h. kaum Inhalte vermittelt und eine große Gefahr besteht, gleichbenannte Artefakte im System zu besitzen (die dann u.U. z.B. eine unbewusste Attributüberdeckung bewirken).

10.7.3 Qualitätseigenschaften

Qualitätseigenschaft & Relevanz	Beschreibung
Analysierbarkeit 75 %	Lange Artefaktnamen erschweren das Lesen des Quellcodes, kurze geben für die Analyse nicht genügend Anhaltspunkte und bergen häufig Mehrdeutigkeiten.
Modifizierbarkeit 0 %	Keine signifikanten negativen Auswirkungen
Stabilität 0 %	Keine signifikanten negativen Auswirkungen
Prüfbarkeit 0 %	Keine signifikanten negativen Auswirkungen
Austauschbarkeit 0 %	Keine signifikanten negativen Auswirkungen
Zeitverhalten 0 %	Keine signifikanten negativen Auswirkungen
Verbrauchsverhalten 0 %	Keine signifikanten negativen Auswirkungen

10.7.4 QBL entsprechend Code-Quality-Index

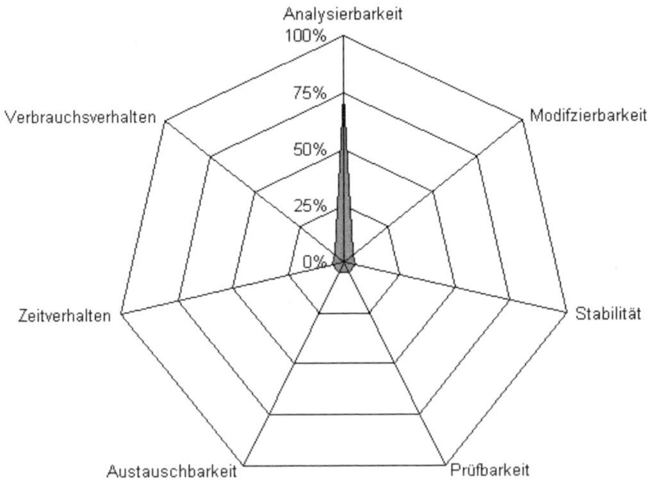

Abb. 10–7 *Qualitätseigenschaftsrelevanz von »falsche Namenslänge«*

Wirtschaftlichkeits-faktor & Einschätzung	Beschreibung
Kostenzuwachs 50 %	Der Aufwand des Umbenennens hängt stark vom betroffenen Artefakt ab. Während Pakete, Dateien und Klassen durchaus einigen Mehraufwand bei der Umbenennung bedeuten, sind z.B. private Attribute und Methoden zügig umbennbar.
Unmittelbarkeit 75 %	Die Vorteile der Beseitigung von falschen Symbollängen wirken sich direkt auf eine bessere Analysierbarkeit der betroffenen Artefakte aus.

Eingestuft in QBL 3

10.7.5 Technische Parameter

Betrachtungsebene: Technologie

QBL-Grenzwerte für C++

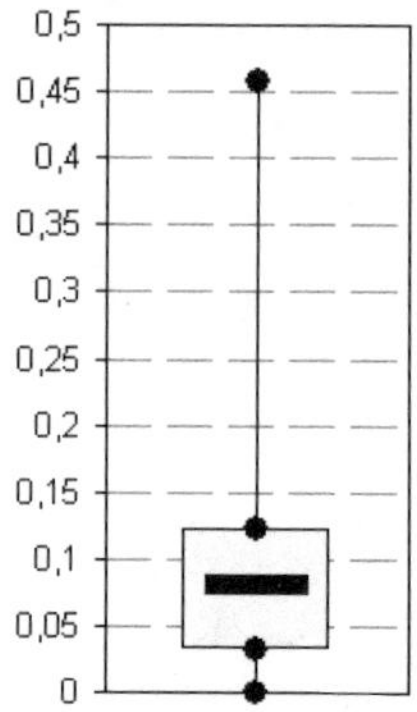

Maximum:	0,4580
Oberes Quartil:	0,1220
Median:	0,0800
Unteres Quartil:	0,0320
Minimum:	0,0000

Angaben beziehen sich auf Verletzungen pro 1.000 LOC.

QBL-Grenzwerte für Java

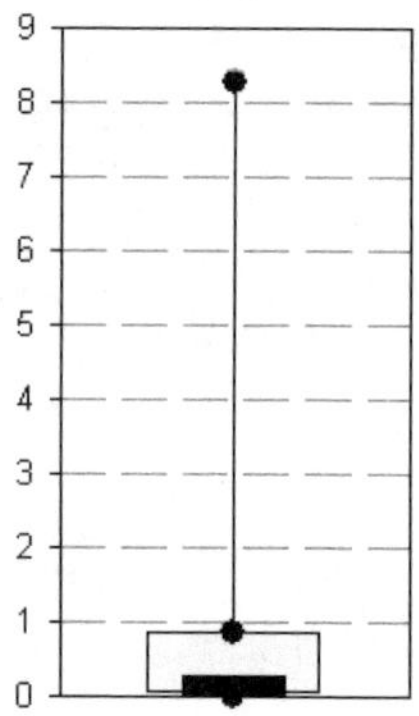

Maximum:	8,2710
Oberes Quartil:	0,8780
Median:	0,1370
Unteres Quartil:	0,0410
Minimum:	0,0000

Angaben beziehen sich auf Verletzungen pro 1.000 LOC.

Informelle Hinweise für die Erkennung

- Ermitteln der Namenslänge der relevanten Artefakte (s.o.).
- Jedes Artefakt, dessen Länge kleiner als 2 oder größer als 50 ist, stellt eine Probleminstanz dar.

10.8 Qualitätsindikator »Generationskonflikt«

10.8.1 Definition

Eine direkte Unterklasse `UK` einer Oberklasse `OK` reimplementiert nichtleer mehr als 50% der in der Oberklasse implementierten und in die Unterklasse geerbten Methoden. Die Reimplementierung verwendet hierbei jeweils nicht das geerbte Methoden-Pendant.

10.8.2 Beschreibung

Die bereits schwierige Form der Vererbung für Source-Code-Sharing wird beim Generationskonflikt weiter verschärft, indem ein Großteil der geerbten Methoden vollständig neu implementiert wird. Die semantische Ähnlichkeit der Methoden kann somit in keiner Weise mehr sichergestellt werden. Verschärft wird dieses Problem noch dadurch, dass hier nur die Fälle betrachtet werden, in denen die Oberklassenmethode nicht verwendet bzw. aufgerufen wird. Eine Typhierarchie kann damit im Allgemeinen. nicht mehr umgesetzt werden.

Referenzen: [Fowl99], [Riel96]

10.8.3 Qualitätseigenschaften

Qualitätseigenschaft & Relevanz	Beschreibung
Analysierbarkeit 50 %	Die Analysierbarkeit ist erschwert, da sich das Verhalten der reimplementierten Methoden in der Unterklasse von dem Verhalten der Oberklasse unterscheidet (zumindest kann eine gleiche Funktionalität aufgrund der neuen Kodierung nicht vorausgesetzt werden). Die Konsistenz der Ober- und Unterklassenmethoden muss manuell semantisch analysiert werden. Unterscheidet sich das Verhalten der Methoden, so wirkt sich das nicht nur lokal innerhalb der Unterklasse aus, sondern kann auch zu einem veränderten Verhalten an all den Stellen führen, an denen über Polymorphie statt der Oberklasse die Unterklasse benutzt wird. Der Generationskonflikt stellt häufig die komplette Vererbung in Frage, was wiederum einen erhöhten Analyseaufwand bedeutet.
Modifizierbarkeit 50 %	Der durch Vererbung mögliche Mechanismus, Funktionalität zentral in der Oberklasse zu implementieren und auch dort zentral und nur einmal zu modifizieren, ist bei dem Generationskonflikt nicht möglich, da eine Änderung in der Oberklasse in den betrachteten Fällen keine Auswirkungen auf die Unterklasse besitzt. Daher ist die Modifizierbarkeit eingeschränkt.
Stabilität 25 %	Durch das Überschreiben kann ggf. Code in der Oberklasse zur Ausnahmebehandlung oder Gültigkeitsprüfung in der Unterklasse nicht mehr zum Einsatz kommen. Die Stabilität kann daher reduziert sein.

Qualitätseigenschaft & Relevanz	Beschreibung
Prüfbarkeit 25 %	Der durch Vererbung mögliche Mechanismus, Funktionalität zentral in der Oberklasse zu implementieren und auch dort zu testen, ist bei dem Generationskonflikt nicht möglich, d.h., Änderungen müssen separat für die Unterklasse überprüft werden.
Austauschbarkeit 50 %	Die Austauschbarkeit ist beeinträchtigt, da sich das Verhalten der Unterklasse aufgrund der Neuimplementierung prinzipiell von dem der Oberklasse unterscheiden kann. Die Verwendung der Unterklasse anstatt ihrer Oberklasse bedarf somit einer sorgfältigen Prüfung.
Zeitverhalten 0 %	Keine signifikanten negativen Auswirkungen
Verbrauchsverhalten 0 %	Keine signifikanten negativen Auswirkungen

10.8.4 QBL entsprechend Code-Quality-Index

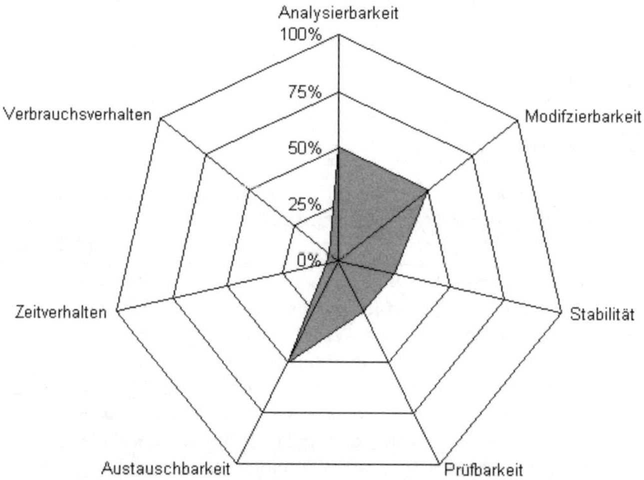

Abb. 10–8 *Qualitätseigenschaftsrelevanz von »Generationskonflikt«*

Wirtschaftlichkeits-faktor & Einschätzung	Beschreibung
Kostenzuwachs 50 %	Die Behebung des Problems erfordert u.U eine Änderung des Designs, etwa wenn die Vererbungsbeziehung zur Oberklasse vollständig entfernt wird. Es kann daher von mittleren Kosten ausgegangen werden.
Unmittelbarkeit 75 %	Die Problembehebung wirkt aufgrund der verbesserten Analysierbarkeit, Stabilität und Austauschbarkeit kurz- bis mittelfristig.

Eingestuft in QBL 4

10.8.5 Technische Parameter

Betrachtungsebene: Design

QBL-Grenzwerte für C++

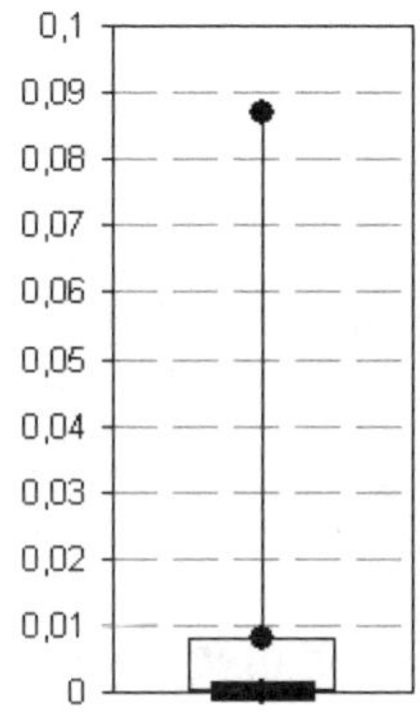

Maximum:	0,0870
Oberes Quartil:	0,0080
Median:	0,0000
Unteres Quartil:	0,0000
Minimum:	0,0000

Angaben beziehen sich auf Verletzungen pro 1.000 LOC.

QBL-Grenzwerte für Java

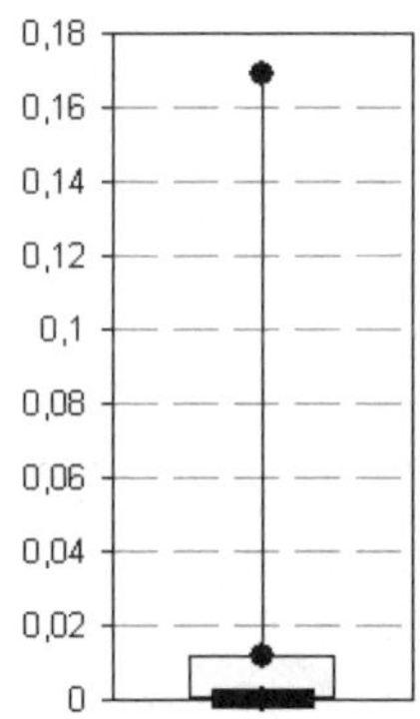

Maximum:	0,1690
Oberes Quartil:	0,0120
Median:	0,0000
Unteres Quartil:	0,0000
Minimum:	0,0000

Angaben beziehen sich auf Verletzungen pro 1.000 LOC.

Informelle Hinweise für die Erkennung

- Ermittlung aller Unterklassen, für die gilt: Die Unterklasse überschreibt nichtleer mehr als 50% der in einer direkten Oberklasse implementierten und in der Unterklasse sichtbaren Methoden, ohne die Oberklassenmethode aufzurufen.
- Jedes ermittelte Unterklasse-Oberklasse-Paar stellt eine Probleminstanz dar.

10.9 Qualitätsindikator »Gottdatei«

10.9.1 Definition

Als Gottdateien werden Dateien bezeichnet, die insgesamt mehr als 2.000 Brutto Lines of Codes enthalten.

10.9.2 Beschreibung

Kandidaten für Gottdateien sind zum einen Dateien, die Artefakte enthalten, welche bereits durch andere »Gott-Indikatoren«, z.B. Gottmethode, Gottklasse, aufgefallen sind. Daneben werden durch Gottdateien aber auch Dateien erfasst, die aus anderen Gründen sehr groß sind, zum Beispiel Dateien mit mehreren (nichtöffentlichen) Klassen oder Dateien mit mehreren Methoden, deren Länge gerade unterhalb des Schwellwertes für Gottmethoden liegen. Derartige Dateien besitzen häufig zu viele Artefakte (die allerdings nicht durch andere Gott-Regeln erkannt werden), die daher separat nur mit überhöhtem Aufwand geändert, betrachtet und modifiziert werden können.

Referenzen: [URLSunCC]

10.9.3 Qualitätseigenschaften

Qualitätseigenschaft & Relevanz	Beschreibung
Analysierbarkeit 50 %	Durch die Komplexität der Datei erhöht sich deren Unübersichtlichkeit, was wiederum negative Auswirkungen auf das Verständnis für die Funktionen der Datei hat.
Modifizierbarkeit 25 %	Je komplexer eine Datei ist, desto höher ist auch der Aufwand, diese zu ändern, da der durch die umgebende Datei vorliegende Kontext für die Modifikation mit betrachtet werden muss.
Stabilität 0 %	Keine signifikanten negativen Auswirkungen
Prüfbarkeit 25 %	Die Größe einer Datei wirkt sich bedingt auf die Testbarkeit aus, da die Komplexität der Gottdatei u.U. zu komplexen Test-Pendants führt.
Austauschbarkeit 25 %	Die Größe der Datei wirkt sich u.U. negativ auf deren Wiederverwendbarkeit aus, da evtl. unnötige Funktionalität in das neue System übertragen werden muss, sobald nur eine Teilfunktionalität der Datei wiederverwendet werden soll.
Zeitverhalten 0 %	Keine signifikanten negativen Auswirkungen
Verbrauchsverhalten 0 %	Keine signifikanten negativen Auswirkungen

10.9.4 QBL entsprechend Code-Quality-Index

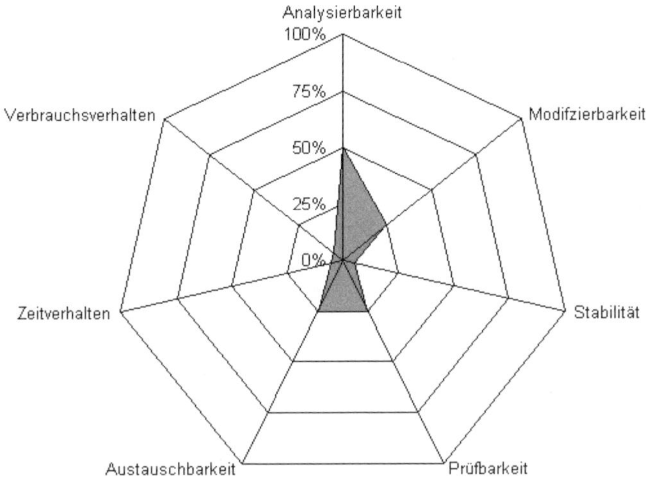

Abb. 10–9 *Qualitätseigenschaftsrelevanz von »Gottdatei«*

Wirtschaftlichkeits-faktor & Einschätzung	Beschreibung
Kostenzuwachs 50 %	Um das Problem zu beseitigen, muss zuerst eine neue Dateiaufteilung (für ein evtl. Auslagern) identifiziert werden. Dies erfordert je nach Umfang der Datei einen entsprechenden Aufwand.
Unmittelbarkeit 50 %	Die Behebung des Problems wirkt sich mittelfristig auf die Wirtschaftlichkeit des Programms aus, da es zu einer besseren Übersichtlichkeit und zum besseren Verständnis führt, so dass Wartungen künftig schneller vorgenommen werden können.

Eingestuft in QBL 4

10.9.5 Technische Parameter

Betrachtungsebene: Design

QBL-Grenzwerte für C++

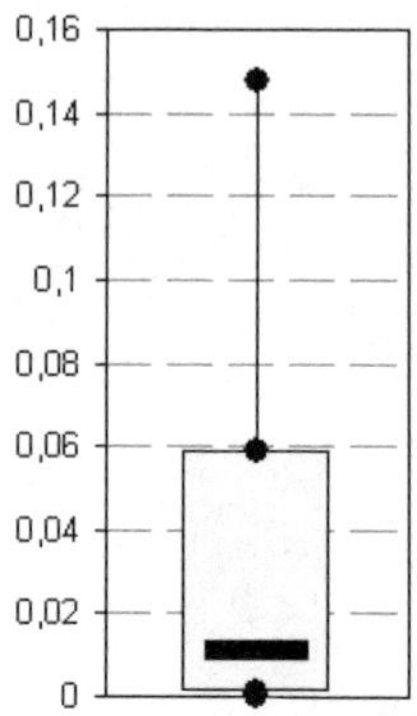

Maximum:	0,1480
Oberes Quartil:	0,0590
Median:	0,0110
Unteres Quartil:	0,0010
Minimum:	0,0000

Angaben beziehen sich auf Verletzungen pro 1.000 LOC.

QBL-Grenzwerte für JavaAngaben beziehen sich auf Verletzungen pro 1.000 LOC.

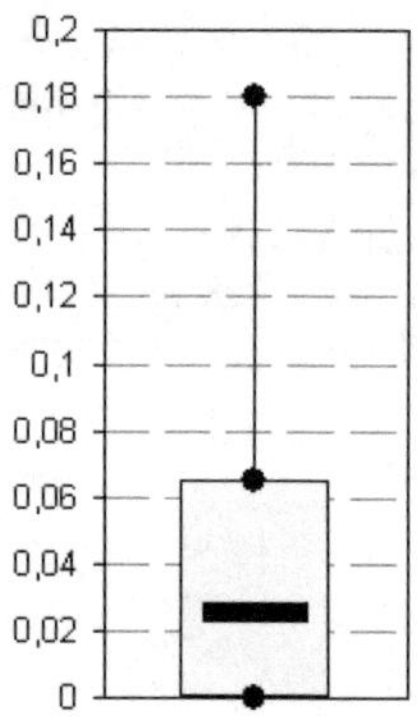

Maximum:	0,1800
Oberes Quartil:	0,0650
Median:	0,0250
Unteres Quartil:	0,0000
Minimum:	0,0000

Informelle Hinweise für die Erkennung

- Ermittlung aller Dateien mit mehr als 2.000 Brutto Lines of Code.
- Jede Datei, die dieses Kriterium erfüllt, ist eine Probleminstanz.

10.10 Qualitätsindikator »Gottklasse (Attribut)«

10.10.1 Definition

Eine Klasse deklariert selbst mehr als 50 Attribute (keine Konstanten), unabhängig von der Sichtbarkeit und des Typs der Attribute.

10.10.2 Beschreibung

Eine Klasse, die aus mehr als 50 Attributen besteht, kann nur schwer den konsistenten Zustand der Attribute sicherstellen. Auch das Verstehen und Warten derartiger Gottklassen ist mit einem deutlich überhöhten Aufwand verbunden. Die Erkennung kohäsiver Attribut-Teilmengen ist durch die fehlende Clusterung in mehrere Teilklassen erschwert.

Referenzen: [BrMaMc98], [Riel96], [Fowl99], [Mari02]

10.10.3 Qualitätseigenschaften

Qualitätseigenschaft & Relevanz	Beschreibung
Analysierbarkeit 75 %	Eine Gottklasse ist i.d.R. schwer zu analysieren, da ein gewünschtes Attribut in der großen Attributmenge aufwendig identifiziert werden muss bzw. bei Änderungen der Gottklasse viele mögliche Konsistenzprobleme der Attribute zueinander mit berücksichtigt werden müssen.
Modifizierbarkeit 50 %	Die Änderbarkeit ist nur bedingt durch eine Gottklasse beeinträchtigt. Größtes Problem ist hier der zu berücksichtigende Kontext bei Änderungen, der aufgrund der umfangreichen durch die Klasse abgedeckten Datenbereiche sehr groß ist.
Stabilität 0 %	Keine signifikanten negativen Auswirkungen
Prüfbarkeit 50 %	Die Komplexität von Gottklassen und die häufig unsichtbaren Abhängigkeiten der darin enthaltenen Einzeldaten untereinander impliziert evtl. eine hohe Komplexität des Tests. Ein weiterer negativer Aspekt ist, dass die häufig fehlende Kohäsion der Daten zu einer fehlenden Kohäsion des Testcodes führt, da dann dort unterschiedliche Aspekte innerhalb eines Testcodes geprüft werden.
Austauschbarkeit 50 %	Die Wiederverwendbarkeit ist deutlich negativ beeinflusst, da immer nur die ganze Gottklasse wiederverwendet werden kann, auch wenn nur ein kleiner Teil der Daten für die Wiederverwendung relevant ist. Auch die Austauschbarkeit einzelner Teile der Gottklasse ist aufgrund der Attributmenge und der möglichen, aber nicht explizierten Abhängigkeiten zu anderen Daten erschwert.
Zeitverhalten 0 %	Keine signifikanten negativen Auswirkungen
Verbrauchsverhalten 0 %	Keine signifikanten negativen Auswirkungen

10.10.4 QBL entsprechend Code-Quality-Index

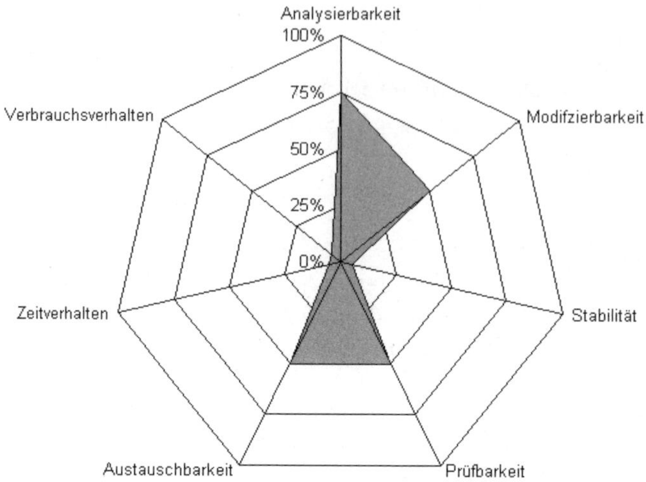

Abb. 10–10 *Qualitätseigenschaftsrelevanz von »Gottklasse (Attribut)«*

Wirtschaftlichkeits-faktor & Einschätzung	Beschreibung
Kostenzuwachs 75 %	Um das Problem zu beseitigen, muss zuerst eine neue Klassenstruktur (für ein mögliches Aufteilen in mehrere, u.U. bereits existierende Klassen) identifiziert werden. Dies erfordert je nach Umfang der Gottklasse einen entsprechenden Aufwand. Darüber hinaus müssen die Verwendungen, die Erzeugung und die Zerstörung (Destruktion) der Gottklasse und der enthaltenen Attribute angepasst werden.
Unmittelbarkeit 75 %	Durch die Aufteilung der Gottklasse in mehrere Klassen werden die einzelnen (neuen) Klassen schon aufgrund ihres reduzierten Umfangs leichter und damit schneller verständlich. Zusätzlich wird durch die gezielte Verwendung der durch die neue Aufteilung entstandenen Klassen der Zweck ihrer Verwendung deutlicher. Die Beseitigung des Problems wirkt sich daher unmittelbar aus.

Eingestuft in QBL 3

10.10.5 Technische Parameter

Betrachtungsebene: Design

QBL-Grenzwerte für C++

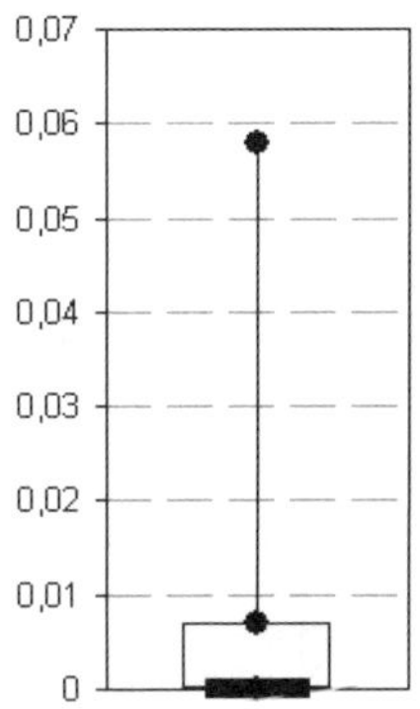

Maximum:	0,0580
Oberes Quartil:	0,0070
Median:	0,0000
Unteres Quartil:	0,0000
Minimum:	0,0000

Angaben beziehen sich auf Verletzungen pro 1.000 LOC.

QBL-Grenzwerte für Java

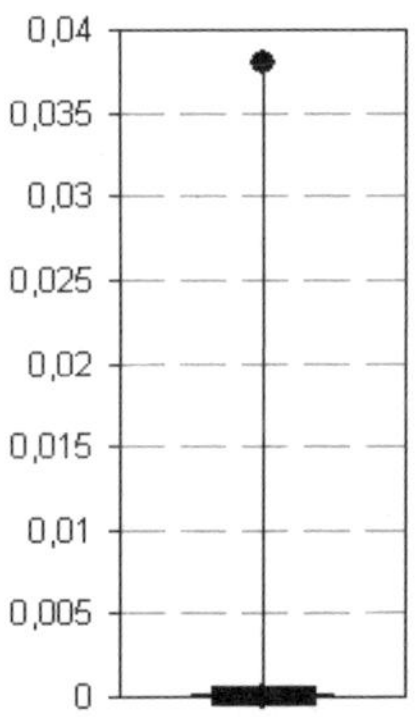

Maximum:	0,0380
Oberes Quartil:	0,0000
Median:	0,0000
Unteres Quartil:	0,0000
Minimum:	0,0000

Angaben beziehen sich auf Verletzungen pro 1.000 LOC.

Informelle Hinweise für die Erkennung

- Ermittelt werden alle Klassen, die mehr als 50 nichtkonstante Attribute deklarieren.
- Jede derartige Klasse stellt eine Probleminstanz dar.

10.11 Qualitätsindikator »Gottklasse (Methode)«

10.11.1 Definition

Eine Klasse/Interface deklariert (und/oder implementiert) mehr als 50 Methoden mit mindestens der Sichtbarkeit wie die umgebende Klasse/Interface.

10.11.2 Beschreibung

Eine Gottklasse besitzt aufgrund der vielen Methoden mit einer im Vergleich zur Klasse selbst großen Sichtbarkeit eine sehr breite Schnittstelle. Diese Breite führt dazu, dass sowohl deren Verwendung als auch Wartung überhöhte Aufwände bedeutet. Häufig besitzen derartige Klassen eine sehr geringe Kohäsion, d.h., die Klasse stellt mehr einen übergroßen Container von unterschiedlichen Abstraktionen und Funktionalität dar als ein einheitliches Konzept mit Daten und darauf zugreifenden Methoden.

Referenzen: [BrMaMc98], [Riel96], [Fowl99], [Mari02]

10.11.3 Qualitätseigenschaften

Qualitätseigenschaft & Relevanz	Beschreibung
Analysierbarkeit 75 %	Eine Gottklasse ist i.d.R. schwer zu analysieren, da ein gewünschter Dienst in der breiten Schnittstelle aufwendig identifiziert werden muss. Auch inhaltlich zur aufgerufenen Methode kohärente Methoden müssen aufwendig identifiziert werden, da sie in der allgemeinen Methodenmenge untergehen.
Modifizierbarkeit 50 %	Die Änderbarkeit ist nur bedingt durch eine Gottklasse beeinträchtigt. Größtes Problem ist hier der zu berücksichtigende Kontext bei Änderungen, der aufgrund der umfangreichen, durch die Klasse angebotenen Funktionalität sehr groß ist.
Stabilität 0 %	Keine signifikanten negativen Auswirkungen
Prüfbarkeit 75 %	Die Komplexität von Gottklassen impliziert meist eine hohe Komplexität des Tests, der damit u.U. dieselben negativen Implikationen besitzt wie die zu testende Gottklasse. Ein weiterer negativer Aspekt ist die fehlende Granularität des Testens, da immer nur die gesamte Gottklasse getestet werden kann und bei Retests auch getestet werden muss.
Austauschbarkeit 75 %	Die Wiederverwendbarkeit ist deutlich negativ beeinflusst, da immer nur die ganze Gottklasse wiederverwendet werden kann, auch wenn nur ein kleiner Teil der Schnittstelle für die Wiederverwendung relevant ist. Auch die Austauschbarkeit einzelner Teile der Gottklasse ist aufgrund des monolithischen Kontextes erschwert.

Qualitätseigenschaft & Relevanz	Beschreibung
Zeitverhalten 0 %	Keine signifikanten negativen Auswirkungen
Verbrauchsverhalten 0 %	Keine signifikanten negativen Auswirkungen

10.11.4 QBL entsprechend Code-Quality-Index

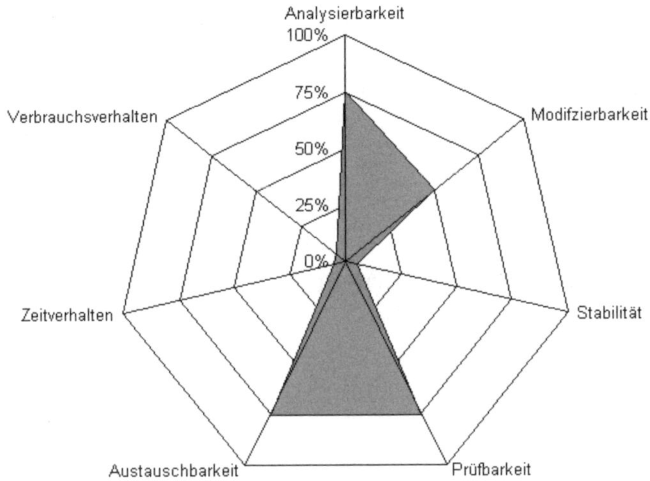

Abb. 10–11 *Qualitätseigenschaftsrelevanz von »Gottklasse (Methode)«*

Wirtschaftlichkeits-faktor & Einschätzung	Beschreibung
Kostenzuwachs 75 %	Um das Problem zu beseitigen, muss zuerst eine neue Klassenstruktur (für ein mögliches Aufteilen in mehrere, u.U. bereits existierende Klassen) identifiziert werden. Dies erfordert je nach Umfang der Gottklasse einen entsprechenden Aufwand. Darüber hinaus müssen die Aufrufe, die Erzeugung und die Zerstörung (Destruktion) der Gottklasse angepasst werden.
Unmittelbarkeit 75 %	Durch die Aufteilung der Gottklasse in mehrere Klassen werden die einzelnen (neuen) Klassen schon aufgrund ihres reduzierten Umfangs leichter und damit schneller verständlich. Zusätzlich wird durch die gezielte Verwendung der durch die funktionale Aufteilung entstandenen Klassen der Zweck ihrer Verwendung deutlicher. Die Beseitigung des Problems wirkt sich daher unmittelbar aus.

Eingestuft in QBL 3

10.11.5 Technische Parameter

Betrachtungsebene: Design

QBL-Grenzwerte für C++

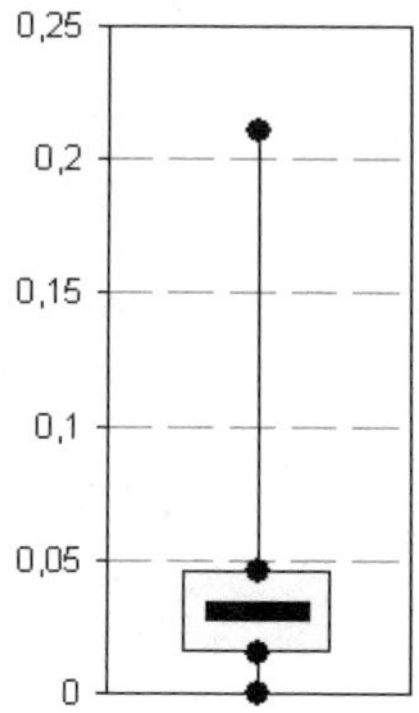

Maximum:	0,2110
Oberes Quartil:	0,0460
Median:	0,0310
Unteres Quartil:	0,0150
Minimum:	0,0000

Angaben beziehen sich auf Verletzungen pro 1.000 LOC.

QBL-Grenzwerte für Java

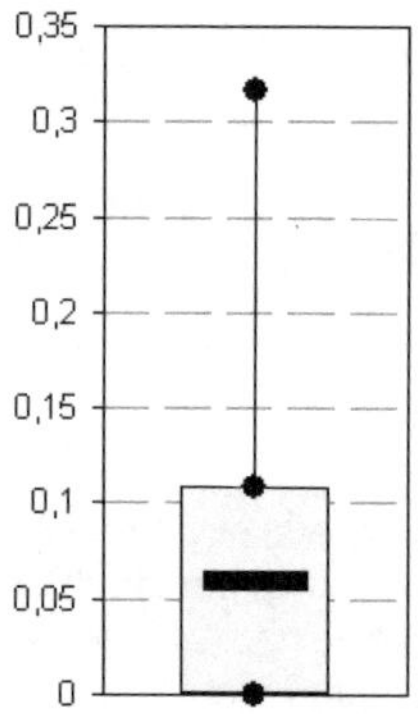

Maximum:	0,3170
Oberes Quartil:	0,1080
Median:	0,0590
Unteres Quartil:	0,0000
Minimum:	0,0000

Angaben beziehen sich auf Verletzungen pro 1.000 LOC.

Informelle Hinweise für die Erkennung

- Es werden alle Klassen und Interfaces ermittelt, die mehr als 50 Methoden deklarieren und/oder implementieren. Berücksichtigt werden dabei nur diejenigen Methoden, die mindestens so sichtbar wie die Klasse/das Interface sind. Dabei gilt `public>protected>package-private>private`.
- Jedes so ermittelte Artefakt stellt eine Probleminstanz dar.

10.12 Qualitätsindikator »Gottmethode«

10.12.1 Definition

Als Gottmethoden werden solche Methoden bezeichnet, deren Implementierung mehr als 200 Brutto Lines of Code lang ist (einschließlich der Zeile mit der öffnenden bis einschließlich der Zeile der schließenden Klammer).

10.12.2 Beschreibung

Die Lesbarkeit und Verständlichkeit haben wesentlichen Einfluss auf die Wartbarkeit von Code. Nur Code, der verstanden wird, kann effizient modifiziert werden. Erstreckt sich eine Methode über mehrere Seiten (auf dem Bildschirm oder auf Papier), so ist die Lesbarkeit und Verstehbarkeit alleine aufgrund des Umfangs stark eingeschränkt.

Eine Gottmethode unterscheidet sich von einer »Labyrinthmethode« (s.u.) dahingehend, dass letztere einen komplexen Kontrollfluss hat, jedoch nicht unbedingt sehr lang sein muss.

Referenzen: [Mari02], [Fowl99]

10.12.3 Qualitätseigenschaften

Qualitätseigenschaft & Relevanz	Beschreibung
Analysierbarkeit 50 %	Gottmethoden besitzen einen Umfang, der sich über mehr als eine Seite (Bildschirm oder Ausdruck) erstreckt. Damit ist der Inhalt nicht auf einen Blick erfassbar.
Modifizierbarkeit 50 %	Aufgrund ihrer Länge ist die Modifizierbarkeit der Gottmethode eingeschränkt, da alleine die Identifikation der relevanten Stelle innerhalb der Methode aufwendig ist.
Stabilität 0 %	Keine signifikanten negativen Auswirkungen
Prüfbarkeit 25 %	Die Prüfbarkeit ist alleine aufgrund der Länge nur bedingt eingeschränkt; schwerwiegender sind komplexe Kontrollflussstrukturen (s. Labyrinthmethode).
Austauschbarkeit 25 %	Die Austauschbarkeit ist alleine aufgrund der Länge nur bedingt eingeschränkt; schwerwiegender sind übergroße Parameterlisten (s. lange Parameterliste).
Zeitverhalten 0 %	Keine signifikanten negativen Auswirkungen
Verbrauchsverhalten 0 %	Keine signifikanten negativen Auswirkungen

10.12.4 QBL entsprechend Code-Quality-Index

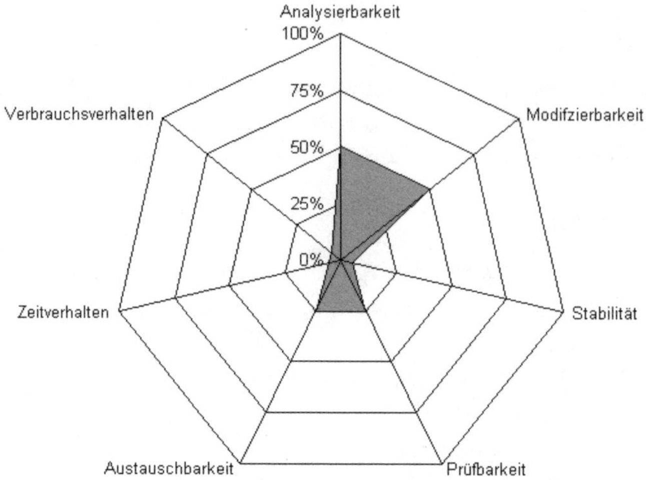

Abb. 10–12 *Qualitätseigenschaftsrelevanz von »Gottmethode«*

Wirtschaftlichkeitsfaktor & Einschätzung	Beschreibung
Kostenzuwachs 25 %	Der Aufwand für die Aufteilung der Gottmethode ist alleine aufgrund der Länge nicht deutlich erhöht. In Gottmethoden, die keine Labyrinthmethoden sind, lassen sich i.d.R. lange Sequenzen von linearen Anweisungen einfach auslagern.
Unmittelbarkeit 50 %	Mit der Aufteilung der Gottmethode steigt die Lesbarkeit und Analysierbarkeit bei der nächsten Beschäftigung mit dem Code.

Eingestuft in QBL 4

10.12.5 Technische Parameter

Betrachtungsebene: Code

QBL-Grenzwerte für C++

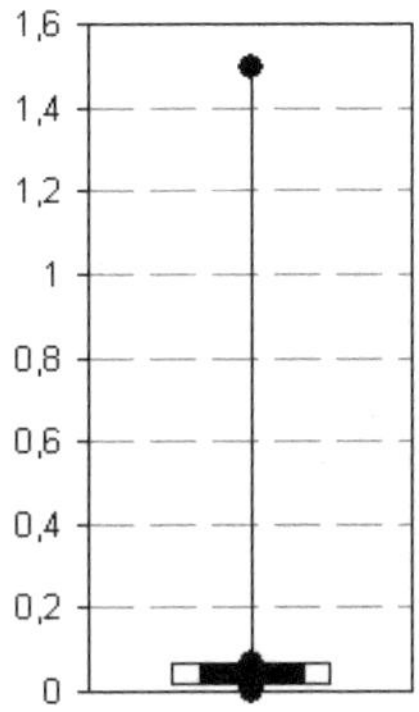

Maximum:	1,4930
Oberes Quartil:	0,0680
Median:	0,0440
Unteres Quartil:	0,0120
Minimum:	0,0000

Angaben beziehen sich auf Verletzungen pro 1.000 LOC.

QBL-Grenzwerte für Java

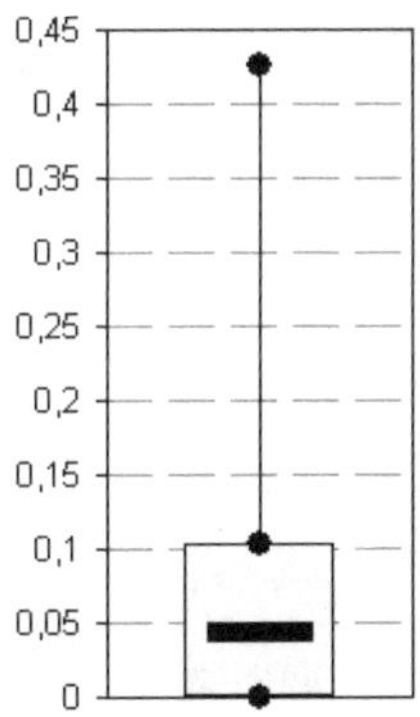

Maximum:	0,4260
Oberes Quartil:	0,1030
Median:	0,0430
Unteres Quartil:	0,0000
Minimum:	0,0000

Angaben beziehen sich auf Verletzungen pro 1.000 LOC.

Informelle Hinweise für die Erkennung

- Ermittelt werden alle Methoden, deren Implementierung (von der öffnenden bis schließenden Klammer) mehr als 200 Brutto Lines of Code lang ist. Die »Klammerzeilen« werden mit gezählt.
- Jede derartige Methode stellt eine Probleminstanz dar.

10.13 Qualitätsindikator »Gottpaket«

10.13.1 Definition

In einem Paket bzw. einem Verzeichnis sind mehr als 50 öffentliche, nichtgeschachtelte Klassen oder Interfaces deklariert.

10.13.2 Beschreibung

Pakete/Verzeichnisse sind ein Mittel zur Bildung einer über der Ebene von Klassen und Interfaces liegenden weiteren Abstraktionsschicht innerhalb von Softwaresystemen. Enthält ein Paket/Verzeichnis sehr viele Klassen/Interfaces, besteht die Gefahr, dass diese Abstraktion nicht mehr mit vertretbarem Aufwand verstanden und gewartet werden kann, da der Inhalt zu umfangreich ist und daher vermutlich eine weitere Dekomposition angebracht scheint.

Referenzen: [Riel96], [Mari02]

10.13.3 Qualitätseigenschaften

Qualitätseigenschaft & Relevanz	Beschreibung
Analysierbarkeit 75 %	Ein Gottpaket ist nur schwer zu analysieren, da es sehr groß ist und viel Funktionalität enthält, die vermutlich weiter aufgeteilt werden kann. Die Identifikation dieser Funktionalitätscluster ist in Gottpaketen mit einem deutlichen Mehraufwand verbunden.
Modifizierbarkeit 50 %	Die Änderbarkeit ist nur bedingt durch ein Gottpaket beeinträchtigt. Größtes Problem ist die Identifikation der für eine Modifikation relevanten Klassen.
Stabilität 0 %	Keine signifikanten negativen Auswirkungen
Prüfbarkeit 25 %	Die Komplexität von Gottpaketen impliziert evtl. eine hohe Komplexität des Tests, der damit u.U. dieselben negativen Implikationen besitzt wie das zu testende Gottpaket.
Austauschbarkeit 75 %	Bei der Wiederverwendung das Pakets hinsichtlich einer bestimmten Funktionalität werden – solange keine Konsolidierung stattfindet – auch alle anderen Funktionalitäten/Klassen wiederverwendet, die im Paket enthalten sind.
Zeitverhalten 0 %	Keine signifikanten negativen Auswirkungen
Verbrauchsverhalten 0 %	Keine signifikanten negativen Auswirkungen

10.13.4 QBL entsprechend Code-Quality-Index

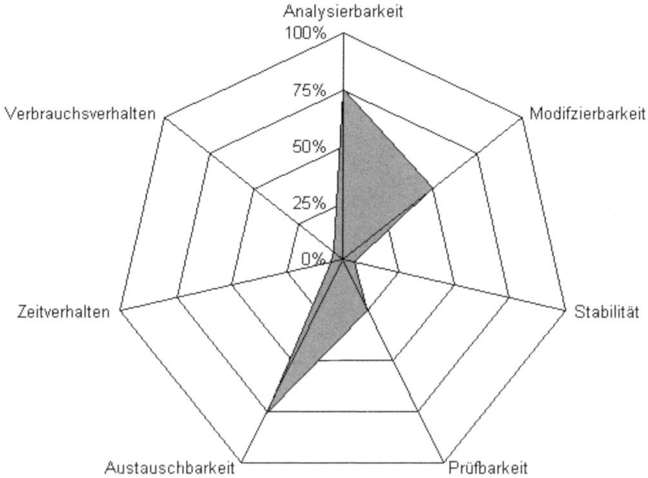

Abb. 10–13 *Qualitätseigenschaftsrelevanz von »Gottpaket«*

Wirtschaftlichkeits-faktor & Einschätzung	Beschreibung
Kostenzuwachs 75 %	Um das Problem zu beseitigen, muss zuerst eine neue Paketstruktur identifiziert werden. Hierfür muss das gesamte Gottpaket analysiert werden. Dies erfordert je nach Umfang des Paketes einen entsprechenden Aufwand.
Unmittelbarkeit 50 %	Die Behebung des Problems wirkt sich mittelfristig auf die Wirtschaftlichkeit des Programms aus, da es zu einer besseren Übersichtlichkeit und zum besseren Verständnis führt, so dass Wartungen künftig schneller vorgenommen werden können.

Eingestuft in QBL 3

10.13.5 Technische Parameter

Betrachtungsebene: Architektur

QBL-Grenzwerte für C++

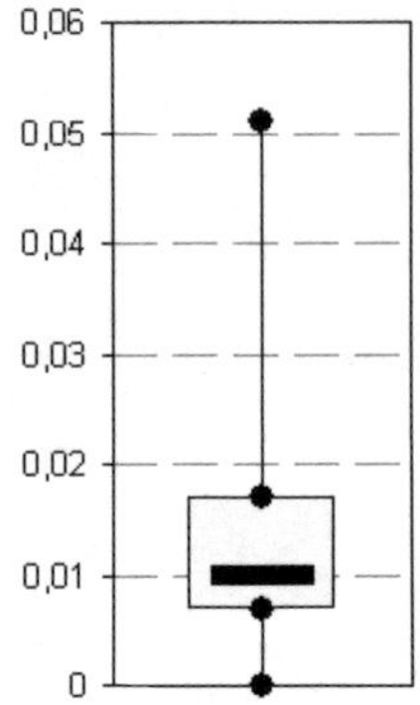

Maximum:	0,0510
Oberes Quartil:	0,0170
Median:	0,0100
Unteres Quartil:	0,0070
Minimum:	0,0000

Angaben beziehen sich auf Verletzungen pro 1.000 LOC.

QBL-Grenzwerte für Java

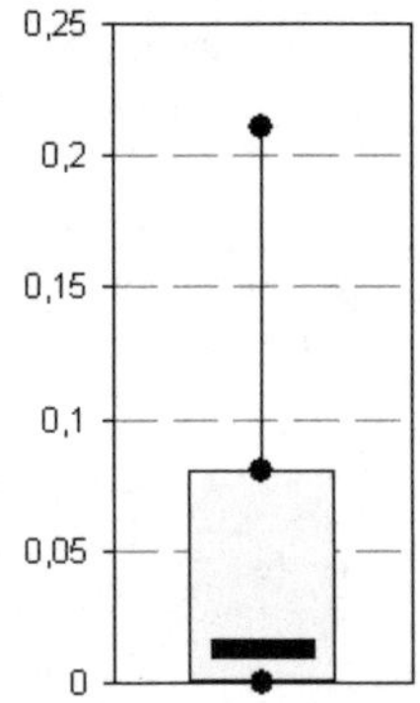

Maximum:	0,2110
Oberes Quartil:	0,0800
Median:	0,0120
Unteres Quartil:	0,0000
Minimum:	0,0000

Angaben beziehen sich auf Verletzungen pro 1.000 LOC.

Informelle Hinweise für die Erkennung

- Ermittelt werden alle Pakete/Verzeichnisse, die mehr als 50 öffentliche, nicht-geschachtelte Klassen/Interfaces deklarieren.
- Jedes derartige Paket/Verzeichnis stellt eine Probleminstanz dar.

10.14 Qualitätsindikator »halbherzige Operationen«

10.14.1 Definition

Zusammenhängende Methodencluster werden unvollständig bzw. inkonsistent implementiert, wodurch die dem Methodencluster zugrunde liegende Funktionalität falsch werden kann. In Java sind dies `Object.equals()` und `Object.hashCode()`. In C++ sind dies `operator++(void)` und `operator++(int)` (inkl. der Minus-Varianten), der Copy-Konstruktor und der operator= sowie die Forderung nach virtuellen Destruktoren bei der Existenz einer virtuellen Methode.

10.14.2 Beschreibung

Bestimmte Methoden von Klassen müssen bezüglich ihrer Implementierung konsistent zueinander gehalten werden, da Klienten der Klassen auf diese Konsistenz vertrauen. Wird das Verhalten einzelner Methoden durch neue Implementierungen oder die Verwendung unterschiedlicher Bindungen (virtual vs. nicht virtual) verändert, kann diese Konsistenz zerstört werden, d.h., die der Methodengruppe zugrunde liegende Funktionalität kann hierdurch falsch werden.

Während die Konsistenz der Implementierung von Anwendungscode nicht allgemein auszudrücken ist, gibt es jedoch seitens der Programmiersprachen folgende spezifische Regeln, die beachtet werden sollten:

- Java
  - `Object.equals()` und `Object.hashCode()` konsistent halten, weil Collection-Klassen mittels `hashCode` zunächst »Äquivalenzkandidaten« identifizieren.
- C++
  - `operator++(void)` und `operator++(int)` (bzw. `operator--`) zusammen überschreiben, um eine Konsistenz zwischen Post- und Präfixoperatoren sicherzustellen.
  - Copy-Konstruktor und `operator= zusammen implementieren.`
  - Wenn eine Klasse eine virtuelle Methode besitzt, dann muss die Klasse auch einen virtuellen Destruktor besitzen.

Dies bedeutet jeweils, dass die Änderung einer dieser Methoden die Änderung der anderen implizieren muss.

Referenzen: [URLChimu]

10.14.3 Qualitätseigenschaften

Qualitätseigenschaft & Relevanz	Beschreibung
Analysierbarkeit 50 %	Durch die Inkonsistenz der Operationen kann sich das erwartete Verhalten der Klienten vom tatsächlichen Verhalten erheblich unterscheiden. Außerdem wird bei halbherzigen Operationen die Erwartungshaltung, dass Methodengruppen zusammen auftreten, verletzt. Dementsprechend schwer fällt das Verstehen und die Analyse des Systems.
Modifizierbarkeit 50 %	Die Inkonsistenz der Operationen kann bei Modifikationen zu unerwartetem Verhalten der Klasse führen, da die von dem Methodencluster erwartete Funktionalität nicht korrekt umgesetzt ist. Die Modifizierbarkeit kann daher erschwert sein.
Stabilität 75 %	Werden halbherzige Operationen verwendet, können je nach Laufzeitkontext schwerwiegende Fehler auftreten, die durch die fehlende Vollständigkeit der Implementierung des Methodenclusters induziert sind. Klassisches Beispiel ist hier die fehlende Virtualität bei C++-Destruktoren.
Prüfbarkeit 0 %	Keine signifikanten negativen Auswirkungen
Austauschbarkeit 100 %	Der Einsatz einer Klasse mit halbherzigen Operationen kann im neuen Kontext zu einem unerwarteten Verhalten führen, da im Allgemeinen die Konsistenz der Operationen vorausgesetzt wird.
Zeitverhalten 0 %	Keine signifikanten negativen Auswirkungen
Verbrauchsverhalten 0 %	Keine signifikanten negativen Auswirkungen

10.14.4 QBL entsprechend Code-Quality-Index

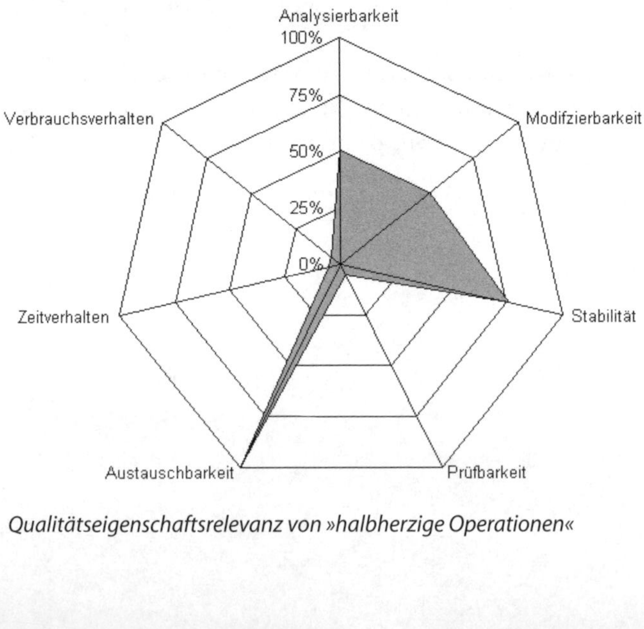

Abb. 10–14 *Qualitätseigenschaftsrelevanz von »halbherzige Operationen«*

Wirtschaftlichkeits-faktor & Einschätzung	Beschreibung
Kostenzuwachs 25 %	Da meist nur das fehlende Komplement des Methodenclusters nachimplementiert werden muss, bleiben die Kosten moderat.
Unmittelbarkeit 75 %	Insbesondere die zugenommene Stabilität hat direkte Auswirkungen.

Eingestuft in QBL 2

10.14.5 Technische Parameter

Betrachtungsebene: Design

QBL-Grenzwerte für C++

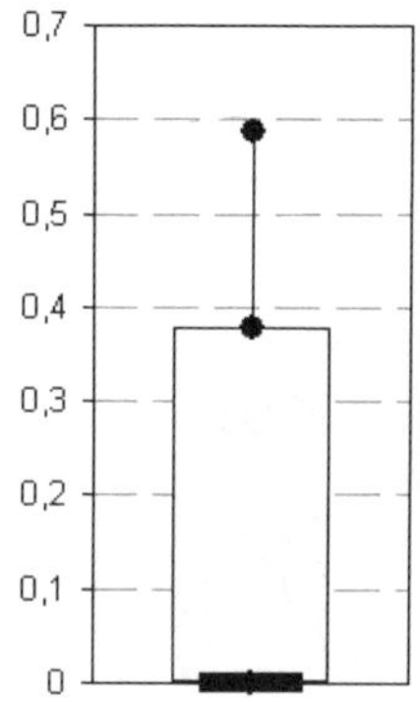

Maximum:	0,5880
Oberes Quartil:	0,3790
Median:	0,0000
Unteres Quartil:	0,0000
Minimum:	0,0000

Angaben beziehen sich auf Verletzungen pro 1.000 LOC.

QBL-Grenzwerte für Java

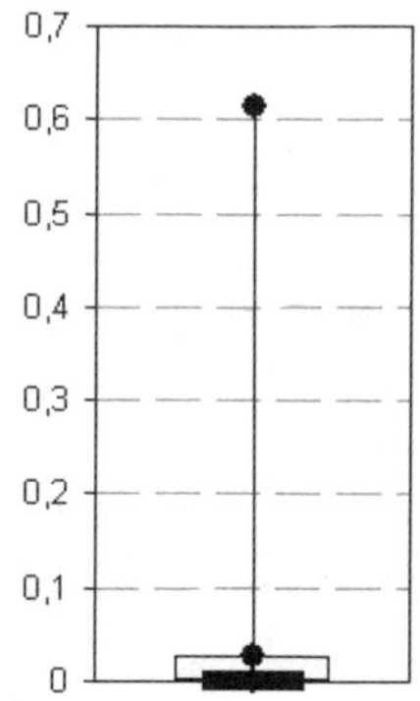

Maximum:	0,6140
Oberes Quartil:	0,0280
Median:	0,0000
Unteres Quartil:	0,0000
Minimum:	0,0000

Angaben beziehen sich auf Verletzungen pro 1.000 LOC.

Informelle Hinweise für die Erkennung

Nachfolgende Suchmuster werden sprachspezifisch ausgeführt:

- Java: Suche aller Klassen,
  - die entweder `equals()` oder `hashCode()` implementieren, nicht jedoch beide.
- C++: Suche aller Klassen,
  - die jeweils nur einen der beiden Operatoren `operator++(void)` und `operator++(int)` überschreiben,
  - jeweils nur einen der beiden Operatoren `operator--(void)` und `operator --(int)` überschreiben,
  - entweder den Copy-Konstruktor oder den `operator=` implementieren, nicht jedoch beide,
  - einen nichtvirtuellen Destruktor haben, obwohl virtuelle Methoden deklariert werden.

Jede Verletzung wird separat gezählt, auch mehrere innerhalb ein und derselben Klasse.

10.15 Qualitätsindikator »heimliche Verwandtschaft«

10.15.1 Definition

Ein öffentliches Interface `I` bzw. eine öffentliche Oberklasse `OK` deklariert mindestens eine öffentliche Methode, `I` bzw. `OK` werden allerdings von außerhalb der Vererbungshierarchie nicht benutzt, sondern maximal von (in)direkten Unterklassen von `I` bzw. `OK`.

10.15.2 Beschreibung

Nicht polymorph genutzte Vererbung bedeutet, dass Klienten die Schnittstellen der Unterklassen direkt verwenden und nicht die der Oberklasse, in der diese Schnittstelle öffentlich deklariert ist. Dies ist ein Indiz dafür, dass die Vererbungsbeziehung zum Zwecke der Quelltextwiederverwendung oder Signaturwiederverwendung erstellt wurde, dies allerdings in der Oberklasse bzw. dem Interface nicht entsprechend berücksichtigt wurde (z.B. durch entsprechende Sichtbarkeitsreduktionen). Nicht polymorph genutzte Vererbung kann auch daraus resultieren, dass von Klienten lediglich die falsche Abstraktion angesprochen wird (Interface-Bypass). Wird eine Schnittstelle ausschließlich durch Interface-Bypässe verwendet (d.h. konsequent umgangen), so existiert dort auch das Problem der »heimlichen Verwandtschaft«.

Referenzen: [Ciup01], [BrSi02]

10.15.3 Qualitätseigenschaften

Qualitätseigenschaft & Relevanz	Beschreibung
Analysierbarkeit 75 %	Die Erwartung, dass bei einer derartigen Struktur Polymorphie eingesetzt wird, ist falsch, da die Vererbung (bzw. Implementierung) lediglich zum Explizieren von syntaktischen Gemeinsamkeiten verwendet wird. Der besondere Zweck der Abstraktion ist daher nur mit zusätzlichem Aufwand erarbeitbar.
Modifizierbarkeit 50 %	Der Aufwand für eine Änderung der Oberklasse scheint höher, als sie ist, da eine öffentliche Schnittstelle deklariert wird, die jedoch nur innerhalb der Vererbungsstruktur verwendet wird. Dass eine Prüfung auf externe Implikationen überflüssig ist, ist nicht offensichtlich.
Stabilität 0 %	Keine signifikanten negativen Auswirkungen
Prüfbarkeit 25 %	Da größere Sichtbarkeiten i.d.R. auch umfangreichere Tests nach sich ziehen, ist die Prüfbarkeit von »heimlicher Verwandschaft« erschwert. Auch die angenommene Polymorphie muss nicht getestet werden.
Austauschbarkeit 0 %	Keine signifikanten negativen Auswirkungen
Zeitverhalten 0 %	Keine signifikanten negativen Auswirkungen
Verbrauchsverhalten 0 %	Keine signifikanten negativen Auswirkungen

10.15.4 QBL entsprechend Code-Quality-Index

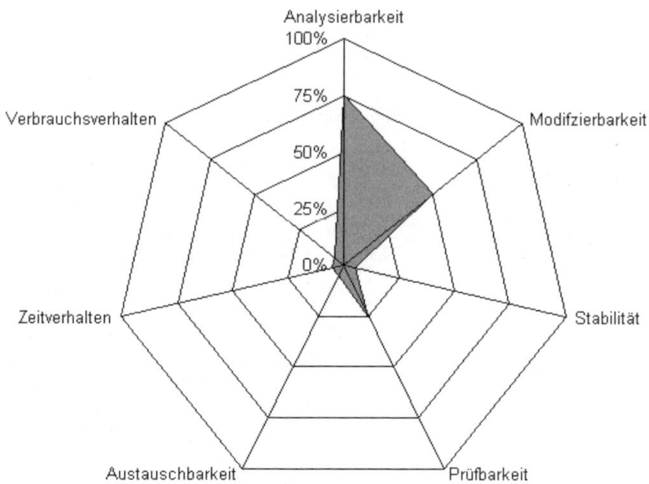

Abb. 10–15 Qualitätseigenschaftsrelevanz von »heimliche Verwandtschaft«

Wirtschaftlichkeits-faktor & Einschätzung	Beschreibung
Kostenzuwachs 100 %	Die Umwandlung der Implementierungsvererbung in eine vollständige Delegation, die Anpassung der Aufrufstruktur aus Sicht der Klienten und/oder die Anpassung der Oberklasse entsprechend des Zwecks ist eine aufwendige und riskante Aufgabe, da sehr viele Anpassungen vorgenommen werden müssen.
Unmittelbarkeit 50 %	Die Auswirkungen der Behebung fokussieren primär alle Arbeiten, die beim Verstehen und Analysieren für Veränderungen anfallen und sind daher als mittelfristig einzuschätzen.

Eingestuft in QBL 4

10.15.5 Technische Parameter

Betrachtungsebene: Design

QBL-Grenzwerte für C++

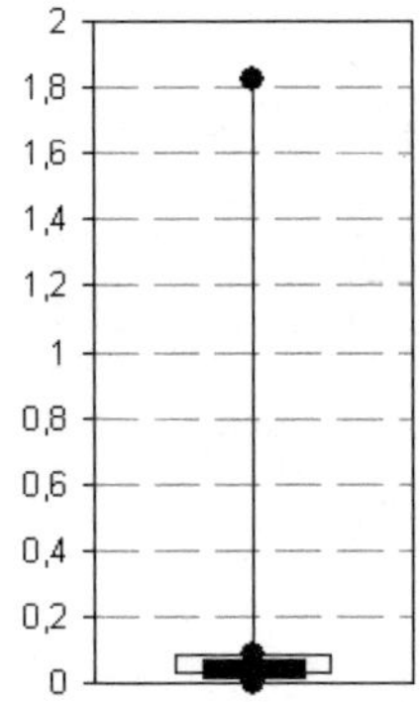

Maximum:	1,8220
Oberes Quartil:	0,0840
Median:	0,0350
Unteres Quartil:	0,0230
Minimum:	0,0000

Angaben beziehen sich auf Verletzungen pro 1.000 LOC.

QBL-Grenzwerte für Java

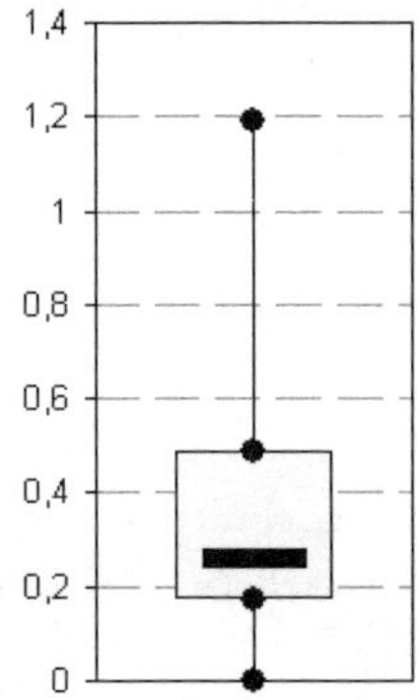

Maximum:	1,1890
Oberes Quartil:	0,4860
Median:	0,2570
Unteres Quartil:	0,1730
Minimum:	0,0000

Angaben beziehen sich auf Verletzungen pro 1.000 LOC.

Informelle Hinweise für die Erkennung

- Ermittelt werden alle öffentlichen Klassen und Interfaces, die mindestens eine öffentliche Methode deklarieren und mindestens eine Unterklasse bzw. Implementierung haben.
- Zusätzlich darf es keinen Aufruf der öffentlichen Methoden dieser Klassen bzw. Interfaces von außerhalb der Hierarchie geben.
- Jedes derartige Artefakt stellt eine Probleminstanz dar.

10.16 Qualitätsindikator »Identitätsspaltung«

10.16.1 Definition

Mehrere öffentliche Klassen und/oder Schnittstellen (Interface) innerhalb eines Systems haben den gleichen Namen. Etwaige Unterschiede in der Groß- und Kleinschreibung werden hierbei als Unterscheidungsmerkmal ignoriert.

10.16.2 Beschreibung

Klassen und Schnittstellen werden im Code in den meisten Fällen nicht über ihren vollqualifizierten Namen (z.B. `java.util.HashMap`) referenziert, sondern nur über ihren Namen (z.B. `HashMap`). Gibt es nun im System mehrere Klassen/Schnittstellen mit dem gleichen Namen, besteht eine hohe Verwechslungsgefahr, da die tatsächlich verwendete Klasse/Schnittstelle nicht sofort ersichtlich ist. Stattdessen muss die verwendete Klasse durch die Analyse des Kontextes (der importierten Klassen/Pakete) bestimmt werden. Auch die Verwendung moderner IDEs beseitigt das Problem nicht vollständig. Diese können zwar den vollqualifizierten Namen automatisch ermitteln, zeigen ihn aber oft nur in Form von Tooltips an. Beim einfachen Lesen des Codes (oder in Ausdrucken) fehlt diese Information aber.

10.16.3 Qualitätseigenschaften

Qualitätseigenschaft & Relevanz	Beschreibung
Analysierbarkeit 100 %	Aufgrund der Namensgleichheit besteht eine hohe Verwechslungsgefahr. Es ist schwer zu entscheiden, welche der namensgleichen Klassen/Schnittstellen in einem Kontext konkret verwendet werden.
Modifizierbarkeit 50 %	Wegen der Namensgleichheit besteht die Gefahr, dass Änderungen nicht an den gewünschten Klassen/Schnittstellen erfolgen bzw. dass die falschen Klassen/Schnittstellen referenziert werden.
Stabilität 0 %	Keine signifikanten negativen Auswirkungen

Qualitätseigenschaft & Relevanz	Beschreibung
Prüfbarkeit 0 %	Keine signifikanten negativen Auswirkungen
Austauschbarkeit 50 %	Auch im Zusammenhang mit der Austauschbarkeit wirkt sich eine Namensgleichheit negativ aus. Es besteht wiederum die Gefahr von Verwechslungen. Ebenso ergeben sich Verständnisprobleme.
Zeitverhalten 0 %	Keine signifikanten negativen Auswirkungen
Verbrauchsverhalten 0 %	Keine signifikanten negativen Auswirkungen

10.16.4 QBL entsprechend Code-Quality-Index

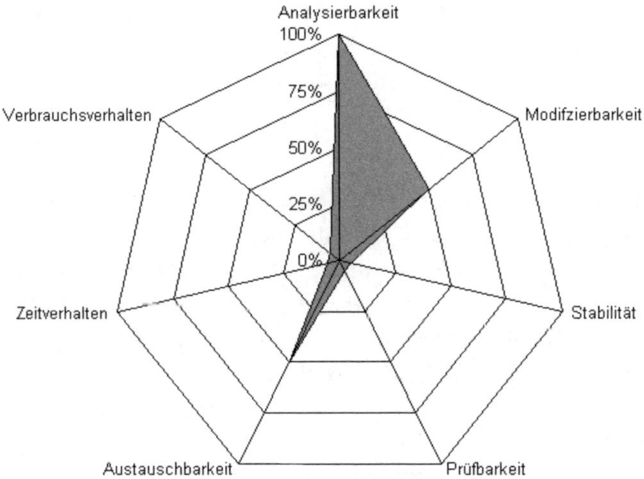

Abb. 10–16 *Qualitätseigenschaftsrelevanz von »Identitätsspaltung«*

Wirtschaftlichkeits-faktor & Einschätzung	Beschreibung
Kostenzuwachs 50 %	Die Auflösung der Namensgleichheit erfordert je nach verwendeter IDE mittleren bis geringen Aufwand.
Unmittelbarkeit 100 %	Mit dem Beseitigen der Namensgleichheit wird die Verwechslungsgefahr unmittelbar gebannt. Gleichzeitig steigt die Verständlichkeit und das System wird leichter analysier- und modifizierbar.

Eingestuft in QBL 2

10.16.5 Technische Parameter

Betrachtungsebene: Design

QBL-Grenzwerte für C++

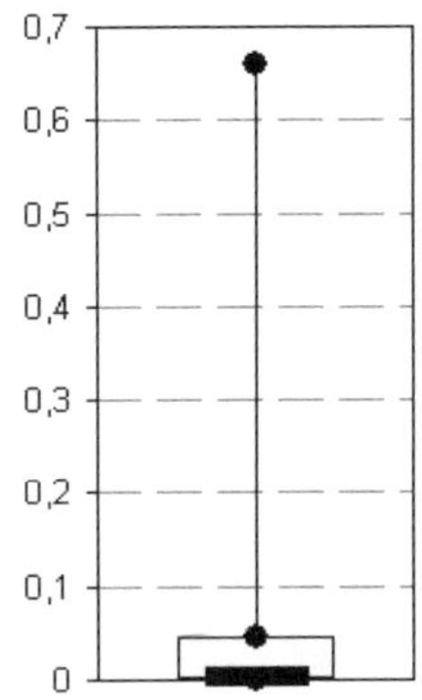

Maximum:	0,6610
Oberes Quartil:	0,0450
Median:	0,0030
Unteres Quartil:	0,0000
Minimum:	0,0000

Angaben beziehen sich auf Verletzungen pro 1.000 LOC.

QBL-Grenzwerte für Java

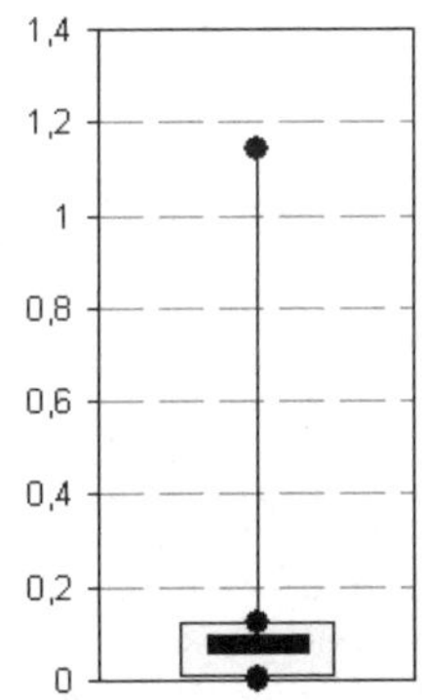

Maximum:	1,1430
Oberes Quartil:	0,1220
Median:	0,0730
Unteres Quartil:	0,0070
Minimum:	0,0000

Angaben beziehen sich auf Verletzungen pro 1.000 LOC.

Informelle Hinweise für die Erkennung

- Ermittelt werden Gruppen von öffentlichen Klassen und Interfaces, die alle (unabhängig von der Groß- und Kleinschreibung) den gleichen Namen besitzen.
- Jede derartige Gruppe stellt eine Probleminstanz dar.

10.17 Qualitätsindikator »Importchaos«

10.17.1 Definition

Ein Importchaos liegt vor, wenn die aufgeführten Imports bzw. Includes redundant oder nicht explizit vorliegen. Für die einzelnen Sprachen bedeutet dies:

- Java
  - Importieren einer Klasse aus dem eigenen Paket
  - Importieren einer Klasse aus `java.lang`
  - Mehrfaches Importieren ein und derselben Klasse
  - On-Demand-Imports von gesamten Paketen
- C++
  - Mehrfaches direktes Inkludieren ein und derselben Datei

10.17.2 Beschreibung

Die Qualität der Imports/Includes ist wichtig, um den benutzten Kontext eines Programmfragmentes zügig aufspannen zu können. Liegt diese Qualität nicht vor, so verhindert das zwar nicht einen erfolgreichen Compile-Schritt, unterbindet aber das effektive Nutzen der Import/Include-Statements für einen ersten semantischen Überblick. Je häufiger die Imports/Includes redundant, überflüssig oder allgemein sind, desto weniger helfen sie.

10.17.3 Qualitätseigenschaften

Qualitätseigenschaft & Relevanz	Beschreibung
Analysierbarkeit 75 %	Durch die redundanten Importe/Includes erscheint die Datei/Klasse komplexer, als sie es tatsächlich ist. On-Demand-Imports helfen nur sehr wenig beim Ermitteln konkreter Abhängigkeiten, da diese erst vom Compiler bei Bedarf aus dem Paket hinzugezogen werden.
Modifizierbarkeit 0 %	Keine signifikanten negativen Auswirkungen
Stabilität 0 %	Keine signifikanten negativen Auswirkungen
Prüfbarkeit 0 %	Keine signifikanten negativen Auswirkungen
Austauschbarkeit 0 %	Keine signifikanten negativen Auswirkungen
Zeitverhalten 0 %	Keine signifikanten negativen Auswirkungen
Verbrauchsverhalten 0 %	Keine signifikanten negativen Auswirkungen

10.17.4 QBL entsprechend Code-Quality-Index

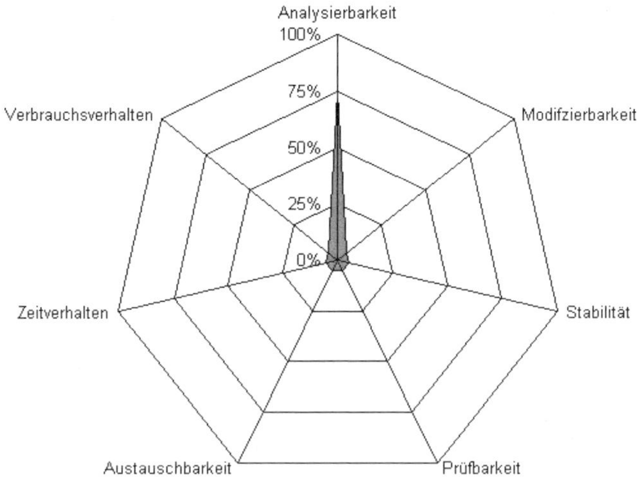

Abb. 10–17 *Qualitätseigenschaftsrelevanz von »Importchaos«*

Wirtschaftlichkeits-faktor & Einschätzung	Beschreibung
Kostenzuwachs 25 %	Das Entfernen von überflüssigen Imports kann für Java z.B. mit Eclipse automatisch erfolgen. Auch das Auflösen von On-Demand-Imports in konkrete Imports geht hiermit automatisch. Für andere Sprachen wie C++ ist Handarbeit erforderlich. Es besteht allerdings kaum eine Gefahr, das System auf unvorhergesehene Weise zu ändern, da andernfalls bereits das Übersetzen nicht erfolgreich durchgeführt werden kann.
Unmittelbarkeit 50 %	Das Entfernen von Redundanzen wirkt sich direkt beim nächsten Kontakt mit dem Quelltext aus, da die bessere Verständlichkeit den Entwicklern hilft.

Eingestuft in QBL 3

10.17.5 Technische Parameter

Betrachtungsebene: Code

QBL-Grenzwerte für C++

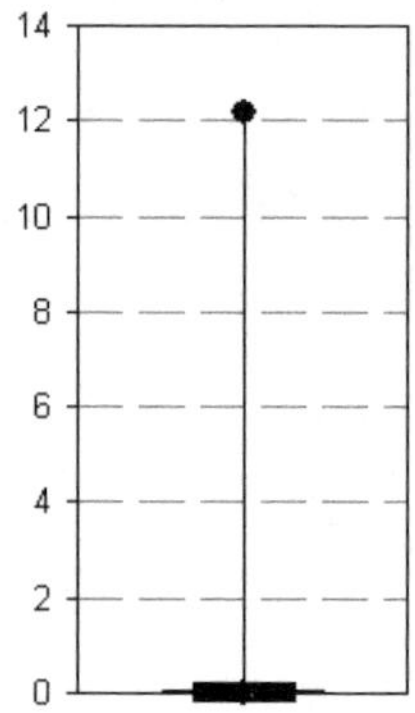

Maximum:	12,1680
Oberes Quartil:	0,0000
Median:	0,0000
Unteres Quartil:	0,0000
Minimum:	0,0000

Angaben beziehen sich auf Verletzungen pro 1.000 LOC.

QBL-Grenzwerte für Java

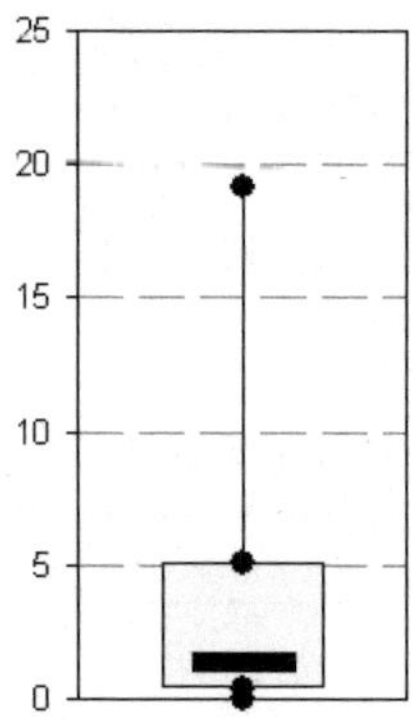

Maximum:	19,1950
Oberes Quartil:	5,0490
Median:	1,3290
Unteres Quartil:	0,4280
Minimum:	0,0000

Angaben beziehen sich auf Verletzungen pro 1.000 LOC.

Informelle Hinweise für die Erkennung

Die Probleminstanzen ergeben sich entsprechend folgender Analysen:

- Ermittelt werden Imports/Includes, die durch mehrere Import/Include-Anweisungen in eine Datei eingefügt werden. Jeder mehrfache Import/Include ist eine Probleminstanz.
- Ermittlung von `java.lang`-Importen. Jede entsprechende Import-Anweisung ist eine Probleminstanz.
- Ermittlung von On-Demand-Imports durch Suche nach »*« am Ende des Imports. Jede entsprechende Import-Anweisung stellt eine Probleminstanz dar.

- Ermittlung von Importen von Klassen, die im Verzeichnis der analysierten Datei existieren (überflüssige Import-Anweisung). Jede entsprechende Import-Anweisung stellt ein Probleminstanz dar.
- Jede Import/Include-Anweisung kann maximal eine Probleminstanz darstellen.

10.18 Qualitätsindikator »Importlüge«

10.18.1 Definition

Eine Importlüge liegt vor, wenn eine Klasse bzw. Datei oder ein komplettes Paket importiert/inkludiert wird, ohne dass die importierten Klassen/Dateien benutzt werden, d.h., zum Kompilieren sind die entsprechenden Klassen/Dateien nicht notwendig.

10.18.2 Beschreibung

Einzelne Klassen oder ganze Pakete (bzw. Bibliotheken) werden in den Quellcode eingebunden, obwohl diese gar nicht referenziert werden. Diese unnötigen Importe verändern zwar das Verhalten des Systems nicht, erhöhen aber die Anforderungen an den Build-Prozess. Alle aufgeführten Klassen bzw. Pakete müssen für einen erfolgreichen Build verfügbar sein. Außerdem entsteht durch eine Importlüge ein falsches Bild des Systems, da ein falscher Kontext suggeriert wird.

Referenzen: [URLDougLea]

10.18.3 Qualitätseigenschaften

Qualitätseigenschaft & Relevanz	Beschreibung
Analysierbarkeit 50 %	Durch die unnötigen Importe erscheint die Datei/Klasse komplexer, als sie tatsächlich ist. Es werden Abhängigkeiten suggeriert, die nicht vorhanden sind. Auch das automatische Parsen durch Analysewerkzeuge kann erschwert werden, da zum Einlesen alle aufgeführten Importe vorliegen müssen.
Modifizierbarkeit 25 %	Durch Importlügen entstehen Abhängigkeiten zu Funktionalitäten, die unnötig sind. Der Adressat der Importlüge muss vorhanden sein. Die Modifizierbarkeit kann durch diese zusätzliche Abhängigkeit erschwert sein (z.B. kann ein totes, aber importiertes Modul nicht problemlos entfernt werden).
Stabilität 0 %	Keine signifikanten negativen Auswirkungen

Qualitätseigenschaft & Relevanz	Beschreibung
Prüfbarkeit 0 %	Keine signifikanten negativen Auswirkungen
Austauschbarkeit 25 %	Unnötige Importe erhöhen die Anforderungen an die Umgebung, da die Bibliotheken - obwohl sie tatsächlich nicht benutzt werden - trotzdem vorhanden sein müssen.
Zeitverhalten 0 %	Keine signifikanten negativen Auswirkungen
Verbrauchsverhalten 25 %	Beinhalten die zusätzlichen Bibliotheken statische Elemente, so belegen diese Speicher. In C++ führen Includes grundsätzlich zu einem größeren Verbrauchsverhalten, da dort das Include ein textuelles Einfügen bedeutet.

10.18.4 QBL entsprechend Code-Quality-Index

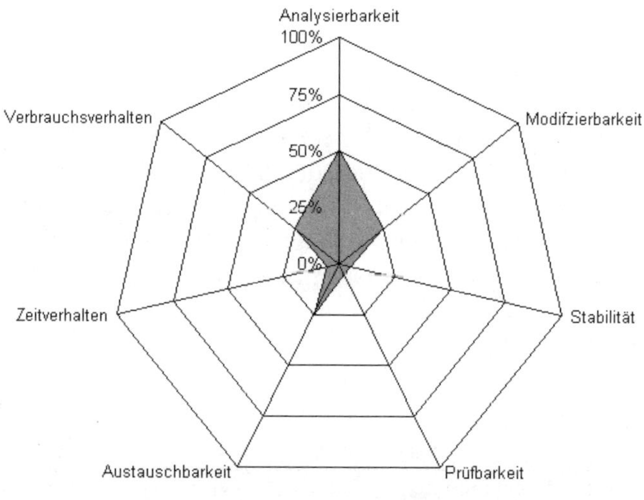

Abb. 10–18 *Qualitätseigenschaftsrelevanz von »Importlüge«*

Wirtschaftlichkeitsfaktor & Einschätzung	Beschreibung
Kostenzuwachs 25 %	Das Entfernen von überflüssigen Imports kann für Java z.B. mit Eclipse automatisch erfolgen. Für andere Sprachen wie C++ ist Handarbeit erforderlich. Es besteht aber zu keiner Zeit die Gefahr, das System auf unvorhergesehene Weise zu ändern, da der Compiler sonst bei der Übersetzung mit Fehlern abbricht.
Unmittelbarkeit 100 %	Das Entfernen von Redundanzen wirkt sich sofort aus, da die bessere Verständlichkeit den Entwicklern sofort hilft. Auch fallen die erhöhten Anforderungen an die Build-Umgebung – alle importierten Bibliotheken müssen zum Build-Zeitpunkt vorliegen – sofort weg.

Eingestuft in QBL 3

10.18.5 Technische Parameter

Betrachtungsebene: Code

QBL-Grenzwerte für C++

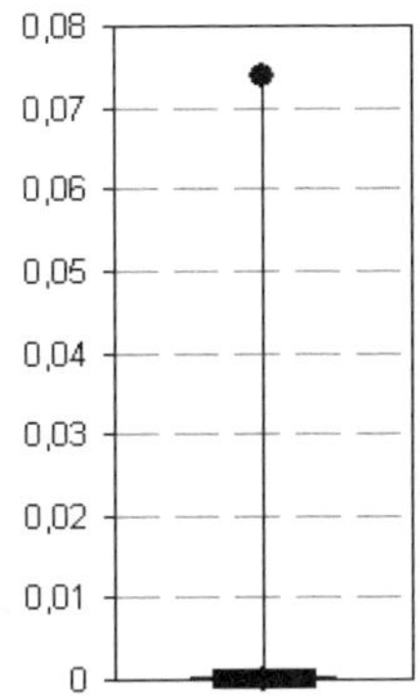

Maximum:	0,0740
Oberes Quartil:	0,0000
Median:	0,0000
Unteres Quartil:	0,0000
Minimum:	0,0000

Angaben beziehen sich auf Verletzungen pro 1.000 LOC.

QBL-Grenzwerte für Java

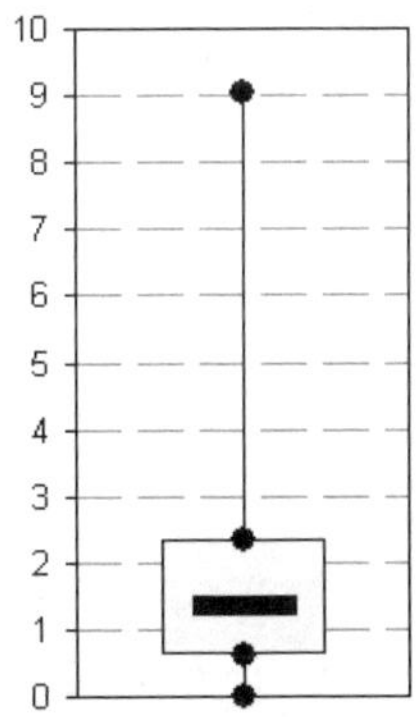

Maximum:	9,0470
Oberes Quartil:	2,3210
Median:	1,3270
Unteres Quartil:	0,6240
Minimum:	0,0000

Angaben beziehen sich auf Verletzungen pro 1.000 LOC.

Informelle Hinweise für die Erkennung

Eine Verletzung liegt für die Zählung vor, wenn

- beim Import von konkreten Klassen bzw. Dateien diese nicht verwendet werden,
- beim Import von Paketen (hier auch Bibliotheken, d.h. nicht selbst geschriebene Systemteile) kein Artefakt daraus benutzt wird.

Die Verletzungsanzahl ergibt sich aus der Summe der beiden Einzelzählungen.

10.19 Qualitätsindikator »informelle Dokumentation«

10.19.1 Definition

Eine informelle Dokumentation liegt vor, wenn eine öffentliche Methodendeklaration keinen formalen Dokumentationsmechanismus für deren Dokumentation verwendet. Da es jedoch keinen allgemein verbreiteten Kommentierungsformalismus gibt, wird das Vorhandensein einer formellen Dokumentation daran festgemacht, dass vor einer öffentlichen Methodendeklaration ein durch /* eingeleiteter Kommentar existiert. Um keinen Kommentierungsmechanismus zu bevorzugen, werden keinerlei Tags überprüft.

Ist ein Kommentar vor einer öffentlichen Methode nicht durch /* eingeleitet oder fehlt gar jeglicher Kommentar, so liegt eine »informelle Dokumentation« vor.

10.19.2 Beschreibung

Mechanismen zur Quelltextdokumentation – wie z.B. Javadoc – bieten einen einheitlichen, bekannten Standard, mit dessen Hilfe der Code dokumentiert und zum Beispiel eine gut lesbare API-Dokumentation in Form von HTML-Seiten erzeugt werden kann. Neuere IDEs wie z.B. Eclipse können derartige Dokumentations-Skelette bereits automatisch erzeugen. Halten sich die Programmierer nicht an die vorgegebenen Mechanismen bzw. werden keine solchen Mechanismen vorgegeben, kann es keine überschaubare, umfassende, mit Werkzeugen bearbeitbare und aktuelle Dokumentation geben.

Referenzen: [McCo04]

10.19.3 Qualitätseigenschaften

Qualitätseigenschaft & Relevanz	Beschreibung
Analysierbarkeit 75 %	Die Möglichkeiten, nähere Informationen zu einer öffentlichen Methode in semiformaler Struktur anzubieten, bleiben zumindest bei der Deklaration ungenutzt.
Modifizierbarkeit 0 %	Keine signifikanten negativen Auswirkungen
Stabilität 0 %	Keine signifikanten negativen Auswirkungen
Prüfbarkeit 0 %	Keine signifikanten negativen Auswirkungen
Austauschbarkeit 0 %	Keine signifikanten negativen Auswirkungen

Qualitätseigenschaft & Relevanz	Beschreibung
Zeitverhalten 0 %	Keine signifikanten negativen Auswirkungen
Verbrauchsverhalten 0 %	Keine signifikanten negativen Auswirkungen

10.19.4 QBL entsprechend Code-Quality-Index

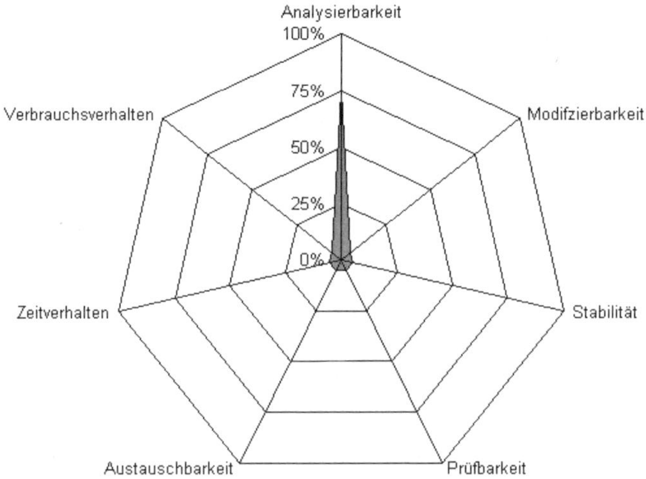

Abb. 10–19 *Qualitätseigenschaftsrelevanz von »informelle Dokumentation«*

Wirtschaftlichkeits-faktor & Einschätzung	Beschreibung
Kostenzuwachs 100 %	Eine vollständige, formale Dokumentation öffentlicher Methodendeklarationen stellt einen hohen, aufwendig zu erarbeitenden Wert dar. Je nach Entwicklungsteam kann sehr viel Überzeugungsarbeit nötig sein, um die Entwickler für eine sorgfältige Benutzung zu sensibilisieren. Ein System nachträglich komplett vollständig zu kommentieren kann extrem aufwendig werden.
Unmittelbarkeit 50 %	Fehlende formelle Dokumentation wirkt sich erst dann aus, wenn bestehender Code verstanden werden muss bzw. wenn neue Teammitglieder dazustoßen.

Eingestuft in QBL 4

10.19.5 Technische Parameter

Betrachtungsebene: Code

QBL-Grenzwerte für C++

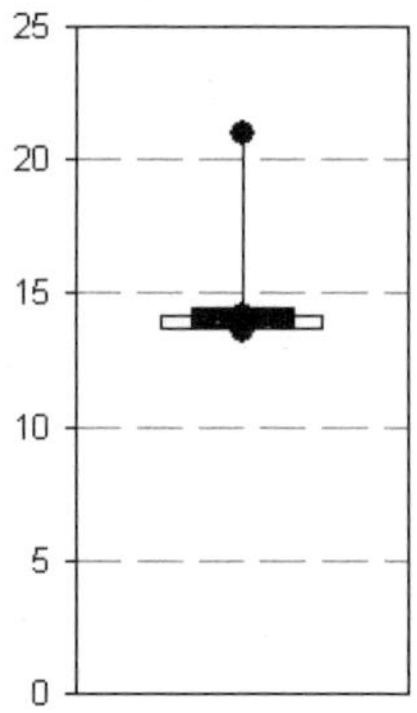

Maximum:	20,9620
Oberes Quartil:	14,2160
Median:	14,0410
Unteres Quartil:	13,6430
Minimum:	13,6080

Angaben beziehen sich auf Verletzungen pro 1.000 LOC.

QBL-Grenzwerte für Java

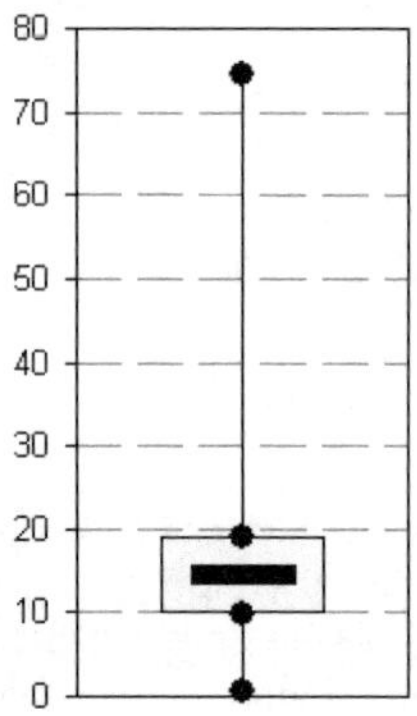

Maximum:	74,4790
Oberes Quartil:	19,0120
Median:	14,2650
Unteres Quartil:	9,8300
Minimum:	0,5920

Angaben beziehen sich auf Verletzungen pro 1.000 LOC.

Informelle Hinweise für die Erkennung

- Es werden alle öffentlichen Methodendeklarationen ermittelt.
- Eine Methode dieser Menge besitzt keinen formalen Kommentar, wenn im Quelltext in den Zeilen unmittelbar über der Deklaration kein mit /* eingeleiteter Kommentar steht.
- Jede so ermittelte Methodendeklaration stellt eine Probleminstanz dar.
- Eine Prüfung, ob automatisch erzeugte Kommentarrümpfe auch mit sinnvollem Inhalt gefüllt wurden, ist werkzeuggestützt nicht möglich.

10.20 Qualitätsindikator »Interface-Bypass«

10.20.1 Definition

Eine durch ein Interface oder eine abstrakte Klasse bereitgestellte öffentlich sichtbare Methode wird von einem außerhalb der Vererbungshierarchie stehenden Klienten nicht über diese Abstraktion, sondern direkt über eine (in-)direkte konkrete Unterklasse angesprochen, d.h., die Programmierung eines bestimmten Klienten verursacht einen Interface-Bypass.

10.20.2 Beschreibung

Klienten verwenden statt einer Abstraktion in Form eines Interfaces oder einer abstrakten Klasse direkt eine Implementierung der Abstraktion, obwohl die angeforderte Funktionalität über die Abstraktion verfügbar ist. Kann die Deklaration einer öffentlich sichtbaren Methode keiner Abstraktion eindeutig zugeordnet werden (z.B. bei aus mehreren Interfaces und abstrakten Klassen zusammengesetzten Abstraktionen), liegt eine Verletzung im Sinne des Problemmusters nur dann vor, wenn keine dieser zusammengesetzten Abstraktionen verwendet wird.

Durch Interface-Bypässe entsteht eine ungewollte Abhängigkeit, da die Klienten von den konkreten Klassen abhängen, was die Wiederverwendung deutlich erschwert. Zugriffe auf die Implementierung durch Unterklassen derselbigen stellen keine Verletzung dar, da hier sowieso schon eine Abhängigkeit durch die Vererbungsbeziehung besteht.

10.20.3 Qualitätseigenschaften

Qualitätseigenschaft & Relevanz	Beschreibung
Analysierbarkeit 75 %	Ein Interface bietet meist eine höhere Abstraktion als eine konkrete Implementierung/Unterklasse. Diese Abstraktion geht durch die direkte Verwendung der Unterklasse verloren, da sie nicht konsequent verwendet bzw. sogar umgangen wird. Aufgrund dieses angedachten, aber nicht umgesetzten Konzeptes verschlechtert sich die Analysierbarkeit.
Modifizierbarkeit 100 %	Der Austausch der Interface-Implementierung ist nur eingeschränkt möglich, da nicht gegen Interfaces, sondern gegen konkrete Implementierungen programmiert wurde.
Stabilität 25 %	Als Entwickler eines Interfaces wird davon ausgegangen, dass gegen das Interface programmiert wird und zur Laufzeit die korrekte Implementierung verwendet wird. Da im Fall des Interface-Bypasse s diese Flexibilität ausgehebelt wird, besteht die Möglichkeit, dass die falsche Implementierung aufgerufen wird, d.h. die angedachten Abstraktionsmechanismen nicht benutzt werden.

Prüfbarkeit 25 %	Die harte Verwendung von Implementierungen erschwert die Möglichkeit, Interfaces durch triviale Mock-Objekte zu ersetzen.
Austauschbarkeit 25 %	Die Austauschbarkeit des Klienten, der einen Interface-Bypass begründet, ist eingeschränkt, da auch die konkrete Implementierung im neuen Kontext verwendet werden muss.
Zeitverhalten 0 %	Keine signifikanten negativen Auswirkungen
Verbrauchsverhalten 0 %	Keine signifikanten negativen Auswirkungen

10.20.4 QBL entsprechend Code-Quality-Index

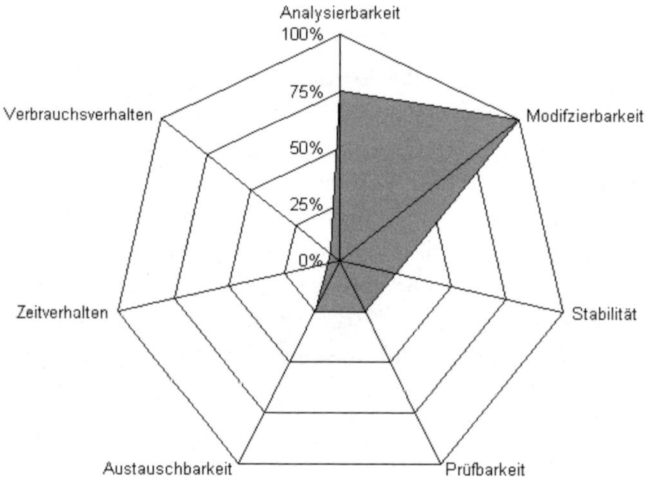

Abb. 10–20 *Qualitätseigenschaftsrelevanz von »Interface-Bypass«*

Wirtschaftlichkeitsfaktor & Einschätzung	**Beschreibung**
Kostenzuwachs 75 %	Die Beseitigung von Interface-Bypässen ist nicht aufwendig, wenn alle aufgerufenen Methoden durch eine Abstraktion verfügbar sind, da in einem solchen Fall »nur« der Adressatentyp ausgewechselt werden muss. Schwieriger ist es, wenn mehrere Abstraktionen existieren oder sogar Funktionalität der konkreten Klasse vom Klienten benötigt wird, die durch keine Abstraktion, sondern nur von der implementierenden Klasse angeboten wird.
Unmittelbarkeit 50 %	Ein Interface-Bypass wirkt sich während der initialen Entwicklung gering aus; schwerer wiegt ein Interface-Bypass erst, wenn Klienten-Code an anderer Stelle wiederverwendet werden soll oder Implementierungsklassen abgeändert werden müssen.

Eingestuft in QBL 3

10.20.5 Technische Parameter

Betrachtungsebene: Design

QBL-Grenzwerte für C++

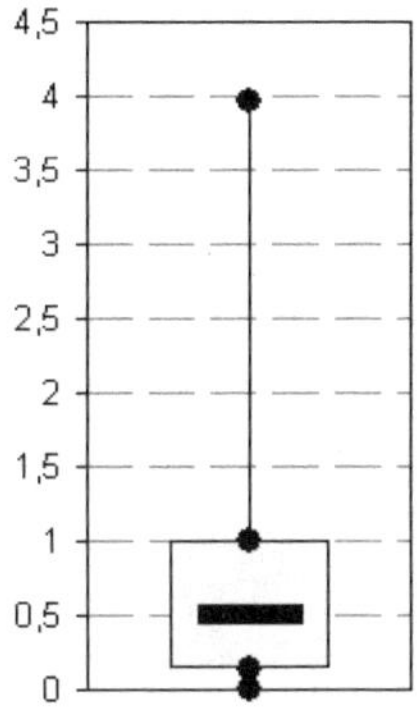

Maximum:	3,9740
Oberes Quartil:	1,0070
Median:	0,5020
Unteres Quartil:	0,1430
Minimum:	0,0000

Angaben beziehen sich auf Verletzungen pro 1.000 LOC.

QBL-Grenzwerte für Java

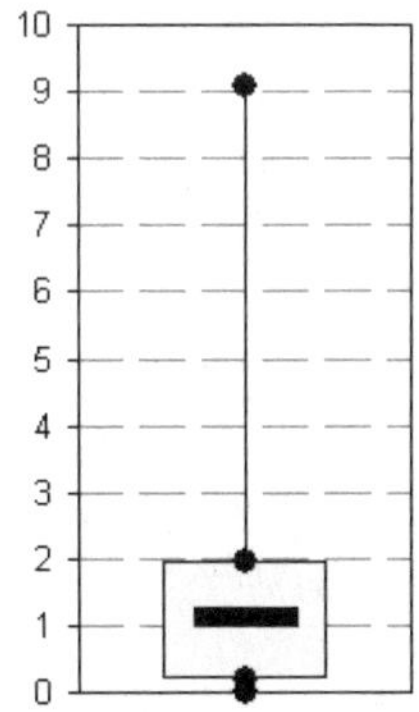

Maximum:	9,0840
Oberes Quartil:	1,9640
Median:	1,1110
Unteres Quartil:	0,1770
Minimum:	0,0000

Angaben beziehen sich auf Verletzungen pro 1.000 LOC.

Informelle Hinweise für die Erkennung

- Gezählt werden Methodenpaare von aufrufender und aufgerufener Methode.
- Die aufgerufene Methode muss in einer Abstraktion `A` deklariert sein, der konkrete Aufruf erfolgt allerdings zu einer Implementierung dieser Methode.
- Nicht betrachtet werden diejenigen aufrufenden Methoden, deren umgebende Klasse mit `A` in einer Vererbungsbeziehung steht.

10.21 Qualitätsindikator »Klässchen«

10.21.1 Definition

Eine öffentlich sichtbare, nicht geschachtelte Klasse (Interfaces werden nicht betrachtet) ist sehr klein, d.h., sie bietet weder 3 eigene Methoden noch besitzt sie 3 eigene Attribute (inkl. Konstanten).

10.21.2 Beschreibung

Bei sehr kleinen Klassen stellt sich die Frage, ob diese Klasse wirklich sinnvoll ist, oder ob sie nicht besser mit einer anderen Klasse verschmolzen werden sollte. Oft entstehen Klässchen dadurch, dass zunächst Funktionalität dieser Klasse in andere Klassen verschoben wird, die Klasse selbst dann aber nicht entsprechend aufgelöst wird. Eine zu kleine Klasse stellt eine unnötige Abstraktion dar, die für das Verständnis des Systems eher hinderlich ist. Das Verständnis wird umso schwieriger, desto mehr Klässchen im System vorhanden sind.

10.21.3 Qualitätseigenschaften

Qualitätseigenschaft & Relevanz	Beschreibung
Analysierbarkeit 50 %	Eine Klasse erzeugt per se einen gewissen Overhead beim Verstehen. Wenn die Klasse jedoch eine wohldefinierte Funktionalität anbietet, ist dieser durchaus gerechtfertigt. Bei sehr kleinen Klassen (Klässchen) besteht diese Rechtfertigung nicht, der Nachteil des zusätzlichen Aufwands bei der Analyse überwiegt.
Modifizierbarkeit 25 %	In einem System mit vielen Klässchen sinkt die Wahrscheinlichkeit, dass Änderungen lokal in einer Klasse durchgeführt werden können, da Funktionalität auf viele kleine Klässchen verteilt vorliegt.
Stabilität 0 %	Keine signifikante negative Auswirkungen
Prüfbarkeit 25 %	Aufgrund der von Klässchen angebotenen geringen Funktionalität kann es sein, dass eine solche Klasse nur scheinbar getestet werden muss. Andererseits ist es möglich, dass für das Testen eines Klässchens ein aufwendiger Testkontext in Form von notwendigen Nachbarklassen hergerichtet werden muss.
Austauschbarkeit 25 %	Mit zunehmender Dekomposition in sehr kleine Klässchen wird die Austauschbarkeit erschwert. Ein Austausch umfasst im Fall von Klässchen nicht nur eine einzelne Klasse, sondern ist erst für ein Netz von Klässchen sinnvoll. Dieses Netz muss jedoch erst erarbeitet werden.
Zeitverhalten 0 %	Keine signifikanten negativen Auswirkungen
Verbrauchsverhalten 25 %	Eine Klasse bedeutet für die Laufzeitumgebung zusätzlichen Overhead, der insbesondere bei vielen Instanziierungen deutlich negative Auswirkungen hat.

10.21.4 QBL entsprechend Code-Quality-Index

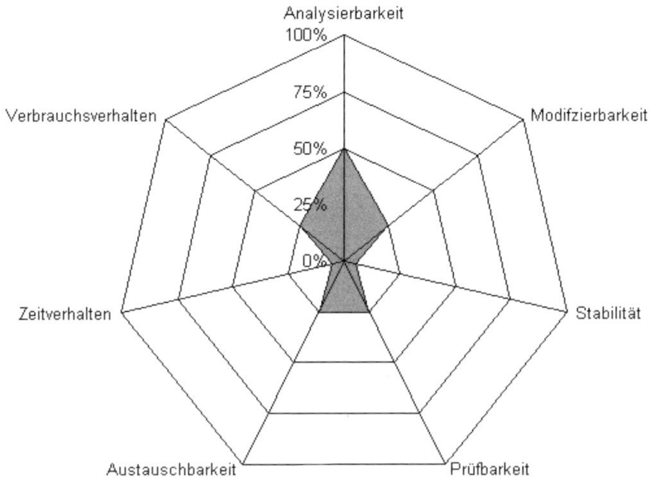

Abb. 10–21 *Qualitätseigenschaftsrelevanz von »Klässchen«*

Wirtschaftlichkeits-faktor & Einschätzung	**Beschreibung**
Kostenzuwachs 75 %	Die Kosten sind relativ hoch, da zuerst einmal entschieden werden muss, mit welcher anderen Klasse das Klässchen verschmolzen werden soll. Zusätzlich muss anschließend an allen Nutzungsstellen des Klässchens dafür gesorgt werden, dass hier eine Objektinstanz der neuen, das Klässchen enthaltenden Klasse vorhanden ist.
Unmittelbarkeit 50 %	Klässchen wirken sich erst dann negativ aus, wenn sehr viele davon existieren und das System bereits sehr groß und unübersichtlich geworden ist.

Eingestuft in QBL 4

10.21.5 Technische Parameter

Betrachtungsebene: Design

QBL-Grenzwerte für C++

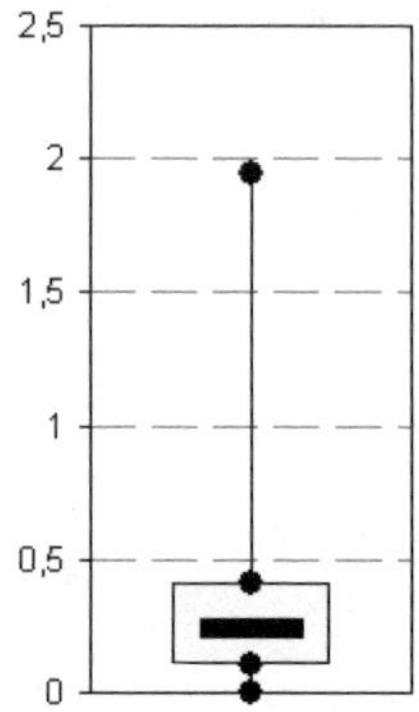

Maximum:	1,9470
Oberes Quartil:	0,4080
Median:	0,2430
Unteres Quartil:	0,1080
Minimum:	0,0000

Angaben beziehen sich auf Verletzungen pro 1.000 LOC.

QBL-Grenzwerte für Java

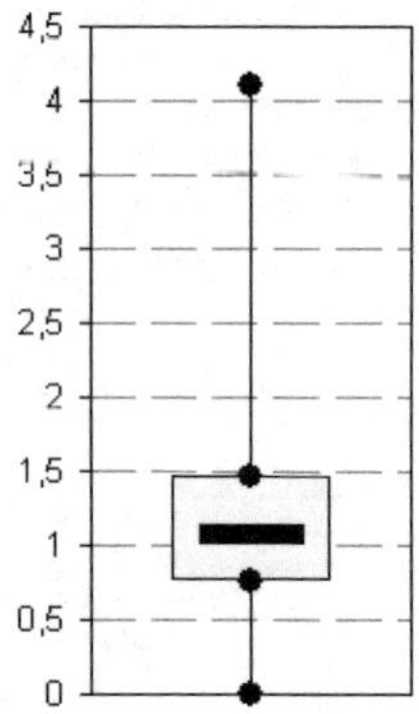

Maximum:	4,1090
Oberes Quartil:	1,4570
Median:	1,0760
Unteres Quartil:	0,7630
Minimum:	0,0000

Angaben beziehen sich auf Verletzungen pro 1.000 LOC.

Informelle Hinweise für die Erkennung

- Für jede öffentlich sichtbare, nicht geschachtelte Klasse (abstrakt oder konkret) werden die eigenen Attribute und Methoden gezählt.
- Jede Klasse, die entweder weniger als drei Methoden oder drei Attribute/Konstanten hat, stellt eine Probleminstanz dar.

10.22 Qualitätsindikator »Klasseninzest«

10.22.1 Definition

Eine Oberklasse bzw. ein Interface darf keinerlei Wissen über ihre direkten oder indirekten Unterklassen bzw. seine Unter-Interfaces haben, d.h., sie darf weder Attribute und Methoden der Unterklassen ansprechen, noch darf sie den konkreten Typ der Unterklasse bzw. des Unter-Interfaces (z.B. für Rückgabewerte) kennen.

10.22.2 Beschreibung

Eine Oberklasse bzw. Interface darf keine Abhängigkeiten zu ihren Unterklassen bzw. seinen Unter-Interfaces haben, da solche Abhängigkeiten in manchen Situationen dazu führen können, dass Änderungen in der Verallgemeinerung notwendig sind, sobald eine neue Konkretisierung definiert wird. Ein typisches Beispiel für eine solche Abhängigkeit sind Typabfragen mit Hilfe von `instanceof` in der Verallgemeinerung, so dass die Konkretisierung zur Laufzeit in Abhängigkeit des tatsächlich vorliegenden Objekts ein anderes Verhalten aufweisen kann. Diese Abhängigkeiten können z.B. durch Polymorphie, durch Änderung der Vererbungsbeziehungen oder durch konsequente Verwendung von Schnittstellen aufgelöst werden.

Referenzen: [Riel96]

10.22.3 Qualitätseigenschaften

Qualitätseigenschaft & Relevanz	Beschreibung
Analysierbarkeit 100 %	Aufgrund einer anderen Erwartungshaltung einer Vererbungsbeziehung, die eine strikte »ist-ein-Relation« suggeriert, wird diese Abhängigkeitsform nicht erwartet. Die Folge sind Fehlinterpretationen und deutliche Mehraufwände beim Verstehen solcher Klasseninzeste.
Modifizierbarkeit 100 %	Die Unterklasse ist nicht so einfach zu modifizieren wie angenommen (da die Oberklasse sie explizit kennt). Auf der anderen Seite ist das Einfügen von neuen Unterklassen ebenfalls aufwendiger, da diese der Oberklasse evtl. nach demselben Muster wie die bereits existierenden bekannt gemacht werden muss.
Stabilität 50 %	Dieses Phänomen verwendet häufig dynamische Abfragemechanismen, mittels derer überprüft wird, welchen Typ ein konkretes Objekt hat. Diese Mechanismen prüfen aufgrund der fehlenden Abgeschlossenheit gegenüber Änderungen häufig nicht alle Möglichkeiten bzw. machen zu restriktive Annahmen, was zur Laufzeit durchaus Probleme bereiten kann.

Qualitätseigenschaft & Relevanz	Beschreibung
Prüfbarkeit 75 %	Durch die zusätzliche Abhängigkeit der Oberklasse zur Unterklasse und dem dadurch entstandenen Zyklus lassen sich die Klassen weniger gut separat testen.
Austauschbarkeit 100 %	Es ist nicht möglich, Teilbäume der Hierarchie wiederzuverwenden, da der gesamte Vererbungsbaum eng verwoben ist.
Zeitverhalten 25 %	Die häufig beim Klasseninzest notwendige Typenabfrage zur Laufzeit benötigt zusätzliche Laufzeit [URLRedhat].
Verbrauchsverhalten 0 %	Keine signifikanten negativen Auswirkungen

10.22.4 QBL entsprechend Code-Quality-Index

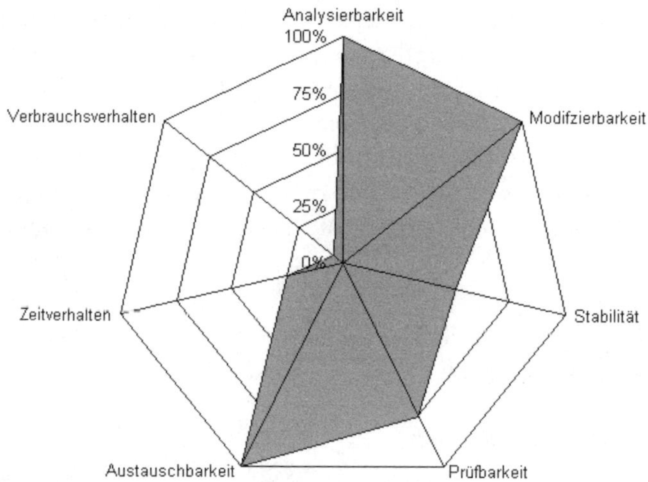

Abb. 10–22 *Qualitätseigenschaftsrelevanz von »Klasseninzest«*

Wirtschaftlichkeits-faktor & Einschätzung	Beschreibung
Kostenzuwachs 100 %	Im schlimmsten Fall muss die komplette Vererbungsstruktur überarbeitet werden. Eventuell genügt aber auch das Ausfaktorisieren einer Methode.
Unmittelbarkeit 75 %	Die u.U. verbesserte Stabilität wirkt sofort; die einfachere Analysierbarkeit und Pflege der Vererbungshierarchie wirkt sich bereits bei den nächsten Wartungsarbeiten am System aus.

Eingestuft in QBL 2

10.22.5 Technische Parameter

Betrachtungsebene: Design

QBL-Grenzwerte für C++

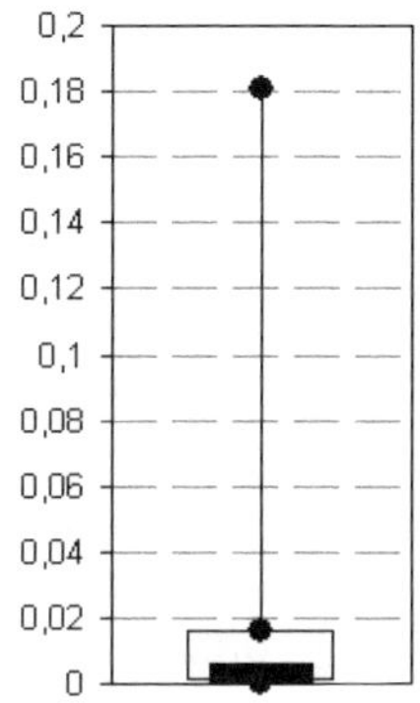

Maximum:	0,1810
Oberes Quartil:	0,0160
Median:	0,0030
Unteres Quartil:	0,0010
Minimum:	0,0000

Angaben beziehen sich auf Verletzungen pro 1.000 LOC.

QBL-Grenzwerte für Java

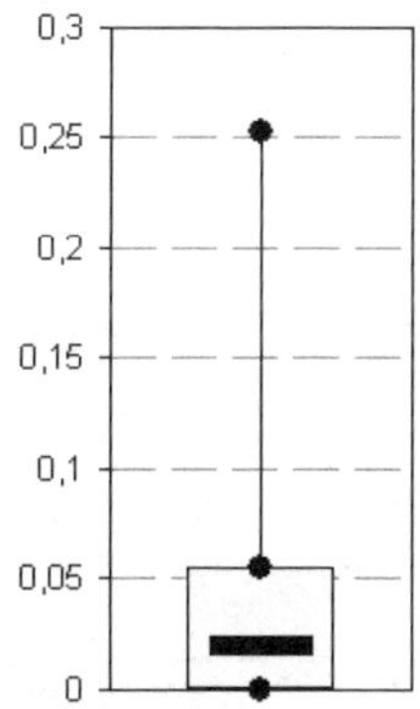

Maximum:	0,2530
Oberes Quartil:	0,0550
Median:	0,0200
Unteres Quartil:	0,0000
Minimum:	0,0000

Angaben beziehen sich auf Verletzungen pro 1.000 LOC.

Informelle Hinweise für die Erkennung

- Es werden alle Oberklasse-Unterklasse-Paare ermittelt, für die gilt, dass die Oberklasse die Unterklasse »kennt«. Das heißt, dass zur Übersetzung der Oberklasse die Unterklasse benötigt wird.
- In obiger Beschreibung kann für Ober- bzw. Unterklasse jeweils auch Interface eingesetzt werden.
- Jedes so ermittelte Paar stellt eine Probleminstanz dar.

10.23 Qualitätsindikator »Konstantenregen«

10.23.1 Definition

Ein Konstantenregen liegt vor, wenn globale Konstanten (public static final bzw. public static const) namentlich mehrfach unabhängig vom Typ im System vorkommen.

10.23.2 Beschreibung

Globale Konstanten sind Konstanten, die für die Verwendung an vielen verschiedenen Stellen des Systems deklariert sind. Da in großen Systemen in der Regel eine Vielzahl von Konstanten notwendig ist, bedarf es eines dedizierten Konstantenkonzeptes.

In jedem Fall sollte vermieden werden, dass global sichtbare Konstanten namentlich mehrfach vorkommen, da ansonsten unterschiedliche Inhalte mit demselben Namen angesprochen werden können. Jedenfalls besteht bei einem Konstantenregen die Gefahr, dass ein Wiederfinden, Anpassen und Ändern einer speziellen Konstante nur mit großem Zusatzaufwand möglich ist. Besitzen diese redundanten Konstanten unterschiedliche Werte, ist vermutlich darüber hinaus die Fachlichkeit gefährdet. Eine Änderung eines Konstantenwertes muss dann u.U. an mehreren anderen Stellen nachgezogen werden. Wird eine Stelle vergessen, gerät das Verhalten des Programms eventuell außer Kontrolle.

10.23.3 Qualitätseigenschaften

Qualitätseigenschaft & Relevanz	Beschreibung
Analysierbarkeit 25 %	Beim Analysieren einer Konstante aus einem Konstantenregen ist unklar, welche in einem konkreten Kontext verwendet wird. Dies gilt insbesondere, wenn der umgebende Konstantencontainer bei der Verwendung nicht mit angegeben wird.
Modifizierbarkeit 50 %	Ein Konstantenkonzept mit einer einheitlichen Benennung vereinfacht sowohl die Lokalisierung konkreter Konstanten als auch die Veränderung. Aufgrund der Eindeutigkeit der Konstanten besteht keine Gefahr von Seiteneffekten mit gleichnamigen Konstanten.
Stabilität 0 %	Keine signifikanten negativen Auswirkungen
Prüfbarkeit 0 %	Keine signifikanten negativen Auswirkungen
Austauschbarkeit 0 %	Keine signifikanten negativen Auswirkungen
Zeitverhalten 0 %	Keine signifikanten negativen Auswirkungen
Verbrauchsverhalten 0 %	Keine signifikanten negativen Auswirkungen

10.23.4 QBL entsprechend Code-Quality-Index

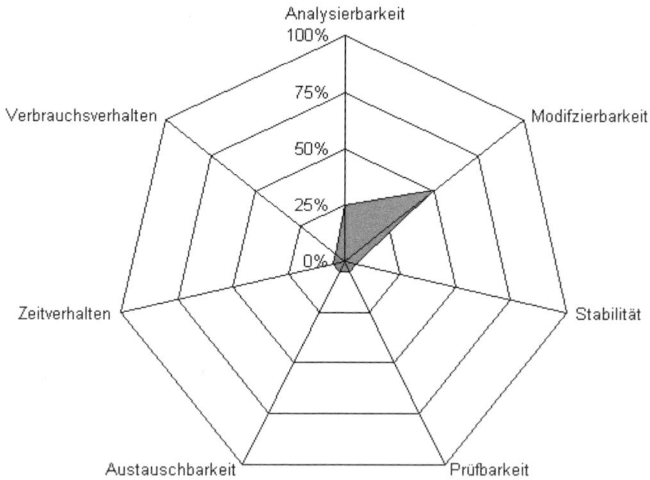

Abb. 10–23 *Qualitätseigenschaftsrelevanz von »Konstantenregen«*

Wirtschaftlichkeits-faktor & Einschätzung	Beschreibung
Kostenzuwachs 25 %	Das Umbenennen einer Konstanten bedeutet i.d.R. keinen hohen Aufwand.
Unmittelbarkeit 50 %	Die hohe Namensqualität globaler Konstanten hat direkte Vorteile beim nächsten Analysieren bzw. Ändern des Systems.

Eingestuft in QBL 5

10.23.5 Technische Parameter

Betrachtungsebene: Technologie

QBL-Grenzwerte für C++

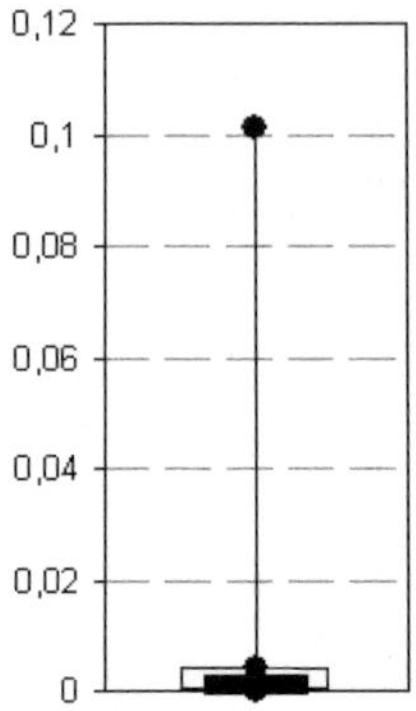

Maximum:	0,1010
Oberes Quartil:	0,0040
Median:	0,0010
Unteres Quartil:	0,0000
Minimum:	0,0000

Angaben beziehen sich auf Verletzungen pro 1.000 LOC.

QBL-Grenzwerte für Java

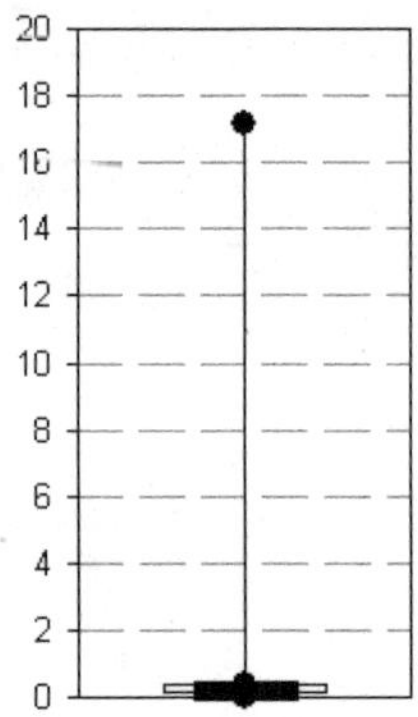

Maximum:	17,1940
Oberes Quartil:	0,3780
Median:	0,1330
Unteres Quartil:	0,0640
Minimum:	0,0000

Angaben beziehen sich auf Verletzungen pro 1.000 LOC.

Informelle Hinweise für die Erkennung

- Alle global sichtbaren Konstanten (`public static final` bzw. `public static const`) werden ermittelt.
- Konstanten mit gleichem Namen werden ohne Beachtung des Typs zu Gruppen zusammengefasst.
- Jede Gruppe mit mindestens zwei Elementen (Konstanten) stellt eine Instanz des Problems dar.

10.24 Qualitätsindikator »Labyrinthmethode«

10.24.1 Definition

Eine Labyrinthmethode ist eine Methode mit beliebiger Sichtbarkeit und einem zyklomatischen Wert > 10. Unter dem zyklomatischen Wert wird hierbei die Anzahl linear unabhängiger Kontrollflusspfade innerhalb der Methode verstanden. Je mehr kontrollflussmodifizierende Anweisungen wie z.B. `if`, `else`, `case` die Methode enthält, desto höher ist ihr zyklomatischer Wert (vgl. [McCa76]).

10.24.2 Beschreibung

Je mehr Verzweigungen der Kontrollfluss einer Methode enthält, desto schwieriger ist es, eine Methode zu verstehen, zu testen (z.B. nach dem C0- und C1-Kriterium, vgl. z.B. [PaSi94]) und weiterzuentwickeln. Methoden mit einer hohen Kontrollflusskomplexität sind zudem fehleranfälliger als andere Methoden, da sie aufgrund der hohen Anzahl an Kontrollflusspfaden nur schwer zu verstehen sind. Ebenso wird ein vollständiger Test der Methode immer aufwendiger und letztlich unwahrscheinlicher.

Referenzen: [McCa76]

10.24.3 Qualitätseigenschaften

Qualitätseigenschaft & Relevanz	Beschreibung
Analysierbarkeit 100 %	Aufgrund der hohen Komplexität ist die Lesbarkeit und das Verständnis stark eingeschränkt.
Modifizierbarkeit 75 %	Modifikationen sind gefährlich, da komplizierte, komplexe Strukturen bestehen, und die dabei innerhalb der Methode auftretenden Seiteneffekte und Kontrollflussabhängigkeiten nicht oder nur schwer überblickt werden können.
Stabilität 25 %	Die in Labyrinthmethoden mögliche Pfadvielfalt birgt das Risiko von unvorhergesehenen Seiteneffekten, die im Extremfall zu Instabilitäten des gesamten Systems führen können.
Prüfbarkeit 100 %	Der Testaufwand steigt mit der Anzahl der Verzweigungen (die zyklomatische Zahl wurde von McCabe initial zur Abschätzung des Testaufwandes verwendet).
Austauschbarkeit 50 %	Komplexe Methoden sind nur eingeschränkt austauschbar, da die Gefahr besteht, dass die funktionale Vielschichtigkeit der Labyrinthmethode nicht 100%ig mit einer Alternativmethode abgedeckt werden kann.
Zeitverhalten 0 %	Keine signifikanten negativen Auswirkungen
Verbrauchsverhalten 0 %	Keine signifikanten negativen Auswirkungen

10.24.4 QBL entsprechend Code-Quality-Index

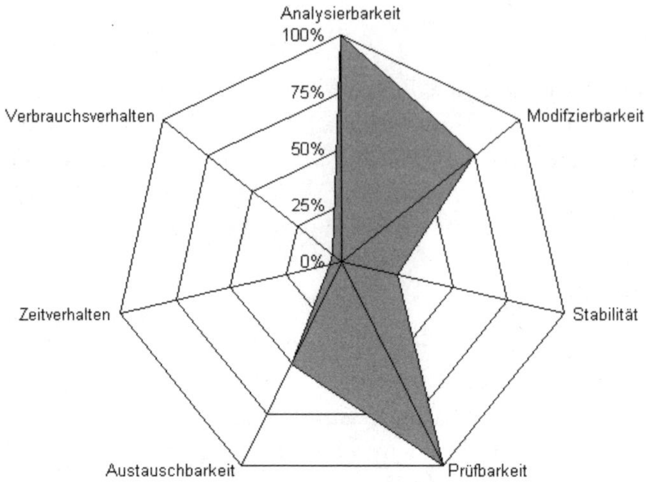

Abb. 10–24 *Qualitätseigenschaftsrelevanz von »Labyrinthmethode«*

Wirtschaftlichkeits-faktor & Einschätzung	Beschreibung
Kostenzuwachs 75 %	Auch wenn die Überarbeitung lediglich auf Methodenebene stattfindet, kann dies bereits sehr aufwendig sein, da alle Kontexte, die zum Durchlaufen der Pfade führen, bei der Behebung berücksichtigt werden müssen.
Unmittelbarkeit 75 %	Neben den direkten Vorteilen der Behebung von Labyrinthmethoden in Form gestiegener Stabilität verbessert sich die Analysierbarkeit und Testbarkeit direkt beim nächsten Kontakt mit der betroffenen Quelltextstelle.

Eingestuft in QBL 2

10.24.5 Technische Parameter

Betrachtungsebene: Code

QBL-Grenzwerte für C++

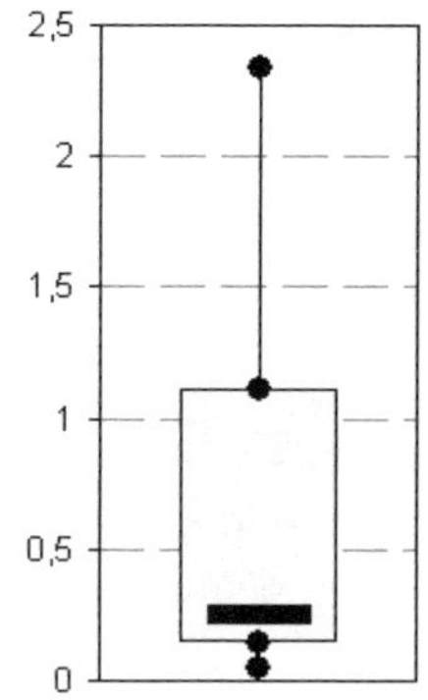

Maximum:	2,3410
Oberes Quartil:	1,1100
Median:	0,2500
Unteres Quartil:	0,1410
Minimum:	0,0450

Angaben beziehen sich auf Verletzungen pro 1.000 LOC.

QBL-Grenzwerte für Java

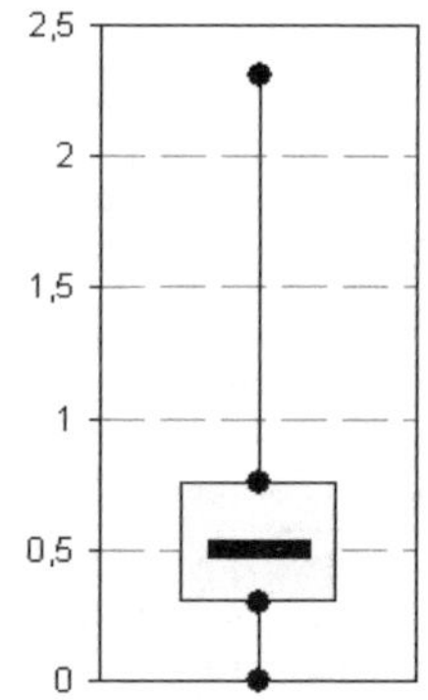

Maximum:	2,3090
Oberes Quartil:	0,7610
Median:	0,4950
Unteres Quartil:	0,2980
Minimum:	0,0000

Angaben beziehen sich auf Verletzungen pro 1.000 LOC.

Informelle Hinweise für die Erkennung

- Ermittlung aller Methoden mit einer zyklomatischen Komplexität (McCabe-Zahl) >10.
- Jede so ermittelte Methode stellt eine Probleminstanz dar.

10.25 Qualitätsindikator »lange Parameterliste«

10.25.1 Definition

Eine lange Parameterliste liegt vor, wenn eine Methode (inkl. Struktoren) mehr als 7 Übergabeparameter besitzt. Optionale Parameter werden hierbei mit betrachtet, variable Parameterlisten zählen als einzelner Parameter. Nicht betrachtet werden Methoden, die eine Methode aus einer externen Bibliothek überschreiben oder implementieren.

10.25.2 Beschreibung

Methoden/Struktoren mit sehr vielen Parametern sind nur schwer zu verwenden, zu verstehen und sehr änderungsanfällig. Während in Nicht-OO-Sprachen die einzige Alternative zu Methodenparametern globale Daten sind, steht mit Objekten heute die Möglichkeit zur Verfügung, dass Methoden sich die nötigen Informationen über ein übergebenes Objekt selbst beschaffen.

Referenzen: [Fowl99]

10.25.3 Qualitätseigenschaften

Qualitätseigenschaft & Relevanz	Beschreibung
Analysierbarkeit 100 %	Zu viele Parameter erschweren deutlich das Verständnis der Methode selbst sowie derjenigen Stellen, an denen sie verwendet wird.
Modifizierbarkeit 100 %	Die Modifizierbarkeit ist deutlich eingeschränkt, da Änderungen in langen Parameterlisten sowohl komplex als auch stark fehleranfällig sind. Dies gilt sowohl für die Methodenimplementierung selbst als auch für diejenigen Stellen, an denen die Methode aufgerufen wird.
Stabilität 25 %	Die mit langen Parameterlisten verbundene erhöhte Komplexität vergrößert die Wahrscheinlichkeit von Fehlern, da bestimmte Parameterkonstellationen, etwaige Abhängigkeiten oder Parameterzustände nur mit erhöhtem Aufwand fehlerfrei beherrschbar sind.
Prüfbarkeit 100 %	Der Testaufwand steigt proportional zur Anzahl übergebener Parameter: Jeder Parameter muss separat bzgl. unterschiedlicher Randbedingungen getestet werden.
Austauschbarkeit 100 %	Durch die sehr breite Schnittstelle der Methode ist sie sehr speziell, d.h., die Austauschbarkeit ist deutlich eingeschränkt.
Zeitverhalten 50 %	Jeder Parameter wird separat verpackt (z.B. standardmäßig call by value bei Basistypen). Von daher kann es deutlichen Performance-Gewinn bringen, ein mehrere Parameter kapselndes Objekt zu übergeben, wenn dieses nicht extra hierfür angelegt werden muss.
Verbrauchsverhalten 0 %	Keine signifikanten negativen Auswirkungen

10.25.4 QBL entsprechend Code-Quality-Index

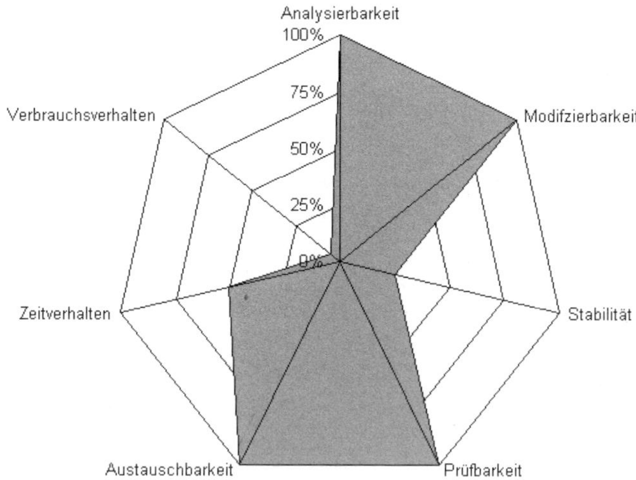

Abb. 10–25 *Qualitätseigenschaftsrelevanz von »lange Parameterliste«*

Wirtschaftlichkeitsfaktor & Einschätzung	Beschreibung
Kostenzuwachs 75 %	Um die Parameterliste zu verkürzen, müssen sowohl die Implementierung der Methode als auch die Aufrufstellen der Methode angepasst werden.
Unmittelbarkeit 75 %	Durch kurze Parameterlisten wird der Code verständlicher und leichter analysierbar.

Eingestuft in QBL 2

10.25.5 Technische Parameter

Betrachtungsebene: Design

QBL-Grenzwerte für C++

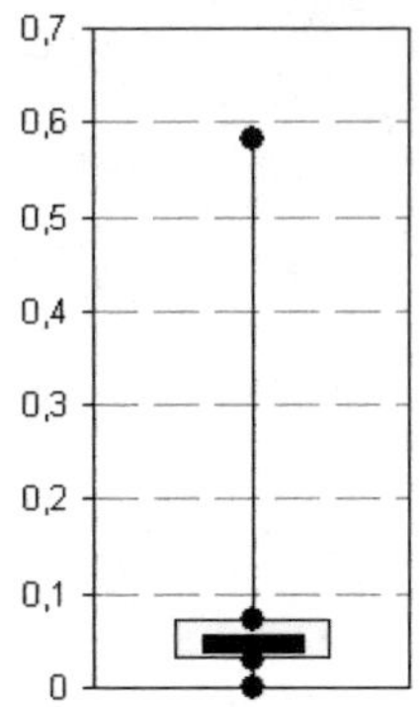

Maximum:	0,5820
Oberes Quartil:	0,0720
Median:	0,0460
Unteres Quartil:	0,0300
Minimum:	0,0000

Angaben beziehen sich auf Verletzungen pro 1.000 LOC.

QBL-Grenzwerte für Java

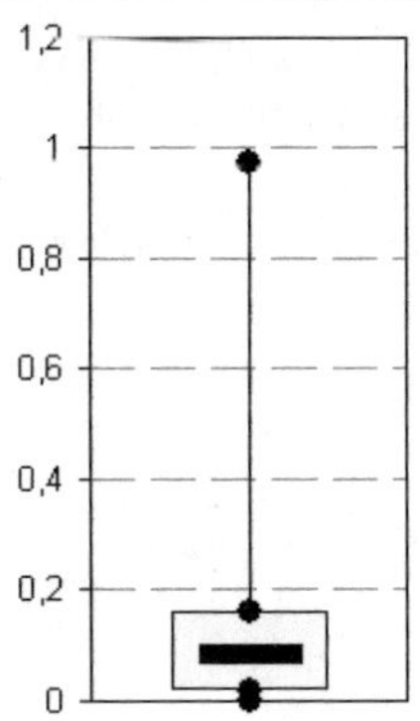

Maximum:	0,9750
Oberes Quartil:	0,1620
Median:	0,0830
Unteres Quartil:	0,0200
Minimum:	0,0000

Angaben beziehen sich auf Verletzungen pro 1.000 LOC.

Informelle Hinweise für die Erkennung

1. Ermitteln aller Methoden und Struktoren mit mehr als 7 Parametern.
2. Ignorieren derjenigen Methoden, die Methoden aus externen Bibliotheken überschreiben oder implementieren.
3. Jede verbleibende Methode bzw. jeder Struktor stellt eine Probleminstanz dar.

10.26 Qualitätsindikator »maskierende Datei«

10.26.1 Definition

Eine maskierende Datei liegt vor, wenn der Name der Datei (ohne Erweiterung; bei C++ sowohl Header- als auch Implementierungsdatei) in keinem Namen der enthaltenen, nicht geschachtelten Klassen mit der größten Sichtbarkeit vollständig (ohne Beachtung von Groß- und Kleinschreibung) angegeben ist.

10.26.2 Beschreibung

In den betrachteten Programmiersprachen wird der Code immer in Dateien abgelegt. Während in Java zwischen dem Inhalt und der umgebenden Datei eine namentliche 1:1-Abbildung bei öffentlichen Klassen erzwungen wird, gilt dies für C++ und in Java für `package-private`-Klassen nicht. Die grundsätzlich gegebene Möglichkeit, mit der Benennung jeglichen Zusammenhang zwischen enthaltener Klasse und Dateinamen zu verdecken, erschwert deutlich das Wiederfinden von Klassen. Der Name einer Datei sollte daher in jedem Fall im Namen mindestens einer enthaltenen Klasse auftauchen. Mögliche Namenserweiterungen in Form von Präfixen (z.B. »C«) oder Postfixen (z.B. »Impl«) erschweren das Wiederfinden nicht.

Referenzen: [HeNy97]

10.26.3 Qualitätseigenschaften

Qualitätseigenschaft & Relevanz	Beschreibung
Analysierbarkeit 75 %	Maskierende Dateien erhöhen signifikant den Aufwand des Wiederauffindens einzelner Klassen. Auch wenn heutige IDEs hier einige Arbeit abnehmen, so gelten die Probleme spätestens auf Betriebssystemebene und dem Arbeiten mit Dateien.
Modifizierbarkeit 25 %	Laufzeitfehler treten in objektorientierten Artefakten auf (z.B. in Klassen). Die Modifizierung selbst geschieht allerdings in Dateien, in denen die entsprechende Klasse abgelegt ist, d.h., jeder Modifizierung geht das Zuordnen von Klassenname auf Dateiname voraus.
Stabilität 0 %	Keine signifikanten negativen Auswirkungen
Prüfbarkeit 0 %	Keine signifikanten negativen Auswirkungen
Austauschbarkeit 0 %	Keine signifikanten negativen Auswirkungen
Zeitverhalten 0 %	Keine signifikanten negativen Auswirkungen
Verbrauchsverhalten 0 %	Keine signifikanten negativen Auswirkungen

10.26.4 QBL entsprechend Code-Quality-Index

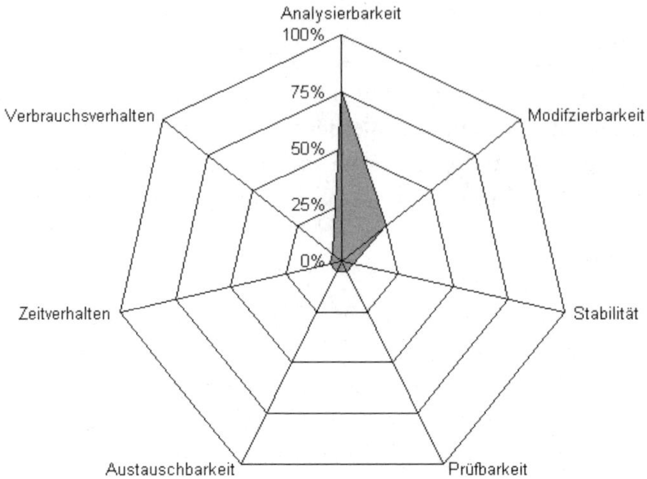

Abb. 10–26 *Qualitätseigenschaftsrelevanz von »maskierende Datei«*

Wirtschaftlichkeitsfaktor & Einschätzung	Beschreibung
Kostenzuwachs 50 %	Das Umbenennen von Dateien hat Auswirkungen auf eine Vielzahl von Peripheriedateien, die je nach verwendeter IDE manuell nachgepflegt werden müssen (z.B. Makefiles).
Unmittelbarkeit 75 %	Eine leicht verständliche Zuordnung von Klassen auf Dateien verbessert direkt bei der nächsten Bearbeitung des Codes das Verstehen und Modifizieren des Systems.

Eingestuft in QBL 3

10.26.5 Technische Parameter

Betrachtungsebene: Technologie

QBL-Grenzwerte für C++

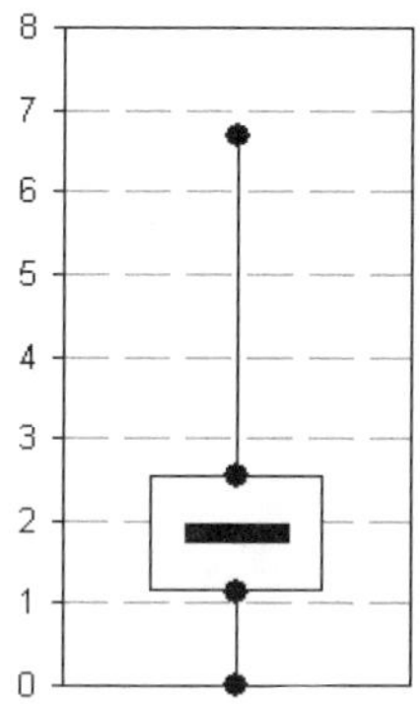

Maximum:	6,6890
Oberes Quartil:	2,5410
Median:	1,8420
Unteres Quartil:	1,1490
Minimum:	0,0000

Angaben beziehen sich auf Verletzungen pro 1.000 LOC.

QBL-Grenzwerte für Java

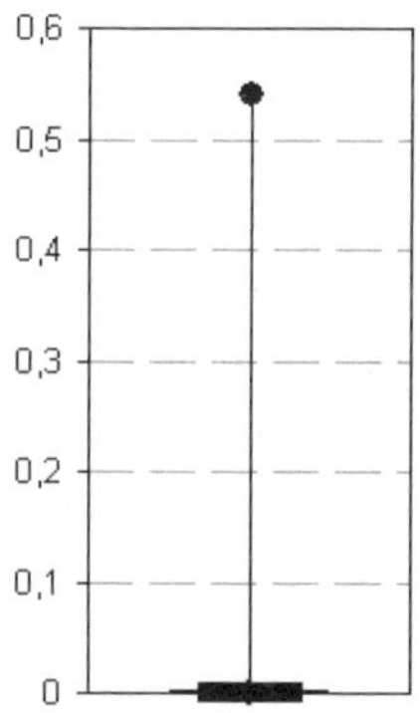

Maximum:	0,5400
Oberes Quartil:	0,0000
Median:	0,0000
Unteres Quartil:	0,0000
Minimum:	0,0000

Angaben beziehen sich auf Verletzungen pro 1.000 LOC.

Informelle Hinweise für die Erkennung

- Ermitteln der Namen der nicht geschachtelten Klassen mit der höchsten Sichtbarkeit innerhalb jeder Datei.
- Überprüfen, ob in mindestens einem ermittelten Klassennamen der Dateiname vollständig enthalten ist.
- Alle Dateien, bei denen diese Forderung nicht erfüllt ist, stellen eine Instanz des Problems dar.

10.27 Qualitätsindikator »nachlässige Kommentierung«

10.27.1 Definition

Ein gut kommentiertes Softwaresystem besitzt als notwendiges Kriterium einen möglichst großen Quotienten aus Kommentarzeilen und Brutto Lines of Code (BLOC). Auf der anderen Seite ist ein überkommentiertes Softwaresystem mit deutlich mehr Kommentar- als Programmzeilen ebenfalls suboptimal, da der Code in der Kommentierung untergeht. Als ideal kommentiertes System wird daher ein System verstanden, bei dem jede Programmcodezeile eine Kommentarzeile besitzt. Für eine einheitliche Interpretation dieses Qualitätsindikators »nachlässige Kommentierung« bedeutet dies, dass

```
Abs(BLOC-2*Commentlines)
```

möglichst klein sein muss.

Die konkreten QBL-Grenzwerte ergeben sich aus den Quartilen des QBL-Repositories (vgl. unten). Als Kommentarzeilen werden sowohl alle reinen Zeilen von Blockkommentaren (häufig eingeleitet durch /*) als auch reine strategische Kommentare (häufig eingeleitet durch //) betrachtet. Kommentare hinter Programmcode werden nicht berücksichtigt.

10.27.2 Beschreibung

Dieses Problemmuster adressiert den systemweiten Kommentierungsgrad als notwendiges Kriterium der die Wartungsphase unterstützenden Dokumentation. Liegt dieser Wert deutlich oberhalb dessen, was im QBL-Repository abgelegt ist, so befinden sich systemweit deutlich weniger Kommentare als üblich. Unabhängig vom Inhalt der wenigen Kommentare kann daher vermutet werden, dass die Kommentierung ungenügend ist und daher jegliche Arbeit am Code deutlichen Mehraufwand bedeutet und ggf. fehlerträchtig ist.

Referenzen: [McCo04]

10.27.3 Qualitätseigenschaften

Qualitätseigenschaft & Relevanz	Beschreibung
Analysierbarkeit 100 %	Bei zu geringer Kommentierung ist die Wahrscheinlichkeit sehr hoch, dass Schnittstellen, Algorithmen und allgemeine Designentscheidungen nur unzureichend kommentiert wurden und daher kaum Zusatzinformationen, die dem Quelltext nicht direkt zu entnehmen sind, existieren. Bei einer ungewöhnlich hohen Kommentierungsdichte besteht dagegen die Gefahr, dass viele unnötige Kommentare enthalten sind und/oder die Kommentare auch toten Code beinhalten.

Modifizierbarkeit 25 %	Aufgrund der fehlenden/unvollständigen Dokumentation können die genaue Aufgabe des zu modifizierenden Codes/Teilsystems oder mögliche Seiteneffekte unklar sein. Dementsprechend steigt die Gefahr, dass Randbedingungen bzw. Sonderfälle übersehen bzw. nicht beachtet werden.
Stabilität 0 %	Keine signifikanten negativen Auswirkungen
Prüfbarkeit 0 %	Keine signifikanten negativen Auswirkungen
Austauschbarkeit 0 %	Keine signifikanten negativen Auswirkungen
Zeitverhalten 0 %	Keine signifikanten negativen Auswirkungen
Verbrauchsverhalten 0 %	Keine signifikanten negativen Auswirkungen

10.27.4 QBL entsprechend Code-Quality-Index

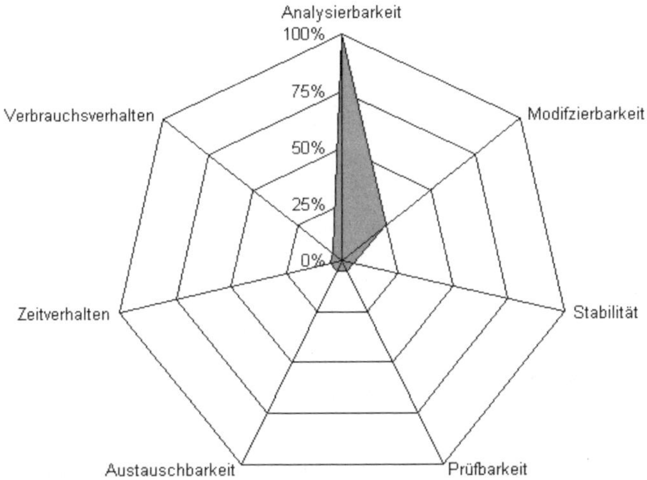

Abb. 10-27 *Qualitätseigenschaftsrelevanz von »nachlässige Kommentierung«*

Wirtschaftlichkeits-faktor & Einschätzung	Beschreibung
Kostenzuwachs 100 %	Systemweites Nachdokumentieren ist sehr aufwendig, da große Teile verstanden und umfangreich dokumentiert werden müssen.
Unmittelbarkeit 75 %	Die Existenz von Kommentaren kann direkt bei der nächsten Codeanalyse hilfreich sein.

Eingestuft in QBL 2

10.27.5 Technische Parameter

Betrachtungsebene: Technologie

QBL-Grenzwerte für C++

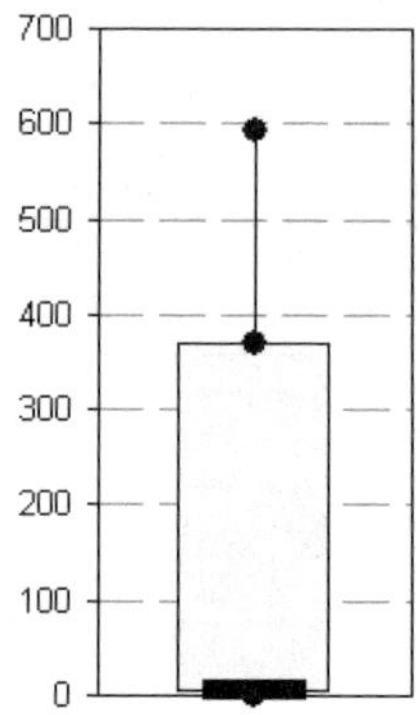

Maximum:	594,0190
Oberes Quartil:	370,2640
Median:	6,2720
Unteres Quartil:	1,4530
Minimum:	0,4910

Angaben sind normiert auf 1.000 LOC.

QBL-Grenzwerte für Java

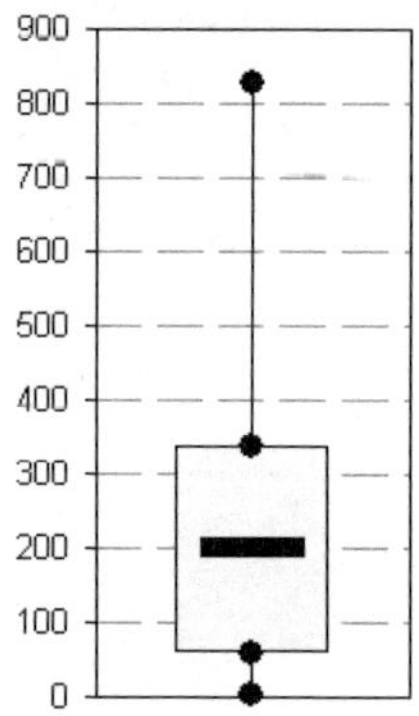

Maximum:	827,5540
Oberes Quartil:	339,5540
Median:	199,8100
Unteres Quartil:	57,6530
Minimum:	3,7720

Angaben sind normiert auf 1.000 LOC.

Informelle Hinweise für die Erkennung

- Zählen der absolute Anzahl an Kommentarzeilen (CLOC).
- Zählen der insgesamt vorhandenen Zeilen (BLOC).
- Berechnen der Formel abs(BLOC-2*CLOC).

10.28 Qualitätsindikator »Namensfehler«

10.28.1 Definition

Für bestimmte Artefakte der Programmierung sind rudimentäre Namenskonventionen gefordert:

- Ein Paketname entspricht dem regulären Ausdruck:
  `[a-zA-Z][a-zA-Z0-9_]*`
- Ein Klassenname/Interfacename (Ausnahme: anonyme Klassen) entspricht dem regulären Ausdruck:
  `[A-Z][a-zA-Z0-9_]*`
- Ein Dateiname entspricht dem regulären Ausdruck :
  `[a-zA-Z][a-zA-Z0-9_]*\.[a-zA-Z]+`
- Ein Methodenname in Java (Ausnahme: Konstruktoren und Methoden, die eine von externer Stelle stammende Methode überschreiben oder implementieren, z.B. JDK) entspricht dem regulären Ausdruck:
  `[a-z][a-zA-Z0-9_]*`
- Ein Methodenname in C++ (Ausnahme: Methoden, die eine von externer Stelle stammende Methode überschreiben oder implementieren, z.B. MFC) entspricht dem regulären Ausdruck:
  `[A-Z][a-zA-Z0-9_]*`
- Ein Konstantenname entspricht dem regulären Ausdruck:
  `[A-Z][A-Z0-9_]*`
- Ein Attributname entspricht dem regulären Ausdruck:
  `[a-z][a-zA-Z0-9_]*`

Wichtig ist an dieser Stelle vor allen Dingen die Konsistenz. Wird für ein Artefakttyp eine andere, sinnvolle Vorgabe zur Unterscheidung der oben genannten Artefakttypen verwendet, so kann diese Regel entsprechend dieser projektspezifischen Setzung umdefiniert werden. Diese Parametrisierbarkeit der Regel ist innerhalb des Code-Quality-Index einmalig, betrachtet wird in jedem Fall mehr die Homogenität als die konkrete Namensvorgabe. In C++ beispielsweise gibt es aber oft die Konvention, dass Methodennamen mit Großbuchstaben beginnen sollen.

10.28.2 Beschreibung

Namenskonventionen sind einfach zu etablierende »Spielregeln«, die helfen, eine einheitliche Erwartungshaltung gegenüber den Artefakten aufzubauen. Einige Regeln helfen auch, zeichensatzspezifische Probleme in der Wartung (z.B. bei der Verwendung von ö, ä und ß) im Vorfeld auszuschließen.

Referenzen: [McCo04]

10.28.3 Qualitätseigenschaften

Qualitätseigenschaft & Relevanz	Beschreibung
Analysierbarkeit 75 %	Werden Namenskonventionen nicht konsistent eingehalten, sind die Vorteile einer Erwartungshaltung beim Analysieren nicht nutzbar.
Modifizierbarkeit 25 %	Ohne eine Erwartungshaltung muss vor jeder Modifizierbarkeit der tatsächliche Typ eines Artefakts erarbeitet werden; anfallende Änderungen können ohne diese Recherche im Vorfeld aufwendiger bzw. einfacher erscheinen, als sie es tatsächlich sind.
Stabilität 25 %	Insbesondere einige Forderungen bzgl. der Zeichensatzeinschränkung (z.B. kein ß) stellen sicher, dass das System auch bei Zeichensatzänderungen stabil funktioniert.
Prüfbarkeit 0 %	Keine signifikanten negativen Auswirkungen
Austauschbarkeit 25 %	Insbesondere einige Probleme bei zeichensatzspezifischen Zeichen können dazu führen, dass Programmteile nicht beliebig austauschbar sind.
Zeitverhalten 0 %	Keine signifikanten negativen Auswirkungen
Verbrauchsverhalten 0 %	Keine signifikanten negativen Auswirkungen

10.28.4 QBL entsprechend Code-Quality-Index

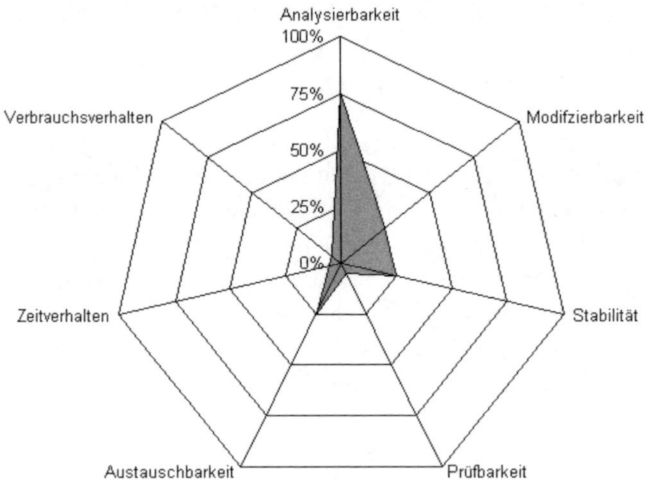

Abb. 10–28 *Qualitätseigenschaftsrelevanz von »Namensfehler«*

Wirtschaftlichkeits-faktor & Einschätzung	Beschreibung
Kostenzuwachs 25 %	Die konsistente Änderung kann mit Hilfe von Suchen und Ersetzen bzw. einer modernen IDE erfolgen.
Unmittelbarkeit 100 %	Die Auswirkungen der Beseitigung von Namensfehlern können unmittelbar festgestellt werden (einfachere Verstehbarkeit, risikolosere Austauschbarkeit usw.).

Eingestuft in QBL 2

10.28.5 Technische Parameter

Betrachtungsebene: Technologie

QBL-Grenzwerte für C++

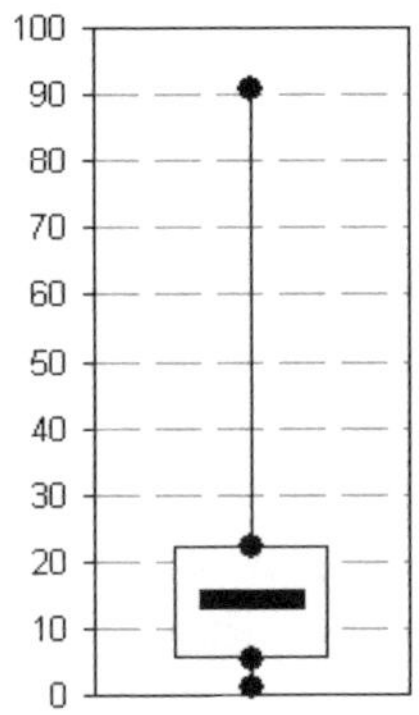

Maximum:	90,8580
Oberes Quartil:	22,2680
Median:	14,0300
Unteres Quartil:	5,2950
Minimum:	1,1460

Angaben beziehen sich auf Verletzungen pro 1.000 LOC.

QBL-Grenzwerte für Java

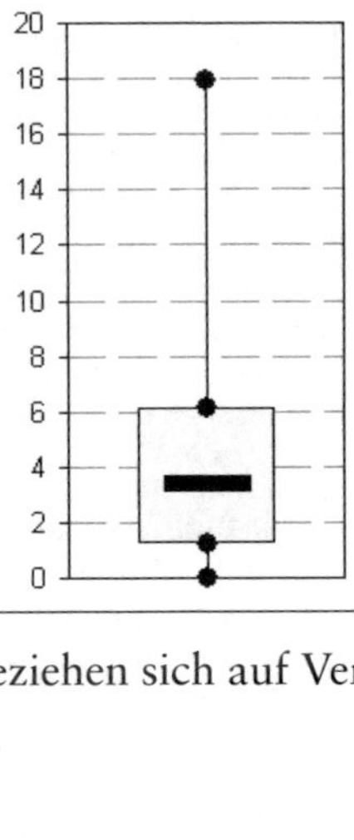

Maximum:	17,9590
Oberes Quartil:	6,1000
Median:	3,3560
Unteres Quartil:	1,2630
Minimum:	0,0000

Angaben beziehen sich auf Verletzungen pro 1.000 LOC.

Informelle Hinweise für die Erkennung

- Jede der oben aufgeführten Artefaktklassen wird separat nach Verletzungen der jeweils geltenden Namensschemata untersucht.
- Jedes Artefakt, welches das geltende Schema verletzt, stellt eine Instanz des Problems dar.

10.29 Qualitätsindikator »Objektplacebo (Attribut)«

10.29.1 Definition

Ein statisches Attribut (inkl. Konstanten) wird über eine Objektinstanz und nicht über den Objekttyp angesprochen.

10.29.2 Beschreibung

Falls ein statisches Attribut (inkl. Konstanten) über ein Objekt angesprochen wird, suggeriert dies, dass es sich um ein Attribut handelt, auf das nur mittels eines Objekts zugegriffen werden kann. Insbesondere kann dies dazu führen, dass das Objekt nur zum Zugriff auf die statischen Merkmale erzeugt wird, und die Instanziierung somit eigentlich überflüssig ist. Korrekt wäre es, das Attribut direkt über die Klasse anzusprechen.

10.29.3 Qualitätseigenschaften

Qualitätseigenschaft & Relevanz	Beschreibung
Analysierbarkeit 100 %	Die Analysierbarkeit ist eingeschränkt, da der statische Charakter des Attributes nicht sofort erkannt wird. Erwartete Abhängigkeiten des Attributwertes vom konkreten Objekt existieren daher nicht.
Modifizierbarkeit 50 %	Die Modifizierbarkeit ist erschwert, da ein Zugriff auf das Objekt umständlicher ist und ggf. sogar gepflegt werden muss.
Stabilität 25 %	Die Vorbedingung bei der Verwendung eines Attributes, ein Objekt als Adressaten zu benutzen, ist stärker als notwendig, da zumindest für die Verwendung des statischen Attributes kein Objekt notwendig ist. Eventuell durchgeführte Überprüfungen bzgl. der Gültigkeit des verwendeten Objektes sind beim Einsatz statischer Attribute überflüssig. Ein aufgrund des Ergebnisses der Überprüfung geändertes Verhalten ist daher zumindest für die Verwendung des statischen Attributes falsch.
Prüfbarkeit 25 %	Für einen Test der Stelle, die das Klassenattribut benutzt und den Objektplacebo begründet, muss ein separates Objekt erzeugt werden (ansonsten wäre es kein Problem). Auf die Erzeugung dieses Objektes könnte verzichtet werden, d.h., es könnte Aufwand gespart werden.

Qualitätseigenschaft & Relevanz	Beschreibung
Austauschbarkeit 0 %	Keine signifikanten negativen Auswirkungen
Zeitverhalten 0 %	Keine signifikanten negativen Auswirkungen
Verbrauchsverhalten 25 %	Die evtl. nur für die Verwendung des statischen Attributes erzeugten Objekte sind zumindest für diesen Zweck überflüssig.

10.29.4 QBL entsprechend Code-Quality-Index

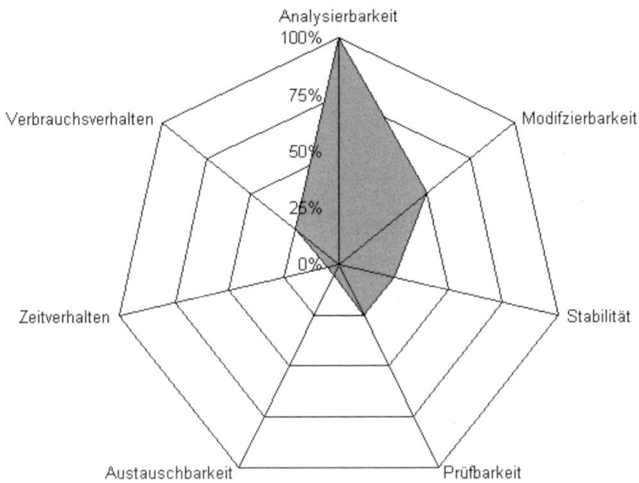

Abb. 10–29 *Qualitätseigenschaftsrelevanz von »Objektplacebo (Attribut)«*

Wirtschaftlichkeits-faktor & Einschätzung	Beschreibung
Kostenzuwachs 25 %	Die Behebung des Problems ist nicht besonders schwierig, da der Zugriffspfad über das Objekt einfach durch einen Zugriffspfad über den Klassennamen ersetzt werden kann.
Unmittelbarkeit 75 %	Die bessere Stabilität sowie die einfachere Analyiserbarkeit treten direkt nach Behebung des Problemmusters ein.

Eingestuft in QBL 2

10.29.5 Technische Parameter

Betrachtungsebene: Code

QBL-Grenzwerte für C++

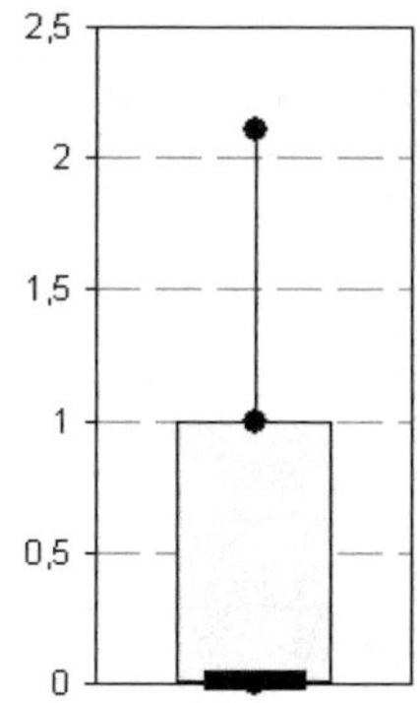

Maximum:	2,1040
Oberes Quartil:	0,9950
Median:	0,0100
Unteres Quartil:	0,0000
Minimum:	0,0000

Angaben beziehen sich auf Verletzungen pro 1.000 LOC.

QBL-Grenzwerte für Java

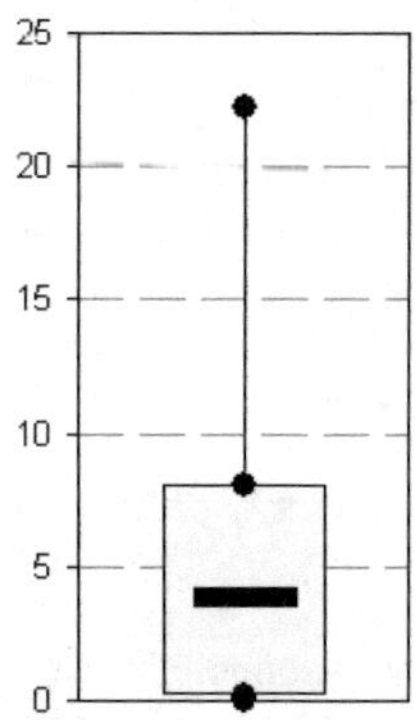

Maximum:	22,1800
Oberes Quartil:	8,0620
Median:	3,8410
Unteres Quartil:	0,1500
Minimum:	0,0000

Angaben beziehen sich auf Verletzungen pro 1.000 LOC.

Informelle Hinweise für die Erkennung

- Ermitteln aller Zugriffsstellen auf statische Attribute (inkl. Konstanten).
- Prüfen, ob der Zugriff über ein Objekt oder eine Klasse erfolgt. Im ersteren Fall ist ein Objektplacebo gefunden.
- Jeder derartige Zugriff wird als eine Verletzung gezählt.

10.30 Qualitätsindikator »Objektplacebo (Methode)«

10.30.1 Definition

Eine statische Methode wird über eine Objektinstanz angesprochen.

10.30.2 Beschreibung

Falls eine statische Methode über ein Objekt angesprochen wird, suggeriert dies, dass es sich hierbei um eine Methode handelt, auf die nur mittels eines Objekts zugegriffen werden kann und die daher auch die objekteigenen Attribute verwendet. Insbesondere kann dies dazu führen, dass das Objekt nur zum Zugriff auf die statischen Merkmale erzeugt wird und somit eigentlich überflüssig ist. Korrekt wäre es, die Methode direkt über die Klasse anzusprechen.

10.30.3 Qualitätseigenschaften

Qualitätseigenschaft & Relevanz	Beschreibung
Analysierbarkeit 100 %	Die Analysierbarkeit ist eingeschränkt, da der statische Charakter der Methode nicht sofort erkannt wird. Erwartete Zustandsänderungen des Objektes finden daher nicht statt.
Modifizierbarkeit 50 %	Die Modifizierbarkeit ist erschwert, da ein Zugriff auf das Objekt umständlicher ist und ggf. sogar gepflegt werden muss.
Stabilität 25 %	Die Vorbedingung des Aufrufs der Methode, ein Objekt als Adressaten zu verwenden, ist stärker als notwendig, da zumindest für den Aufruf der statischen Methode kein Objekt erforderlich ist. Eventuell durchgeführte Überprüfungen bzgl. der Gültigkeit des verwendeten Objektes sind bei der Benutzung statischer Methoden überflüssig. Ein aufgrund des Ergebnisses der Überprüfung geändertes Verhalten ist daher zumindest für die Verwendung der statischen Methode falsch.
Prüfbarkeit 25 %	Für einen Test der Klasse, die die Klassenmethode benutzt, muss ein separates Objekt erzeugt werden. Auf die Erzeugung dieses Objektes könnte verzichtet werden, d.h., es könnte Testaufwand gespart werden.
Austauschbarkeit 0 %	Keine signifikanten negativen Auswirkungen
Zeitverhalten 25 %	Der Aufruf über ein Objekt kann länger dauern als ein Zugriff über den Klassennamen, so dass das Zeitverhalten beeinträchtigt werden kann.
Verbrauchsverhalten 25 %	Die evtl. nur für den Aufruf der statischen Methode erzeugten Objekte sind zumindest für diesen Zweck überflüssig.

10.30.4 QBL entsprechend Code-Quality-Index

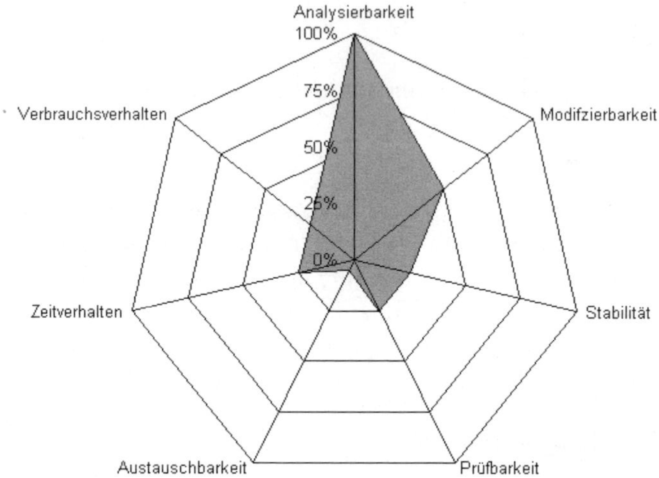

Abb. 10–30 *Qualitätseigenschaftsrelevanz von »Objektplacebo (Methode)«*

Wirtschaftlichkeitsfaktor & Einschätzung	Beschreibung
Kostenzuwachs 25 %	Die Behebung des Problems ist nicht besonders schwierig, da der Zugriffspfad über das Objekt einfach durch einen Zugriffspfad über den Klassennamen ersetzt werden kann.
Unmittelbarkeit 75 %	Die verbesserte Stabilität sowie die einfachere Analysierbarkeit treten direkt nach Behebung dieses Problemmusters ein.

Eingestuft in QBL 2

10.30.5 Technische Parameter

Betrachtungsebene: Code

QBL-Grenzwerte für C++

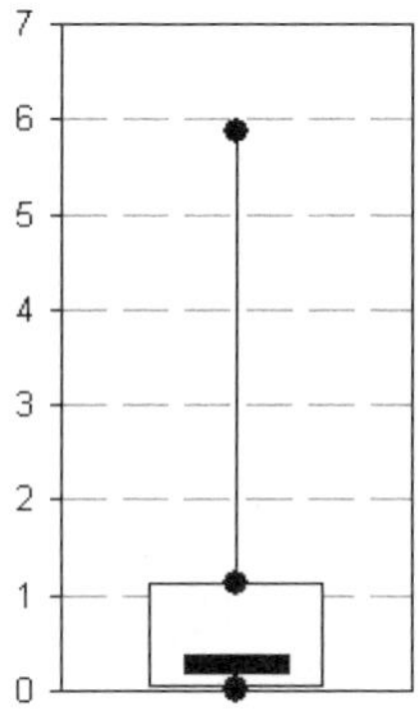

Maximum:	5,8840
Oberes Quartil:	1,1290
Median:	0,2780
Unteres Quartil:	0,0150
Minimum:	0,0000

Angaben beziehen sich auf Verletzungen pro 1.000 LOC.

QBL-Grenzwerte für Java

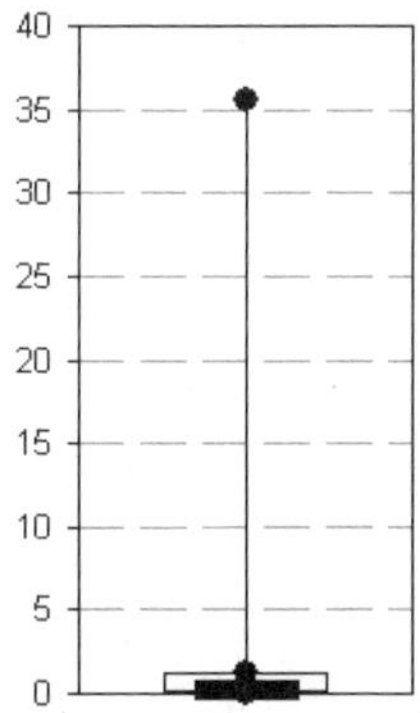

Maximum:	35,6040
Oberes Quartil:	1,2460
Median:	0,1000
Unteres Quartil:	0,0240
Minimum:	0,0000

Angaben beziehen sich auf Verletzungen pro 1.000 LOC.

Informelle Hinweise für die Erkennung

- Ermitteln aller Aufrufstellen von statischen Methoden.
- Prüfen, ob der Aufruf über ein Objekt oder eine Klasse erfolgt. Im ersteren Fall ist ein Objektplacebo gefunden.
- Jeder derartige Zugriff wird als eine Verletzung gezählt.

10.31 Qualitätsindikator »Paketchen«

10.31.1 Definition

Ein nichtleeres Paket besitzt weniger als 3 öffentliche Klassen bzw. Interfaces.

10.31.2 Beschreibung

Ein sehr kleines Paket bietet keine oder nur sehr wenige Funktionalität an. Somit scheint der Sinn des Paketes fraglich. Da ein überflüssiges Paket aber das Verständnis des Gesamtsystems erschwert, sollte die dort enthaltene Funktionalität besser auf andere Pakete verteilt werden.

Referenzen: [Mari02]

10.31.3 Qualitätseigenschaften

Qualitätseigenschaft & Relevanz	Beschreibung
Analysierbarkeit 50 %	Ein Paket erzeugt einen gewissen Overhead beim Verstehen. Ein Paket ist dann sinnvoll und hilft beim Verstehen großer Systeme, wenn das Paket für die Explizierung einer über der Ebene von Klassen liegenden Abstraktionsebene eingesetzt wird. Anderenfalls entsteht nur zusätzlicher Aufwand bei der Analyse, da eine höherwertige Abstraktion nicht vorhanden ist, dieses aber erst erkannt werden muss.
Modifizierbarkeit 0 %	Keine signifikanten negativen Auswirkungen
Stabilität 0 %	Keine signifikanten negativen Auswirkungen
Prüfbarkeit 25 %	Da die Paketstruktur des Testcodes i.d.R. der Paketstruktur des Produktivcodes entspricht, ist auch die Testpaketstruktur komplexer und bietet keine entsprechenden höherwertigen Abstraktionen.
Austauschbarkeit 25 %	Mit zunehmender Dekomposition in sehr kleine Paketchen wird die Wiederverwendbarkeit dadurch erschwert, dass das Netz der mitzunehmenden Pakete vermutlich größer wird.
Zeitverhalten 0 %	Keine signifikanten negativen Auswirkungen
Verbrauchsverhalten 0 %	Keine signifikanten negativen Auswirkungen

10.31.4 QBL entsprechend Code-Quality-Index

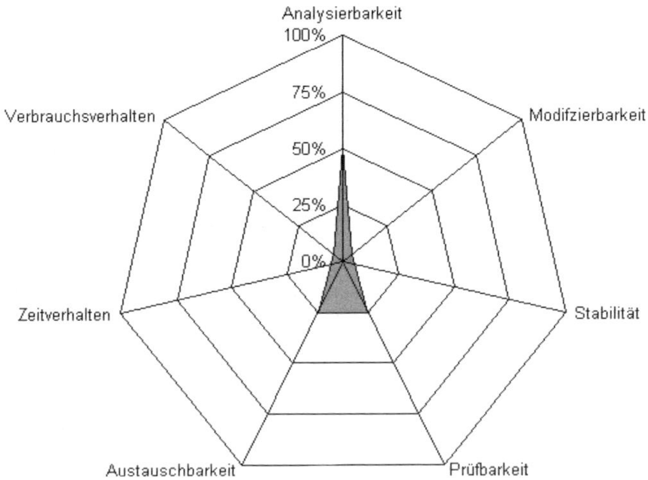

Abb. 10–31 *Qualitätseigenschaftsrelevanz von »Paketchen«*

Wirtschaftlichkeits-faktor & Einschätzung	Beschreibung
Kostenzuwachs 75 %	Das Paket muss als Ganzes mit einem anderen Paket verschmolzen bzw. die Bestandteile auf verschiedene andere Pakete verteilt werden. Der damit verbundene Aufwand ist gering, evtl. müssen Sichtbarkeiten angepasst werden. Das Verschieben auf der physischen Ebene (im Dateisystem) kann je nach verwendetem Versionsmanagement zu Problemen führen, da eine solche Verschiebung nicht richtig abgebildet wird (Bsp.: CVS). Dies führt zu einem erhöhten Kostenaufwand, da beispielsweise bei einer Rücksetzung der Version das Problem erneut auftaucht.
Unmittelbarkeit 50 %	Die Beseitigung von Paketchen wirkt sich mittelfristig insbesondere dann aus, wenn im Zuge größerer Wartungsarbeiten umfangreichere Modifikationen anfallen. In diesen Fällen wirkt sich vor allem die bessere Analysierbarkeit positiv aus.

Eingestuft in QBL 4

10.31.5 Technische Parameter

Betrachtungsebene: Architektur

QBL-Grenzwerte für C++

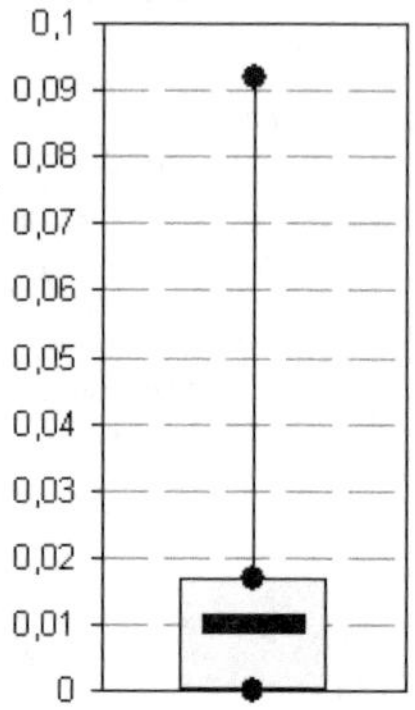

Maximum:	0,0920
Oberes Quartil:	0,0170
Median:	0,0100
Unteres Quartil:	0,0000
Minimum:	0,0000

Angaben beziehen sich auf Verletzungen pro 1.000 LOC.

QBL-Grenzwerte für Java

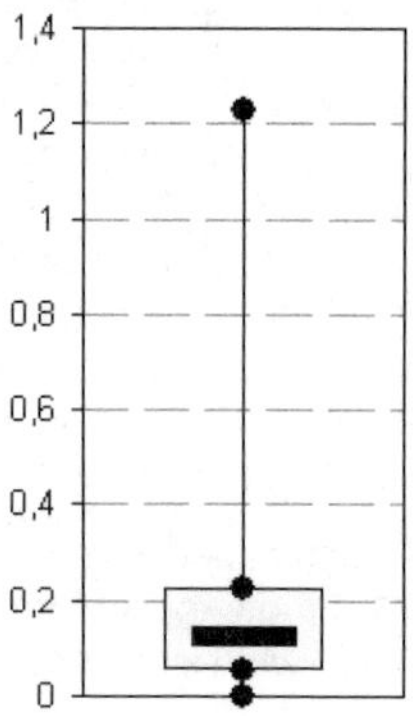

Maximum:	1,2290
Oberes Quartil:	0,2250
Median:	0,1250
Unteres Quartil:	0,0550
Minimum:	0,0000

Angaben beziehen sich auf Verletzungen pro 1.000 LOC.

Informelle Hinweise für die Erkennung

- Ermittlung der Pakete, die in der Summe weniger als 3 öffentliche Klassen und Schnittstellen (Interfaces) haben.
- Jedes derartige Paketchen stellt eine Probleminstanz dar.

10.32 Qualitätsindikator »Pakethierarchieaufbruch«

10.32.1 Definition

Eine Klasse UK in einem Oberpaket OP erbt direkt von einer Klasse OK in einem direkten oder indirekten Unterpaket UP von OP. Vererbung schließt hier Interface-Implementierung mit ein.

10.32.2 Beschreibung

Die durch die Einteilung in Pakete vorgegebene Hierarchie suggeriert, dass Vererbungsbeziehungen nur zwischen Paketen auf gleicher Ebene oder von einem Paket einer niedrigeren Ebene zu einem Paket auf höher Ebene verlaufen sollen. Es ist nicht damit zu rechnen, dass eine Klasse UK aus einem Oberpaket OP von einer Klasse OK aus einem Unterpaket UP erbt, so dass die Verständlichkeit erschwert ist, da hier zwei Spezialisierungsrichtungen orthogonal zueinander stehen. Eventuell ist eine solche Vererbungsbeziehung ein Zeichen für eine schlechte Pakethierarchie.

10.32.3 Qualitätseigenschaften

Qualitätseigenschaft & Relevanz	Beschreibung
Analysierbarkeit 75 %	Die Vererbungsrichtung ist für den Entwickler unerwartet, und somit fällt es ihm schwer, die Abstraktionsebenen korrekt zu verstehen und das System zu analysieren.
Modifizierbarkeit 25 %	Die unerwartetete Abhängigkeit von Unter- und Oberklasse muss berücksichtigt werden und erschwert somit das Modifizieren.
Stabilität 0 %	Keine signifikanten negativen Auswirkungen
Prüfbarkeit 0 %	Keine signifikanten negativen Auswirkungen
Austauschbarkeit 25 %	Die Austauschbarkeit der Pakete ist eingeschränkt möglich, da das Austauschen von Teilbäumen (oder Blättern) und die dahinter liegende Erwartung, lediglich Spezialisierungen mit der daraus resultierenden Abhängigkeitsrichtung auszutauschen, erschwert bzw. verletzt werden.
Zeitverhalten 0 %	Keine signifikanten negativen Auswirkungen
Verbrauchsverhalten 0 %	Keine signifikanten negativen Auswirkungen

10.32.4 QBL entsprechend Code-Quality-Index

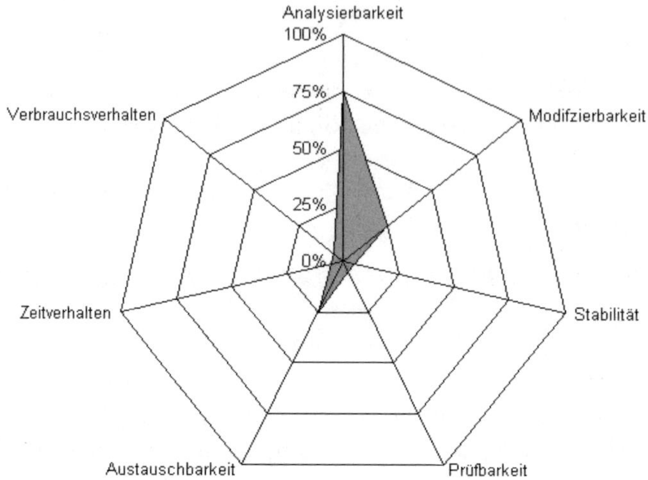

Abb. 10–32 *Qualitätseigenschaftsrelevanz von »Pakethierarchieaufbruch«*

Wirtschaftlichkeits-faktor & Einschätzung	Beschreibung
Kostenzuwachs 50 %	Die Klasse muss verschoben werden, wodurch bei falscher Zielpaketwahl andere Pakethierarchieaufbrüche auftreten können. Darüber hinaus müssen die Build-Prozess- Parameter angepasst werden.
Unmittelbarkeit 50 %	Ein Großteil der Vorteile des Beseitigens von Pakethierarchieaufbrüchen wirkt sich erst aus, wenn die entsprechenden Codeteile zum Analysieren anstehen.

Eingestuft in QBL 3

10.32.5 Technische Parameter

Betrachtungsebene: Architektur

QBL-Grenzwerte für C++

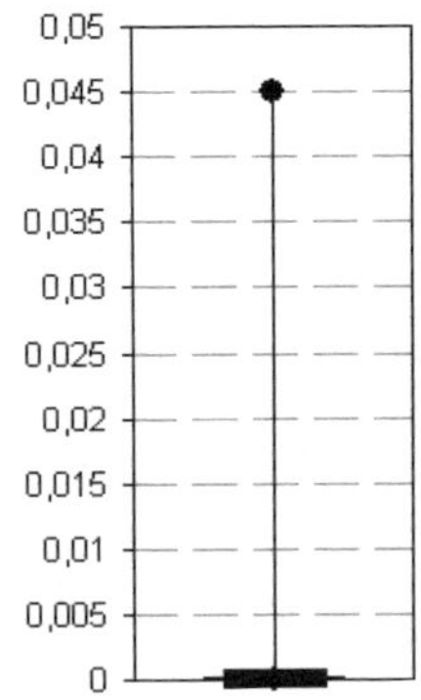

Maximum:	0,0450
Oberes Quartil:	0,0000
Median:	0,0000
Unteres Quartil:	0,0000
Minimum:	0,0000

Angaben beziehen sich auf Verletzungen pro 1.000 LOC.

QBL-Grenzwerte für Java

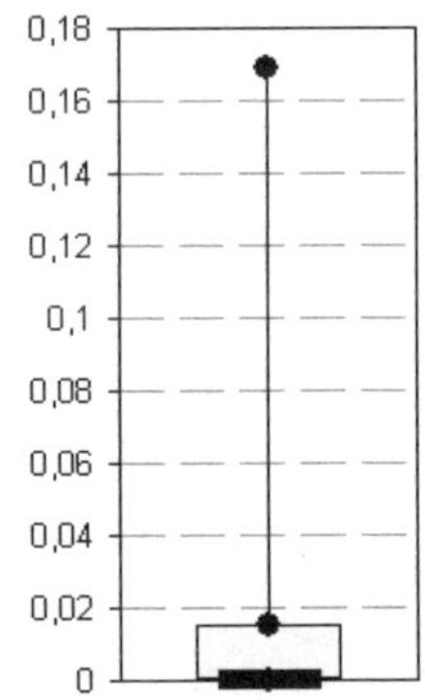

Maximum:	0,1690
Oberes Quartil:	0,0150
Median:	0,0000
Unteres Quartil:	0,0000
Minimum:	0,0000

Angaben beziehen sich auf Verletzungen pro 1.000 LOC.

Informelle Hinweise für die Erkennung

1. Bilden von Oberklasse-Unterklasse-Paaren, wobei die Paarbildung auf *direkte* Vererbungsbeziehungen beschränkt ist. Zu den Oberklassen zählen in diesem Fall auch Interfaces bzw. Implements-Beziehungen.
2. Für jedes Paar prüfen, ob die Oberklasse aus einem direkten oder indirekten Unterpaket des Unterklassenpakets stammt.
3. Jedes Paar, auf das dieses zutrifft, stellt eine Probleminstanz dar.

10.33 Qualitätsindikator »Polymorphieplacebo«

10.33.1 Definition

Eine statische Methode der Oberklasse `OK` ist in einer Unterklasse `UK` sichtbar, wird dort aber durch eine Methode mit der gleichen Signatur überdeckt.

10.33.2 Beschreibung

Ein wichtiger Verwendungszweck von Vererbung ist das Realisieren von Polymorphie zur Implementierung einer Typhierarchie: Die Oberklasse deklariert hierbei Schnittstellen und implementiert diese ggf. bereits. In den Unterklassen besteht die Möglichkeit, geerbte Methoden zu überdecken, um Spezifika der Unterklasse bei der Implementierung entsprechend zu berücksichtigen. Aufgrund der Polymorphie werden automatisch die Methoden derjenigen Unterklasse aufgerufen, deren Instanz das Objekt darstellt.

Diese Möglichkeit, bestimmte Implementierungen in Abhängigkeit vom aktuellen Objekttyp auszuführen, besteht allerdings nur für Objektmethoden, nicht für Klassenmethoden (static). Wird eine statische Methode einer Oberklasse aufgerufen, so kann dieser Aufruf nicht durch eine Implementierung in der Unterklasse überdeckt werden. Es wird immer die Implementierung der Oberklasse ausgeführt, unabhängig davon, ob der Aufruf über Instanzen von Unterklassen erfolgt.

Obwohl die Vererbungsstruktur und die Überdeckungen eine Polymorphie suggerieren, werden die entsprechenden Methoden nicht polymorph aufgelöst (Polymorphieplacebo).

10.33.3 Qualitätseigenschaften

Qualitätseigenschaft & Relevanz	Beschreibung
Analysierbarkeit 100 %	Bei der Analyse von Klassenstrukturen mit Überdeckungen werden Polymorphiezusammenhänge analysiert, die es im Fall von Polymorphieplacebos nicht gibt. Wird der Polymorphieplacebo bewusst verwendet, ist die Analyse der gesamten Struktur deutlich erschwert, da offensichtlich nicht nur Typen der Oberklasse verwendet werden, sondern auch Typen der Unterklasse (anders kann die Implementierung der Unterklasse nicht angesprochen werden).
Modifizierbarkeit 75 %	Die Modifizierbarkeit eines Systems, das Polymorphieplacebos verwendet, ist nur mit deutlichem Zusatzaufwand möglich. Das für OO-Systeme übliche Hinzufügen von Unterklassen funktioniert hier nicht vollständig, da die statischen Methoden der Oberklassen nicht ersetzt werden können.

Qualitätseigenschaft & Relevanz	Beschreibung
Stabilität 100 %	In den meisten Fällen sind Polymorphieplacebos unbewusst, d.h., es wird davon ausgegangen, dass die Implementierung der Unterklasse verwendet wird. Dass Objekte aber tatsächlich die Implementierung der Oberklasse verwenden, kann Stabilitätsprobleme zur Folge haben, da der Kontrollfluss anders als vom Entwickler intendiert ist.
Prüfbarkeit 75 %	Eine echte Typhierarchie ist einfach zu prüfen, da dem Typ der Oberklasse sukzessive Objekte aller Unterklassen zugewiesen werden. Aufgrund der Polymorphie werden damit alle Implementierungen überprüft. Bei Polymorphieplacebos müssen die Typen der Unterklassen explizit aufgeführt werden, so dass der Testcode umfangreicher wird.
Austauschbarkeit 50 %	Die Austauschbarkeit der Oberklasse ist bedingt beeinträchtigt, da eine neue Klasse u.U. die Polymorphieplacebos entfernt, woraufhin sich das System anders verhält. Die Austauschbarkeit der Unterklasse ist dann beeinträchtigt, wenn die Polymorphieplacebos bewusst verwendet werden, d.h. die Klienten die konkreten Unterklassen kennen.
Zeitverhalten 0 %	Keine signifikanten Auswirkungen
Verbrauchsverhalten 0 %	Keine signifikanten Auswirkungen

10.33.4 QBL entsprechend Code-Quality-Index

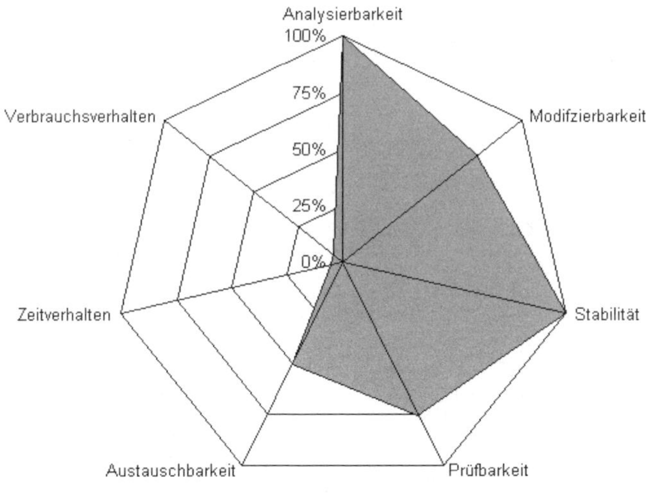

Abb. 10–33 *Qualitätseigenschaftsrelevanz von »Polymorphieplacebo«*

Wirtschaftlichkeits-faktor & Einschätzung	Beschreibung
Kostenzuwachs 75 %	Der Aufwand, der zur Beseitigung von Polymorphieplacebos notwendig ist, besteht aus der Entfernung des Placebos selbst sowie bei bewussten Polymorphieplacebos aus der Anpassung der Klienten, die anschließend nur noch gegen die Oberklasse implementiert werden sollen.
Unmittelbarkeit 100 %	Die Beseitigung der Polymorphieplacebos hat eine sofortige Wirkung, da dann i.d.R. der Kontrollfluss so verläuft wie vom Entwickler geplant. Außerdem kann direkt nach der Beseitigung die gesamte betroffene Vererbungsstruktur als eine funktionierende Typhierarchie vereinfacht durch eine Oberklasse verstanden und erweitert werden.

Eingestuft in QBL 2

10.33.5 Technische Parameter

Betrachtungsebene: Design

QBL-Grenzwerte für C++

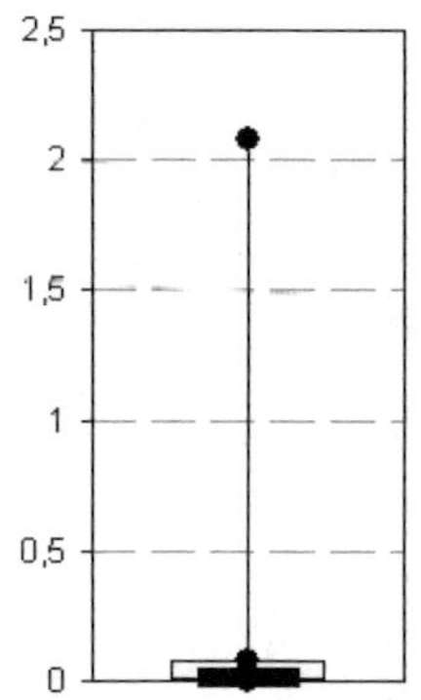

Maximum:	2,0760
Oberes Quartil:	0,0800
Median:	0,0120
Unteres Quartil:	0,0000
Minimum:	0,0000

Angaben beziehen sich auf Verletzungen pro 1.000 LOC.

QBL-Grenzwerte für Java

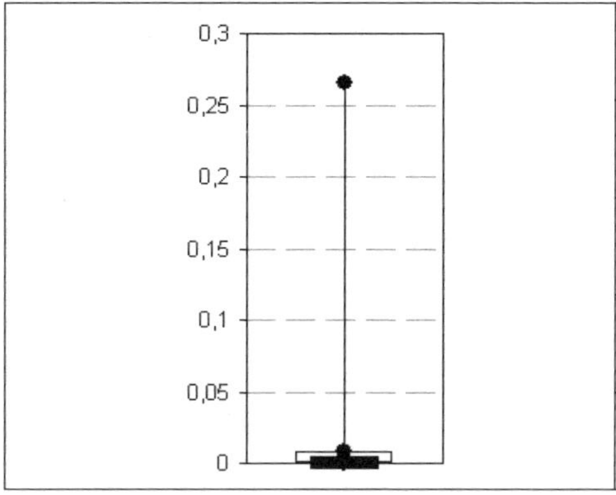

Maximum:	0,2650
Oberes Quartil:	0,0080
Median:	0,0000
Unteres Quartil:	0,0000
Minimum:	0,0000

Angaben beziehen sich auf Verletzungen pro 1.000 LOC.

Informelle Hinweise für die Erkennung

- Suche nach statischen Methoden in Oberklassen, die in Unterklassen sichtbar sind.
- Suche nach Methoden in Unterklassen, die diese sichtbaren statischen Methoden überdecken.
- Jedes gefundene Methodenpaar (statische Oberklassenmethode und überdeckende Unterklassenmethode) stellt eine Probleminstanz dar.

10.34 Qualitätsindikator »potenzielle Privatsphäre (Attribut)«

10.34.1 Definition

Die deklarierte Sichtbarkeit eines Attributes (keine Konstanten; keine `package-private`-Sichtbarkeit) ist größer als tatsächlich benötigt, d.h., das System ist auch nach einer Sichtbarkeitsreduktion noch übersetzbar.

10.34.2 Beschreibung

Das Sichtbarkeitskonzept in objektorientierten Sprachen erlaubt die Explizierung von Prioritäten beim Verstehen und Ändern von Systemen. Ein maximal sichtbares Programmierartefakt ist demzufolge besonders wichtig für das Verstehen der nach außen angebotenen Funktionalität; im Gegensatz dazu ist ein als privat deklariertes Artefakt für das primäre Verstehen des Zusammenspiels von Systemteilen weniger wichtig.

Die durch das Sichtbarkeitskonzept explizierte Priorisierung wird in diesem Qualitätsindikator für Attribute analysiert. Haben Attribute eine zu hohe Sichtbarkeit, d.h., aufgrund ihrer tatsächlichen Verwendung könnte ihre Sichtbarkeit auf `protected` oder `private` reduziert werden, so liegt eine falsche Priorisierung vor. Mit einer Einschränkung der Sichtbarkeit würden die Attribute eine geringere Priorität beim Verstehen und Ändern erhalten. Außerdem wären sie somit vor ungewollten Zugriffen geschützt, wodurch auch die Stabilität des Programms verbessert wird. Die Reduzierung der Sichtbarkeit hat weder einen Verlust von Informationen noch der Funktionalität zur Folge.

Referenzen: [Ritt01]

10.34.3 Qualitätseigenschaften

Qualitätseigenschaft & Relevanz	Beschreibung
Analysierbarkeit 100 %	Die Verwendung einer nichtprivaten Sichtbarkeit lässt auf eine Verwendung außerhalb des Klassenkontextes schließen. Wenn dies trotz der Deklaration jedoch nicht der Fall ist, wird die Analysierbarkeit durch diese »Falschinformation« beeinträchtigt, da von einer anderen als der tatsächlichen Verwendung der Attribute ausgegangen wird.
Modifizierbarkeit 25 %	Die Annahme, dass die Sichtbarkeit des Attributs mit dem Zweck einer äußeren Verwendung gewählt wurde, beeinträchtigt eine Modifizierung des Attributs. Aufgrund der »falschen« Sichtbarkeit ist die Modifizierbarkeit allerdings tatsächlich besser. Alleine die Überprüfung, dass eine Modifizierung einfacher ist als durch die Deklaration angenommen, benötigt zusätzliche Aufwände.
Stabilität 25 %	Die unnötige Schaffung der Möglichkeit eines äußeren Zugriffs auf das Attribut kann die Stabilität des Programms beeinträchtigen. Sie ermöglicht in Zukunft einen Zugriff außerhalb des Klassenkontextes und kann somit einen ungewollten oder unvorhersehbaren Programmablauf zur Folge haben.
Prüfbarkeit 25 %	Durch die Annahme, dass ein Attribut von außen genutzt wird (obwohl dies nicht der Fall ist) erhöht sich unnötig der Aufwand für den Test des Programms, da dann auch das Verhalten des Programms bei Wertänderungen des Attributs von außen getestet werden muss.
Austauschbarkeit 25 %	Die Austauschbarkeit des Codes, der dieses Problem aufweist, scheint schwieriger, als er tatsächlich ist. Soll z.B. der Typ des Attributs geändert werden, so wirkt diese Änderung nur lokal (entweder im `protected`- oder sogar `private`-Umfeld).
Zeitverhalten 75 %	Mit zunehmender Einschränkung der Sichtbarkeit bekommt der Compiler mehr Möglichkeiten der Performance-Optimierung. Im Allgemeinen gilt, dass mit zunehmender Sichtbarkeit die Zugriffszeiten steigen (vgl. z.B. [Ritt01]).
Verbrauchsverhalten 0 %	Keine signifikanten negativen Auswirkungen

10.34.4 QBL entsprechend Code-Quality-Index

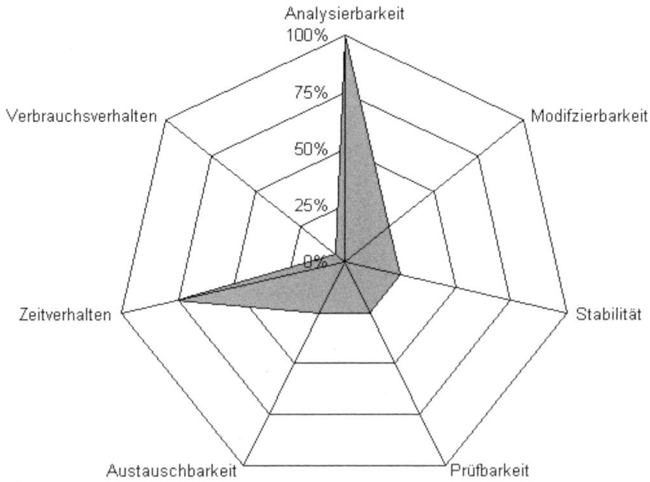

Abb. 10–34 *Qualitätseigenschaftsrelevanz von »potenzielle Privatsphäre (Attribut)«*

Wirtschaftlichkeits-faktor & Einschätzung	Beschreibung
Kostenzuwachs 25 %	Die Einschränkung der Sichtbarkeit lässt sich leicht durchführen und ist nicht aufwendig. Die minimale Sichtbarkeit kann basierend auf den ermittelten Zugriffen leicht bestimmt werden. Eventuell auftretende Fehler aufgrund unerkannter Zugriffe werden im Allgemeinen sofort bemerkt, da das System bei zu restriktiver Sichtbarkeit nicht mehr übersetzbar ist. Seltene Ausnahmen sind durch Reflection möglich, da hier prinzipiell alle möglichen Szenarien in Form angenommener Adressaten durchgetestet werden müssten.
Unmittelbarkeit 50 %	Eine unmittelbare Auswirkung auf das System durch die Behebung des Problems ist lediglich im Bereich der Performance gegeben. Alle anderen Auswirkungen sind zumindest mittelfristig.

Eingestuft in QBL 3

10.34.5 Technische Parameter

Betrachtungsebene: Design

QBL-Grenzwerte für C++

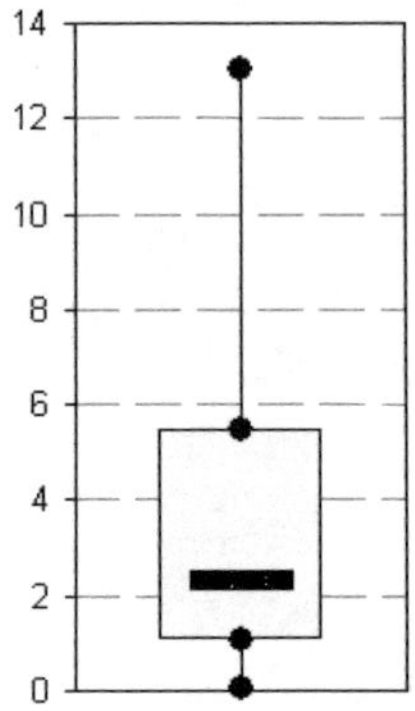

Maximum:	13,0300
Oberes Quartil:	5,4880
Median:	2,2880
Unteres Quartil:	1,0660
Minimum:	0,0440

Angaben beziehen sich auf Verletzungen pro 1.000 LOC.

QBL-Grenzwerte für Java

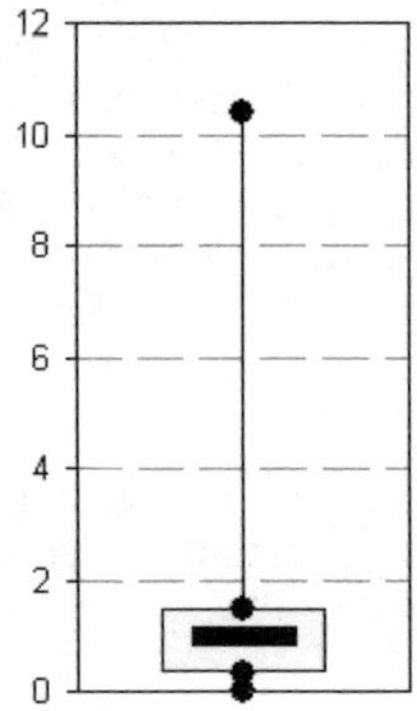

Maximum:	10,3830
Oberes Quartil:	1,4610
Median:	0,9490
Unteres Quartil:	0,3220
Minimum:	0,0000

Angaben beziehen sich auf Verletzungen pro 1.000 LOC.

Informelle Hinweise für die Erkennung

- Eine Liste mit allen `protected`-Attributen erstellen.
- Alle `protected`-Attribute aus der Liste löschen, auf die durch andere Klassen zugegriffen wird (diese Attribute müssen `protected` sein/bleiben).
- Hinzufügen aller `public`-Attribute zu der Liste.
- Alle Attribute aus der Liste löschen, auf die von außerhalb der Vererbungshierarchie zugegriffen wird (diese müssen `public` bleiben).
- Die verbleibende Liste enthält alle Attribute, deren Sichtbarkeit eingeschränkt werden kann. Jedes Attribut stellt eine Probleminstanz dar.

10.35 Qualitätsindikator »potenzielle Privatsphäre (Methode)«

10.35.1 Definition

Eine protected-Methode einer Klasse K wird in keiner Unterklasse von K benutzt oder überschrieben und überschreibt selbst keine Methode einer Oberklasse von K.

10.35.2 Beschreibung

Methoden implementieren das Verhalten einer Klasse und bilden gleichzeitig deren Schnittstelle. Je größer (umfangreicher) eine Schnittstelle ist, umso schwieriger/aufwendiger wird es, die Klasse zu verstehen und zu modifizieren. Daher sollte diese Schnittstelle so klein wie möglich gehalten werden.

Dieses Problemmuster fokussiert diejenigen Methoden der Schnittstelle, die für Unterklassen zur Verfügung gestellt werden sollen. Auch dieser Teil ist minimal zu halten. Diese Forderung ist für eine Schnittstelle verletzt, wenn eine Schnittstellenmethode in keiner Unterklasse überschrieben oder aufgerufen wird und wenn die Schnittstellenmethode selbst keine Methode einer Oberklasse überschreibt oder implementiert.

In Java gibt es den Spezialfall, dass auch von außerhalb der Vererbungshierarchie auf protected-Methoden zugegriffen werden kann. Dies ist dann möglich, wenn sich die aufrufende Klasse im gleichen Paket befindet. Diese Aufrufe könnten zwar für Unit-Tests verwendet werden[1], diese Zugriffsmöglichkeit widerspricht jedoch dem klassischen Verständnis von protected-Methoden. Zugriffe auf protected-Methoden werden daher nicht erlaubt. Die angesprochenen JUnit-Tests können stattdessen über die Verwendung der default-Sichtbarkeit ermöglicht werden.

Referenzen: [Riel96]

10.35.3 Qualitätseigenschaften

Qualitätseigenschaft & Relevanz	Beschreibung
Analysierbarkeit 75 %	Zur Analyse einer Klasse bzw. um eine Klasse zu verstehen, muss i.d.R. die Schnittstelle einer Klasse betrachtet werden. Im Fall von Unterklassen schließt das auch die protected-Methoden ein. Die Analyse wird durch Methoden, die eine zu große Sichtbarkeit besitzen, unnötig erschwert. Hinzu kommt, dass der Zweck der höheren Sichtbarkeit (protected statt private) durch die Nichtverwendung in den Unterklassen nicht klar wird, was verwirrend wirken kann.

1. Eine Empfehlung bei der Verwendung von JUnit besagt, dass Testklassen zum gleichen Paket wie die zu testende Klasse gehören sollten.

Qualitätseigenschaft & Relevanz	Beschreibung
Modifizierbarkeit 25 %	Durch die Annahme, dass die Methode mit dem Zweck der externen Verwendung in Unterklassen erstellt wurde, scheint die Modifizierbarkeit dieser Methode beeinträchtigt, da ein komplexes Gerüst hinter einer Änderung steht. Aufgrund der »falschen« Sichtbarkeit ist die Modifizierbarkeit allerdings tatsächlich besser. Allein die Überprüfung, dass eine Modifizierung einfacher ist als durch die Deklaration angenommen, benötigt zusätzlichen Aufwand.
Stabilität 25 %	Die unnötige Schaffung einer Zugriffsmöglichkeit auf die Methode via Unterklassen kann die Stabilität des Programms beeinträchtigen. Sie erlaubt in Zukunft einen Zugriff und kann somit einen ungewollten oder unvorhersehbaren Programmablauf zur Folge haben.
Prüfbarkeit 25 %	Durch die Annahme, dass eine Methode von Unterklassen genutzt bzw. überschrieben wird (obwohl dies nicht der Fall ist), kann sich der Aufwand für den Test des Programms unnötig erhöhen (z.B. durch Test-Unterklassen), da dann – je nach Testfokus – die falsch deklarierte Methode ebenfalls getestet wird.
Austauschbarkeit 0 %	Keine signifikanten negativen Auswirkungen
Zeitverhalten 25 %	`protected`-Methoden können erst zur Laufzeit aufgelöst werden, während `private`-Methoden statisch (zum Zeitpunkt der Übersetzung) aufgelöst werden können. Eine zu hohe Sichtbarkeit kann sich folglich negativ auf das Zeitverhalten auswirken.
Verbrauchsverhalten 0 %	Keine signifikanten negativen Auswirkungen

10.35.4 QBL entsprechend Code-Quality-Index

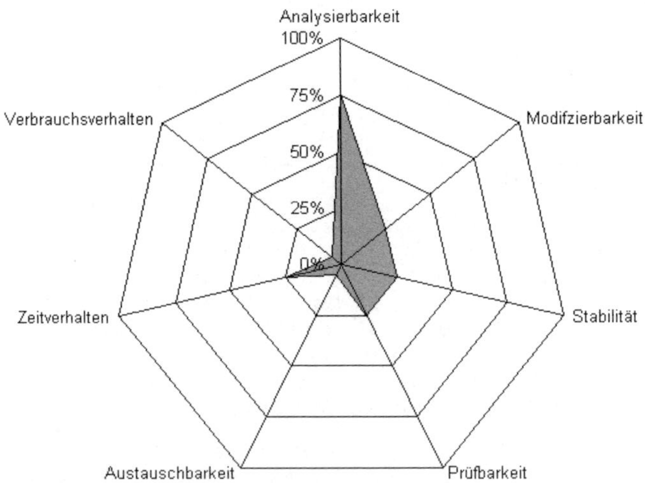

Abb. 10–35 *Qualitätseigenschaftsrelevanz von »potenzielle Privatsphäre (Methode)«*

Wirtschaftlichkeitsfaktor & Einschätzung	Beschreibung
Kostenzuwachs 25 %	Die Problembehebung beschränkt sich im Wesentlichen auf die stärkere Einschränkung der Sichtbarkeit und verursacht daher kaum Kosten.
Unmittelbarkeit 50 %	Eine unmittelbare Auswirkung auf das System durch die Behebung des Problems ist lediglich im Bereich der Performance gegeben. Alle anderen Auswirkungen sind zumindest mittelfristig.

Eingestuft in QBL 3

10.35.5 Technische Parameter

Betrachtungsebene: Design

QBL-Grenzwerte für C++

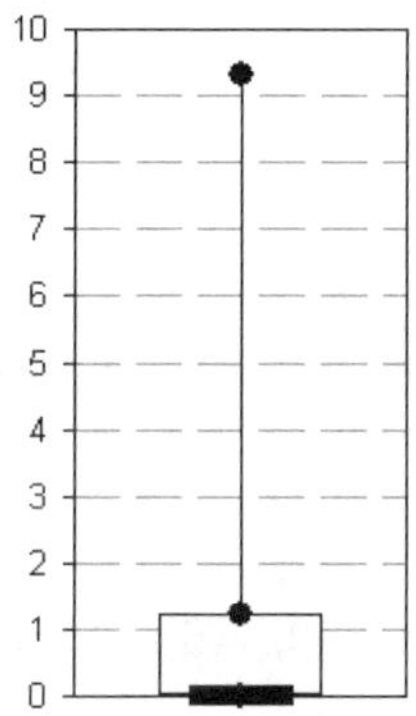

Maximum:	9,2960
Oberes Quartil:	1,2360
Median:	0,0000
Unteres Quartil:	0,0000
Minimum:	0,0000

Angaben beziehen sich auf Verletzungen pro 1.000 LOC.

QBL-Grenzwerte für Java

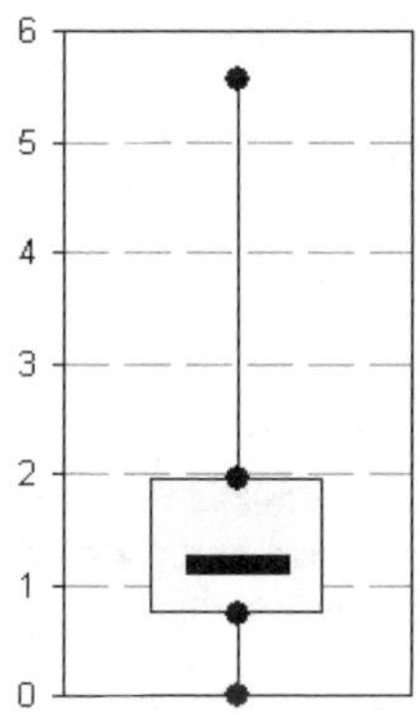

Maximum:	5,5520
Oberes Quartil:	1,9600
Median:	1,1610
Unteres Quartil:	0,7350
Minimum:	0,0000

Angaben beziehen sich auf Verletzungen pro 1.000 LOC.

Informelle Hinweise für die Erkennung

- Suche aller `protected`-Methoden, die in Unterklassen nicht benutzt und auch nicht überschrieben werden.
- Die Betrachtung gilt nicht bei `protected`-Methoden, die selber eine `protected`-Methode überschreiben oder implementieren.
- Jede `protected`-Methode, deren Sichtbarkeit eingeschränkt werden kann, wird als eine Verletzung gezählt.

10.36 Qualitätsindikator »pränatale Kommunikation«

10.36.1 Definition

Im Konstruktor einer Klasse `K` wird mindestens eine virtuelle Methode von `K` (auch geerbte) direkt (nicht über weitere Objekte) aufgerufen, unabhängig davon, ob die virtuelle Methode in Unterklassen bereits überschrieben wird oder in `K` bereits implementiert ist.

10.36.2 Beschreibung

Virtuelle Methoden werden verwendet, um Polymorphie zu ermöglichen, d.h., das Versenden einer Nachricht führt zum Ausführen einer Methode derjenigen Klasse, dessen Typ das Objekt hat, das die Nachricht erhält. Polymorphe Aufrufe sind auch innerhalb von Konstruktoren möglich, dort aber häufig sehr gefährlich, da die Objekte, die die Nachricht empfangen, noch nicht vollständig instanziiert sind (Java) bzw. von einem evtl. nicht gewünschten/erwarteten Typ (C++) sind.

Grundsätzlich gefährlich wird pränatale Kommunikation besonders dann, wenn in der virtuellen Methode der Unterklasse `UK` Spezifika der Unterklasse `UK` verwendet werden. Ist dies nicht der Fall, muss die pränatale Kommunikation nicht zu Fehlern führen. Da solche Besonderheiten allerdings während der Wartung nicht langfristig gewährleistet werden können, sind solche Konstrukte zu vermeiden.

10.36.3 Qualitätseigenschaften

Qualitätseigenschaft & Relevanz	Beschreibung
Analysierbarkeit 50 %	Beim Analysieren muss die vollständige Objektkonstruktion nachvollzogen werden, d.h., sowohl die Reihenfolge der Konstruktoraufrufe als auch die jeweiligen dort getätigten Methodenaufrufe müssen analysiert und bzgl. der Gültigkeit und Korrektheit überprüft werden. Insbesondere das Analysieren von Abstürzen auf Basis pränataler Kommunikation ist sehr schwierig, da diese sich häufig nichtdeterministisch darstellen (insbesondere in C++)

Qualitätseigenschaft & Relevanz	Beschreibung
Modifizierbarkeit 100 %	Fragile Konstruktionen, in denen pränatale Kommunikation ohne offenkundige Probleme funktioniert, sind sehr anfällig gegen Änderungen. Das Hinzufügen einer Unterklasse mit gleichzeitiger Überdeckung der aufgerufenen virtuellen Methode kann z.B. sehr zügig zu Abstürzen führen, ohne dass die Unterklasse selbst die Ursache darstellt.
Stabilität 100 %	Die Fehler, die aufgrund der pränatalen Kommunikation auftreten, zeigen sich häufig nichtdeterministisch und beeinflussen deutlich die Stabilität. Die Fehler, meist Null-Pointer-Probleme, lassen sich nur schwer zur Laufzeit kompensieren, d.h., die pränatale Kommunikation führt i.d.R. zu einem Systemabsturz.
Prüfbarkeit 75 %	Um den Fehler zu forcieren, ist eine sorgfältige Testfallermittlung notwendig. Die Reproduzierbarkeit des Fehlers ist trotzdem nicht in allen Fällen möglich, da die aktuelle Speicherbelegung eine wichtige Rolle spielen kann.
Austauschbarkeit 75 %	Die fragile Konstruktion der gesamten Vererbungslinie ist nur bedingt austauschbar, da sie in einem neuen Kontext (in dem z.B. eine neue Unterklasse die aufgerufene virtuelle Methode überschreibt) instabil sein kann.
Zeitverhalten 0 %	Keine signifikanten negativen Auswirkungen
Verbrauchsverhalten 0 %	Keine signifikanten negativen Auswirkungen

10.36.4 QBL entsprechend Code-Quality-Index

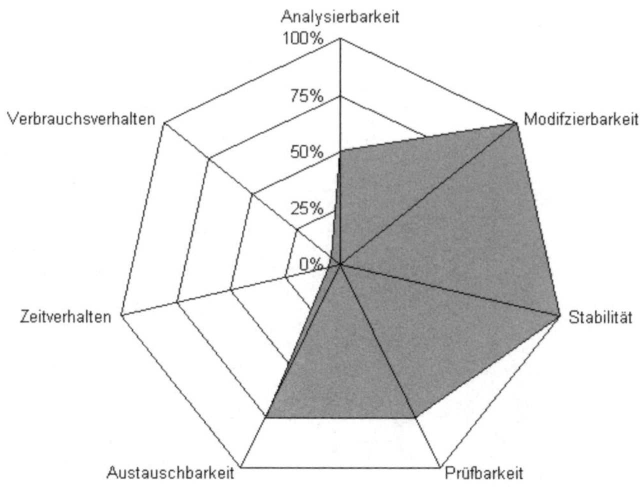

Abb. 10–36 *Qualitätseigenschaftsrelevanz von »pränatale Kommunikation«*

Wirtschaftlichkeitsfaktor & Einschätzung	Beschreibung
Kostenzuwachs 50 %	Die Beseitigung pränataler Kommunikation gilt i.d.R. lediglich für die betroffenen Klassen und nicht für deren Klienten, d.h., Änderungen haben normalerweise lokale Auswirkungen.
Unmittelbarkeit 100 %	Die Beseitigung pränataler Kommunikation hat eine sofortige Wirkung, da hierdurch induzierte Fehlersituationen nicht mehr auftreten können.

Eingestuft in QBL 2

10.36.5 Technische Parameter

Betrachtungsebene: Design

QBL-Grenzwerte für C++

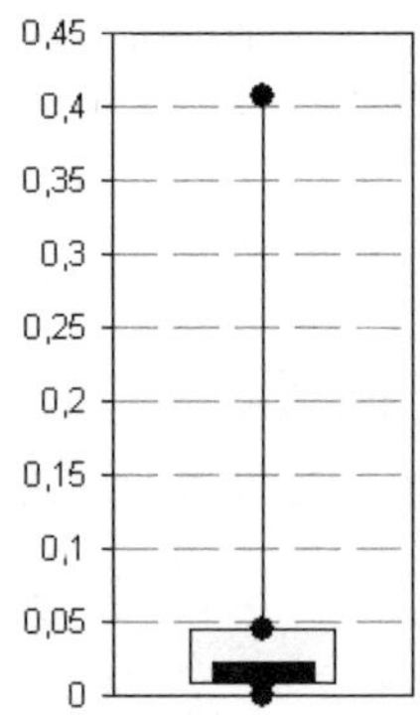

Maximum:	0,4070
Oberes Quartil:	0,0450
Median:	0,0150
Unteres Quartil:	0,0070
Minimum:	0,0000

Angaben beziehen sich auf Verletzungen pro 1.000 LOC.

QBL-Grenzwerte für Java

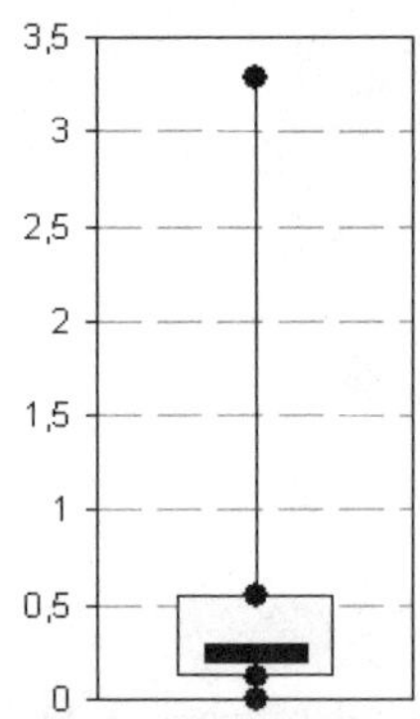

Maximum:	3,2920
Oberes Quartil:	0,5500
Median:	0,2440
Unteres Quartil:	0,1170
Minimum:	0,0000

Angaben beziehen sich auf Verletzungen pro 1.000 LOC.

Informelle Hinweise für die Erkennung

- Suche nach Konstruktoren, die eine in derselben Klasse verfügbare virtuelle Methode direkt, d.h. nicht über weitere Objekte (z.B. über Parameter), aufrufen.
- Jeder Konstruktor, der mindestens eine virtuelle Methode aufruft, wird als eine Verletzung gezählt.

10.37 Qualitätsindikator »Risikocode«

10.37.1 Definition

Typische Techniken der defensiven Programmierung (Fail-Safe-Mechanismen) werden falsch eingesetzt. Hierzu zählen für den Code-Quality-Index leere Exception-Handler sowie fehlende Break- und Default-Statements bei Switch-Statements.

10.37.2 Beschreibung

Fail-Safe-Mechanismen wie Exception-Handling und Default-Pfade für Switch-Anweisungen sorgen dafür, dass die Anwendung bei unvorhergesehenen Ereignissen (z.B. andere Eingabewerte) den Entwickler direkt von denjenigen Stellen in Kenntnis setzt, bei denen die Anomalie aufgetreten ist. Werden diese Mechanismen vergessen (z.B. fehlendes `default`) oder vorsätzlich ausgehebelt (z.B. leerer Exception-Handler), führt dies dazu, dass evtl. notwendige Änderungen des Programms verschleiert werden und das System u.U. viel später an ganz anderen Stellen falsche Werte liefert.

Ein leerer Catch-Block führt z.B. dazu, dass alle Ausnahmen eines bestimmten Typs ignoriert werden, unabhängig davon, was die Ausnahmen tatsächlich ausgelöst hat. Problematisch ist, dass nur Annahmen über etwas gemacht werden kann, was auch vorausgesehen werden kann. Ein leerer Catch-Block unterscheidet aber nicht zwischen vorhergesehenen und unvorhergesehenen Ausnahmen, sondern ignoriert alle. Fehlende Default-Pfade können dazu führen, dass das Programm aufgrund geänderter Eingabedaten in einen undefinierten Zustand gerät, der erst viel später im Programmfluss offenkundig wird. Bei sicheren Abfragen aller möglichen Werte ist z.B. ein Default: ASSERT(FALSE) hilfreich.

Fehlende Breaks auf der anderen Seite bewirken einen besonderen Kontrollfluss, der nicht von demjenigen zu unterscheiden ist, bei dem das Break vergessen wurde.

Referenzen: [URLJP16], [URLC2]

10.37.3 Qualitätseigenschaften

Qualitätseigenschaft & Relevanz	Beschreibung
Analysierbarkeit 25 %	Fehlen Konstrukte der defensiven Programmierung, dann fehlt auch die Information, dass eine Stelle kritisch sein kann und wie (und ob) die Programmausführung fortgesetzt werden soll.
Modifizierbarkeit 100 %	Fail-Safe-Mechanismen fördern explizit die Modifizierbarkeit, da notwendige Folgeänderungen einer Modifizierung direkt offenkundig werden. Geschieht dies nicht, sind jegliche Modifizierungen stark risikobehaftet und bedeuten für eine zu erreichende Mindestzuverlässigkeit große Zusatzaufwände.
Stabilität 100 %	Da das System auf besondere/nicht spezifizierte Ereignisse nicht entsprechend lokal spezifisch reagiert, können Folgefehler die Gesamtstabilität des Systems deutlich negativ beeinflussen.
Prüfbarkeit 25 %	Aufgrund der fehlenden Fail-Safe-Mechanismen ist die Prüfung von Fehlerfällen (Verhalten bei nicht spezifizierten Daten) aufwendiger. Die Testergebnisse müssen in diesen Testfehlerfällen ggf. anderweitig ermittelt werden. Nicht beeinträchtigt ist dagegen die Prüfbarkeit des spezifizierten Verhaltens.
Austauschbarkeit 75 %	Bei der Austauschbarkeit muss sichergestellt sein, dass die besonderen Anforderungen, die im ursprünglichen System dazu geführt haben, dass die fehlenden Fail-Safe-Mechanismen keine akuten Probleme bewirkten, auch im neuen System gültig sind.
Zeitverhalten 0 %	Keine signifikanten negativen Auswirkungen
Verbrauchsverhalten 0 %	Keine signifikanten negativen Auswirkungen

10.37.4 QBL entsprechend Code-Quality-Index

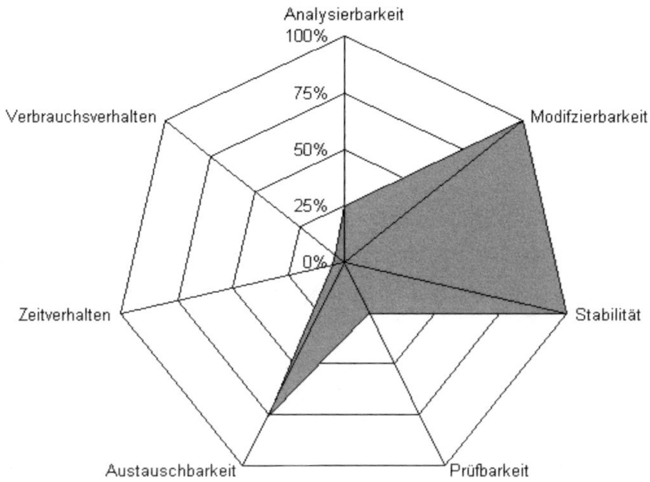

Abb. 10–37 *Qualitätseigenschaftsrelevanz von »Risikocode«*

Wirtschaftlichkeits-faktor & Einschätzung	Beschreibung
Kostenzuwachs 25 %	Die betroffenen Codestellen müssen manuell inspiziert werden, um zu entscheiden, wie auf Fehlerfälle angemessen reagiert werden soll. Die Änderung selbst ist aber i.d.R. sehr lokal und daher mit wenig Aufwand verbunden.
Unmittelbarkeit 50 %	U.u. verhält sich die Anwendung bereits nach Entfernen allen Risikocodes vorhersehbarer, da z.B. bestimmte Exceptions nicht mehr verschluckt werden. I.d.R. wirken sich diese Aktivitäten allerdings eher mittelfristig aus, wenn unvorhergesehene Ereignisse durch korrekte Fail-Safe-Mechanismen mit wenig Aufwand identifiziert werden können.

Eingestuft in QBL 2

10.37.5 Technische Parameter

Betrachtungsebene: Code

QBL-Grenzwerte für C++

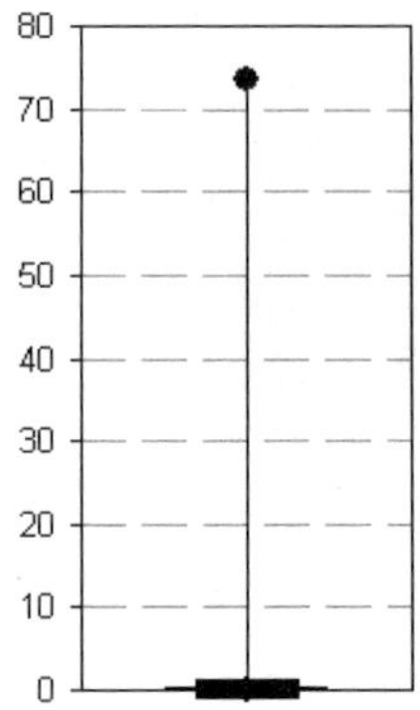

Maximum:	73,6730
Oberes Quartil:	0,1340
Median:	0,0370
Unteres Quartil:	0,0000
Minimum:	0,0000

Angaben beziehen sich auf Verletzungen pro 1.000 LOC.

QBL-Grenzwerte für Java

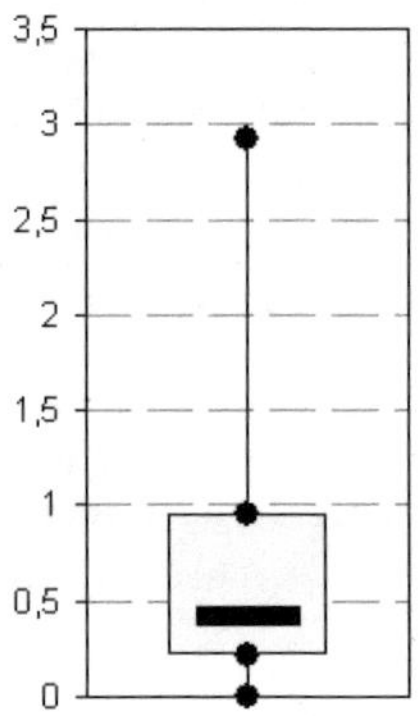

Maximum:	2,9290
Oberes Quartil:	0,9460
Median:	0,4150
Unteres Quartil:	0,2160
Minimum:	0,0000

Angaben beziehen sich auf Verletzungen pro 1.000 LOC.

Informelle Hinweise für die Erkennung

- Zählen des Deltas zwischen Switch-Anweisungen und Switch-Default-Paaren.
- Zählen des Deltas zwischen Case-Anweisungen und Case-Break-Paaren.
- Zählen leerer Exception-Handler. Ein leerer Exception-Handler liegt vor, wenn dieser kein einziges Statement bzw. keine Kommentarzeile enthält.
- Jedes fehlende Default und Break bzw. jede leere Exception-Anweisung wird als eine Verletzung gezählt.

10.38 Qualitätsindikator »signaturähnliche Klassen«

10.38.1 Definition

Mindestens zwei öffentliche, nichtgeschachtelte Klassen, die weder in einer (in-) direkten Vererbungsbeziehung stehen noch eine gemeinsame (in-)direkte Oberklasse haben, besitzen mehr als 50% oder mindestens 10 identische, nicht geerbte und nicht in der Oberklasse/Interface deklarierte, öffentliche Methodensignaturen. Struktoren werden weder bei der Methodenfindung noch bei der Ermittlung des Prozentwertes berücksichtigt. Existiert eine direkte oder indirekte Oberklasse/Interface in der Library, so dürfen die Methodensignaturen dort nicht bekannt sein.

10.38.2 Beschreibung

Vererbung ist ein wichtiges Konzept, um Ähnlichkeiten zwischen verschiedenen Klassen zu explizieren. Ist dies geschehen, so entstehen dadurch höherwertige Klassencluster, die jeweils zusammenhängend verstanden, gewartet und getestet werden können. Ein wichtiger Aspekt der Ähnlichkeit sind identische Signaturen bei Methoden.

Existieren Klassen, die bzgl. Vererbung in keinerlei direkter oder indirekter Relation stehen, aber dennoch viel Ähnlichkeiten aufweisen, so sind die Vorteile der Vererbung für diese Klasse nicht genutzt. Vielmehr resultieren daraus Risiken der Mehrfachwartung, des Mehrfachtestens und der Duplikation mit anschließender Variantenbildung. Insbesondere das Fehlen von explizit gemachten Klassenclustern wirkt sich deutlich negativ auf das Verstehen und Verändern großer Systeme aus.

Referenzen: [Riel96]

10.38.3 Qualitätseigenschaften

Qualitätseigenschaft & Relevanz	Beschreibung
Analysierbarkeit 75 %	Die Analysierbarkeit ist deutlich erschwert, da vermutlich ähnliche Funktionalität in mindestens zwei getrennten Klassen vorliegt, ohne dass diese Gemeinsamkeit direkt ersichtlich ist (sie muss erst mental durch das Verstehen separat existierender Funktionalitäten erarbeitet werden). Dies führt zu deutlichen Mehraufwänden und ggf. auch zu Problemen bei der Verstehbarkeit.
Modifizierbarkeit 75 %	Änderungen müssen u.U. in allen Klassen mehrfach nachgezogen werden, so dass sich der Aufwand für Änderungen stark erhöht. Bei einer entsprechenden Vererbungsstruktur kann sich die Modifikation auf die Oberklasse beschränken.

Qualitätseigenschaft & Relevanz	Beschreibung
Stabilität 25 %	Der Vorteil der Explizierung von Gemeinsamkeiten liegt u.a. auch darin, dass der Compiler bereits überprüfen kann, ob das Gemeinsame auch signaturgleich implementiert ist. So stellt bereits der Compiler sicher, dass jede ein Interface implementierende Klasse auch alle Methoden signaturkompatibel implementiert. Ohne eine Vererbungsstruktur muss dies manuell nachgezogen werden, wobei je nach Art der Verwendung nicht immer 100% sichergestellt werden kann, dass dies zuverlässig funktioniert.
Prüfbarkeit 50 %	Der Testaufwand erhöht sich, da die vermutlich ähnliche Funktionalität in jeder Klasse einzeln getestet werden muss. Eine gemeinsame Superklasse würde außerdem explizit festlegen, was getestet werden muss; bei verteilt existierenden Klassen muss diese Testmenge für jede Klasse separat erarbeitet werden.
Austauschbarkeit 50 %	Die Austauschbarkeit beschränkt sich auf die individuell implementierten Klassen. Abstraktionen in Form von Schnittstellen, gegen die ausgetauscht werden kann, liegen nicht vor, so dass die Austauschbarkeit erschwert ist. Die fehlende Schnittstelle führt darüber hinaus dazu, dass die gemeinsame Funktionalität nicht zentral an einem Ort ausgetauscht werden kann.
Zeitverhalten 0 %	Keine signifikanten negativen Auswirkungen
Verbrauchsverhalten 0 %	Keine signifikanten negativen Auswirkungen

10.38.4 QBL entsprechend Code-Quality-Index

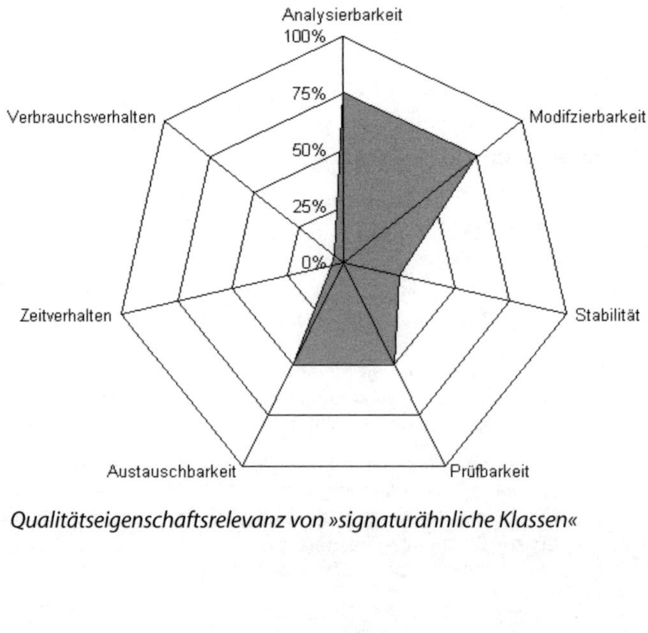

Abb. 10–38 Qualitätseigenschaftsrelevanz von »signaturähnliche Klassen«

Wirtschaftlichkeits-faktor & Einschätzung	Beschreibung
Kostenzuwachs 75 %	Das Ausfaktorisieren von Gemeinsamkeiten ist mit einigem Aufwand verbunden, da überprüft werden muss, ob die signaturgleichen Methoden auch gleiche oder ähnliche Funktionalität anbieten, und sowohl die Klassen selbst als auch ihre Klienten modifiziert werden müssen.
Unmittelbarkeit 75 %	Die Problembehebung hat unmittelbar Auswirkung auf die Analysierbarkeit und Modifizierbarkeit, da z.B. die Pflege von verteilten, ähnlichen Implementierungen entfällt. Die Wartungsaktivitäten fokussieren anschließend die zentrale Stelle mit den herausfaktorisierten Signaturen.

Eingestuft in QBL 4

10.38.5 Technische Parameter

Betrachtungsebene: Design

QBL-Grenzwerte für C++

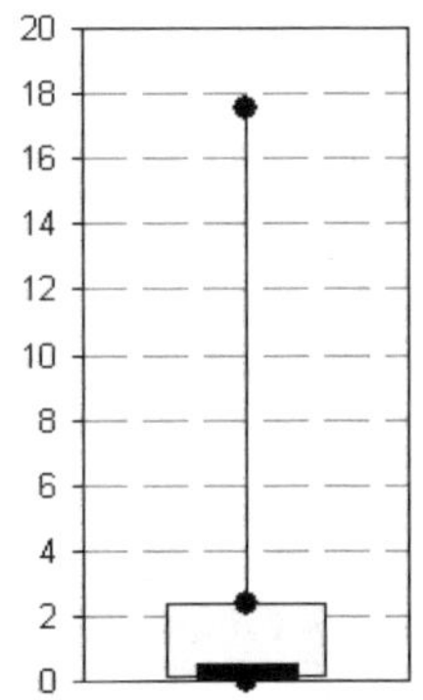

Maximum:	17,5510
Oberes Quartil:	2,4100
Median:	0,2380
Unteres Quartil:	0,1100
Minimum:	0,0000

Angaben beziehen sich auf Verletzungen pro 1.000 LOC.

QBL-Grenzwerte für Java

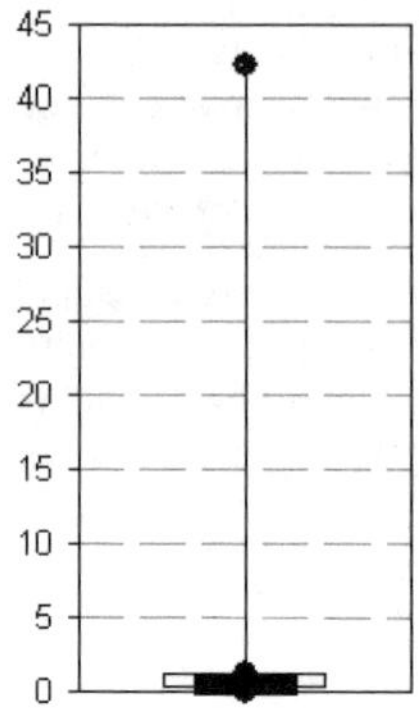

Maximum:	42,2130
Oberes Quartil:	1,2840
Median:	0,3550
Unteres Quartil:	0,0870
Minimum:	0,0000

Angaben beziehen sich auf Verletzungen pro 1.000 LOC.

Informelle Hinweise für die Erkennung

- Suche nach Paaren von Klassen, die die gleichen Signaturen enthalten.
- Um falsch positive bestmöglich zu verhindern, müssen mehr als 50% oder mindestens 10 der Methoden signaturgleich sein.
- Jedes gefundene Klassenpaar wird als eine Verletzung gezählt.

10.39 Qualitätsindikator »simulierte Polymorphie«

10.39.1 Definition

Innerhalb einer Methode wird ein Objekt auf mehrere Objekttypen überprüft. Für die Problemmusteridentifikation wird im Fall von Java die Suche auf `instanceof` und in C++ die Suche auf `typeid` beschränkt.

10.39.2 Beschreibung

Die Typsicherheit der hier betrachteten objektorientierten Sprachen stellt sicher, dass an einen Bezeichner im Quelltext nur diejenigen Nachrichten geschickt werden können, die der Typ der Deklaration besitzt. Durch die Deklaration eines Bezeichners mit dem Typ eines Interfaces kann hierdurch z.B. sichergestellt werden, dass nur die Funktionalität des Interfaces verwendet wird. Die in all diesen Fällen erreichte bewusste Unabhängigkeit vom tatsächlichen Typ zur Laufzeit kann durch Typprüfungen umgangen werden (in Java z.B. mittels der `instanceof`-Funktionalität).

Wird ein Objekt zur Laufzeit nach seinem Typ gefragt und werden in Abhängigkeit davon unterschiedliche Folge-Operationen aufgerufen, so kann hierdurch Polymorphie simuliert werden. Im Gegensatz zur echten Polymorphie, bei der das

Laufzeitsystem den tatsächlichen Adressat einer Nachricht ermittelt und der Programmierer die Unterscheidungen nicht mehr statisch im Code ablegen muss, ist diese simulierte Polymorphie allerdings sehr wartungsunfreundlich. So muss ein neuer Adressat einer Nachricht an allen Stellen mit simulierter Polymorphie bekannt gemacht werden. Auch jegliche Änderung der Adressaten (z.B. Name und Ort) müssen mehrfach dezentral durchgeführt werden. Die durch die simulierte Polymorphie erzeugten Strukturen stellen insgesamt ein großes Risiko für die langfristige Zukunftsfähigkeit eines Systems dar.

Referenzen: [Riel96], [DeDuNi02]

10.39.3 Qualitätseigenschaften

Qualitätseigenschaft & Relevanz	Beschreibung
Analysierbarkeit 100 %	Die harte Verdrahtung von konkreten Adressaten ist nur mit deutlichem Mehraufwand zu verstehen. Existiert eine Vererbungsstruktur, innerhalb derer dennoch mit simulierter Polymorphie gearbeitet wird, ist der Zweck der Vererbungsstruktur ebenfalls fraglich.
Modifizierbarkeit 100 %	Die simulierte Polymorphie muss die Fähigkeiten der echten Polymorphie durch komplexe Abfrageketten nachstellen und einen entsprechenden Kontrollfluss nachbilden. Da der Vererbungsbaum allerdings fest verdrahtet ist (z.B. durch die Verwendung von konkreten Klassennamen in Vergleichen) lassen sich neue Typen (Unterklassen) oder auch bloße Namensänderungen nur sehr schwer ein- bzw. durchführen.
Stabilität 100 %	Aufgrund der festen Verdrahtung von Klassennamen und der häufig im Anschluss notwendigen expliziten CASTs fallen bei simulierter Polymorphie mögliche Inkompatibilitäten hierbei erst zur Laufzeit auf (z.B. wenn ein Objekt sich nicht ohne weiteres auf eine Klasse casten lässt).
Prüfbarkeit 25 %	Die Prüfbarkeit ist eingeschränkt, da alle Objekttypen, gegen die das Objekt überprüft wird, separat getestet werden müssen. Aufgrund der nicht zwangsläufig existierenden Vererbungsstrukturen zwischen diesen Objekttypen ist dies mit einem Mehraufwand verbunden.
Austauschbarkeit 75 %	Die Austauschbarkeit einer Klasse mit simulierter Polymorphie ist stark eingeschränkt, da sie nicht gegen eine Superklasse/Interface implementiert ist, sondern gegen alle möglichen Adressaten einer Nachricht. Die dadurch erzeugte starke Abhängigkeit zum Rest des Systems erschwert jeden Austausch gegen andere Klassen.
Zeitverhalten 50 %	Das Abfragen von Laufzeitinformationen eines Objektes kann – je nach Compiler – teuer sein und spiegelt sich dann in einem hohen Zeitverbrauch wider.
Verbrauchsverhalten 0 %	Keine signifikanten negativen Auswirkungen

10.39.4 QBL entsprechend Code-Quality-Index

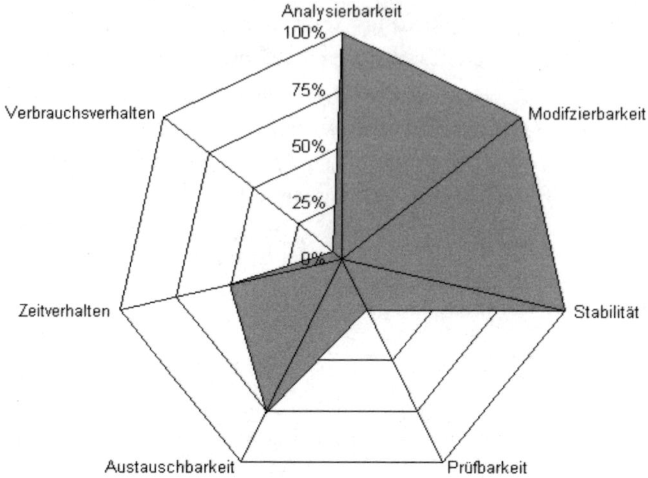

Abb. 10–39 *Qualitätseigenschaftsrelevanz von »simulierte Polymorphie«*

Wirtschaftlichkeits-faktor & Einschätzung	Beschreibung
Kostenzuwachs 100 %	Die Abänderung erfordert oft ein neues Design der Vererbungshierarchie. Insbesondere die Klienten müssen allesamt angepasst werden, um die Vorteile einer neuen Vererbungsstruktur bestmöglich zu nutzen.
Unmittelbarkeit 75 %	Besonders die Stabilität und das Laufzeitverhalten ändern sich direkt. Die anderen Eigenschaften werden eher mittelfristig berührt, wenn es darum geht, Codeteile zu verstehen und zu warten.

Eingestuft in QBL 3

10.39.5 Technische Parameter

Betrachtungsebene: Code

QBL-Grenzwerte für C++

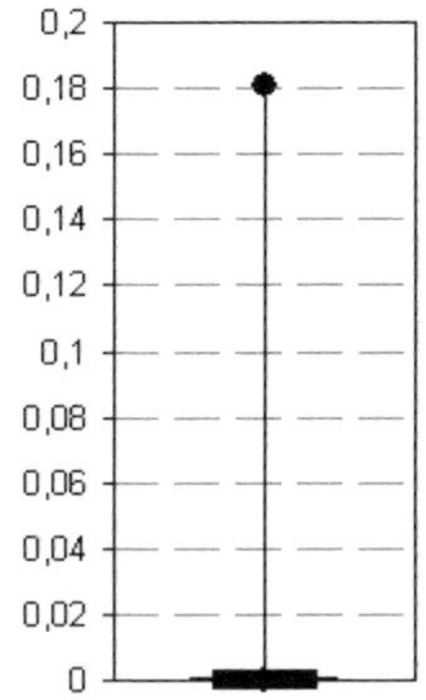

Maximum:	0,1810
Oberes Quartil:	0,0000
Median:	0,0000
Unteres Quartil:	0,0000
Minimum:	0,0000

Angaben beziehen sich auf Verletzungen pro 1.000 LOC.

QBL-Grenzwerte für Java

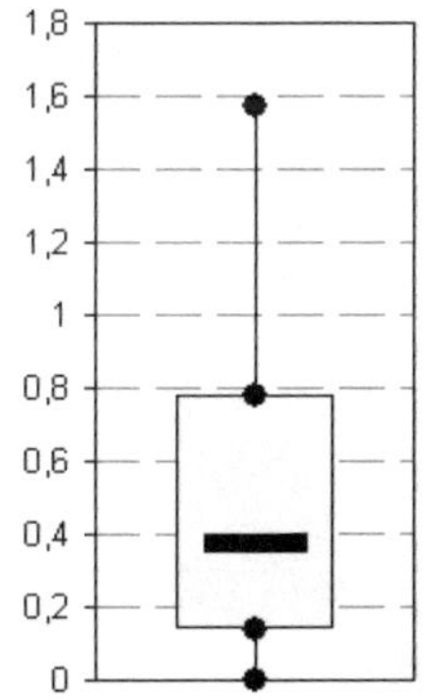

Maximum:	1,5710
Oberes Quartil:	0,7800
Median:	0,3730
Unteres Quartil:	0,1380
Minimum:	0,0000

Angaben beziehen sich auf Verletzungen pro 1.000 LOC.

Informelle Hinweise für die Erkennung

- Finde alle Methoden, in denen ein und dasselbe Objekt auf mehrere Objekttypen hin überprüft wird. In Java erfolgt die Überprüfung mittels `instanceof` und in C++ mittels `typeid`.
- Jede so gefundene Methode wird als eine Verletzung gezählt.

10.40 Qualitätsindikator »späte Abstraktion«

10.40.1 Definition

Eine abstrakte Klasse hat – direkt oder indirekt – eine nichtabstrakte Oberklasse.

10.40.2 Beschreibung

Das Mittel der Abstraktion hilft, Gemeinsamkeiten unterschiedlicher spezifischer Artefakte zu extrahieren. Abgebildet auf Vererbungsstrukturen lässt sich daraus eine Erwartungshaltung ableiten, bei der die abstrakteren Klassen Superklassen von spezifischeren Unterklassen sind.

Wird diese Erwartungshaltung verletzt, d.h., es gibt eine abstrakte Klasse, die direkt oder indirekt von einer nichtabstrakten Klasse erbt, so ergeben sich hieraus große Verständnisschwierigkeiten. Die unterschiedlichen Eigenschaften von abstrakten und nichtabstrakten Klassen (z.B. die Möglichkeit zur Instanziierung von Objekten) und die damit notwendige besondere Behandlung je nach Klasse behindern die homogene Sicht auf Vererbungsteilbäume, da z.B. allgemeine Forderungen der Co- und Contravarianz verletzt werden (Oberklassen können bei der späten Abstraktion z.B. etwas, was Unterklassen nicht können, wie z.B. Objekte erzeugen).

Formal kann die späte Abstraktion als Verletzung des *Liskov Substitution Principle* aufgefasst werden: Die konkrete Klasse kann instanziiert werden, aber nicht beliebig durch Instanzen ihrer Ableitungen ersetzt werden – die abstrakte Klasse ist nämlich nicht instanziierbar.

Referenzen: [Lisk88], [Mart02]

10.40.3 Qualitätseigenschaften

Qualitätseigenschaft & Relevanz	Beschreibung
Analysierbarkeit 75 %	Die Analysierbarkeit ist beeinträchtigt, da keine abstrakten Klassen unter den konkreten Klassen erwartet werden. State-of-the-Art ist, dass je spezifischer die Funktionen sind, desto tiefer sind diese (in den entsprechenden Klassen) in der Hierarchieebene vorzufinden bzw. abzulegen. Da bei einer späten Abstraktion ein konkreter Typ wieder abstrakt wird, ist der Zweck dieser (späten) Abstraktion nur schwer zu vermitteln.
Modifizierbarkeit 0 %	Keine signifikanten negativen Auswirkungen
Stabilität 0 %	Keine signifikanten negativen Auswirkungen
Prüfbarkeit 25 %	Die Prüfbarkeit ist eingeschränkt, da das übliche Vorgehen, alle Unterklassen einer nichtabstrakten Oberklasse separat zu testen, nicht möglich ist, da die abstrakte Klasse nicht instanziiert werden kann.

Qualitätseigenschaft & Relevanz	Beschreibung
Austauschbarkeit 0 %	Keine signifikanten negativen Auswirkungen
Zeitverhalten 0 %	Keine signifikanten negativen Auswirkungen
Verbrauchsverhalten 0 %	Keine signifikanten negativen Auswirkungen

10.40.4 QBL entsprechend Code-Quality-Index

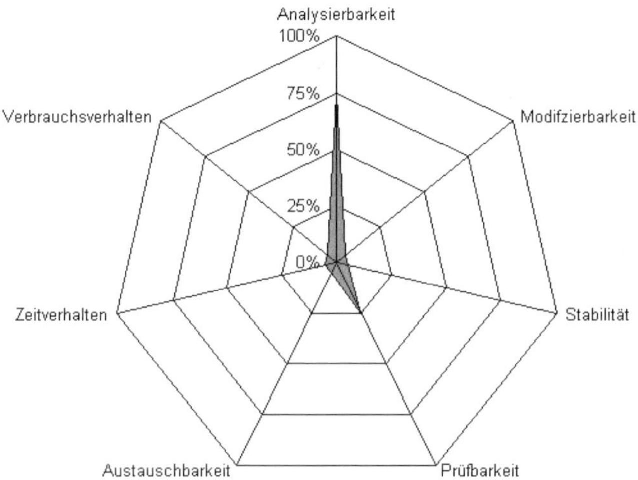

Abb. 10–40 *Qualitätseigenschaftsrelevanz von »späte Abstraktion«*

Wirtschaftlichkeits-faktor & Einschätzung	Beschreibung
Kostenzuwachs 75 %	Die komplette Vererbungshierarchie muss evtl. überarbeitet werden. Gleichzeitig müssen alle Klienten an die neue Vererbungshierarchie angepasst werden, was je nach Anzahl und Typus einen deutlichen Aufwand bedeutet.
Unmittelbarkeit 25 %	Abstrakte Klassen als Unterklassen sind zwar unerwartet, stellen aber kurzfristig nur ein untergeordnetes Problem dar. Die Auswirkungen betreffen im Wesentlichen die gesamten Wartungsaktivitäten, bei denen die Besonderheit der späten Abstraktion permanent berücksichtigt werden muss.

Eingestuft in QBL 5

10.40.5 Technische Parameter

Betrachtungsebene: Design

QBL-Grenzwerte für C++

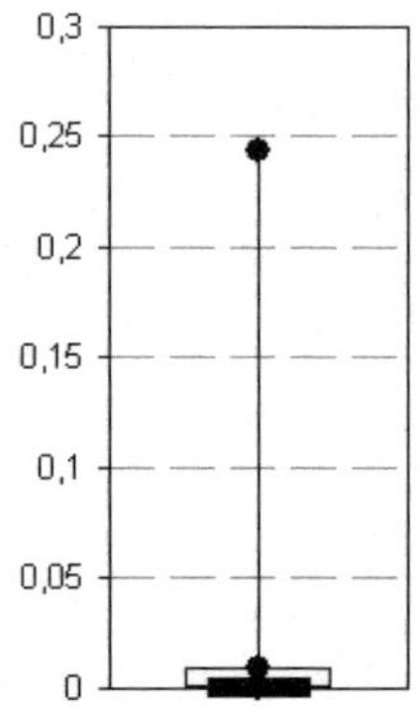

Maximum:	0,2440
Oberes Quartil:	0,0090
Median:	0,0000
Unteres Quartil:	0,0000
Minimum:	0,0000

Angaben beziehen sich auf Verletzungen pro 1.000 LOC.

QBL-Grenzwerte für Java

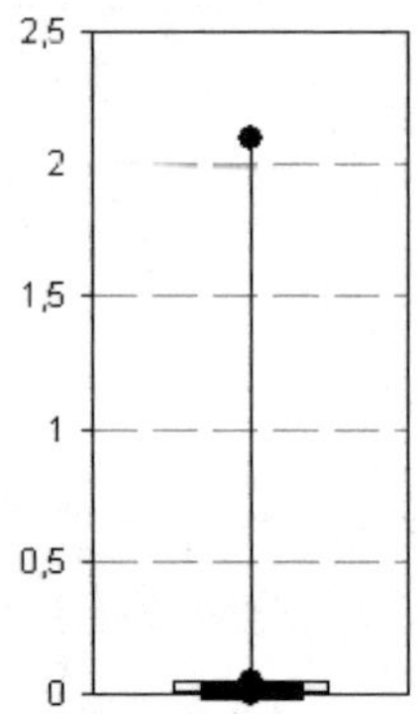

Maximum:	2,0990
Oberes Quartil:	0,0440
Median:	0,0140
Unteres Quartil:	0,0000
Minimum:	0,0000

Angaben beziehen sich auf Verletzungen pro 1.000 LOC.

Informelle Hinweise für die Erkennung

- Ermittlung aller abstrakten Klassen im System.
- Für jede Klasse überprüfen, ob es eine nichtabstrakte Oberklasse gibt.
- Jede abstrakte Klasse mit mindestens einer nichtabstrakten Oberklasse wird als eine Verletzung gezählt.

10.41 Qualitätsindikator »tote Attribute«

10.41.1 Definition

Ein privates Attribut bzw. eine private Konstante einer Klasse wird von dieser an keiner Stelle verwendet.

10.41.2 Beschreibung

Eine Klasse dient der Implementierung eines abstrakten Datentyps, d.h. dem Anbieten von Services auf Basis von klasseninternen Daten. Werden nun Daten intern deklariert, aber für die Bereitstellung der Services nicht benötigt, sind diese überflüssig und vergrößern lediglich die Systemgröße.

Die betrachtete Sichtbarkeit ist auf `private` beschränkt, da nur in diesem Fall eine spätere (externe) Verwendung mit hoher Wahrscheinlichkeit ausgeschlossen werden kann.

10.41.3 Qualitätseigenschaften

Qualitätseigenschaft & Relevanz	Beschreibung
Analysierbarkeit 50 %	Die Analysierbarkeit der beinhaltenden Klasse ist deutlich erschwert, da die Eigenschaft eines Attributes, tot zu sein, dem Attribut nicht direkt anzusehen ist. Die Erwartungshaltung eines Entwicklers, dass sämtlicher geschriebener Code notwendig ist, führt zu Problemen beim Verstehen der Klasse.
Modifizierbarkeit 0 %	Keine signifikanten negativen Auswirkungen
Stabilität 0 %	Keine signifikanten negativen Auswirkungen
Prüfbarkeit 25 %	Von außen ist ein totes privates Attribut nicht zu überprüfen, da hierbei nicht direkt auf klasseninterne Strukturen zugegriffen werden darf. Einige Zielvorgaben beim Testen können daher nicht erreicht werden. Ein reiner serviceorientierter Test ist allerdings durch tote Attribute in keiner Weise behindert.
Austauschbarkeit 0 %	Da sich das nach außen beobachtbare Verhalten in keiner Weise ändert (sowohl bei Verwendung als auch bei Vererbung), existieren keine signifikanten negativen Auswirkungen.
Zeitverhalten 0 %	Keine signifikanten negativen Auswirkungen
Verbrauchsverhalten 25 %	Die Compiler entfernen nicht in jedem Fall tote Attribute während der Kompilierung, so dass es aufgrund des größeren Executables durchaus zu einem schlechteren Verbrauchsverhalten kommen kann.

10.41.4 QBL entsprechend Code-Quality-Index

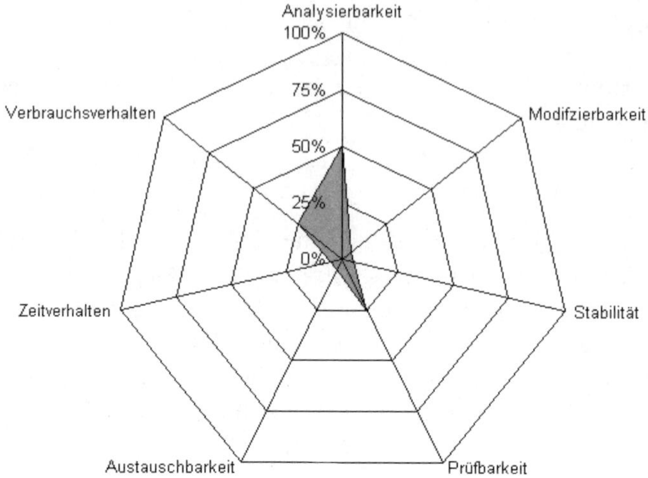

Abb. 10–41 *Qualitätseigenschaftsrelevanz von »tote Attribute«*

Wirtschaftlichkeits-faktor & Einschätzung	Beschreibung
Kostenzuwachs 25 %	Der Aufwand, der zur Beseitigung von toten Attributen benötigt wird, ist sehr gering.
Unmittelbarkeit 100 %	Tote Attribute zu entfernen verschlankt die betroffene Klasse und erleichtert somit sofort deren Verständnis.

Eingestuft in QBL 3

10.41.5 Technische Parameter

Betrachtungsebene: Design

QBL-Grenzwerte für C++

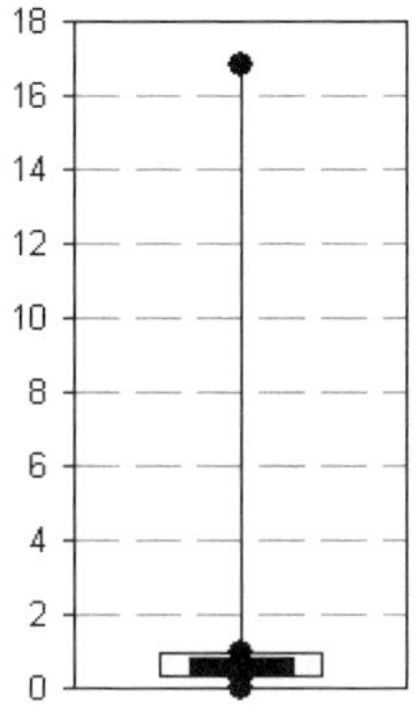

Maximum:	16,8300
Oberes Quartil:	0,9470
Median:	0,5850
Unteres Quartil:	0,2580
Minimum:	0,0010

Angaben beziehen sich auf Verletzungen pro 1.000 LOC.

QBL-Grenzwerte für Java

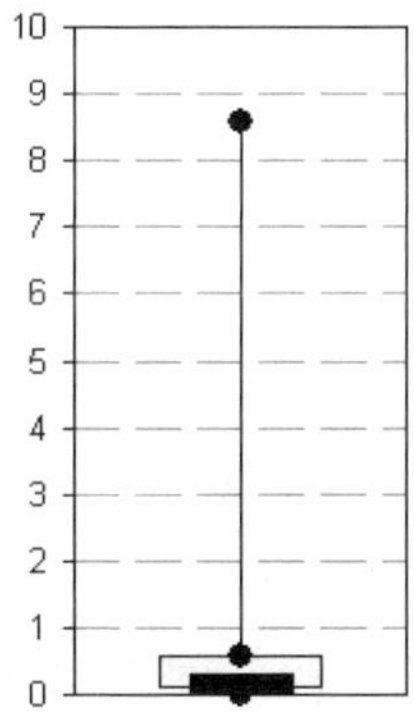

Maximum:	8,5970
Oberes Quartil:	0,5830
Median:	0,1630
Unteres Quartil:	0,0610
Minimum:	0,0000

Angaben beziehen sich auf Verletzungen pro 1.000 LOC.

Informelle Hinweise für die Erkennung

- Selektion aller privaten Attribute und privaten Konstanten.
- Selektion derjenigen privaten Attribute/Konstanten, die keine Verwendung aufweisen.
- Jedes so gefundene Artefakt stellt eine Verletzung dar.

10.42 Qualitätsindikator »tote Implementierung«

10.42.1 Definition

Eine tote Implementierung liegt vor, wenn Anweisungen existieren, die bei keinem möglichen Kontrollfluss durchlaufen und damit unter keinen Umständen ausgeführt werden.

10.42.2 Beschreibung

Sämtlicher Code sollte minimal sein, d.h., jede einzelne Anweisung dient direkt oder indirekt zur Sicherstellung der Qualität der Anwendung (funktional als auch nichtfunktional). Existieren Anweisungen, die unter keinen Umständen durchlaufen werden, sind sie überflüssig und erschweren damit sämtliche Wartungsarbeiten am Code.

Toter Code, der zuverlässig mit Werkzeugen identifiziert werden kann, liegt auf einem Kontrollflusspfad

- nach einer `return`- Anweisung oder
- nach dem Auslösen einer Exception

vor.

Referenzen: [BrMaMc98]

10.42.3 Qualitätseigenschaften

Qualitätseigenschaft & Relevanz	Beschreibung
Analysierbarkeit 50 %	Die Analysierbarkeit ist eingeschränkt, da mehr Code analysiert wird, als tatsächlich notwendig ist. Auch entstehen Irritationen bei der Frage, aus welchem Grund derartiger Code besteht.
Modifizierbarkeit 25 %	Die Modifizierbarkeit wird bedingt dadurch eingeschränkt, dass eine Änderung den Tod des Codes nicht rückgängig machen sollte. Eine Wiederbelegung durch z.B. einen geänderten Kontrollfluss kann zu Folgeproblemen führen, da dann erstmals der bis dahin tote Code ausgeführt wird.
Stabilität 25 %	Zukünftige Erweiterungen, die an toten Stellen vorgenommen werden, bleiben wirkungslos und entsprechen damit nicht dem gewünschten Verhalten.
Prüfbarkeit 25 %	Die Prüfbarkeit ist beeinträchtigt, da nicht erreichbarer Code auch nicht getestet werden kann. Die mögliche Testüberdeckung wird durch toten Code reduziert.
Austauschbarkeit 0 %	Keine signifikanten negativen Auswirkungen

Qualitätseigenschaft & Relevanz	Beschreibung
Zeitverhalten 0 %	Keine signifikanten negativen Auswirkungen
Verbrauchsverhalten 25 %	Durch die toten Implementierungen ist der Code und – je nach Compiler und Einstellungen – das Kompilat unnötig groß.

10.42.4 QBL entsprechend Code-Quality-Index

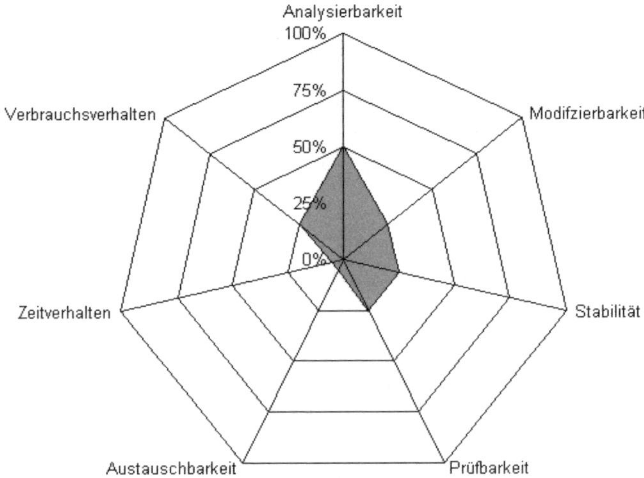

Abb. 10–42 *Qualitätseigenschaftsrelevanz von »tote Implementierung«*

Wirtschaftlichkeitsfaktor & Einschätzung	Beschreibung
Kostenzuwachs 25 %	Toten Code zu entfernen, ist nur mit geringem Aufwand verbunden und führt somit nur zu einem geringen Kostenzuwachs.
Unmittelbarkeit 100 %	Tote Implementierungen erschweren das Verständnis und blähen den Quelltext unnötig auf, so dass durch die Entfernung ein hoher unmittelbarer Nutzen entsteht.

Eingestuft in QBL 2

10.42.5 Technische Parameter

Betrachtungsebene: Code

QBL-Grenzwerte für C++

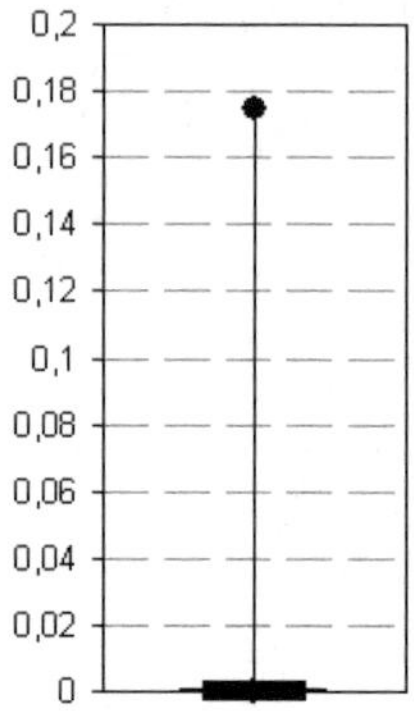

Maximum:	0,1750
Oberes Quartil:	0,0000
Median:	0,0000
Unteres Quartil:	0,0000
Minimum:	0,0000

Angaben beziehen sich auf Verletzungen pro 1.000 LOC.

QBL-Grenzwerte für Java

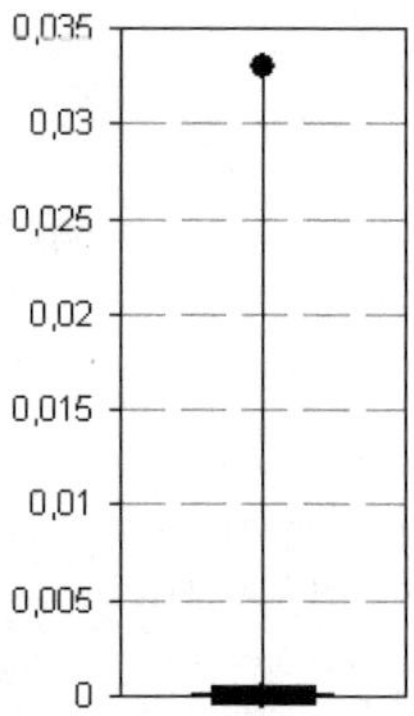

Maximum:	0,0330
Oberes Quartil:	0,0000
Median:	0,0000
Unteres Quartil:	0,0000
Minimum:	0,0000

Angaben beziehen sich auf Verletzungen pro 1.000 LOC.

Informelle Hinweise für die Erkennung

- Ermitteln aller `return`- und `throw`-Anweisungen.
- Als Verletzung werden alle `return`- und `throw`-Anweisungen gezählt, auf die unmittelbar Anweisungen folgen, die aufgrund des durch `return` oder `throw` unterbrochenen Kontrollflusses niemals ausgeführt werden.

10.43 Qualitätsindikator »tote Methoden«

10.43.1 Definition

Eine private Methode einer Klasse wird von dieser an keiner Stelle aufgerufen.

10.43.2 Beschreibung

Mittels privater Methoden ist es möglich, höherwertige Services, die von der Klasse nach außen gereicht werden, zu implementieren. Hierfür werden die privaten Methoden von den Services direkt oder indirekt über andere Methoden aufgerufen.

Private Methoden, die weder von Services noch von anderen Methoden verwendet werden, sind daher überflüssig und vergrößern lediglich den Umfang der Klasse.

Die betrachtete Sichtbarkeit ist auf `private` beschränkt, da nur in diesem Fall eine spätere (externe) Verwendung mit hoher Wahrscheinlichkeit ausgeschlossen werden kann.

10.43.3 Qualitätseigenschaften

Qualitätseigenschaft & Relevanz	Beschreibung
Analysierbarkeit 75 %	Die Analysierbarkeit der beinhaltenden Klasse ist deutlich erschwert, da die Eigenschaft einer Methode, tot zu sein, der Methode nicht direkt anzusehen ist. Die Erwartungshaltung eines Entwicklers, dass sämtlicher geschriebener Code notwendig ist, führt zu Problemen beim Verstehen von Klassen.
Modifizierbarkeit 25 %	Die Modifizierbarkeit wird nur dadurch bedingt eingeschränkt, dass das Bewusstsein über den Tod eine Methode nicht vorhanden ist und ggf. Änderungen an ihr vorgenommen werden, die wirkungslos sind.
Stabilität 0 %	Keine signifikanten negativen Auswirkungen
Prüfbarkeit 25 %	Von außen ist eine tote Methode weder direkt noch indirekt testbar. Ein Prüfen mit dem Ziel einer bestimmten Codeabdeckung ist daher erschwert. Ein reiner serviceorientierter Test ist allerdings durch tote Methoden in keiner Weise behindert.
Austauschbarkeit 0 %	Da sich das nach außen beobachtbare Verhalten (sowohl bei Verwendung als auch bei Vererbung) in keiner Weise ändert, existieren keine signifikanten negativen Auswirkungen.
Zeitverhalten 0 %	Keine signifikanten Auswirkungen
Verbrauchsverhalten 25 %	Die Compiler entfernen nicht in jedem Fall tote Methoden während der Kompilierung, so dass es aufgrund des größeren Executables durchaus zu einem schlechteren Verbrauchsverhalten kommen kann.

10.43.4 QBL entsprechend Code-Quality-Index

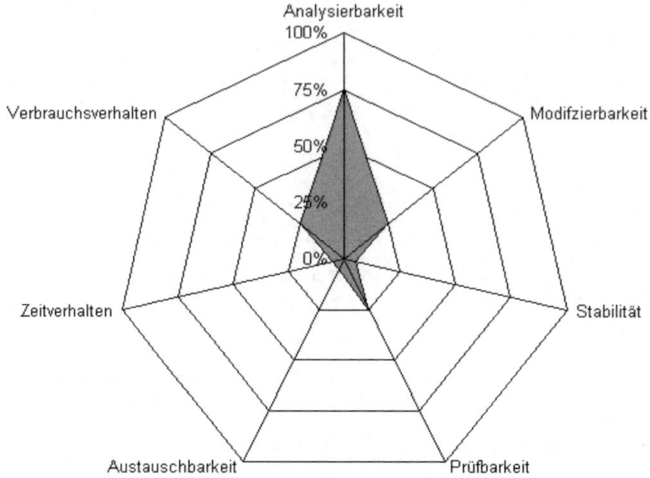

Abb. 10–43 *Qualitätseigenschaftsrelevanz von »tote Methoden«*

Wirtschaftlichkeits-faktor & Einschätzung	Beschreibung
Kostenzuwachs 25 %	Eine tote Methode zu entfernen bedeutet keinen erhöhten Aufwand, so dass damit ein geringer Kostenzuwachs verbunden ist.
Unmittelbarkeit 100 %	Die Entfernung toter Methoden hat direkte Auswirkungen auf die Größe des Codes und das Code-Verstehen, wodurch ein direkter Nutzen entsteht.

Eingestuft in QBL 2

10.43.5 Technische Parameter

Betrachtungsebene: Design

QBL-Grenzwerte für C++

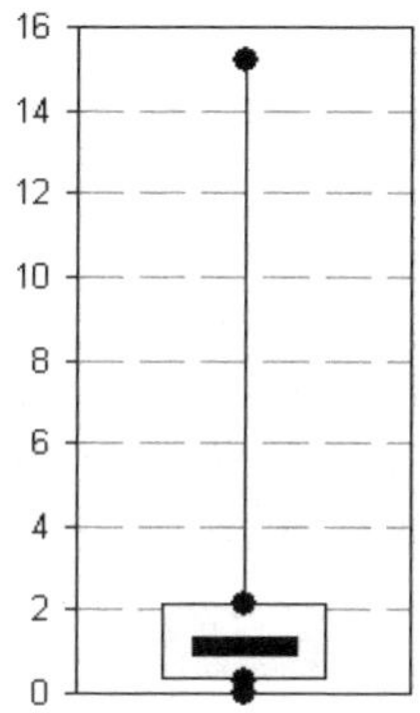

Maximum:	15,1810
Oberes Quartil:	2,1610
Median:	1,0780
Unteres Quartil:	0,3010
Minimum:	0,0210

Angaben beziehen sich auf Verletzungen pro 1.000 LOC.

QBL-Grenzwerte für Java

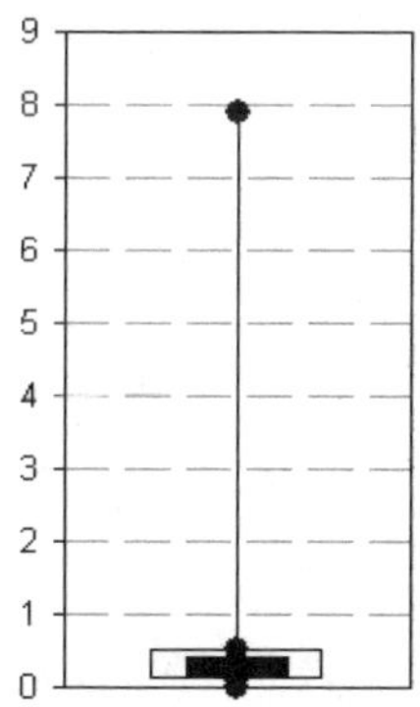

Maximum:	7,9010
Oberes Quartil:	0,5130
Median:	0,2640
Unteres Quartil:	0,1130
Minimum:	0,0000

Angaben beziehen sich auf Verletzungen pro 1.000 LOC.

Informelle Hinweise für die Erkennung

- Identifikation aller privaten Methode.
- Selektion derjenigen privaten Methoden, die niemals aufgerufen werden.
- Jede so gefundene Methode wird als eine Verletzung gezählt.

10.44 Qualitätsindikator »überbuchte Datei«

10.44.1 Definition

Eine Überbuchung liegt vor, wenn in einer logischen Datei mehrere nichtgeschachtelte Klassen mit der Sichtbarkeit `public` oder `default` deklariert sind.

10.44.2 Beschreibung

In den betrachteten Programmiersprachen wird der Code immer in Dateien abgelegt. Die grundsätzlich gegebene Möglichkeit, innerhalb einer Datei mehrere Klassen abzulegen, erschwert deutlich das Wiederfinden von Klassen sowie das selektive Verwenden einzelner Klassen aus derart überbuchten Dateien. Idealerweise findet sich daher pro Datei auch nur eine öffentliche bzw. paketsichtbare Klasse.

10.44.3 Qualitätseigenschaften

Qualitätseigenschaft & Relevanz	Beschreibung
Analysierbarkeit 100 %	Überbuchte Dateien erhöhen signifikant den Aufwand des Wiederauffindens einzelner Klassen. Auch wenn heutige IDEs diese Zuordnung erleichtern, so gelten die Probleme spätestens auf Betriebssystemebene und beim Arbeiten mit Dateien.
Modifizierbarkeit 50 %	Die Modifizierbarkeit kann eingeschränkt sein, da nicht nur die einzelne Klasse, sondern alle Klassen in der überbuchten Datei änderbar sein müssen (z.B. bei pessimistischem Locking). Auch Einträge im Konfigurationsmanagementsystem können i.d.R. nur dateiweit geschehen und können damit nicht klassenspezifisch erfolgen.
Stabilität 0 %	Keine signifikanten negativen Auswirkungen
Prüfbarkeit 25 %	Die Prüfbarkeit kann vor allem dadurch eingeschränkt werden, dass die unterschiedlichen Klassen in einer Datei zu unterschiedlichen Testklassen in einer anderen Datei führen können. Auch die Forderung, jede Datei muss ein Test-Pendant besitzen, greift bei überbuchten Dateien zu kurz.
Austauschbarkeit 25 %	Die Austauschbarkeit von Klassen aus überbuchten Dateien ist nur bedingt möglich, da der Kontext der Klasse nicht klar erkennbar ist, da mehrere Klassenkontexte vermengt worden sind (z.B. für eine Extraktion der mindestens notwendigen Includes/Imports).
Zeitverhalten 0 %	Keine signifikanten negativen Auswirkungen
Verbrauchsverhalten 25 %	Enthalten Dateien mehr als eine Klasse, müssen alle Klassen auch bei der Verwendung einer einzelnen (darin enthaltenen) Klasse geladen werden. Besitzen diese Klassen statische Elemente, werden diese initialisiert und belegen damit unnötig Ressourcen.

10.44.4 QBL entsprechend Code-Quality-Index

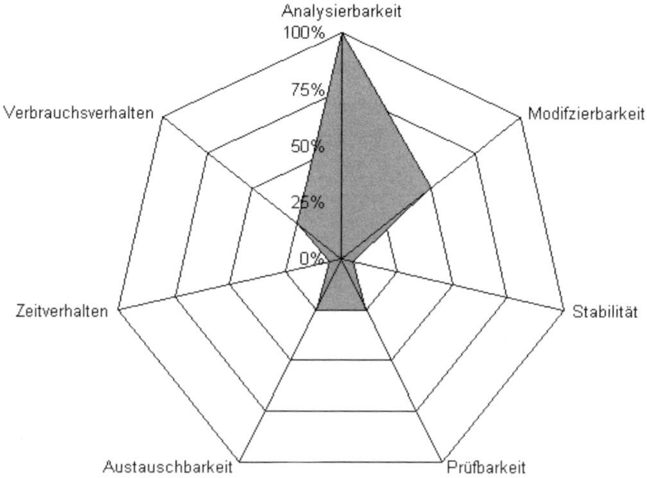

Abb. 10–44 *Qualitätseigenschaftsrelevanz von »überbuchte Datei«*

Wirtschaftlichkeits-faktor & Einschätzung	Beschreibung
Kostenzuwachs 25 %	Die Aufteilung einer Datei mit mehreren Klassen in entsprechende Dateien mit jeweils nur einer (`public` oder `default`) Klasse ist nur mit geringem Aufwand verbunden. Gleiches gilt für die Ergänzung der jeweiligen Import- bzw. Include-Anweisungen.
Unmittelbarkeit 75 %	Eine leicht verständliche Zuordnung von Klassen auf Dateien verbessern direkt das Verstehen und Modifizieren des Systems.

Eingestuft in QBL 3

10.44.5 Technische Parameter

Betrachtungsebene: Design

QBL-Grenzwerte für C++

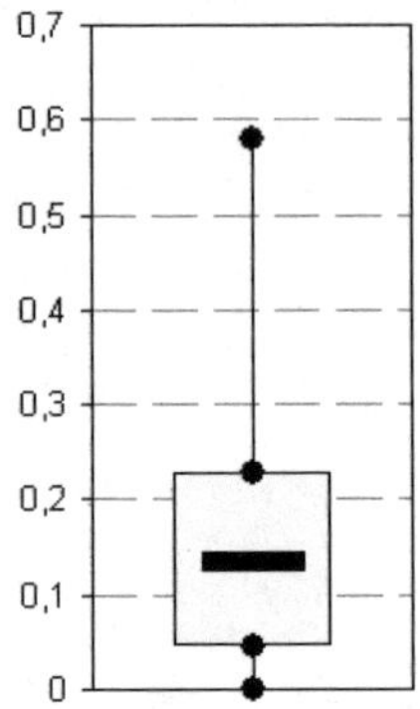

Maximum:	0,5800
Oberes Quartil:	0,2280
Median:	0,1340
Unteres Quartil:	0,0460
Minimum:	0,0000

Angaben beziehen sich auf Verletzungen pro 1.000 LOC.

QBL-Grenzwerte für Java

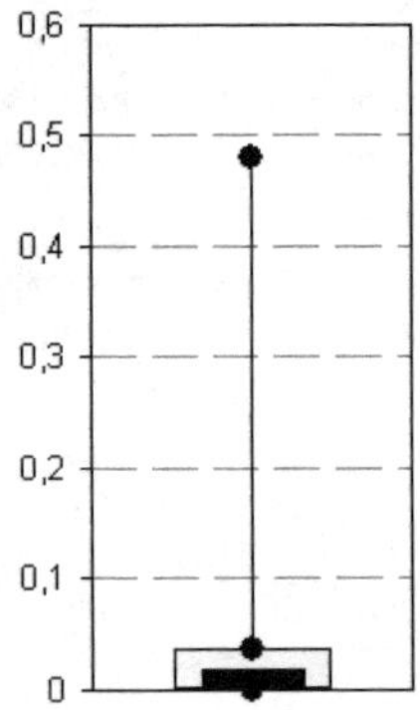

Maximum:	0,4810
Oberes Quartil:	0,0370
Median:	0,0100
Unteres Quartil:	0,0000
Minimum:	0,0000

Angaben beziehen sich auf Verletzungen pro 1.000 LOC.

Informelle Hinweise für die Erkennung

- Pro Datei werden die nichtgeschachtelten Klassen mit der Sichtbarkeit `public` oder `default` gezählt.
- Jede Datei mit mehr als einer solchen Klasse wird als eine Verletzung gezählt.

10.45 Qualitätsindikator »unfertiger Code«

10.45.1 Definition

Im Quelltext eines Systems existieren Kommentare, die darauf hinweisen, dass der Code noch nicht fertig ist. Diese Hinweise sind gegeben durch Vorkommen der Wörter »todo«, »hack« und »fixme«, unabhängig von ihrer Groß- und Kleinschreibung.

10.45.2 Beschreibung

Im Tagesgeschäft kann es aus unterschiedlichen Gründen immer wieder notwendig werden, kurzfristig Workarounds in das System zu implementieren. Diese Workarounds, die deutlich suboptimale Lösungen darstellen, sollten von einem Entwickler in jedem Fall entsprechend kommentiert werden. Eine hervorragende Möglichkeit ist z.B. die Verwendung formaler Dokumentationstechniken wie Javadoc oder Doxygen. Dort sollte ein entsprechendes Tag etabliert werden (z.B. @todo).

Im produktiven Code dagegen sollten solche Workarounds nicht mehr existieren, da dann offensichtlich die kurzfristig notwendig gewordenen Flicken in den langfristig gedachten Produktivcode überführt wurden.

10.45.3 Qualitätseigenschaften

Qualitätseigenschaft & Relevanz	Beschreibung
Analysierbarkeit 25 %	Die Analysierbarkeit ist eingeschränkt, weil der Status dieses Codes unklar ist (er ist immerhin Teil eines Systems, das bzgl. technischer Qualität analysiert wird und hat daher bereits Release-Status). Außerdem sind Workarounds häufig technische Tricks, die besondere Aufwände beim Verstehen erfordern.
Modifizierbarkeit 50 %	Die Modifikation von Codestellen, die entweder als unfertig oder kritisch annotiert wurden, ist schwieriger, da entweder Funktionalität fehlt, die bei der Modifikation trotzdem bereits berücksichtigt werden muss, oder Funktionalität trickreich implementiert ist und daher nur risikobehaftet geändert werden kann.
Stabilität 50 %	Weil der Code unfertig ist, kann dies bedeuten, dass Änderungen an ihm auch Auswirkungen auf die Stabilität haben können. Aufgrund der angenommenen fehlenden Robustheit hat dies der Entwickler durch Verwendung der entsprechenden Schlüsselwörter expliziert. Noch nachzuimplementierende Änderungen an einer Stelle können des Weiteren ggf. Auswirkungen auf andere Codeteile haben; der Umfang ist jedoch häufig unklar.
Prüfbarkeit 25 %	Die Prüfbarkeit kann durch unfertigen Code eingeschränkt sein, da noch nicht die gesamte Funktionalität getestet werden kann.

Qualitätseigenschaft & Relevanz	Beschreibung
Austauschbarkeit 50 %	Die Austauschbarkeit von unfertigem Code ist nur bedingt gewährleistet, da die unfertigen Fragmente häufig bestimmte Annahmen machen, die die Austauschbarkeit weiter erschweren.
Zeitverhalten 0 %	Keine signifikanten negativen Auswirkungen
Verbrauchsverhalten 0 %	Keine signifikanten negativen Auswirkungen

10.45.4 QBL entsprechend Code-Quality-Index

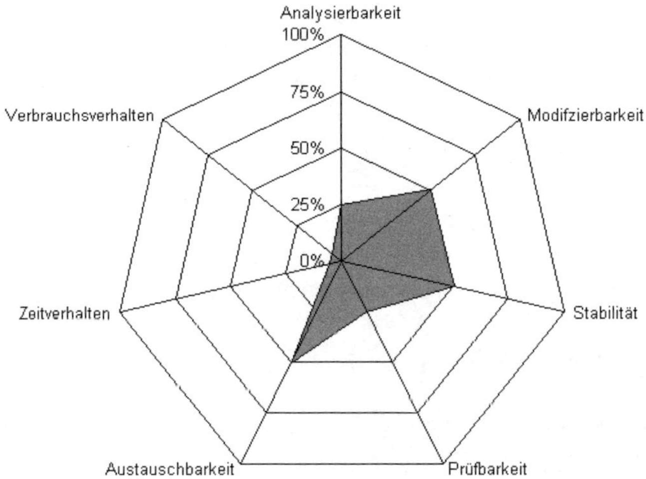

Abb. 10–45 *Qualitätseigenschaftsrelevanz von »unfertiger Code«*

Wirtschaftlichkeitsfaktor & Einschätzung	Beschreibung
Kostenzuwachs 50 %	Da der Quelltext noch unfertig ist, ist eventuell eine neue Design-, aber in jedem Fall eine neue Implementierungsphase notwendig. Der Aufwand für die Optimierung scheint beim Auftreten von unfertigem Code zumindest so groß zu sein, dass eine entsprechende Kommentierung mit Entwicklung eines Workarounds vorgezogen wurde.
Unmittelbarkeit 100 %	Die Problembehebung erzeugt einen unmittelbaren Nutzen, da erst dann die Funktionalität vollständig und in der angedachten Güte implementiert ist. Außerdem ist ein fertiger Code i.d.R. leichter zu warten und zu pflegen, da er bereits so implementiert ist wie ursprünglich spezifiziert.

Eingestuft in QBL 2

10.45.5 Technische Parameter

Betrachtungsebene: Code

QBL-Grenzwerte für C++

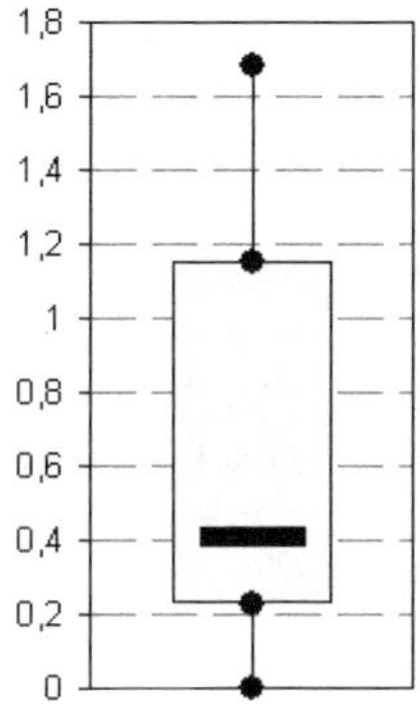

Maximum:	1,6840
Oberes Quartil:	1,1520
Median:	0,4060
Unteres Quartil:	0,2310
Minimum:	0,0000

Angaben beziehen sich auf Verletzungen pro 1.000 LOC.

QBL-Grenzwerte für Java

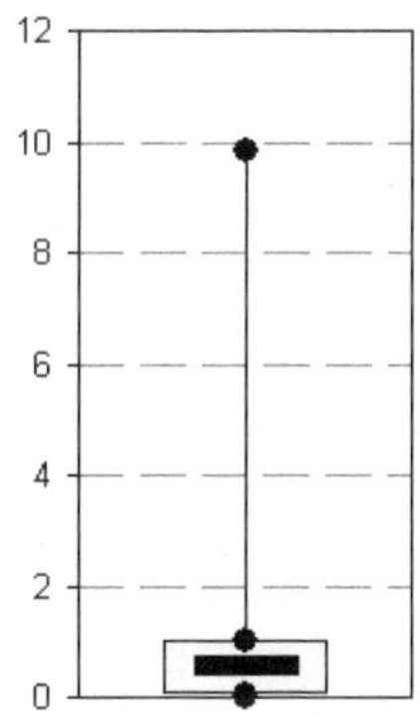

Maximum:	9,8460
Oberes Quartil:	1,0320
Median:	0,5530
Unteres Quartil:	0,0240
Minimum:	0,0000

Angaben beziehen sich auf Verletzungen pro 1.000 LOC.

Informelle Hinweise für die Erkennung

- Gesucht werden die in der Definition aufgeführten Schlüsselwörter »todo«, »hack« und »fixme«, unabhängig von ihrer Groß- und Kleinschreibung.
- Jeder Kommentarblock, der mindestens eines der genannten Schlüsselwörter enthält, wird als eine Verletzung gezählt.

10.46 Qualitätsindikator »unvollständige Vererbung (Attribut)«

10.46.1 Definition

Ein beliebiges, nichtstatisches Attribut existiert namensgleich entweder

- in mehr als 50% der direkten Unterklassen `UK` (mind. 2) oder
- in mindestens 10 der direkten Unterklassen `UK`

einer Oberklasse `OK`, aber in keiner Oberklasse der Unterklassen `UK`.

10.46.2 Beschreibung

Eine mächtige Möglichkeit der Vererbung ist, gemeinsames Verhalten und gemeinsame Zustandsmengen von Unterklassen in einer gemeinsamen Oberklasse herauszufaktorisieren. Trotz der mehrfachen Verwendung in den Unterklassen muss das Verhalten dann nur noch einmal verstanden, getestet und gewartet werden. Da Vererbungsstrukturen allerdings starken Veränderungen unterliegen, kommt es insbesondere bei »älteren« Vererbungsstrukturen dazu, dass derartige Faktorisierungspotenziale ungenutzt bleiben. Die Folge sind redundante Implementierungen mit mehrfachen Aufwänden für Testen, Warten und Verstehen.

10.46.3 Qualitätseigenschaften

Qualitätseigenschaft & Relevanz	Beschreibung
Analysierbarkeit 75 %	Die allgemeine Erwartungshaltung, dass gemeinsame Funktionalität von Unterklassen in Oberklassen herausfaktorisiert ist, wird bei unvollständiger Vererbung verletzt. Anstelle des einmaligen Analysierens in der Oberklasse muss die den Unterklassen gemeinsame Zustandsmenge jeweils separat isoliert verstanden werden.
Modifizierbarkeit 75 %	Die Erfahrung zeigt, dass unvollständige Vererbung (Attribute) häufig mit einer semantischen Ähnlichkeit der Attribute einhergeht. Wird diese semantische Ähnlichkeit durch Faktorisierung in die Oberklasse expliziert, vereinfacht sich die Modifizierbarkeit, da Änderungen nur noch einmal vorgenommen werden müssen.
Stabilität 25 %	Durch die Möglichkeit, die aktuell vorhandene Gemeinsamkeit, die erfahrungsgemäß semantische Ähnlichkeit impliziert, durch spätere separate Einzelentwicklungen zu zerstören, kann die Stabilität beeinträchtigt sein (z.B. durch partielle Typveränderungen in einzelnen Unterklassen).
Prüfbarkeit 50 %	Anstatt ein Attribut und die evtl. damit im Zusammenhang stehenden Methoden zentral in der Oberklasse zu testen, müssen diese bei einer unvollständigen Vererbung in allen Unterklassen separat getestet werden.

Qualitätseigenschaft & Relevanz	Beschreibung
Austauschbarkeit 0 %	Keine signifikanten negativen Auswirkungen
Zeitverhalten 0 %	Keine signifikanten negativen Auswirkungen
Verbrauchsverhalten 25 %	Die redundante Deklaration von gleichnamigen Attributen in Unterklassen vergrößert die Codebasis.

10.46.4 QBL entsprechend Code-Quality-Index

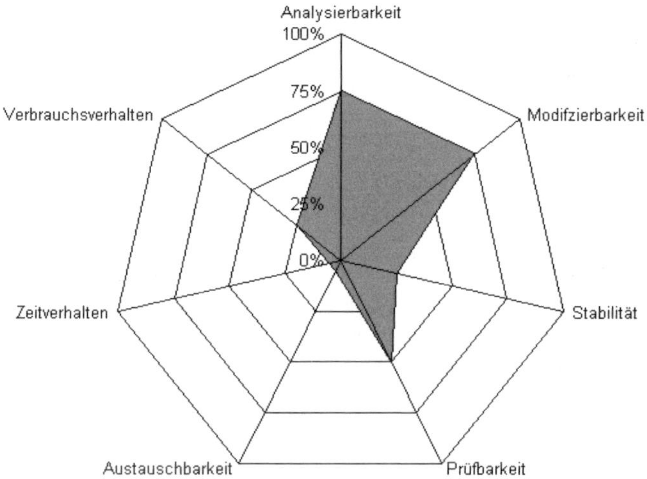

Abb. 10–46 *Qualitätseigenschaftsrelevanz von »unvollständige Vererbung (Attribut)«*

Wirtschaftlichkeitsfaktor & Einschätzung	Beschreibung
Kostenzuwachs 50 %	Je nachdem, wie viel Prozent der Unterklassen das Attribut besitzen, kann der Aufwand für das Herausziehen in die Oberklasse relativ aufwendig sein.
Unmittelbarkeit 75 %	In der überarbeiteten Vererbungsstruktur werden die Gemeinsamkeiten deutlicher, was direkt positive Auswirkungen auf die Softwarewartung hat.

Eingestuft in QBL 3

10.46.5 Technische Parameter

Betrachtungsebene: Design

QBL-Grenzwerte für C++

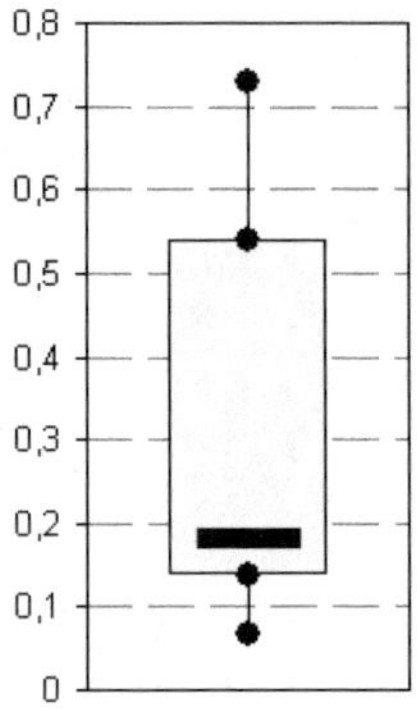

Maximum:	0,7290
Oberes Quartil:	0,5400
Median:	0,1810
Unteres Quartil:	0,1380
Minimum:	0,0680

Angaben beziehen sich auf Verletzungen pro 1.000 LOC.

QBL-Grenzwerte für Java

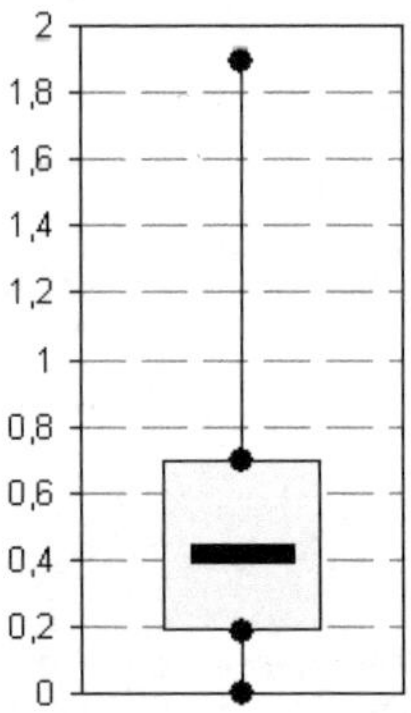

Maximum:	1,8940
Oberes Quartil:	0,6950
Median:	0,4160
Unteres Quartil:	0,1850
Minimum:	0,0000

Angaben beziehen sich auf Verletzungen pro 1.000 LOC.

Informelle Hinweise für die Erkennung

- Suchen nach Attributen mit gleichem Namen in direkten Unterklassen `UK` einer gemeinsamen Oberklasse `OK`.
- Entfernung derjenigen Attributnamen aus der im vorherigen Schritt ermittelten Menge, die in einer beliebigen (in-)direkten Oberklasse deklariert sind (da dies eine Attributüberdeckung wäre).
- Filterung entsprechend der Grenzwerte für Unterklassen `UK` (>50%, aber mind. 2) bzw. (mind. 10).
- Jeder Attributname einer maximalen Unterklassenmenge, der obige Bedingungen erfüllt, wird als eine Verletzung gezählt.

10.47 Qualitätsindikator »unvollständige Vererbung (Methode)«

10.47.1 Definition

Eine beliebige Methodensignatur existiert entweder

- in mehr als 50% der direkten Unterklassen `UK` (mind. 2) oder
- in mindestens 10 der direkten Unterklassen `UK`

einer Oberklasse `OK`, die in keiner Oberklasse der Unterklassen `UK` bekannt ist. Als Klassen (`OK`, `UK`) werden in Java auch Interfaces verstanden.

10.47.2 Beschreibung

Eine mächtige Möglichkeit der Vererbung ist, gemeinsames Verhalten von Unterklassen in eine gemeinsame Oberklasse herauszufaktorisieren. Trotz der mehrfachen Verwendung in den Unterklassen muss das Verhalten dann nur noch einmal verstanden, getestet und gewartet werden. Da Vererbungsstrukturen allerdings starken Veränderungen unterliegen, kommt es insbesondere bei »älteren« Vererbungsstrukturen dazu, dass derartige Faktorisierungspotenziale ungenutzt bleiben. Die Folge sind redundante Implementierungen mit mehrfachen Aufwänden für Testen, Warten und Verstehen.

10.47.3 Qualitätseigenschaften

Qualitätseigenschaft & Relevanz	Beschreibung
Analysierbarkeit 75 %	Die allgemeine Erwartungshaltung, dass gemeinsame Funktionalität von Unterklassen in Oberklassen herausfaktorisiert ist, wird bei unvollständiger Vererbung verletzt. Anstelle des einmaligen Analysierens in der Oberklasse muss die den Unterklassen gemeinsame Funktionalität jeweils separat isoliert verstanden werden.
Modifizierbarkeit 75 %	Die Erfahrung zeigt, dass unvollständige Vererbung (Methode) häufig mit einer funktionalen Ähnlichkeit einhergeht. Wird diese funktionale Ähnlichkeit durch Extraktion dieser gemeinsamen Funktionalität in die Oberklasse expliziert, vereinfacht sich für diese Funktionalität die Modifizierbarkeit, da Änderungen nur noch einmal vorgenommen werden müssen.
Stabilität 25 %	Durch die Möglichkeit, die aktuell vorhandene Gemeinsamkeit, die erfahrungsgemäß funktionale Ähnlichkeit impliziert, durch spätere separate Einzelentwicklungen zu zerstören, kann die Stabilität beeinträchtigt sein (z.B. durch partielle Typveränderungen in einzelnen Unterklassen).
Prüfbarkeit 50 %	Anstatt eine Methode zentral in der Oberklasse zu testen (z.B. gegen ein Interface), muss sie bei einer unvollständigen Vererbung in allen Unterklassen separat getestet werden.

Qualitätseigenschaft & Relevanz	Beschreibung
Austauschbarkeit 0 %	Keine signifikanten negativen Auswirkungen
Zeitverhalten 0 %	Keine signifikanten negativen Auswirkungen
Verbrauchsverhalten 25 %	Die Erfahrung zeigt, dass unvollständige Vererbung (Methode) häufig mit einer funktionalen Ähnlichkeit einhergeht, die sich in einem größeren Codebestand und einem größeren Kompilat äußern können.

10.47.4 QBL entsprechend Code-Quality-Index

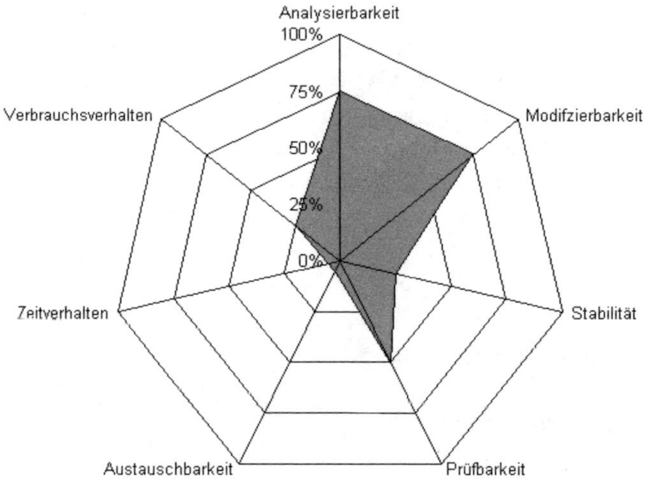

Abb. 10–47 *Qualitätseigenschaftsrelevanz von »unvollständige Vererbung (Methode)«*

Wirtschaftlichkeits-faktor & Einschätzung	Beschreibung
Kostenzuwachs 50 %	Je nachdem, wie viel Prozent der Unterklassen die Methode besitzen und wie funktional ähnlich die Implementierungen sind, kann der Aufwand für das Herausziehen der Signatur und/oder der Funktionalität in die Oberklasse relativ aufwendig sein.
Unmittelbarkeit 75 %	In der überarbeiteten Vererbungsstruktur werden die Gemeinsamkeiten deutlicher, was direkt positive Auswirkungen auf die Softwarewartung hat.

Eingestuft in QBL 3

10.47.5 Technische Parameter

Betrachtungsebene: Design

QBL-Grenzwerte für C++

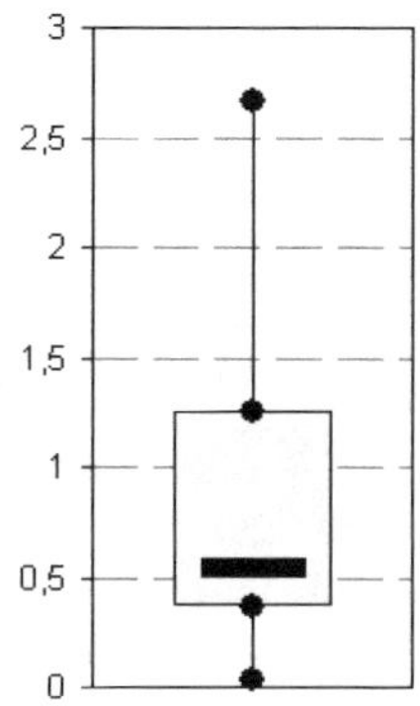

Maximum:	2,6720
Oberes Quartil:	1,2500
Median:	0,5420
Unteres Quartil:	0,3660
Minimum:	0,0310

Angaben beziehen sich auf Verletzungen pro 1.000 LOC.

QBL-Grenzwerte für Java

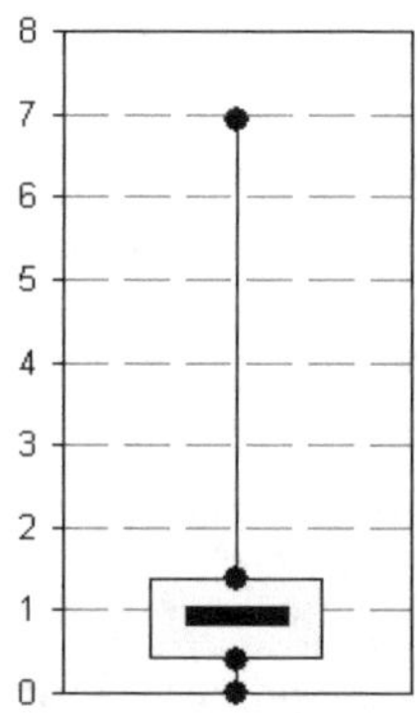

Maximum:	6,9130
Oberes Quartil:	1,3660
Median:	0,9320
Unteres Quartil:	0,3880
Minimum:	0,0000

Angaben beziehen sich auf Verletzungen pro 1.000 LOC.

Informelle Hinweise für die Erkennung

1. Suchen nach Methoden mit gleichen Signaturen in direkten Unterklassen `UK` einer gemeinsamen Oberklasse `OK`.
2. Entfernung derjenigen Methodensignaturen aus der im vorherigen Schritt ermittelten Menge, die in einer beliebigen (in-)direkten Oberklasse deklariert sind.
3. Filterung entsprechend der Grenzwerte für Unterklassen `UK` (>50%, aber mind. 2) bzw. (mind. 10).
4. Jede so ermittelte Methodensignatur einer maximalen Unterklassenmenge wird als eine Verletzung gezählt.

10.48 Qualitätsindikator »verbotene Dateiliebe«

10.48.1 Definition

Zwischen zwei logischen Dateien besteht eine zyklische Abhängigkeit, da die Inhalte der logischen Dateien sich jeweils gegenseitig für das Kompilieren benötigen.

10.48.2 Beschreibung

Bei einer geschickten »Divide et impera«-Strategie entstehen modulare Einheiten, die jeweils separat verstehbar, testbar und wartbar sind. Abhängigkeiten zu anderen Teilen, die sich zwangsläufig beim Aufbau eines Gesamtsystems ergeben, werden in der Regel in Form von Schichten gebildet, d.h., es gibt reine Dienstleister (z.B. I/O-Funktionalität), die von der nächsthöherwertigen Schicht verwendet werden, die ihrerseits wieder Funktionalität einer noch höheren Schicht anbietet. Diese Modularität sollte sich insbesondere auf Dateiebene wiederfinden, um zu vermeiden, dass zwei Dateien jeweils nur zusammen betrachtbar sind. Anderenfalls benötigen die Inhalte der einen Datei die der anderen und umgekehrt. Liegt eine solche gegenseitige Abhängigkeit vor, müssen beide Dateien grundsätzlich zusammen betrachtet werden.

10.48.3 Qualitätseigenschaften

Qualitätseigenschaft & Relevanz	Beschreibung
Analysierbarkeit 100 %	Die Verstehbarkeit ist erschwert, da die Artefakte nicht unabhängig voneinander betrachtet werden können, sondern jeweils nur zusammen als Paar analysiert werden müssen.
Modifizierbarkeit 50 %	Durch die Abhängigkeit der Dateien ist eine Änderung erschwert, da eine Änderung in einer Datei auch (ungewollte) Auswirkungen auf die andere Datei haben kann und dies berücksichtigt werden muss.
Stabilität 25 %	Die Stabilität kann beeinträchtigt sein, wenn die in gegenseitiger Abhängigkeit stehenden Dateien über eventuelle Seiteneffekte (z.B. gegenseitige Zustandsänderungen) Laufzeitzyklen oder Fehlverhalten hervorrufen.
Prüfbarkeit 75 %	Die Prüfbarkeit ist eingeschränkt, da die Dateien nicht separat testbar sind (zum Übersetzen werden beide Dateien oder zumindest jeweils ein Stub benötigt).
Austauschbarkeit 75 %	Aufgrund der eingeschränkten Möglichkeit, Dateien aus dem Zyklus trivial separat zu betrachten, ist auch die Austauschbarkeit einzelner Dateien stark eingeschränkt.
Zeitverhalten 0 %	Keine signifikanten negativen Auswirkungen
Verbrauchsverhalten 0 %	Keine signifikanten negativen Auswirkungen

10.48.4 QBL entsprechend Code-Quality-Index

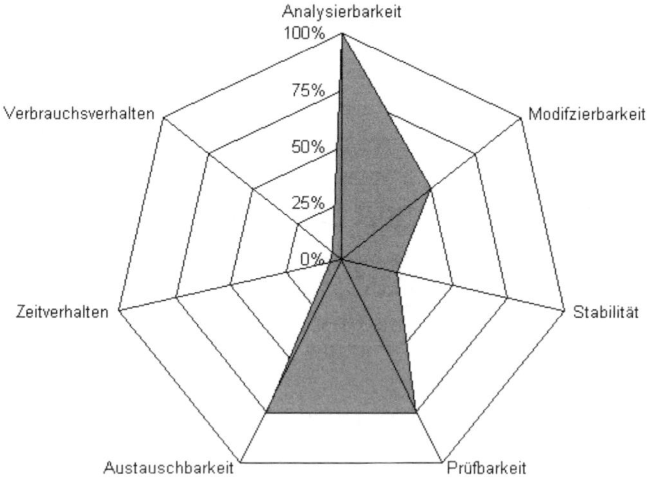

Abb. 10–48 *Qualitätseigenschaftsrelevanz von »verbotene Dateiliebe«*

Wirtschaftlichkeits-faktor & Einschätzung	Beschreibung
Kostenzuwachs 50 %	Zyklen zwischen Dateien aufzubrechen erfordert das Verschieben von Artefakten an eine geeignetere Stelle für deren Verwendung.
Unmittelbarkeit 75 %	Ein Nutzen der Behebung des Problems ist unmittelbar erkennbar, sobald die einzelnen Dateien verstanden, getestet und gepflegt werden. Aufgrund der dann besseren Modularisierung ist auch das separate Kompilieren und Testen sowie die Aufteilung von Teilen auf Teams einfacher.

Eingestuft in QBL 3

10.48.5 Technische Parameter

Betrachtungsebene: Design

QBL-Grenzwerte für C++

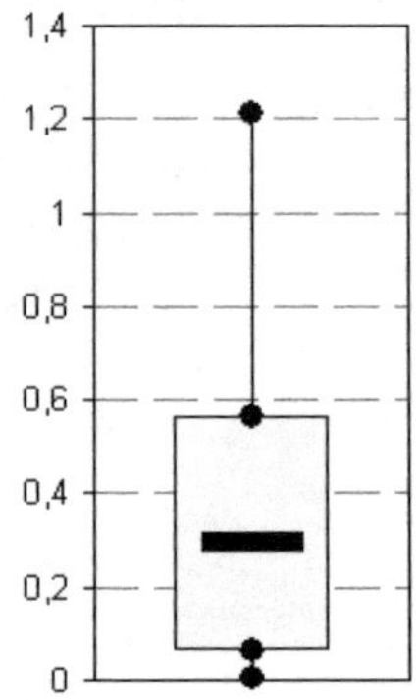

Maximum:	1,2120
Oberes Quartil:	0,5610
Median:	0,2940
Unteres Quartil:	0,0640
Minimum:	0,0070

Angaben beziehen sich auf Verletzungen pro 1.000 LOC.

QBL-Grenzwerte für Java

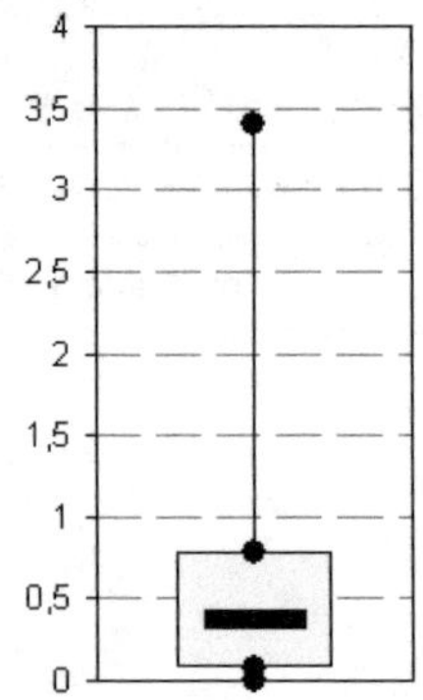

Maximum:	3,4060
Oberes Quartil:	0,7880
Median:	0,3610
Unteres Quartil:	0,0790
Minimum:	0,0000

Angaben beziehen sich auf Verletzungen pro 1.000 LOC.

Informelle Hinweise für die Erkennung

- Ermitteln aller logischen Dateipaare, die gegenseitig Inhalte verwenden.
- Jedes Paar wird als eine Verletzung gezählt.

10.49 Qualitätsindikator »verbotene Klassenliebe«

10.49.1 Definition

Es gibt eine direkte zyklische Compile-Abhängigkeit zwischen zwei nicht ineinander geschachtelten, nicht in einer (in-)direkten Vererbungsbeziehung stehenden Klassen bzw. Interfaces, die durch die Inhalte der Klassen/Interfaces (z.B. Methodenaufrufe und Signaturdeklarationen) begründet ist.

Eine Compile-Abhängigkeit liegt vor, wenn sich die eine Klasse bzw. das eine Interface nicht ohne die bzw. das andere kompilieren lässt. In C++ muss zusätzlich die Möglichkeit des Linkens gegeben sein (da eine reine `extern`-Deklaration vom Compiler nicht überprüft wird).

10.49.2 Beschreibung

Bei einer geschickten »Divide et impera«-Strategie entstehen modulare Einheiten, die jeweils separat verstehbar, testbar und wartbar sind. Dies gilt insbesondere für Klassen/Interfaces. Bei der verbotenen Klassenliebe dagegen sind die Abhängigkeiten, die ausgehend von allen möglichen Abhängigkeitstypen ermittelt werden (z.B. Typzugriff, Methodenaufrufe, Attribut-/Konstantenverwendung) so gerichtet, dass zwei Klassen/Interfaces gegenseitig voneinander abhängig sind, d.h., zum Kompilieren der einen Klasse bzw. des einen Interfaces wird die andere Klasse bzw. das andere Interface benötigt und umgekehrt. Dies hat zur Folge, dass beide Klassen/Interfaces jeweils nur monolithisch zusammen bearbeitet werden können.

Referenzen: [Fowl99]

10.49.3 Qualitätseigenschaften

Qualitätseigenschaft & Relevanz	Beschreibung
Analysierbarkeit 100 %	Die Verstehbarkeit ist erschwert, da die Klassen/Interfaces nicht unabhängig voneinander betrachtet werden können, sondern jeweils zusammen als Paar analysiert werden müssen.
Modifizierbarkeit 50 %	Durch die gegenseitige Abhängigkeit der Klassen/Interfaces ist eine Änderung erschwert, da eine Änderung in einer Klasse bzw. einem Interface (ungewollte) Auswirkungen auf die andere Klasse bzw. das andere Interface haben kann und dies berücksichtigt werden muss.
Stabilität 25 %	Die Stabilität kann beeinträchtigt sein, wenn die am Zyklus beteiligten Klassen/Interfaces über eventuelle Seiteneffekte (z.B. gegenseitige Zustandsänderungen) Laufzeitzyklen oder Fehlverhalten auslösen.
Prüfbarkeit 75 %	Die Prüfbarkeit ist eingeschränkt, da die Klassen/Interfaces nicht separat testbar sind (zum Übersetzen werden beide Klassen/Interfaces oder jeweils ein entsprechender Stub benötigt).

Qualitätseigenschaft & Relevanz	Beschreibung
Austauschbarkeit 75 %	Aufgrund der eingeschränkten Möglichkeit, Klassen/Interfaces aus dem Zyklus trivial separat zu betrachten, ist auch die Austauschbarkeit einer einzelnen Klasse bzw. eines einzelnen Interfaces stark eingeschränkt.
Zeitverhalten 0 %	Keine signifikanten negativen Auswirkungen
Verbrauchsverhalten 0 %	Keine signifikanten negativen Auswirkungen

10.49.4 QBL entsprechend Code-Quality-Index

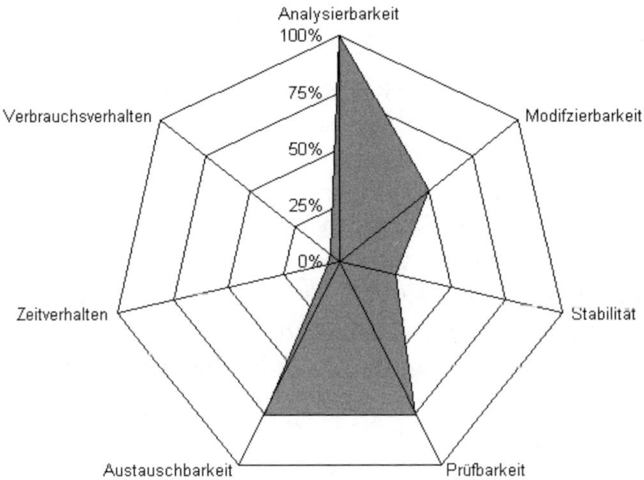

Abb. 10–49 *Qualitätseigenschaftsrelevanz von »verbotene Klassenliebe«*

Wirtschaftlichkeitsfaktor & Einschätzung	Beschreibung
Kostenzuwachs 50 %	Um die zyklischen Abhängigkeiten aufzubrechen, können Änderungen zumindest an den beiden Klassen/Interfaces sowie auch am umgebenden Klassenkontext erforderlich sein.
Unmittelbarkeit 100 %	Der Nutzen der Behebung des Problems ist unmittelbar erkennbar, sobald die einzelnen Klassen verstanden, getestet und gepflegt werden. Aufgrund der dann besseren Modularisierung ist auch das separate Kompilieren und Testen sowie die Aufteilung von Teilen auf Teams einfacher.

Eingestuft in QBL 3

10.49.5 Technische Parameter

Betrachtungsebene: Design

QBL-Grenzwerte für C++

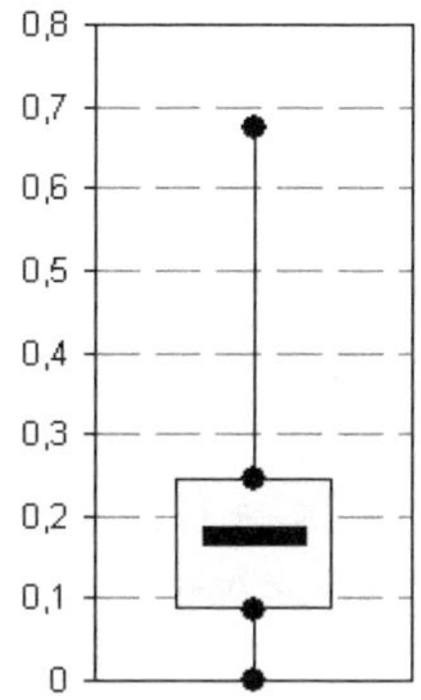

Maximum:	0,6740
Oberes Quartil:	0,2450
Median:	0,1750
Unteres Quartil:	0,0870
Minimum:	0,0000

Angaben beziehen sich auf Verletzungen pro 1.000 LOC.

QBL-Grenzwerte für Java

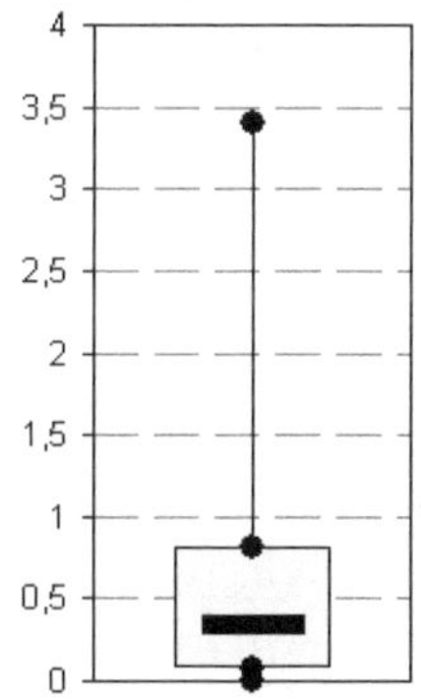

Maximum:	3,4060
Oberes Quartil:	0,8070
Median:	0,3380
Unteres Quartil:	0,0730
Minimum:	0,0000

Angaben beziehen sich auf Verletzungen pro 1.000 LOC.

Informelle Hinweise für die Erkennung

- Das Problem kann identifiziert werden, indem nicht ineinander geschachtelte Klassenpaare ermittelt werden, die sich gegenseitig über die jeweiligen Inhalte referenzieren.
- Jedes so ermittelte Klassenpaar stellt eine Verletzung dar.

10.50 Qualitätsindikator »verbotene Methodenliebe«

10.50.1 Definition

Zwei unterschiedliche Methoden rufen sich gegenseitig direkt, nichtpolymorph auf.

10.50.2 Beschreibung

Bei einer geschickten »Divide et impera«-Strategie entstehen modulare Einheiten, die jeweils separat verstehbar, testbar und wartbar sind. Dies gilt auf Datei-, Klassen- und auch auf Methodenebene. Abhängigkeiten zu anderen Teilen, die sich zwangsläufig beim Aufbau eines Gesamtsystems ergeben, werden in der Regel in Form von Schichten gebildet, d.h., es gibt reine Dienstleister (z.B. I/O-Funktionalität), die von der nächsthöherwertigen Schicht verwendet werden, die ihrerseits wieder Funktionalität einer noch höheren Schicht anbietet. Auf Methodenebene wird diese Schichtenarchitektur u.a. durch die verwendeten Sichtbarkeiten ausgedrückt (private Methoden sind Basis-Dienstleister, die den höherwertigen Services für ihre Realisierung dienen).

Bei der verbotenen Methodenliebe dagegen sind die Abhängigkeiten auf Basis der direkten Verwendung so gewählt, dass zwei Methoden jeweils nur zusammen betrachtbar sind, d.h., die Inhalte der einen Methode benötigen die Inhalte der anderen Methode und umgekehrt. Dies hat zur Folge, dass beide Methoden jeweils nur monolithisch zusammen bearbeitet werden können.

10.50.3 Qualitätseigenschaften

Qualitätseigenschaft & Relevanz	Beschreibung
Analysierbarkeit 100 %	Die Analysierbarkeit ist erschwert, da die Methoden nicht unabhängig voneinander betrachtet werden können, sondern jeweils nur zusammen als Paar analysiert werden können.
Modifizierbarkeit 50 %	Die Modifizierbarkeit ist beeinträchtigt, da eine Änderung an einer Methode direkte Auswirkungen auf die andere Methode und damit wieder auf die Methode selbst haben kann.
Stabilität 50 %	Zyklen zwischen Methoden sind nur dann sinnvoll, wenn der Kontrollfluss innerhalb der Methoden sicherstellt, dass es nicht zu einer Endlosschleife kommt. Das Risiko bleibt jedoch grundsätzlich bestehen.
Prüfbarkeit 100 %	Die Prüfbarkeit ist eingeschränkt, da die Methoden nicht separat testbar sind.
Austauschbarkeit 75 %	Aufgrund der eingeschränkten Möglichkeit, Methoden aus dem Zyklus trivial separat zu betrachten (insbesondere, wenn sich der Methodenzyklus über unterschiedliche Klassen erstreckt), ist auch die Austauschbarkeit einzelner Artefakte stark eingeschränkt.

Qualitätseigenschaft & Relevanz	Beschreibung
Zeitverhalten 0 %	Keine signifikanten negativen Auswirkungen
Verbrauchsverhalten 0 %	Keine signifikanten negativen Auswirkungen

10.50.4 QBL entsprechend Code-Quality-Index

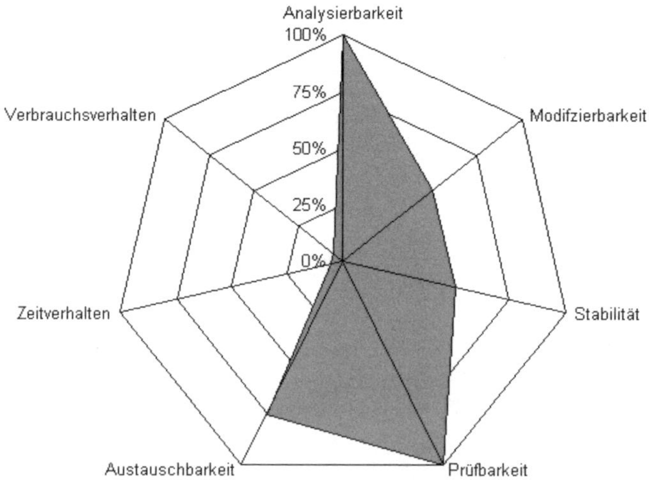

Abb. 10–50 *Qualitätseigenschaftsrelevanz von »verbotene Methodenliebe«*

Wirtschaftlichkeits-faktor & Einschätzung	Beschreibung
Kostenzuwachs 25 %	Der Kostenzuwachs ist entgegen der Zyklenentfernung bei Klassen, Dateien und Paketen i.d.R. moderat, da Änderungen lokal in maximal zwei Klassen durchgeführt werden können.
Unmittelbarkeit 100 %	Neben einer sofort verbesserten Analysierbarkeit spielt hier vor allen Dingen die u.U. direkt verbesserte Stabilität eine wichtige Rolle, die unmittelbar nach Durchführung der Änderung wirkt.

Eingestuft in QBL 2

10.50.5 Technische Parameter

Betrachtungsebene: Design

QBL-Grenzwerte für C++

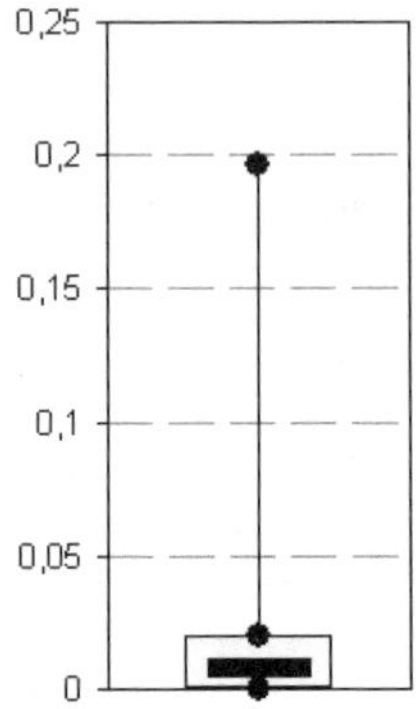

Maximum:	0,1960
Oberes Quartil:	0,0200
Median:	0,0080
Unteres Quartil:	0,0000
Minimum:	0,0000

Angaben beziehen sich auf Verletzungen pro 1.000 LOC.

QBL-Grenzwerte für Java

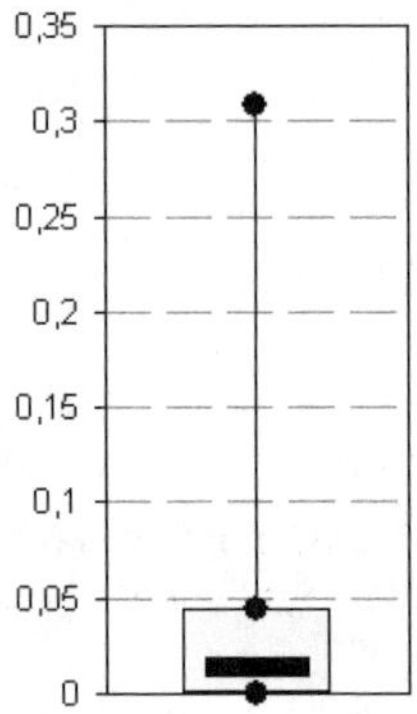

Maximum:	0,3090
Oberes Quartil:	0,0440
Median:	0,0130
Unteres Quartil:	0,0000
Minimum:	0,0000

Angaben beziehen sich auf Verletzungen pro 1.000 LOC.

Informelle Hinweise für die Erkennung

- Ermitteln aller Paare von unterschiedlichen Methoden, die sich gegenseitig aufrufen.
- Jedes so ermittelte Methodenpaar stellt eine Instanz des Problemmusters dar.

10.51 Qualitätsindikator »verbotene Paketliebe«

10.51.1 Definition

Zwischen zwei Paketen besteht eine zyklische Abhängigkeit, da die Inhalte der Pakete sich jeweils gegenseitig für das Kompilieren benötigen.

10.51.2 Beschreibung

Die verbotene Paketliebe ist der grobgranularste Zyklus in der Sammlung der verbotenen Lieben. Bei einer geschickten »Divide et impera«-Strategie entstehen modulare Einheiten, die jeweils separat verstehbar, testbar und wartbar sind. Dieses Grundprinzip der Verfeinerung gilt insbesondere für Pakete. Abhängigkeiten zu anderen Teilen, die sich zwangsläufig beim Aufbau eines Gesamtsystems ergeben, werden i.d.R. in Form von Schichten gebildet, d.h., es gibt reine Dienstleister (z.B. I/O-Funktionalität), die von der nächsthöherwertigen Schicht verwendet werden, die ihrerseits wieder Funktionalität einer noch höheren Schicht anbietet. Bei der verbotenen Paketliebe dagegen sind die Abhängigkeiten, die auf Basis der Abhängigkeiten der Inhalte der Pakete ermittelt werden, so gewählt, dass zwei Pakete jeweils nur zusammen betrachtbar sind, d.h., die Inhalte des einen Pakets benötigen die Inhalte des anderen Pakets und umgekehrt. Dies hat zur Folge, dass beide Pakete jeweils nur monolithisch zusammen bearbeitet werden können.

10.51.3 Qualitätseigenschaften

Qualitätseigenschaft & Relevanz	Beschreibung
Analysierbarkeit 100 %	Die Analysierbarkeit ist erschwert, da die Pakete nicht unabhängig voneinander betrachtet werden können, sondern jeweils zusammen als Paar analysiert werden müssen.
Modifizierbarkeit 25 %	Durch die Abhängigkeit der Pakete ist eine Änderung erschwert, da eine Änderung in einem Paket (ungewollte) Auswirkungen auf das andere am Zyklus beteiligte Paket haben kann und dies berücksichtigt werden muss.
Stabilität 0 %	Es gibt keine signifikanten negativen Auswirkungen, die alleine auf der verbotenen Paketliebe beruhen und nicht durch andere verbotene Lieben abgedeckt sind.
Prüfbarkeit 50 %	Da die Pakete voneinander abhängen, müssen u.U. mehr Teststubs geschrieben werden, um ein separates Testen zu ermöglichen.
Austauschbarkeit 100 %	Aufgrund der eingeschränkten Möglichkeit, ein Paket aus dem Zyklus trivial separat zu betrachten, ist auch die Austauschbarkeit einzelner Pakete stark eingeschränkt.
Zeitverhalten 0 %	Keine signifikanten negativen Auswirkungen
Verbrauchsverhalten 0 %	Keine signifikanten negativen Auswirkungen

10.51.4 QBL entsprechend Code-Quality-Index

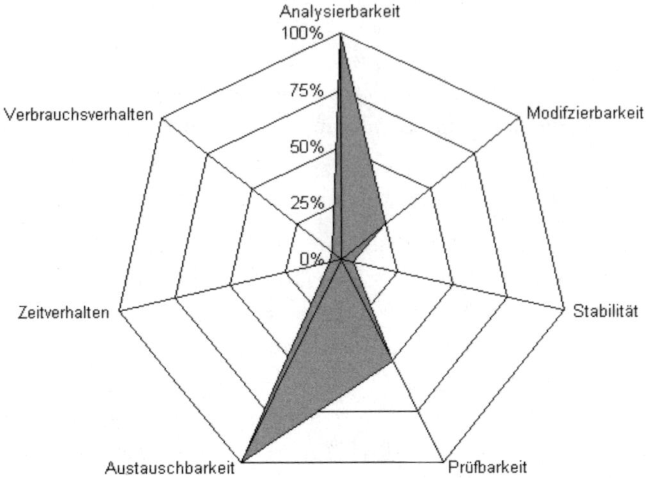

Abb. 10–51 *Qualitätseigenschaftsrelevanz von »verbotene Paketliebe«*

Wirtschaftlichkeitsfaktor & Einschätzung	Beschreibung
Kostenzuwachs 75 %	Zyklen zwischen Paketen aufzubrechen erfordert das Verschieben von Artefakten an eine geeignetere Stelle für deren Verwendung. Kann eine Verschiebung nicht erfolgen, müssen saubere Schnittstellen für paketübergreifende Zugriffe definiert werden. Der aufzubringende Aufwand kann hierbei relativ hoch werden.
Unmittelbarkeit 100 %	Ein Nutzen der Behebung des Problems ist unmittelbar erkennbar, sobald die einzelnen Pakete verstanden, getestet und gepflegt werden. Aufgrund der dann besseren Modularisierung ist auch das separate Kompilieren und Testen sowie die Aufteilung von Teilen auf Teams einfacher.

Eingestuft in QBL 4

10.51.5 Technische Parameter

Betrachtungsebene: Architektur

QBL-Grenzwerte für C++

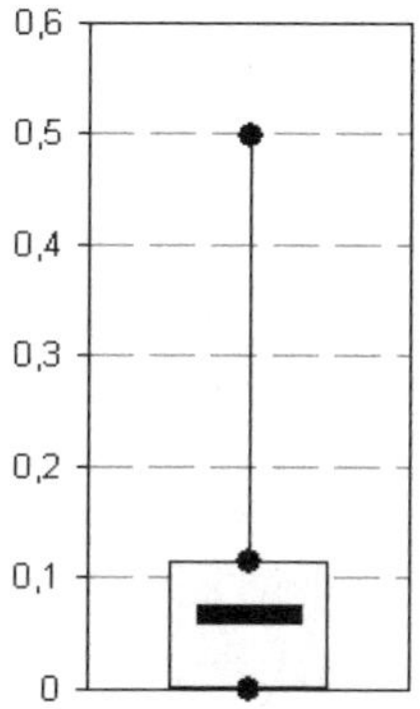

Maximum:	0,4980
Oberes Quartil:	0,1150
Median:	0,0660
Unteres Quartil:	0,0000
Minimum:	0,0000

Angaben beziehen sich auf Verletzungen pro 1.000 LOC.

QBL-Grenzwerte für Java

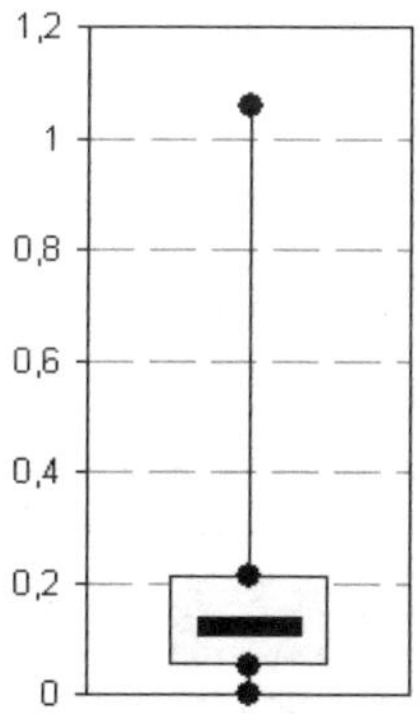

Maximum:	1,0590
Oberes Quartil:	0,2120
Median:	0,1210
Unteres Quartil:	0,0490
Minimum:	0,0000

Angaben beziehen sich auf Verletzungen pro 1.000 LOC.

Informelle Hinweise für die Erkennung

- Ermittlung aller Paketpaare mit direkter zyklischer Abhängigkeit. Als Abhängigkeiten werden sowohl Includes und Imports als auch direkte Verwendungen von Artefakten aus dem anderen Paket aufgefasst.
- Jedes so ermittelte Paketpaar stellt eine Problemmusterinstanz dar.

10.52 Qualitätsindikator »versteckte Konstantheit«

10.52.1 Definition

Ein Klassenattribut (`static`) wird bis auf die initiale Wertesetzung bei der Deklaration (mittels Attribut-Initialisierer) nur lesend verwendet, ohne dass es als Konstante (`final` bzw. `const`) deklariert ist.

10.52.2 Beschreibung

Das Verstehen von Design und Code ist umso effizienter, je mehr implizit vorhandenes Wissen der Programmierer mittels sprachspezifischer Konstrukte expliziert hat. Diese Grundannahme bezieht sich insbesondere auf die Unterscheidung von Attributen und Konstanten: Während Attribute ihre Inhalte/Werte zur Laufzeit ändern können und damit Zustände festhalten, dienen Konstanten lediglich dazu, im Vorfeld der Programmausführung feststehende Constraints abzubilden. Diese semantische Unterscheidung sollte programmiersprachenspezifisch so expliziert werden, dass Konstanten auch als Konstanten deklariert werden und nicht als Attribute.

10.52.3 Qualitätseigenschaften

Qualitätseigenschaft & Relevanz	Beschreibung
Analysierbarkeit 100 %	Die Erwartungshaltung gegenüber der Verwendung des Attributs stimmt nicht mit der tatsächlichen Verwendung des Attributs überein. Bei der Analyse wird davon ausgegangen, dass das Attribut nicht nur lesend verwendet wird, da die eindeutige Konstantendeklaration fehlt. In der Analyse werden somit ggf. auch Objektzustände mit anderen Attributinhalten/-werten betrachtet, obwohl diese gar nicht auftreten können.
Modifizierbarkeit 50 %	Eine Modifizierung eines als konstant definierten Attributs beschränkt sich auf die Änderung am Ort der Deklaration; alle anderen Änderungsstellen werden vom Compiler abgelehnt. Bei versteckter Konstantheit kann der Attributinhalt/-wert zwar an beliebigen Stellen modifiziert werden, die bisherige Verwendung lässt jedoch eine ursprünglich intentierte Konstantheit vermuten. Die Modifikationen bergen daher die Gefahr von nicht spezifiziertem Verhalten in sich.
Stabilität 25 %	Es besteht für die Zukunft die Gefahr, dass die versteckte Konstantheit dadurch entfernt wird (und dann auch nicht mehr als versteckte Konstantheit erkannt wird), dass das Attribut auch geschrieben wird, was u.U. vom gewünschten Verhalten abweicht. Zum Zeitpunkt der Analyse besteht diese Gefahr aufgrund der Verwendung wie eine Konstante jedoch offensichtlich noch nicht.

Qualitätseigenschaft & Relevanz	Beschreibung
Prüfbarkeit 50 %	Bei einem vollständigen Entwicklertest wird ebenfalls das Schreiben des Attributs und die Auswirkungen geänderter Werte getestet, obwohl dies nicht notwendig ist.
Austauschbarkeit 25 %	Die Austauschbarkeit kann dadurch eingeschränkt sein, dass die Besonderheit der versteckten Konstantheit beim Austausch nicht entsprechend berücksichtigt wird.
Zeitverhalten 100 %	Es entsteht ein Performance-Verlust, da Attribute beim Kompilieren anders behandelt werden als Konstanten. Während Konstanten häufig ge-inlined werden, gilt dies für Attribute nicht.
Verbrauchsverhalten 0 %	Keine signifikanten negativen Auswirkungen

10.52.4 QBL entsprechend Code-Quality-Index

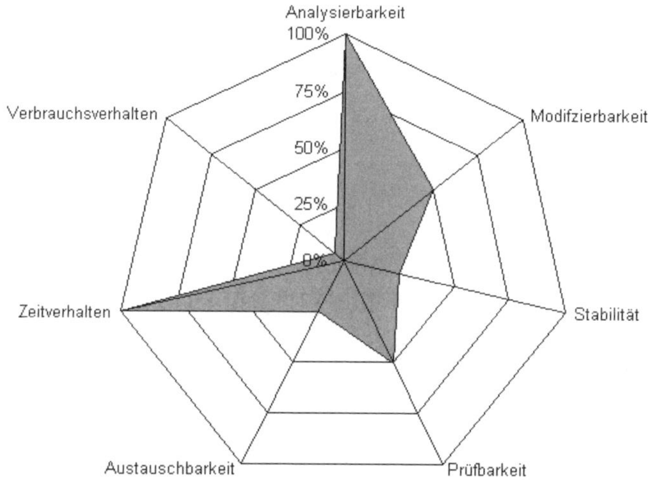

Abb. 10-52 *Qualitätseigenschaftsrelevanz von »versteckte Konstantheit«*

Wirtschaftlichkeitsfaktor & Einschätzung	Beschreibung
Kostenzuwachs 25 %	Ein wie eine Konstante verwendetes Attribut in eine Konstante umzuwandeln ist sehr zügig zu realisieren. Eventuell muss das Attribut noch an die Stelle verschoben werden, in der Konstanten verwaltet werden.
Unmittelbarkeit 100 %	Die Problembehebung macht sich unmittelbar auf die Analysierbarkeit, Stabilität und Performance positiv bemerkbar.

Eingestuft in QBL 2

10.52.5 Technische Parameter

Betrachtungsebene: Design

QBL-Grenzwerte für C++

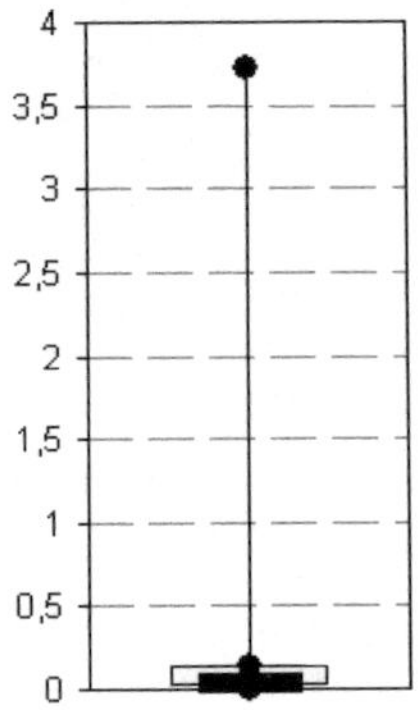

Maximum:	3,7200
Oberes Quartil:	0,1360
Median:	0,0330
Unteres Quartil:	0,0080
Minimum:	0,0000

Angaben beziehen sich auf Verletzungen pro 1.000 LOC.

QBL-Grenzwerte für Java

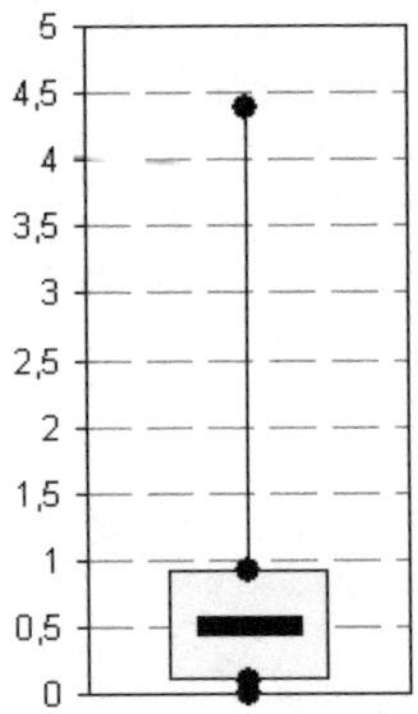

Maximum:	4,3830
Oberes Quartil:	0,9150
Median:	0,5030
Unteres Quartil:	0,0900
Minimum:	0,0000

Angaben beziehen sich auf Verletzungen pro 1.000 LOC.

Informelle Hinweise für die Erkennung

- In einem ersten Schritten werden alle diejenigen Klassenattribute gesucht, die bis auf die Deklaration nur lesend verwendet werden.
- Anschließend werden aus dieser Ergebnismenge diejenigen Klassenattribute selektiert, die nicht als Konstante deklariert sind.
- Jedes so ermittelte Attribut stellt eine Problemmusterinstanz dar.

Anhang

Referenzen

[AnMoSe+04] Christoph Andriessens, Thomas Mohaupt, Olaf Seng, Frank Simon, Michael Winter: QBench – Stand der Technik. 2004; *http://www.qbench.de*

[Balz98] Helmut Balzert: Lehrbuch der Software-Technik: Software-Management, Software-Qualitätssicherung, Unternehmensmodellierung. Spektrum Akademischer Verlag, Heidelberg, 1998.

[Balz99] H. Balzert: Lehrbuch Grundlagen der Informatik. Spektrum Akademischer Verlag, Heidelberg, 1999.

[BaRo88] V. R. Basili, H. D. Rombach: The TAME project: towards improvement-orientated software environments. IEEE Transactions on Software Engineering, 14(6), S. 758-773, 1988.

[Basi95] V. R. Basili: Applying the Goal/Question/Metric Paradigm in the Experience Factory. In: Norman Fenton, Robin Whitty, Yoshinori Iizuka (Hrsg.): Software Quality: Assurance and Measurement – A worldwide perspective. International Thomson Computer Press, London, 1995, S. 23-44.

[Beck04] Kent Beck: Extreme Programming Explained – Embrace Change. Addison-Wesley, 2004.

[BeSt02] Wolfgang Behrens, Joachim Strauch: Due Diligence bei Unternehmensakquisitionen. Schäffer-Poeschel, 2002.

[Bien02] Adam Bien: J2EE-Patterns. Addison-Wesley, 2002.

[BiKa95] J. M. Bieman, B. K. Kang: Cohesion and reuse in an object-oriented system. Proceedings of the Symposium on Software Reusability (SSR'95), Seattle, WA, 1995.

[Bisc92] W. R. Bischofberger: Sniff (abstract): A pragmatic approach to a C++ programing environment. Addendum to the proceedings on Object-oriented programming systems, languages and applications, page 229, ACM, 1992.

[Bitkom05] Bitkom – Leitfaden Offshoring, 2005; *http://www.bitkom.org*

[Brac02] H. W. Brachinger: Jenseits von »Chalk-and-Talk«: Problemorientierter Statistikunterricht am Beispiel »Inflationsmessung«. Vortrag im Rahmen der *Statistischen Woche Konstanz*, 9. Oktober 2002; verfügbar unter: *http://www.unifr.ch/stat/forschung/publikationen/Braching-Konstanz.pdf*

[BrMaMc98] William J. Brown, Raphael C. Malveau, Hays McCormick: AntiPatterns – Refactoring Software, Architecture and Projects in Crisis. John Wiley & Sons Inc, 1998.

[BrSi02] Manfred Broy, Johannes Siedersleben: Objektorientierte Programmierung und Softwareentwicklung – Eine kritische Einschätzung. Informatik-Spektrum, Februar 2002.

[Bung77] Mario Bunge: Treatise on Basic Philosophy. Volume 3: Ontology I – The furniture of the world. D. Reidel Publishing Company, Dordrecht-Holland, 1977.

[Burt03] Burton, Ross: Subverting Java Access Protection for Unit Testing; *http://www.onjava.com/pub/a/onjava/2003/11/12/reflection.html*

[BusinessWorld03] Business World: Outsourcing: Chances and Risks. Januar 2003.

[Cali99] California Institute of Technologie: The Infospheres Java Coding Standard, Version 1.3, 11.8.1999; *http://www.infospheres.caltech.edu/resources/code_standards/java_standard.html*

[ChKe94] S. R. Chidamber, C. F. Kemerer: A metrics Suite for Object Oriented Design. In: IEEE Transactions on Software Engineering, Vol. 20 No. 6, 1994.

[Ciup01] Oliver Ciupke: Problemidentifikation in objektorientierten Softwarestrukturen. Dissertation, Shaker-Verlag, 2001.

[ClKaKl01] Paul Clements, Rick Kazman, Mark Klein: Evaluating Software Architectures: Methods and Case Studies. Addison-Wesley Professional, 2001.

[Computerwoche03] Computerwoche: Die aktuellen Herausforderungen von CIOs. Nr. 43, 2003.

[DeDuNi02] Serge Demeyer, Stéphane Ducasse, Oscar Nierstrasz: Object-Oriented Reengineering Patterns. dpunkt.verlag/Morgan Kaufmann Publishers, 2002.

[DeHoGa05] Deutscher Hotel- und Gaststättenverband e.V.: Kriterienkatalog 2005, verfügbar unter: *http://www.hotelsterne.de/Hotelklassifizierung2005.pdf*

[DGQ86] Deutsche Gesellschaft für Qualität e.V. (DGQ): Software-Qualitätssicherung. DGQNTG-Schrift Nr. 12-51, VDE-Verlag, Berlin, 1986.

[DiamondCluster02] Diamond Cluster International Inc: Global IT Outsourcing Study. November 2002; verfügbar unter *http://www.diamondcluster.com*

[Drom95] R. Geoff Dromey: A model for Software Product Quality. In: IEEE Transactions on Software Engineering, Vol. 21, No. 2, S. 146-162, Februar 1995.

[FePf96] Norman E. Fenton, Share Lawrence Pfleeger: Software Metrics: A rigorous and practical approach. 2. Auflage, International Thomson Publishing, London, 1996.

[FoKe03] Peter Forbrig, Immo O. Kerner: Lehr- und Übungsbuch Softwareentwicklung. Hanser-Verlag, 2003.

[Fowl99] Martin Fowler: Refactoring – Improving the Design of Existing Code. Addison Wesley Longman, 1999.

[FrLuSa04] Karol Frühauf, Jochen Ludewig, Helmut Sandmayr: Software-Prüfung: Eine Anleitung zum Test und zur Inspektion. VdF-Hochschulverlag, 2004.

[Gart03] D. Vecchio/Gartner: Legacy Modernization provides applications for tomorrow. Market-Analysis, Research Note M-19-3671, März 2003; einzusehen über *http://www.castsoftware.com*.

[Garv84] David A. Garvin: What does Product Quality really mean? Sloan Management Review, 1984.

[GrCa87] R. B. Grady, D. L. Caswell: Software Metrics: Establishing a company-wide program. Prentice Hall, Englewood Cliffs, 1987.

[GrSo04] H. P. Grumm, M. Sommer: Einführung in die Informatik. Oldenbourg Wissenschaftsverlag, 2004.

[Gulp] Gulp: Das Portal für IT-Projekte; *http://www.gulp.de*

[HaKuSe05] Philipp Haller, Volker Kuttruff, Olaf Seng: Ein Faktenextractor für C++ mit Unterstützung für Typrekonstruktion. 7. Workshop Software-Reengineering, Bad Honnef, 2005.

[HeKeLu+94] W. Hesse, H. Keutgen, A. L. Luft, H. D. Rombach: Ein Begriffssystem für die Softwaretechnik. Informatik-Spektrum, 7, 1994.

[HeNy97] Mats Henricson, Erik Nyquist: Industrial Strength C++: Rules and Recommendations (Prentice Hall Series in Innovative Technology). Prentice Hall, 1997.

[IDC01] IDC: Software Strategies and Investment Survey, 2001.

[InfW05] InformationWeek, Spezial-Beilage: Sourcing solutions. September 2005.

[JoFo88] Ralph E. Johnson, Brian Foote: Designing Reusable Classes. Journal of Object-Oriented-Programming, Juni 1988.

[Jone93] Capers Jones: Critical Problems in Software Measurement. IS Management Group Report, Carlsbad, Kalifornien, 1993.

[Jone00] Capers Jones: Software Assessments, Benchmarks, and Best Practices. Addison-Wesley, 2000.

[Kan95] Stephen H. Kan: Metrics and models in software quality engineering. Addison-Wesley, Massachusetts, 1995.

[KiPfFe95] Barbara Kitchenham, Shari Lawrence Pfleeger, Norman Fenton: Towards a Framework for Software Measurement Validation. In: IEEE Transactions on Software Engineering, Vol. 21, No. 12, S. 929-944, 1995.

[Lako96] John Lakos: Large-Scale C++ Software Design. Addison-Wesley, 1996.

[LeBe85] M. M. Lehman, L. A. Belady: Program Evolution – Processes of Software Change. Academic Press, London, 1985.

[Lisk88] Barbara Liskov: Data Abstraction and Hierarchy. SIGPLAN Notices, May, 1988.

[LoKi94] Mark Lorenz, Jeff Kidd: Object-oriented metrics: a practical guide. Prentice Hall Inc., New Jersey, 1994.

[MaBe00] G. Marliss, M. Ben-Menachem: Software Quality: Producing Practical, Consistent Software. Thomson Publishing, 2000.

[Marc94] John J. Marciniak (Editor): Encyclopedia of Software Engineering. John Wiley & Sons Inc., New York, 1994.

[Mari02] Radu Marinescu: Measurement and Quality in Object-Oriented Design (Dissertation). »Politehnica« University of Timisoara, 2002.

[Mart02] Robert C. Martin: Agile Software Development, Principles, Patterns, and Practices. Prentice Hall, 2002.

[MaSi04] Ansgar Max, Frank Simon: J2EE – Maßnahmen zur kontinuierlichen messbaren Qualitätsverbesserung. In: Proceedings der ICSTest2004, Springer-Verlag, 2004.

[McCa76] T. McCabe: A Software Complexity Measure. IEEE Trans. Software Engineering, Vol. 2, No. 6, December 1976, S. 308-320.

[McCo04] Steve McConnel: Code Complete – A practical handbook of software construction. Microsoft Press, 2004.

[McRiWa77] J. A. McCall, P. K. Richards, G. F. Walters: Factors in Software Quality. Rome Air development Center, Rom, 1977.

[MeLaPo02] Dirk B. Meyerhoff, Begona Laibarra, Rob van der Pouw Kraan: Software Quality and Software Testing in Internet Times. Springer-Verlag, Berlin, 2002.

[MISR04] Motor Industry Software Reliability Association: Guidelines for the Use of the C Language in Critical Systems. 2004; zu beziehen unter: *http://www.misra.org*

[PaCuCh+93] Mark C. Paulk, Bill Curtis, Mary Beth Chrissis, Charles V. Weber: Capability Maturity Model^{SM} for Software, Version 1.1. Carnegie Mellon Software Engineering Institute, Technical Report CMU/SEI-93-TR-024, ESC-TR-93-177, February 1993.

[PaSi94] Bernd-Uwe Pagel, Hans-Werner Six: Software Engineering: Band 1: Die Phasen der Softwareentwicklung. Addison-Wesley Publishing, Bonn, 1994.

[Pres97] Roger S. Pressman: Software Engineering – A practitioner's approach. 4th edition, McGraw-Hill Company, New York, 1997.

[Riel96] Arthur J. Riel: Object-oriented Design Heuristics. Addison-Wesley, 1996.

[RiSi04] Ute Richter, Frank Simon: Mit Code-Metriken Wartungskosten senken – Controlling technischer Qualität. Im Tagungsband DASMA Software Metrik Kongress 2004.

[Ritt01] Sebastian Ritter, Make Java – Performance; *http://www.bastie.de/index.html*

[Rösl05] Peter Rösler: Warum Prüfen oft 50 mal länger dauert als Lesen und andere Überraschungen aus der Welt der Software-Reviews. Proceedings Metrikon 2005, Kaiserslautern, Oktober 2005.

[Sieg84] A. Siegmund: Die richtige Einführungsstrategie – der Schlüssel zum erfolgreichen Einsatz neuer Methoden und Werkzeuge. In: Proceedings of Conference on Computer Assurance (COMPAS), 1984.

[Simo01] Frank Simon: Messwertbasierte Qualitätssicherung – Ein generisches Distanzmaß zur Erweiterung bisheriger Softwareproduktmaße. Dissertation, Brandenburgisch Technische Universität Cottbus, 2001.

[SiRi04] Frank Simon, Ute Richter: Successful establishment of a Code-Control-Cockpit to improve internal code quality. Proceedings of the QSIC 2004, Braunschweig, September 2004.

[SiSi05] Frank Simon, Daniel Simon: Das wundersame Verhalten von Entwicklern beim Einsatz von Quellcode-Metriken. Metrikon, 2005.

[SiStRi05] Frank Simon, Martin Studemund, Christian Rioth: ROI-Modell für das Reengineering zur Optimierung technischer SW-Qualität. 7. Workshop Software Reengineering, Bad Honnef, 2005.

[SoBe99] R. Solingen, E. Berghout: The Goal/Question/Metric Method. McGraw-Hill Publishing Company, 1999.

[StandishGroup04] The Standish Group International Inc.: Third Quarter Research Report, Chaos-Report 2004.

[SUN05] Sun Microsystems: JAVAness-Coding-Conventions; verfügbar unter *http://www.sun.com/java/*

[Tiem04] Ernst Tiemeyer: Projekte im Griff. W. Bertelsmann Verlag, 2004.

[TrSzKu05] Mircea Trifu, Peter Szulman, Volker Kuttruff: QBench-Systemmetamodell. 2005; *http://www.qbench.de.*

[URLAnt] *http://ant.apache.org/*

[URLCast] *http://www.castsoftware.com*

[URLCdt] *http://www.eclipse.org/cdt/*

[URLCheckstyle] *http://Checkstyle.sourceforge.net*

[URLChimu] ChiMu Development Guidelines; *http://www.chimu.com/publications/javaStandards/part0003.html*

[URLClone] *http://cloneanalyzer.sourceforge.net/*

[URLCrocoCosmos] *http://www-sst.informatik.tu-cottbus.de/LS-SST/Forschung_Research/CrocoCosmos/CrocoCosmos_de.htm*

[URLC2] Replace Empty Catch With Test; *http://c2.com/cgi/wiki?ReplaceEmptyCatchWithTest*

[URLDougLea] Doug Lea: Draft Java Coding Standard; *http://gee.cs.oswego.edu/dl/html/javaCodingStd.html*

[URLDoxygen] *http://www.doxygen.org*

[URLGimpel] *http://www.gimpel.com*

[URLInfosys] *http://www.infosys.com*

[URLJDepend] *http:*//www.clarkware.com/software/JDepend.html

[URLJP16] Avoid empty catch blocks; *http://www.javapractices.com/Topic16.cjp*

[URLOpenJGraph] *http://openjgraph.sourceforge.net/*

[URLOpenORB] *http://jakarta.apache.org/turbine/common/code-standards.html*

[URLParasoft] *http://www.parasoft.com*

[URLQBench] *http://www.qbench.de*

[URLRecoder] *http://recoder.sourceforge.net/*

[URLRedhat] *http://ccm.redhat.com/doc/core-platform/5.0/engineering-standards/performance-optimization.html*

[URLTeaminabox] *http://www.teaminabox.co.uk*

[URLSotograph] *http://www.software-tomography.com*

[URLSun] *http://java.sun.com/docs/codeconv/*

[URLSunCC] Code Conventions for the Java Programming Language; *http://java.sun.com/docs/codeconv/*

[URLWipro] *http://www.wipro.com*

[Wall01] Ernest Wallmüller: Software-Qualitätssicherung in der Praxis. Carl Hanser Verlag, München, 2001.

[WikiPedia05a] WikiPedia, die freie Enzyklopädie, 2005; *http://de.wikipedia.org/wiki/CMM*

[WikiPedia05b] WikiPedia, die freie Enzyklopädie, 2005; *http://de.wikipedia.org/wiki/Outsourcing*

[WikiPedia05c] WikiPedia, die freie Enzyklopädie, 2005; *http://de.wikipedia.org/wiki/Portal*

[WikiPedia05d] WikiPedia, die freie Enzyklopädie, 2005; *http://de.wikipedia.org/wiki/Wartung*

[WiMe01] Martin J. Wieczorek, Dirk B. Meyerhoff: Software Quality. State of the Art in Management, Testing and Tools. Springer-Verlag, Berlin, 2001.

[Zuse98] Horst Zuse: A Framework of Software Measurement. Walter de Gruyter, Berlin, 1998.

Index

Andreas Spillner • Tilo Linz
Basiswissen
Softwaretest
Aus- und Weiterbildung
zum Certified Tester
• Foundation Level
• nach ISTQB-Standard
3., überarbeitete und aktualisierte Auflage
dpunkt.verlag